Schönfelder aktuell 183. EL

Geleitwort zur Ergänzungslieferung

Die 183. Ergänzungslieferung bringt Ihre Textsammlung Schönfelder, Deutsche Gesetze auf den Stand der Gesetzgebung vom 18. Februar 2021.

Neu bekanntgemacht unter der Nr. **37** wurde das Gesetz über das Wohnungseigentum und das Dauerwohnrecht (**Wohnungseigentumsgesetz – WEG**) vom 12.1.2021 (BGBl. I S. 34).

Das Gesetz zur Änderung des Gesetzes gegen Wettbewerbsbeschränkungen für ein fokussiertes, proaktives und digitales Wettbewerbsrecht 4.0 und anderer Bestimmungen (**GWB-Digitalisierungsgesetz**) vom 18.1.2021 (BGBl. I S. 2) brachte Änderungen im GWB (Nr. **74**), dem GKG (Nr. **115**) und dem RVG (Nr. **117**).

Das Gesetz zur Verlängerung der Aussetzung der Insolvenzantragspflicht und des Anfechtungsschutzes für pandemiebedingte Stundungen sowie zur Verlängerung der Steuererklärungsfrist in beratenen Fällen und der zinsfreien Karenzzeit für den Veranlagungszeitraum 2019 vom 15.2.2021 (BGBl. I S. 237) brachte Änderungen im COVInsAG (Nr. **110d**).

Das Gesetz zur Verbesserung der Hilfen für Familien bei Adoption (Adoptionshilfe-Gesetz) brachte Änderungen im FamFG (Nr. **112**) und dem JVKostG (Nr. **120**).

Schönfelder aktuell 183. EL

Vorschau

Gesetz zur Änderung des Versorgungsausgleichsrechts

(Inkrafttreten: drei Monate nach Verkündung)

Der Gesetzentwurf der Bundesregierung (BR-Drs. 19/21) sieht insbesondere folgende Änderungen vor:

Der Versorgungsträger kann ohne Zustimmung der ausgleichsberechtigten Person die externe Teilung eines Anrechts nach den §§ 14, 17 VersAusglG nur verlangen, wenn bestimmte Wertgrenzen nicht überschritten werden. Für den Fall, dass der Versorgungsträger hinsichtlich mehrerer Anrechte aus der betrieblichen Altersversorgung die externe Teilung verlangt, sollen künftig die Ausgleichwerte mit Blick auf die Wertgrenzen zusammengerechnet werden. Bei Anrechten der betrieblichen Altersversorgung und der Privatvorsorge kann ein Leistungsbezug der ausgleichspflichtigen Person zwischen Ehezeitende und Rechtskraft der Versorgungsausgleichsentscheidung Auswirkungen auf den Ausgleichswert haben, so dass die ausgleichsberechtigte Person im Wertausgleich bei der Scheidung letztlich ein gekürztes Anrecht erhalten würde. Über ein Wahlrecht soll sie sich künftig dafür entscheiden können, dass das Anrecht in diesem Sonderfall dem schuldrechtlichen Ausgleich zwischen den Ehegatten vorbehalten bleibt. Der Versorgungsträger ist nach § 30 VersAusglG vor einer doppelten Inanspruchnahme geschützt, wenn er nach einer rechtskräftigen Entscheidung über den Versorgungsausgleich nicht mehr nur gegenüber der bisher berechtigten Person, sondern ebenfalls gegenüber der nunmehr auch berechtigten Person zur Leistung verpflichtet ist. Hier soll eine Klarstellung erfolgen, dass die Leistungsbefreiung nur im Umfang einer tatsächlichen betragsmäßigen Überzahlung an die bisher berechtigte Person greift, da auch nur insoweit eine Doppelleistung gegenüber den Ehegatten droht. Schließlich soll im Verfahrensrecht der frühestmögliche Zeitpunkt für einen Antrag auf Abänderung des Wertausgleichs bei der Scheidung praxisgerecht vorverlegt werden.

Gesetz für faire Verbraucherverträge

(Inkrafttreten: im Wesentlichen erster Tag des auf die Verkündung folgenden Quartals)

Der Gesetzentwurf der Bundesregierung (BR-Drs. 18/21) soll die Position der Verbraucherinnen und Verbraucher gegenüber den Unternehmern weiter verbessern und sicherstellen, dass nicht nur der Vertragsschluss unter faireren Bedingungen erfolgt, sondern auch die Vertragsinhalte faireren Regelungen unterliegen. Um

Verbraucherinnen und Verbrauchern die bessere Nutzung von Marktchancen zu ermöglichen und die Übertragbarkeit ihrer Ansprüche zu sichern, soll das AGB-Recht geändert werden. Und um Rechtsicherheit beim Kauf gebrauchter Sachen zu schaffen, soll eine Klarstellung zur Gewährleistung beim Verbrauchsgüterkauf vorgenommen werden.

Schönfelder, Deutsche Gesetze

Einordnungsanweisung für die 183. Ergänzungslieferung Februar 2021

(Anschluss an die 182. Ergänzungslieferung Januar 2021)

Die Angaben beziehen sich auf die Ordnungsnummern (fette Zahlen) und die dazugehörigen Seitenzahlen (magere Zahlen)

Herauszunehmen:		Blätter	Einzufügen:		Blätter
Titelblatt, „Schönfelder aktuell“ [1]		3	Titelblatt, „Schönfelder aktuell“ [1]		3
37	1–22	11	**37**	1–18	9
74	3–114	68	**74**	3–150	74
100	211/212	1	**100**	211/212	1
110d	1–6	3	**110d**	1–6	3
112	3/4	1	**112**	3/4	1
	31–34	2		31–34	2
	59–60a	2		59–60a	2
115	3–8	3	**115**	3–8	3
	23–26	2		23–26	2
	35–44	5		35–44	5
	51/52	1		51/52	1
117	3/4	1	**117**	3/4	1
	43/44	1		43/44	1
120	1/2	1	**120**	1/2	1
	11/12	1		11/12	1
	15/16	1		15/16	1
Insgesamt herauszunehmen:		107	Insgesamt einzufügen:		111

[1] Aus technischen Gründen liegt das Geleitwort „Schönfelder aktuell“ am Anfang der Lieferung. Bitte ordnen Sie es wie gewohnt nach dem Titelblatt ein.

Schönfelder

Deutsche Gesetze

Sammlung des
Zivil-, Straf- und Verfahrensrechts

Begründet von

Dr. Heinrich Schönfelder

Stand: 18. Februar 2021
(183. Ergänzungslieferung)

C.H.BECK

Dieses Titelblatt stammt aus der 183. Ergänzungslieferung Februar 2021,
die Ergänzungslieferung schließt an die 182. Ergänzungslieferung Januar 2021 an.
ISBN 978 3 406 76566 7

Redaktioneller Hinweis: Paragraphenüberschriften in eckigen Klammern sind nichtamtlich. Sie sind ebenso wie die Fußnoten urheber- und wettbewerbsrechtlich geschützt.

www.beck.de

ISBN 978 3 406 46119 4 (Grundwerk zur Fortsetzung für 12 Monate)
ISBN 978 3 406 50075 6 (Grundwerk ohne Fortsetzung)

Wilhelmstraße 9, 80801 München
Druck: Druckerei C. H. Beck Nördlingen
(Adresse wie Verlag)

CO_2 neutral
chbeck.de/nachhaltig

Gedruckt auf säurefreiem, alterungsbeständigem Papier
(hergestellt aus chlorfrei gebleichtem Zellstoff)

37. Gesetz über das Wohnungseigentum und das Dauerwohnrecht (Wohnungseigentumsgesetz – WEG)

In der Fassung der Bekanntmachung vom 12. Januar 2021[1)]
(BGBl. I S. 34)

FNA 403-1

Teil 1. Wohnungseigentum

Abschnitt 1. Begriffsbestimmungen

§ 1 Begriffsbestimmungen. (1) Nach Maßgabe dieses Gesetzes kann an Wohnungen das Wohnungseigentum, an nicht zu Wohnzwecken dienenden Räumen eines Gebäudes das Teileigentum begründet werden.

(2) Wohnungseigentum ist das Sondereigentum an einer Wohnung in Verbindung mit dem Miteigentumsanteil an dem gemeinschaftlichen Eigentum, zu dem es gehört.

(3) Teileigentum ist das Sondereigentum an nicht zu Wohnzwecken dienenden Räumen eines Gebäudes in Verbindung mit dem Miteigentumsanteil an dem gemeinschaftlichen Eigentum, zu dem es gehört.

(4) Wohnungseigentum und Teileigentum können nicht in der Weise begründet werden, dass das Sondereigentum mit Miteigentum an mehreren Grundstücken verbunden wird.

(5) Gemeinschaftliches Eigentum im Sinne dieses Gesetzes sind das Grundstück und das Gebäude, soweit sie nicht im Sondereigentum oder im Eigentum eines Dritten stehen.

(6) Für das Teileigentum gelten die Vorschriften über das Wohnungseigentum entsprechend.

Abschnitt 2. Begründung des Wohnungseigentums

§ 2 Arten der Begründung. Wohnungseigentum wird durch die vertragliche Einräumung von Sondereigentum (§ 3) oder durch Teilung (§ 8) begründet.

§ 3 Vertragliche Einräumung von Sondereigentum. (1) [1]Das Miteigentum (§ 1008 des Bürgerlichen Gesetzbuchs[2)]) an einem Grundstück kann durch Vertrag der Miteigentümer in der Weise beschränkt werden, dass jedem der Miteigentümer abweichend von § 93 des Bürgerlichen Gesetzbuchs das Eigentum an einer bestimmten Wohnung oder an nicht zu Wohnzwecken dienenden bestimmten Räumen in einem auf dem Grundstück errichteten oder zu errichtenden Gebäude (Sondereigentum) eingeräumt wird. [2]Stellplätze gelten als Räume im Sinne des Satzes 1.

(2) Das Sondereigentum kann auf einen außerhalb des Gebäudes liegenden Teil des Grundstücks erstreckt werden, es sei denn, die Wohnung oder die nicht zu

---

[1)] Neubekanntmachung des WohnungseigentumsG in der im BGBl. Teil III, Gliederungsnr. 403-1, veröffentlichten bereinigten Fassung in der ab 1.12.2020 geltenden Fassung.

[2)] Nr. **20**.

Wohnzwecken dienenden Räume bleiben dadurch wirtschaftlich nicht die Hauptsache.

(3) Sondereigentum soll nur eingeräumt werden, wenn die Wohnungen oder sonstigen Räume in sich abgeschlossen sind und Stellplätze sowie außerhalb des Gebäudes liegende Teile des Grundstücks durch Maßangaben im Aufteilungsplan bestimmt sind.

§ 4 Formvorschriften. (1) Zur Einräumung und zur Aufhebung des Sondereigentums ist die Einigung der Beteiligten über den Eintritt der Rechtsänderung und die Eintragung in das Grundbuch erforderlich.

(2) [1] Die Einigung bedarf der für die Auflassung vorgeschriebenen Form. [2] Sondereigentum kann nicht unter einer Bedingung oder Zeitbestimmung eingeräumt oder aufgehoben werden.

(3) Für einen Vertrag, durch den sich ein Teil verpflichtet, Sondereigentum einzuräumen, zu erwerben oder aufzuheben, gilt § 311b Absatz 1 des Bürgerlichen Gesetzbuchs[1)] entsprechend.

§ 5 Gegenstand und Inhalt des Sondereigentums. (1) [1] Gegenstand des Sondereigentums sind die gemäß § 3 Absatz 1 Satz 1 bestimmten Räume sowie die zu diesen Räumen gehörenden Bestandteile des Gebäudes, die verändert, beseitigt oder eingefügt werden können, ohne dass dadurch das gemeinschaftliche Eigentum oder ein auf Sondereigentum beruhendes Recht eines anderen Wohnungseigentümers über das bei einem geordneten Zusammenleben unvermeidliche Maß hinaus beeinträchtigt oder die äußere Gestaltung des Gebäudes verändert wird. [2] Soweit sich das Sondereigentum auf außerhalb des Gebäudes liegende Teile des Grundstücks erstreckt, gilt § 94 des Bürgerlichen Gesetzbuchs[1)] entsprechend.

(2) Teile des Gebäudes, die für dessen Bestand oder Sicherheit erforderlich sind, sowie Anlagen und Einrichtungen, die dem gemeinschaftlichen Gebrauch der Wohnungseigentümer dienen, sind nicht Gegenstand des Sondereigentums, selbst wenn sie sich im Bereich der im Sondereigentum stehenden Räume oder Teile des Grundstücks befinden.

(3) Die Wohnungseigentümer können vereinbaren, dass Bestandteile des Gebäudes, die Gegenstand des Sondereigentums sein können, zum gemeinschaftlichen Eigentum gehören.

(4) [1] Vereinbarungen über das Verhältnis der Wohnungseigentümer untereinander und Beschlüsse aufgrund einer solchen Vereinbarung können nach den Vorschriften des Abschnitts 4 zum Inhalt des Sondereigentums gemacht werden. [2] Ist das Wohnungseigentum mit der Hypothek, Grund- oder Rentenschuld oder der Reallast eines Dritten belastet, so ist dessen nach anderen Rechtsvorschriften notwendige Zustimmung nur erforderlich, wenn ein Sondernutzungsrecht begründet oder ein mit dem Wohnungseigentum verbundenes Sondernutzungsrecht aufgehoben, geändert oder übertragen wird.

§ 6 Unselbständigkeit des Sondereigentums. (1) Das Sondereigentum kann ohne den Miteigentumsanteil, zu dem es gehört, nicht veräußert oder belastet werden.

(2) Rechte an dem Miteigentumsanteil erstrecken sich auf das zu ihm gehörende Sondereigentum.

[1)] Nr. **20**.

§ 7[1)] Grundbuchvorschriften. (1) [1] Im Fall des § 3 Absatz 1 wird für jeden Miteigentumsanteil von Amts wegen ein besonderes Grundbuchblatt (Wohnungsgrundbuch, Teileigentumsgrundbuch) angelegt. [2] Auf diesem ist das zu dem Miteigentumsanteil gehörende Sondereigentum und als Beschränkung des Miteigentums die Einräumung der zu den anderen Miteigentumsanteilen gehörenden Sondereigentumsrechte einzutragen. [3] Das Grundbuchblatt des Grundstücks wird von Amts wegen geschlossen.

(2) [1] Zur Eintragung eines Beschlusses im Sinne des § 5 Absatz 4 Satz 1 bedarf es der Bewilligungen der Wohnungseigentümer nicht, wenn der Beschluss durch eine Niederschrift, bei der die Unterschriften der in § 24 Absatz 6 bezeichneten Personen öffentlich beglaubigt sind, oder durch ein Urteil in einem Verfahren nach § 44 Absatz 1 Satz 2 nachgewiesen ist. [2] Antragsberechtigt ist auch die Gemeinschaft der Wohnungseigentümer.

(3) [1] Zur näheren Bezeichnung des Gegenstands und des Inhalts des Sondereigentums kann auf die Eintragungsbewilligung oder einen Nachweis gemäß Absatz 2 Satz 1 Bezug genommen werden. [2] Veräußerungsbeschränkungen (§ 12) und die Haftung von Sondernachfolgern für Geldschulden sind jedoch ausdrücklich einzutragen.

(4) [1] Der Eintragungsbewilligung sind als Anlagen beizufügen:

1. eine von der Baubehörde mit Unterschrift und Siegel oder Stempel versehene Bauzeichnung, aus der die Aufteilung des Gebäudes und des Grundstücks sowie die Lage und Größe der im Sondereigentum und der im gemeinschaftlichen Eigentum stehenden Teile des Gebäudes und des Grundstücks ersichtlich ist (Aufteilungsplan); alle zu demselben Wohnungseigentum gehörenden Einzelräume und Teile des Grundstücks sind mit der jeweils gleichen Nummer zu kennzeichnen;
2. eine Bescheinigung der Baubehörde, dass die Voraussetzungen des § 3 Absatz 3 vorliegen.

[2] Wenn in der Eintragungsbewilligung für die einzelnen Sondereigentumsrechte Nummern angegeben werden, sollen sie mit denen des Aufteilungsplans übereinstimmen.

(5) Für Teileigentumsgrundbücher gelten die Vorschriften über Wohnungsgrundbücher entsprechend.

§ 8 Teilung durch den Eigentümer. (1) Der Eigentümer eines Grundstücks kann durch Erklärung gegenüber dem Grundbuchamt das Eigentum an dem Grundstück in Miteigentumsanteile in der Weise teilen, dass mit jedem Anteil Sondereigentum verbunden ist.

(2) Im Fall des Absatzes 1 gelten § 3 Absatz 1 Satz 2, Absatz 2 und 3, § 4 Absatz 2 Satz 2 sowie die §§ 5 bis 7 entsprechend.

(3) Wer einen Anspruch auf Übertragung von Wohnungseigentum gegen den teilenden Eigentümer hat, der durch Vormerkung im Grundbuch gesichert ist, gilt gegenüber der Gemeinschaft der Wohnungseigentümer und den anderen Wohnungseigentümern anstelle des teilenden Eigentümers als Wohnungseigentümer, sobald ihm der Besitz an den zum Sondereigentum gehörenden Räumen übergeben wurde.

[1)] Vgl. hierzu die Wohnungsgrundbuchverfügung (WGV) idF der Bek. v. 24.1.1995 (BGBl. I S. 134), zuletzt geänd. durch G v. 16.10.2020 (BGBl. I S. 2187).

§ 9 Schließung der Wohnungsgrundbücher. (1) Die Wohnungsgrundbücher werden geschlossen:

1. von Amts wegen, wenn die Sondereigentumsrechte gemäß § 4 aufgehoben werden;
2. auf Antrag des Eigentümers, wenn sich sämtliche Wohnungseigentumsrechte in einer Person vereinigen.

(2) Ist ein Wohnungseigentum selbständig mit dem Recht eines Dritten belastet, so werden die allgemeinen Vorschriften, nach denen zur Aufhebung des Sondereigentums die Zustimmung des Dritten erforderlich ist, durch Absatz 1 nicht berührt.

(3) Werden die Wohnungsgrundbücher geschlossen, so wird für das Grundstück ein Grundbuchblatt nach den allgemeinen Vorschriften angelegt; die Sondereigentumsrechte erlöschen, soweit sie nicht bereits aufgehoben sind, mit der Anlegung des Grundbuchblatts.

Abschnitt 3. Rechtsfähige Gemeinschaft der Wohnungseigentümer

§ 9a Gemeinschaft der Wohnungseigentümer. (1) [1] Die Gemeinschaft der Wohnungseigentümer kann Rechte erwerben und Verbindlichkeiten eingehen, vor Gericht klagen und verklagt werden. [2] Die Gemeinschaft der Wohnungseigentümer entsteht mit Anlegung der Wohnungsgrundbücher; dies gilt auch im Fall des § 8. [3] Sie führt die Bezeichnung „Gemeinschaft der Wohnungseigentümer" oder „Wohnungseigentümergemeinschaft" gefolgt von der bestimmten Angabe des gemeinschaftlichen Grundstücks.

(2) Die Gemeinschaft der Wohnungseigentümer übt die sich aus dem gemeinschaftlichen Eigentum ergebenden Rechte sowie solche Rechte der Wohnungseigentümer aus, die eine einheitliche Rechtsverfolgung erfordern, und nimmt die entsprechenden Pflichten der Wohnungseigentümer wahr.

(3) Für das Vermögen der Gemeinschaft der Wohnungseigentümer (Gemeinschaftsvermögen) gelten § 18, § 19 Absatz 1 und § 27 entsprechend.

(4) [1] Jeder Wohnungseigentümer haftet einem Gläubiger nach dem Verhältnis seines Miteigentumsanteils (§ 16 Absatz 1 Satz 2) für Verbindlichkeiten der Gemeinschaft der Wohnungseigentümer, die während seiner Zugehörigkeit entstanden oder während dieses Zeitraums fällig geworden sind; für die Haftung nach Veräußerung des Wohnungseigentums ist § 160 des Handelsgesetzbuchs[1)] entsprechend anzuwenden. [2] Er kann gegenüber einem Gläubiger neben den in seiner Person begründeten auch die der Gemeinschaft der Wohnungseigentümer zustehenden Einwendungen und Einreden geltend machen, nicht aber seine Einwendungen und Einreden gegenüber der Gemeinschaft der Wohnungseigentümer. [3] Für die Einrede der Anfechtbarkeit und Aufrechenbarkeit ist § 770 des Bürgerlichen Gesetzbuchs[2)] entsprechend anzuwenden.

(5) Ein Insolvenzverfahren über das Gemeinschaftsvermögen findet nicht statt.

§ 9b Vertretung. (1) [1] Die Gemeinschaft der Wohnungseigentümer wird durch den Verwalter gerichtlich und außergerichtlich vertreten, beim Abschluss eines Grundstückskauf- oder Darlehensvertrags aber nur aufgrund eines Beschlusses der Wohnungseigentümer. [2] Hat die Gemeinschaft der Wohnungseigentümer keinen

---

[1)] Nr. **50**.
[2)] Nr. **20**.

Verwalter, wird sie durch die Wohnungseigentümer gemeinschaftlich vertreten. [3] Eine Beschränkung des Umfangs der Vertretungsmacht ist Dritten gegenüber unwirksam.

(2) Dem Verwalter gegenüber vertritt der Vorsitzende des Verwaltungsbeirats oder ein durch Beschluss dazu ermächtigter Wohnungseigentümer die Gemeinschaft der Wohnungseigentümer.

Abschnitt 4. Rechtsverhältnis der Wohnungseigentümer untereinander und zur Gemeinschaft der Wohnungseigentümer

§ 10 Allgemeine Grundsätze. (1) [1] Das Verhältnis der Wohnungseigentümer untereinander und zur Gemeinschaft der Wohnungseigentümer bestimmt sich nach den Vorschriften dieses Gesetzes und, soweit dieses Gesetz keine besonderen Bestimmungen enthält, nach den Vorschriften des Bürgerlichen Gesetzbuchs[1)] über die Gemeinschaft. [2] Die Wohnungseigentümer können von den Vorschriften dieses Gesetzes abweichende Vereinbarungen treffen, soweit nicht etwas anderes ausdrücklich bestimmt ist.

(2) Jeder Wohnungseigentümer kann eine vom Gesetz abweichende Vereinbarung oder die Anpassung einer Vereinbarung verlangen, soweit ein Festhalten an der geltenden Regelung aus schwerwiegenden Gründen unter Berücksichtigung aller Umstände des Einzelfalls, insbesondere der Rechte und Interessen der anderen Wohnungseigentümer, unbillig erscheint.

(3) [1] Vereinbarungen, durch die die Wohnungseigentümer ihr Verhältnis untereinander in Ergänzung oder Abweichung von Vorschriften dieses Gesetzes regeln, die Abänderung oder Aufhebung solcher Vereinbarungen sowie Beschlüsse, die aufgrund einer Vereinbarung gefasst werden, wirken gegen den Sondernachfolger eines Wohnungseigentümers nur, wenn sie als Inhalt des Sondereigentums im Grundbuch eingetragen sind. [2] Im Übrigen bedürfen Beschlüsse zu ihrer Wirksamkeit gegen den Sondernachfolger eines Wohnungseigentümers nicht der Eintragung in das Grundbuch.

§ 11 Aufhebung der Gemeinschaft. (1) [1] Kein Wohnungseigentümer kann die Aufhebung der Gemeinschaft verlangen. [2] Dies gilt auch für eine Aufhebung aus wichtigem Grund. [3] Eine abweichende Vereinbarung ist nur für den Fall zulässig, dass das Gebäude ganz oder teilweise zerstört wird und eine Verpflichtung zum Wiederaufbau nicht besteht.

(2) Das Recht eines Pfändungsgläubigers (§ 751 des Bürgerlichen Gesetzbuchs[1)]) sowie das im Insolvenzverfahren bestehende Recht (§ 84 Absatz 2 der Insolvenzordnung[2)]), die Aufhebung der Gemeinschaft zu verlangen, ist ausgeschlossen.

(3) [1] Im Fall der Aufhebung der Gemeinschaft bestimmt sich der Anteil der Miteigentümer nach dem Verhältnis des Wertes ihrer Wohnungseigentumsrechte zur Zeit der Aufhebung der Gemeinschaft. [2] Hat sich der Wert eines Miteigentumsanteils durch Maßnahmen verändert, deren Kosten der Wohnungseigentümer nicht getragen hat, so bleibt eine solche Veränderung bei der Berechnung des Wertes dieses Anteils außer Betracht.

§ 12 Veräußerungsbeschränkung. (1) Als Inhalt des Sondereigentums kann vereinbart werden, dass ein Wohnungseigentümer zur Veräußerung seines Woh-

---

1) Nr. **20**.
2) Nr. **110**.

nungseigentums der Zustimmung anderer Wohnungseigentümer oder eines Dritten bedarf.

(2) [1] Die Zustimmung darf nur aus einem wichtigen Grund versagt werden. [2] Durch Vereinbarung gemäß Absatz 1 kann dem Wohnungseigentümer darüber hinaus für bestimmte Fälle ein Anspruch auf Erteilung der Zustimmung eingeräumt werden.

(3) [1] Ist eine Vereinbarung gemäß Absatz 1 getroffen, so ist eine Veräußerung des Wohnungseigentums und ein Vertrag, durch den sich der Wohnungseigentümer zu einer solchen Veräußerung verpflichtet, unwirksam, solange nicht die erforderliche Zustimmung erteilt ist. [2] Einer rechtsgeschäftlichen Veräußerung steht eine Veräußerung im Wege der Zwangsvollstreckung oder durch den Insolvenzverwalter gleich.

(4) [1] Die Wohnungseigentümer können beschließen, dass eine Veräußerungsbeschränkung gemäß Absatz 1 aufgehoben wird. [2] Ist ein Beschluss gemäß Satz 1 gefasst, kann die Veräußerungsbeschränkung im Grundbuch gelöscht werden. [3] § 7 Absatz 2 gilt entsprechend.

§ 13 Rechte des Wohnungseigentümers aus dem Sondereigentum.

(1) Jeder Wohnungseigentümer kann, soweit nicht das Gesetz entgegensteht, mit seinem Sondereigentum nach Belieben verfahren, insbesondere dieses bewohnen, vermieten, verpachten oder in sonstiger Weise nutzen, und andere von Einwirkungen ausschließen.

(2) Für Maßnahmen, die über die ordnungsmäßige Instandhaltung und Instandsetzung (Erhaltung) des Sondereigentums hinausgehen, gilt § 20 mit der Maßgabe entsprechend, dass es keiner Gestattung bedarf, soweit keinem der anderen Wohnungseigentümer über das bei einem geordneten Zusammenleben unvermeidliche Maß hinaus ein Nachteil erwächst.

§ 14 Pflichten des Wohnungseigentümers. (1) Jeder Wohnungseigentümer ist gegenüber der Gemeinschaft der Wohnungseigentümer verpflichtet,

1. die gesetzlichen Regelungen, Vereinbarungen und Beschlüsse einzuhalten und
2. das Betreten seines Sondereigentums und andere Einwirkungen auf dieses und das gemeinschaftliche Eigentum zu dulden, die den Vereinbarungen oder Beschlüssen entsprechen oder, wenn keine entsprechenden Vereinbarungen oder Beschlüsse bestehen, aus denen ihm über das bei einem geordneten Zusammenleben unvermeidliche Maß hinaus kein Nachteil erwächst.

(2) Jeder Wohnungseigentümer ist gegenüber den übrigen Wohnungseigentümern verpflichtet,

1. deren Sondereigentum nicht über das in Absatz 1 Nummer 2 bestimmte Maß hinaus zu beeinträchtigen und
2. Einwirkungen nach Maßgabe des Absatzes 1 Nummer 2 zu dulden.

(3) Hat der Wohnungseigentümer eine Einwirkung zu dulden, die über das zumutbare Maß hinausgeht, kann er einen angemessenen Ausgleich in Geld verlangen.

§ 15 Pflichten Dritter. Wer Wohnungseigentum gebraucht, ohne Wohnungseigentümer zu sein, hat gegenüber der Gemeinschaft der Wohnungseigentümer und anderen Wohnungseigentümern zu dulden:

1. die Erhaltung des gemeinschaftlichen Eigentums und des Sondereigentums, die ihm rechtzeitig angekündigt wurde; § 555a Absatz 2 des Bürgerlichen Gesetzbuchs[1] gilt entsprechend;
2. Maßnahmen, die über die Erhaltung hinausgehen, die spätestens drei Monate vor ihrem Beginn in Textform angekündigt wurden; § 555c Absatz 1 Satz 2 Nummer 1 und 2, Absatz 2 bis 4 und § 555d Absatz 2 bis 5 des Bürgerlichen Gesetzbuchs gelten entsprechend.

§ 16 Nutzungen und Kosten. (1) [1]Jedem Wohnungseigentümer gebührt ein seinem Anteil entsprechender Bruchteil der Früchte des gemeinschaftlichen Eigentums und des Gemeinschaftsvermögens. [2]Der Anteil bestimmt sich nach dem gemäß § 47 der Grundbuchordnung[2] im Grundbuch eingetragenen Verhältnis der Miteigentumsanteile. [3]Jeder Wohnungseigentümer ist zum Mitgebrauch des gemeinschaftlichen Eigentums nach Maßgabe des § 14 berechtigt.

(2) [1]Die Kosten der Gemeinschaft der Wohnungseigentümer, insbesondere der Verwaltung und des gemeinschaftlichen Gebrauchs des gemeinschaftlichen Eigentums, hat jeder Wohnungseigentümer nach dem Verhältnis seines Anteils (Absatz 1 Satz 2) zu tragen. [2]Die Wohnungseigentümer können für einzelne Kosten oder bestimmte Arten von Kosten eine von Satz 1 oder von einer Vereinbarung abweichende Verteilung beschließen.

(3) Für die Kosten und Nutzungen bei baulichen Veränderungen gilt § 21.

§ 17 Entziehung des Wohnungseigentums. (1) Hat ein Wohnungseigentümer sich einer so schweren Verletzung der ihm gegenüber anderen Wohnungseigentümern oder der Gemeinschaft der Wohnungseigentümer obliegenden Verpflichtungen schuldig gemacht, dass diesen die Fortsetzung der Gemeinschaft mit ihm nicht mehr zugemutet werden kann, so kann die Gemeinschaft der Wohnungseigentümer von ihm die Veräußerung seines Wohnungseigentums verlangen.

(2) Die Voraussetzungen des Absatzes 1 liegen insbesondere vor, wenn der Wohnungseigentümer trotz Abmahnung wiederholt gröblich gegen die ihm nach § 14 Absatz 1 und 2 obliegenden Pflichten verstößt.

(3) Der in Absatz 1 bestimmte Anspruch kann durch Vereinbarung der Wohnungseigentümer nicht eingeschränkt oder ausgeschlossen werden.

(4) [1]Das Urteil, durch das ein Wohnungseigentümer zur Veräußerung seines Wohnungseigentums verurteilt wird, berechtigt zur Zwangsvollstreckung entsprechend den Vorschriften des Ersten Abschnitts des Gesetzes über die Zwangsversteigerung und die Zwangsverwaltung[3]. [2]Das Gleiche gilt für Schuldtitel im Sinne des § 794 der Zivilprozessordnung[4], durch die sich der Wohnungseigentümer zur Veräußerung seines Wohnungseigentums verpflichtet.

§ 18 Verwaltung und Benutzung. (1) Die Verwaltung des gemeinschaftlichen Eigentums obliegt der Gemeinschaft der Wohnungseigentümer.

(2) Jeder Wohnungseigentümer kann von der Gemeinschaft der Wohnungseigentümer

1. eine Verwaltung des gemeinschaftlichen Eigentums sowie
2. eine Benutzung des gemeinschaftlichen Eigentums und des Sondereigentums

---

[1] Nr. **20**.
[2] Nr. **114**.
[3] Nr. **108**.
[4] Nr. **100**.

verlangen, die dem Interesse der Gesamtheit der Wohnungseigentümer nach billigem Ermessen (ordnungsmäßige Verwaltung und Benutzung) und, soweit solche bestehen, den gesetzlichen Regelungen, Vereinbarungen und Beschlüssen entsprechen.

(3) Jeder Wohnungseigentümer ist berechtigt, ohne Zustimmung der anderen Wohnungseigentümer die Maßnahmen zu treffen, die zur Abwendung eines dem gemeinschaftlichen Eigentum unmittelbar drohenden Schadens notwendig sind.

(4) Jeder Wohnungseigentümer kann von der Gemeinschaft der Wohnungseigentümer Einsicht in die Verwaltungsunterlagen verlangen.

§ 19 Regelung der Verwaltung und Benutzung durch Beschluss.

(1) Soweit die Verwaltung des gemeinschaftlichen Eigentums und die Benutzung des gemeinschaftlichen Eigentums und des Sondereigentums nicht durch Vereinbarung der Wohnungseigentümer geregelt sind, beschließen die Wohnungseigentümer eine ordnungsmäßige Verwaltung und Benutzung.

(2) Zur ordnungsmäßigen Verwaltung und Benutzung gehören insbesondere

1. die Aufstellung einer Hausordnung,
2. die ordnungsmäßige Erhaltung des gemeinschaftlichen Eigentums,
3. die angemessene Versicherung des gemeinschaftlichen Eigentums zum Neuwert sowie der Wohnungseigentümer gegen Haus- und Grundbesitzerhaftpflicht,
4. die Ansammlung einer angemessenen Erhaltungsrücklage,
5. die Festsetzung von Vorschüssen nach § 28 Absatz 1 Satz 1 sowie
6.[1] die Bestellung eines zertifizierten Verwalters nach § 26a, es sei denn, es bestehen weniger als neun Sondereigentumsrechte, ein Wohnungseigentümer wurde zum Verwalter bestellt und weniger als ein Drittel der Wohnungseigentümer (§ 25 Absatz 2) verlangt die Bestellung eines zertifizierten Verwalters.

§ 20 Bauliche Veränderungen. (1) Maßnahmen, die über die ordnungsmäßige Erhaltung des gemeinschaftlichen Eigentums hinausgehen (bauliche Veränderungen), können beschlossen oder einem Wohnungseigentümer durch Beschluss gestattet werden.

(2) [1]Jeder Wohnungseigentümer kann angemessene bauliche Veränderungen verlangen, die

1. dem Gebrauch durch Menschen mit Behinderungen,
2. dem Laden elektrisch betriebener Fahrzeuge,
3. dem Einbruchsschutz und
4. dem Anschluss an ein Telekommunikationsnetz mit sehr hoher Kapazität

dienen. [2]Über die Durchführung ist im Rahmen ordnungsmäßiger Verwaltung zu beschließen.

(3) Unbeschadet des Absatzes 2 kann jeder Wohnungseigentümer verlangen, dass ihm eine bauliche Veränderung gestattet wird, wenn alle Wohnungseigentümer, deren Rechte durch die bauliche Veränderung über das bei einem geordneten Zusammenleben unvermeidliche Maß hinaus beeinträchtigt werden, einverstanden sind.

---

[1] Anwendbar ab 1.12.2022, beachte hierzu § 48 Abs. 4.

(4) Bauliche Veränderungen, die die Wohnanlage grundlegend umgestalten oder einen Wohnungseigentümer ohne sein Einverständnis gegenüber anderen unbillig benachteiligen, dürfen nicht beschlossen und gestattet werden; sie können auch nicht verlangt werden.

§ 21 Nutzungen und Kosten bei baulichen Veränderungen. (1) [1] Die Kosten einer baulichen Veränderung, die einem Wohnungseigentümer gestattet oder die auf sein Verlangen nach § 20 Absatz 2 durch die Gemeinschaft der Wohnungseigentümer durchgeführt wurde, hat dieser Wohnungseigentümer zu tragen. [2] Nur ihm gebühren die Nutzungen.

(2) [1] Vorbehaltlich des Absatzes 1 haben alle Wohnungseigentümer die Kosten einer baulichen Veränderung nach dem Verhältnis ihrer Anteile (§ 16 Absatz 1 Satz 2) zu tragen,

1. die mit mehr als zwei Dritteln der abgegebenen Stimmen und der Hälfte aller Miteigentumsanteile beschlossen wurde, es sei denn, die bauliche Veränderung ist mit unverhältnismäßigen Kosten verbunden, oder
2. deren Kosten sich innerhalb eines angemessenen Zeitraums amortisieren.

[2] Für die Nutzungen gilt § 16 Absatz 1.

(3) [1] Die Kosten anderer als der in den Absätzen 1 und 2 bezeichneten baulichen Veränderungen haben die Wohnungseigentümer, die sie beschlossen haben, nach dem Verhältnis ihrer Anteile (§ 16 Absatz 1 Satz 2) zu tragen. [2] Ihnen gebühren die Nutzungen entsprechend § 16 Absatz 1.

(4) [1] Ein Wohnungseigentümer, der nicht berechtigt ist, Nutzungen zu ziehen, kann verlangen, dass ihm dies nach billigem Ermessen gegen angemessenen Ausgleich gestattet wird. [2] Für seine Beteiligung an den Nutzungen und Kosten gilt Absatz 3 entsprechend.

(5) [1] Die Wohnungseigentümer können eine abweichende Verteilung der Kosten und Nutzungen beschließen. [2] Durch einen solchen Beschluss dürfen einem Wohnungseigentümer, der nach den vorstehenden Absätzen Kosten nicht zu tragen hat, keine Kosten auferlegt werden.

§ 22 Wiederaufbau. Ist das Gebäude zu mehr als der Hälfte seines Wertes zerstört und ist der Schaden nicht durch eine Versicherung oder in anderer Weise gedeckt, so kann der Wiederaufbau nicht beschlossen oder verlangt werden.

§ 23 Wohnungseigentümerversammlung. (1) [1] Angelegenheiten, über die nach diesem Gesetz oder nach einer Vereinbarung der Wohnungseigentümer die Wohnungseigentümer durch Beschluss entscheiden können, werden durch Beschlussfassung in einer Versammlung der Wohnungseigentümer geordnet. [2] Die Wohnungseigentümer können beschließen, dass Wohnungseigentümer an der Versammlung auch ohne Anwesenheit an deren Ort teilnehmen und sämtliche oder einzelne ihrer Rechte ganz oder teilweise im Wege elektronischer Kommunikation ausüben können.

(2) Zur Gültigkeit eines Beschlusses ist erforderlich, dass der Gegenstand bei der Einberufung bezeichnet ist.

(3) [1] Auch ohne Versammlung ist ein Beschluss gültig, wenn alle Wohnungseigentümer ihre Zustimmung zu diesem Beschluss in Textform erklären. [2] Die Wohnungseigentümer können beschließen, dass für einen einzelnen Gegenstand die Mehrheit der abgegebenen Stimmen genügt.

(4) [1] Ein Beschluss, der gegen eine Rechtsvorschrift verstößt, auf deren Einhaltung rechtswirksam nicht verzichtet werden kann, ist nichtig. [2] Im Übrigen ist ein Beschluss gültig, solange er nicht durch rechtskräftiges Urteil für ungültig erklärt ist.

§ 24 Einberufung, Vorsitz, Niederschrift. (1) Die Versammlung der Wohnungseigentümer wird von dem Verwalter mindestens einmal im Jahr einberufen.

(2) Die Versammlung der Wohnungseigentümer muss von dem Verwalter in den durch Vereinbarung der Wohnungseigentümer bestimmten Fällen, im Übrigen dann einberufen werden, wenn dies in Textform unter Angabe des Zwecks und der Gründe von mehr als einem Viertel der Wohnungseigentümer verlangt wird.

(3) Fehlt ein Verwalter oder weigert er sich pflichtwidrig, die Versammlung der Wohnungseigentümer einzuberufen, so kann die Versammlung auch durch den Vorsitzenden des Verwaltungsbeirats, dessen Vertreter oder einen durch Beschluss ermächtigten Wohnungseigentümer einberufen werden.

(4) [1] Die Einberufung erfolgt in Textform. [2] Die Frist der Einberufung soll, sofern nicht ein Fall besonderer Dringlichkeit vorliegt, mindestens drei Wochen betragen.

(5) Den Vorsitz in der Wohnungseigentümerversammlung führt, sofern diese nichts anderes beschließt, der Verwalter.

(6) [1] Über die in der Versammlung gefassten Beschlüsse ist unverzüglich eine Niederschrift aufzunehmen. [2] Die Niederschrift ist von dem Vorsitzenden und einem Wohnungseigentümer und, falls ein Verwaltungsbeirat bestellt ist, auch von dessen Vorsitzenden oder seinem Vertreter zu unterschreiben.

(7) [1] Es ist eine Beschluss-Sammlung zu führen. [2] Die Beschluss-Sammlung enthält nur den Wortlaut

1. der in der Versammlung der Wohnungseigentümer verkündeten Beschlüsse mit Angabe von Ort und Datum der Versammlung,
2. der schriftlichen Beschlüsse mit Angabe von Ort und Datum der Verkündung und
3. der Urteilsformeln der gerichtlichen Entscheidungen in einem Rechtsstreit gemäß § 43 mit Angabe ihres Datums, des Gerichts und der Parteien,

soweit diese Beschlüsse und gerichtlichen Entscheidungen nach dem 1. Juli 2007 ergangen sind. [3] Die Beschlüsse und gerichtlichen Entscheidungen sind fortlaufend einzutragen und zu nummerieren. [4] Sind sie angefochten oder aufgehoben worden, so ist dies anzumerken. [5] Im Fall einer Aufhebung kann von einer Anmerkung abgesehen und die Eintragung gelöscht werden. [6] Eine Eintragung kann auch gelöscht werden, wenn sie aus einem anderen Grund für die Wohnungseigentümer keine Bedeutung mehr hat. [7] Die Eintragungen, Vermerke und Löschungen gemäß den Sätzen 3 bis 6 sind unverzüglich zu erledigen und mit Datum zu versehen. [8] Einem Wohnungseigentümer oder einem Dritten, den ein Wohnungseigentümer ermächtigt hat, ist auf sein Verlangen Einsicht in die Beschluss-Sammlung zu geben.

(8) [1] Die Beschluss-Sammlung ist von dem Verwalter zu führen. [2] Fehlt ein Verwalter, so ist der *Vorsitzende* der Wohnungseigentümerversammlung verpflich-*tet, die Be*schluss-Sammlung zu führen, sofern die Wohnungseigentümer durch Stimmenmehrheit keinen anderen für diese Aufgabe bestellt haben.

§ 25 Beschlussfassung. (1) Bei der Beschlussfassung entscheidet die Mehrheit der abgegebenen Stimmen.

(2) [1]Jeder Wohnungseigentümer hat eine Stimme. [2]Steht ein Wohnungseigentum mehreren gemeinschaftlich zu, so können sie das Stimmrecht nur einheitlich ausüben.

(3) Vollmachten bedürfen zu ihrer Gültigkeit der Textform.

(4) Ein Wohnungseigentümer ist nicht stimmberechtigt, wenn die Beschlussfassung die Vornahme eines auf die Verwaltung des gemeinschaftlichen Eigentums bezüglichen Rechtsgeschäfts mit ihm oder die Einleitung oder Erledigung eines Rechtsstreits gegen ihn betrifft oder wenn er nach § 17 rechtskräftig verurteilt ist.

§ 26 Bestellung und Abberufung des Verwalters. (1) Über die Bestellung und Abberufung des Verwalters beschließen die Wohnungseigentümer.

(2) [1]Die Bestellung kann auf höchstens fünf Jahre vorgenommen werden, im Fall der ersten Bestellung nach der Begründung von Wohnungseigentum aber auf höchstens drei Jahre. [2]Die wiederholte Bestellung ist zulässig; sie bedarf eines erneuten Beschlusses der Wohnungseigentümer, der frühestens ein Jahr vor Ablauf der Bestellungszeit gefasst werden kann.

(3) [1]Der Verwalter kann jederzeit abberufen werden. [2]Ein Vertrag mit dem Verwalter endet spätestens sechs Monate nach dessen Abberufung.

(4) Soweit die Verwaltereigenschaft durch eine öffentlich beglaubigte Urkunde nachgewiesen werden muss, genügt die Vorlage einer Niederschrift über den Bestellungsbeschluss, bei der die Unterschriften der in § 24 Absatz 6 bezeichneten Personen öffentlich beglaubigt sind.

(5) Abweichungen von den Absätzen 1 bis 3 sind nicht zulässig.

§ 26a Zertifizierter Verwalter. (1) Als zertifizierter Verwalter darf sich bezeichnen, wer vor einer Industrie- und Handelskammer durch eine Prüfung nachgewiesen hat, dass er über die für die Tätigkeit als Verwalter notwendigen rechtlichen, kaufmännischen und technischen Kenntnisse verfügt.

(2) [1]Das Bundesministerium der Justiz und für Verbraucherschutz wird ermächtigt, durch Rechtsverordnung nähere Bestimmungen über die Prüfung zum zertifizierten Verwalter zu erlassen. [2]In der Rechtsverordnung nach Satz 1 können insbesondere festgelegt werden:

1. nähere Bestimmungen zu Inhalt und Verfahren der Prüfung;
2. Bestimmungen über das zu erteilende Zertifikat;
3. Voraussetzungen, unter denen sich juristische Personen und Personengesellschaften als zertifizierte Verwalter bezeichnen dürfen;
4. Bestimmungen, wonach Personen aufgrund anderweitiger Qualifikationen von der Prüfung befreit sind, insbesondere weil sie die Befähigung zum Richteramt, einen Hochschulabschluss mit immobilienwirtschaftlichem Schwerpunkt, eine abgeschlossene Berufsausbildung zum Immobilienkaufmann oder zur Immobilienkauffrau oder einen vergleichbaren Berufsabschluss besitzen.

§ 27 Aufgaben und Befugnisse des Verwalters. (1) Der Verwalter ist gegenüber der Gemeinschaft der Wohnungseigentümer berechtigt und verpflichtet, die Maßnahmen ordnungsmäßiger Verwaltung zu treffen, die

1. untergeordnete Bedeutung haben und nicht zu erheblichen Verpflichtungen führen oder

2. zur Wahrung einer Frist oder zur Abwendung eines Nachteils erforderlich sind.

(2) Die Wohnungseigentümer können die Rechte und Pflichten nach Absatz 1 durch Beschluss einschränken oder erweitern.

§ 28 Wirtschaftsplan, Jahresabrechnung, Vermögensbericht. (1) [1]Die Wohnungseigentümer beschließen über die Vorschüsse zur Kostentragung und zu den nach § 19 Absatz 2 Nummer 4 oder durch Beschluss vorgesehenen Rücklagen. [2]Zu diesem Zweck hat der Verwalter jeweils für ein Kalenderjahr einen Wirtschaftsplan aufzustellen, der darüber hinaus die voraussichtlichen Einnahmen und Ausgaben enthält.

(2) [1]Nach Ablauf des Kalenderjahres beschließen die Wohnungseigentümer über die Einforderung von Nachschüssen oder die Anpassung der beschlossenen Vorschüsse. [2]Zu diesem Zweck hat der Verwalter eine Abrechnung über den Wirtschaftsplan (Jahresabrechnung) aufzustellen, die darüber hinaus die Einnahmen und Ausgaben enthält.

(3) Die Wohnungseigentümer können beschließen, wann Forderungen fällig werden und wie sie zu erfüllen sind.

(4) [1]Der Verwalter hat nach Ablauf eines Kalenderjahres einen Vermögensbericht zu erstellen, der den Stand der in Absatz 1 Satz 1 bezeichneten Rücklagen und eine Aufstellung des wesentlichen Gemeinschaftsvermögens enthält. [2]Der Vermögensbericht ist jedem Wohnungseigentümer zur Verfügung zu stellen.

§ 29 Verwaltungsbeirat. (1) [1]Wohnungseigentümer können durch Beschluss zum Mitglied des Verwaltungsbeirats bestellt werden. [2]Hat der Verwaltungsbeirat mehrere Mitglieder, ist ein Vorsitzender und ein Stellvertreter zu bestimmen. [3]Der Verwaltungsbeirat wird von dem Vorsitzenden nach Bedarf einberufen.

(2) [1]Der Verwaltungsbeirat unterstützt und überwacht den Verwalter bei der Durchführung seiner Aufgaben. [2]Der Wirtschaftsplan und die Jahresabrechnung sollen, bevor die Beschlüsse nach § 28 Absatz 1 Satz 1 und Absatz 2 Satz 1 gefasst werden, vom Verwaltungsbeirat geprüft und mit dessen Stellungnahme versehen werden.

(3) Sind Mitglieder des Verwaltungsbeirats unentgeltlich tätig, haben sie nur Vorsatz und grobe Fahrlässigkeit zu vertreten.

Abschnitt 5. Wohnungserbbaurecht

§ 30 Wohnungserbbaurecht. (1) Steht ein Erbbaurecht mehreren gemeinschaftlich nach Bruchteilen zu, so können die Anteile in der Weise beschränkt werden, dass jedem der Mitberechtigten das Sondereigentum an einer bestimmten Wohnung oder an nicht zu Wohnzwecken dienenden bestimmten Räumen in einem auf Grund des Erbbaurechts errichteten oder zu errichtenden Gebäude eingeräumt wird (Wohnungserbbaurecht, Teilerbbaurecht).

(2) Ein Erbbauberechtigter kann das Erbbaurecht in entsprechender Anwendung des § 8 teilen.

(3) [1]Für jeden Anteil wird von Amts wegen ein besonderes Erbbaugrundbuchblatt angelegt (Wohnungserbbaugrundbuch, Teilerbbaugrundbuch).[1)] [2]Im Übrigen gelten für das Wohnungserbbaurecht (Teilerbbaurecht) die Vorschriften über das Wohnungseigentum (Teileigentum) entsprechend.

[1)] Vgl. hierzu die Wohnungsgrundbuchverfügung (WGV) idF der Bek. v. 24.1.1995 (BGBl. I S. 134), zuletzt geänd. durch G v. 16.10.2020 (BGBl. I S. 2187).

Teil 2. Dauerwohnrecht

§ 31 Begriffsbestimmungen. (1) [1] Ein Grundstück kann in der Weise belastet werden, dass derjenige, zu dessen Gunsten die Belastung erfolgt, berechtigt ist, unter Ausschluss des Eigentümers eine bestimmte Wohnung in einem auf dem Grundstück errichteten oder zu errichtenden Gebäude zu bewohnen oder in anderer Weise zu nutzen (Dauerwohnrecht). [2] Das Dauerwohnrecht kann auf einen außerhalb des Gebäudes liegenden Teil des Grundstücks erstreckt werden, sofern die Wohnung wirtschaftlich die Hauptsache bleibt.

(2) Ein Grundstück kann in der Weise belastet werden, dass derjenige, zu dessen Gunsten die Belastung erfolgt, berechtigt ist, unter Ausschluss des Eigentümers nicht zu Wohnzwecken dienende bestimmte Räume in einem auf dem Grundstück errichteten oder zu errichtenden Gebäude zu nutzen (Dauernutzungsrecht).

(3) Für das Dauernutzungsrecht gelten die Vorschriften über das Dauerwohnrecht entsprechend.

§ 32 Voraussetzungen der Eintragung. (1) Das Dauerwohnrecht soll nur bestellt werden, wenn die Wohnung in sich abgeschlossen ist.

(2) [1] Zur näheren Bezeichnung des Gegenstands und des Inhalts des Dauerwohnrechts kann auf die Eintragungsbewilligung Bezug genommen werden. [2] Der Eintragungsbewilligung sind als Anlagen beizufügen:

1. eine von der Baubehörde mit Unterschrift und Siegel oder Stempel versehene Bauzeichnung, aus der die Aufteilung des Gebäudes sowie die Lage und Größe der dem Dauerwohnrecht unterliegenden Gebäude- und Grundstücksteile ersichtlich ist (Aufteilungsplan); alle zu demselben Dauerwohnrecht gehörenden Einzelräume sind mit der jeweils gleichen Nummer zu kennzeichnen;
2. eine Bescheinigung der Baubehörde, dass die Voraussetzungen des Absatzes 1 vorliegen.

[3] Wenn in der Eintragungsbewilligung für die einzelnen Dauerwohnrechte Nummern angegeben werden, sollen sie mit denen des Aufteilungsplans übereinstimmen.

(3) Das Grundbuchamt soll die Eintragung des Dauerwohnrechts ablehnen, wenn über die in § 33 Absatz 4 Nummer 1 bis 4 bezeichneten Angelegenheiten, über die Voraussetzungen des Heimfallanspruchs (§ 36 Absatz 1) und über die Entschädigung beim Heimfall (§ 36 Absatz 4) keine Vereinbarungen getroffen sind.

§ 33 Inhalt des Dauerwohnrechts. (1) [1] Das Dauerwohnrecht ist veräußerlich und vererblich. [2] Es kann nicht unter einer Bedingung bestellt werden.

(2) Auf das Dauerwohnrecht sind, soweit nicht etwas anderes vereinbart ist, die Vorschriften des § 14 entsprechend anzuwenden.

(3) Der Berechtigte kann die zum gemeinschaftlichen Gebrauch bestimmten Teile, Anlagen und Einrichtungen des Gebäudes und Grundstücks mitbenutzen, soweit nichts anderes vereinbart ist.

(4) Als Inhalt des Dauerwohnrechts können Vereinbarungen getroffen werden über:

1. Art und Umfang der Nutzungen;
2. Instandhaltung und Instandsetzung der dem Dauerwohnrecht unterliegenden Gebäudeteile;

3. die Pflicht des Berechtigten zur Tragung öffentlicher oder privatrechtlicher Lasten des Grundstücks;
4. die Versicherung des Gebäudes und seinen Wiederaufbau im Fall der Zerstörung;
5. das Recht des Eigentümers, bei Vorliegen bestimmter Voraussetzungen Sicherheitsleistung zu verlangen.

§ 34 Ansprüche des Eigentümers und der Dauerwohnberechtigten.

(1) Auf die Ersatzansprüche des Eigentümers wegen Veränderungen oder Verschlechterungen sowie auf die Ansprüche der Dauerwohnberechtigten auf Ersatz von Verwendungen oder auf Gestattung der Wegnahme einer Einrichtung sind die §§ 1049, 1057 des Bürgerlichen Gesetzbuchs[1)] entsprechend anzuwenden.

(2) Wird das Dauerwohnrecht beeinträchtigt, so sind auf die Ansprüche des Berechtigten die für die Ansprüche aus dem Eigentum geltenden Vorschriften entsprechend anzuwenden.

§ 35 Veräußerungsbeschränkung. [1] Als Inhalt des Dauerwohnrechts kann vereinbart werden, dass der Berechtigte zur Veräußerung des Dauerwohnrechts der Zustimmung des Eigentümers oder eines Dritten bedarf. [2] Die Vorschriften des § 12 gelten in diesem Fall entsprechend.

§ 36 Heimfallanspruch. (1) [1] Als Inhalt des Dauerwohnrechts kann vereinbart werden, dass der Berechtigte verpflichtet ist, das Dauerwohnrecht beim Eintritt bestimmter Voraussetzungen auf den Grundstückseigentümer oder einen von diesem zu bezeichnenden Dritten zu übertragen (Heimfallanspruch). [2] Der Heimfallanspruch kann nicht von dem Eigentum an dem Grundstück getrennt werden.

(2) Bezieht sich das Dauerwohnrecht auf Räume, die dem Mieterschutz unterliegen, so kann der Eigentümer von dem Heimfallanspruch nur Gebrauch machen, wenn ein Grund vorliegt, aus dem ein Vermieter die Aufhebung des Mietverhältnisses verlangen oder kündigen kann.

(3) Der Heimfallanspruch verjährt in sechs Monaten von dem Zeitpunkt an, in dem der Eigentümer von dem Eintritt der Voraussetzungen Kenntnis erlangt, ohne Rücksicht auf diese Kenntnis in zwei Jahren von dem Eintritt der Voraussetzungen an.

(4) [1] Als Inhalt des Dauerwohnrechts kann vereinbart werden, dass der Eigentümer dem Berechtigten eine Entschädigung zu gewähren hat, wenn er von dem Heimfallanspruch Gebrauch macht. [2] Als Inhalt des Dauerwohnrechts können Vereinbarungen über die Berechnung oder Höhe der Entschädigung oder die Art ihrer Zahlung getroffen werden.

§ 37 Vermietung. (1) Hat der Dauerwohnberechtigte die dem Dauerwohnrecht unterliegenden Gebäude- oder Grundstücksteile vermietet oder verpachtet, so erlischt das Miet- oder Pachtverhältnis, wenn das Dauerwohnrecht erlischt.

(2) Macht der Eigentümer von seinem Heimfallanspruch Gebrauch, so tritt er oder derjenige, auf den das Dauerwohnrecht zu übertragen ist, in das Miet- oder Pachtverhältnis ein; die Vorschriften der §§ 566 bis 566e des Bürgerlichen Gesetzbuchs[1)] gelten entsprechend.

[1)] Nr. **20**.

(3) [1] Absatz 2 gilt entsprechend, wenn das Dauerwohnrecht veräußert wird. [2] Wird das Dauerwohnrecht im Wege der Zwangsvollstreckung veräußert, so steht dem Erwerber ein Kündigungsrecht in entsprechender Anwendung des § 57a des Gesetzes über die Zwangsversteigerung und die Zwangsverwaltung[1)] zu.

§ 38 Eintritt in das Rechtsverhältnis. (1) Wird das Dauerwohnrecht veräußert, so tritt der Erwerber an Stelle des Veräußerers in die sich während der Dauer seiner Berechtigung aus dem Rechtsverhältnis zu dem Eigentümer ergebenden Verpflichtungen ein.

(2) [1] Wird das Grundstück veräußert, so tritt der Erwerber an Stelle des Veräußerers in die sich während der Dauer seines Eigentums aus dem Rechtsverhältnis zu dem Dauerwohnberechtigten ergebenden Rechte ein. [2] Das Gleiche gilt für den Erwerb auf Grund Zuschlags in der Zwangsversteigerung, wenn das Dauerwohnrecht durch den Zuschlag nicht erlischt.

§ 39 Zwangsversteigerung. (1) Als Inhalt des Dauerwohnrechts kann vereinbart werden, dass das Dauerwohnrecht im Fall der Zwangsversteigerung des Grundstücks abweichend von § 44 des Gesetzes über die Zwangsversteigerung und die Zwangsverwaltung[1)] auch dann bestehen bleiben soll, wenn der Gläubiger einer dem Dauerwohnrecht im Rang vorgehenden oder gleichstehenden Hypothek, Grundschuld, Rentenschuld oder Reallast die Zwangsversteigerung in das Grundstück betreibt.

(2) Eine Vereinbarung gemäß Absatz 1 bedarf zu ihrer Wirksamkeit der Zustimmung derjenigen, denen eine dem Dauerwohnrecht im Rang vorgehende oder gleichstehende Hypothek, Grundschuld, Rentenschuld oder Reallast zusteht.

(3) Eine Vereinbarung gemäß Absatz 1 ist nur wirksam für den Fall, dass der Dauerwohnberechtigte im Zeitpunkt der Feststellung der Versteigerungsbedingungen seine fälligen Zahlungsverpflichtungen gegenüber dem Eigentümer erfüllt hat; in Ergänzung einer Vereinbarung nach Absatz 1 kann vereinbart werden, dass das Fortbestehen des Dauerwohnrechts vom Vorliegen weiterer Voraussetzungen abhängig ist.

§ 40 Haftung des Entgelts. (1) [1] Hypotheken, Grundschulden, Rentenschulden und Reallasten, die dem Dauerwohnrecht im Rang vorgehen oder gleichstehen, sowie öffentliche Lasten, die in wiederkehrenden Leistungen bestehen, erstrecken sich auf den Anspruch auf das Entgelt für das Dauerwohnrecht in gleicher Weise wie auf eine Mietforderung, soweit nicht in Absatz 2 etwas Abweichendes bestimmt ist. [2] Im Übrigen sind die für Mietforderungen geltenden Vorschriften nicht entsprechend anzuwenden.

(2) [1] Als Inhalt des Dauerwohnrechts kann vereinbart werden, dass Verfügungen über den Anspruch auf das Entgelt, wenn es in wiederkehrenden Leistungen ausbedungen ist, gegenüber dem Gläubiger einer dem Dauerwohnrecht im Rang vorgehenden oder gleichstehenden Hypothek, Grundschuld, Rentenschuld oder Reallast wirksam sind. [2] Für eine solche Vereinbarung gilt § 39 Absatz 2 entsprechend.

[1)] Nr. **108**.

§ 41 Besondere Vorschriften für langfristige Dauerwohnrechte.

(1) Für Dauerwohnrechte, die zeitlich unbegrenzt oder für einen Zeitraum von mehr als zehn Jahren eingeräumt sind, gelten die besonderen Vorschriften der Absätze 2 und 3.

(2) Der Eigentümer ist, sofern nicht etwas anderes vereinbart ist, dem Dauerwohnberechtigten gegenüber verpflichtet, eine dem Dauerwohnrecht im Rang vorgehende oder gleichstehende Hypothek löschen zu lassen für den Fall, dass sie sich mit dem Eigentum in einer Person vereinigt, und die Eintragung einer entsprechenden Löschungsvormerkung in das Grundbuch zu bewilligen.

(3) Der Eigentümer ist verpflichtet, dem Dauerwohnberechtigten eine angemessene Entschädigung zu gewähren, wenn er von dem Heimfallanspruch Gebrauch macht.

§ 42 Belastung eines Erbbaurechts. (1) Die Vorschriften der §§ 31 bis 41 gelten für die Belastung eines Erbbaurechts mit einem Dauerwohnrecht entsprechend.

(2) Beim Heimfall des Erbbaurechts bleibt das Dauerwohnrecht bestehen.

Teil 3. Verfahrensvorschriften

§ 43 Zuständigkeit. (1) [1]Die Gemeinschaft der Wohnungseigentümer hat ihren allgemeinen Gerichtsstand bei dem Gericht, in dessen Bezirk das Grundstück liegt. [2]Bei diesem Gericht kann auch die Klage gegen Wohnungseigentümer im Fall des § 9a Absatz 4 Satz 1 erhoben werden.

(2) Das Gericht, in dessen Bezirk das Grundstück liegt, ist ausschließlich zuständig für

1. Streitigkeiten über die Rechte und Pflichten der Wohnungseigentümer untereinander,
2. Streitigkeiten über die Rechte und Pflichten zwischen der Gemeinschaft der Wohnungseigentümer und Wohnungseigentümern,
3. Streitigkeiten über die Rechte und Pflichten des Verwalters einschließlich solcher über Ansprüche eines Wohnungseigentümers gegen den Verwalter sowie
4. Beschlussklagen gemäß § 44.

§ 44 Beschlussklagen. (1) [1]Das Gericht kann auf Klage eines Wohnungseigentümers einen Beschluss für ungültig erklären (Anfechtungsklage) oder seine Nichtigkeit feststellen (Nichtigkeitsklage). [2]Unterbleibt eine notwendige Beschlussfassung, kann das Gericht auf Klage eines Wohnungseigentümers den Beschluss fassen (Beschlussersetzungsklage).

(2) [1]Die Klagen sind gegen die Gemeinschaft der Wohnungseigentümer zu richten. [2]Der Verwalter hat den Wohnungseigentümern die Erhebung einer Klage unverzüglich bekannt zu machen. [3]Mehrere Prozesse sind zur gleichzeitigen Verhandlung und Entscheidung zu verbinden.

(3) Das Urteil wirkt für und gegen alle Wohnungseigentümer, auch wenn sie nicht Partei sind.

(4) Die durch eine Nebenintervention verursachten Kosten gelten nur dann als notwendig zur zweckentsprechenden Rechtsverteidigung im Sinne des § 91 der Zivilprozessordnung[1)], wenn die Nebenintervention geboten war.

§ 45 Fristen der Anfechtungsklage. [1] Die Anfechtungsklage muss innerhalb eines Monats nach der Beschlussfassung erhoben und innerhalb zweier Monate nach der Beschlussfassung begründet werden. [2] Die §§ 233 bis 238 der Zivilprozessordnung[1)] gelten entsprechend.

Teil 4. Ergänzende Bestimmungen

§ 46 Veräußerung ohne erforderliche Zustimmung. [1] Fehlt eine nach § 12 erforderliche Zustimmung, so sind die Veräußerung und das zugrundeliegende Verpflichtungsgeschäft unbeschadet der sonstigen Voraussetzungen wirksam, wenn die Eintragung der Veräußerung oder einer Auflassungsvormerkung in das Grundbuch vor dem 15. Januar 1994 erfolgt ist und es sich um die erstmalige Veräußerung dieses Wohnungseigentums nach seiner Begründung handelt, es sei denn, dass eine rechtskräftige gerichtliche Entscheidung entgegensteht. [2] Das Fehlen der Zustimmung steht in diesen Fällen dem Eintritt der Rechtsfolgen des § 878 Bürgerlichen Gesetzbuchs[2)] nicht entgegen. [3] Die Sätze 1 und 2 gelten entsprechend in den Fällen der §§ 30 und 35 des Wohnungseigentumsgesetzes.

§ 47 Auslegung von Altvereinbarungen. [1] Vereinbarungen, die vor dem 1. Dezember 2020 getroffen wurden und die von solchen Vorschriften dieses Gesetzes abweichen, die durch das Wohnungseigentumsmodernisierungsgesetz vom 16. Oktober 2020 (BGBl. I S. 2187) geändert wurden, stehen der Anwendung dieser Vorschriften in der vom 1. Dezember 2020 an geltenden Fassung nicht entgegen, soweit sich aus der Vereinbarung nicht ein anderer Wille ergibt. [2] Ein solcher Wille ist in der Regel nicht anzunehmen.

§ 48 Übergangsvorschriften. (1) [1] § 5 Absatz 4, § 7 Absatz 2 und § 10 Absatz 3 in der vom 1. Dezember 2020 an geltenden Fassung gelten auch für solche Beschlüsse, die vor diesem Zeitpunkt gefasst oder durch gerichtliche Entscheidung ersetzt wurden. [2] Abweichend davon bestimmt sich die Wirksamkeit eines Beschlusses im Sinne des Satzes 1 gegen den Sondernachfolger eines Wohnungseigentümers nach § 10 Absatz 4 in der vor dem 1. Dezember 2020 geltenden Fassung, wenn die Sondernachfolge bis zum 31. Dezember 2025 eintritt. [3] Jeder Wohnungseigentümer kann bis zum 31. Dezember 2025 verlangen, dass ein Beschluss im Sinne des Satzes 1 erneut gefasst wird; § 204 Absatz 1 Nummer 1 des Bürgerlichen Gesetzbuchs[2)] gilt entsprechend.

(2) § 5 Absatz 4 Satz 3 gilt in der vor dem 1. Dezember 2020 geltenden Fassung weiter für Vereinbarungen und Beschlüsse, die vor diesem Zeitpunkt getroffen oder gefasst wurden, und zu denen vor dem 1. Dezember 2020 alle Zustimmungen erteilt wurden, die nach den vor diesem Zeitpunkt geltenden Vorschriften erforderlich waren.

(3) [1] § 7 Absatz 3 Satz 2 gilt auch für Vereinbarungen und Beschlüsse, die vor dem 1. Dezember 2020 getroffen oder gefasst wurden. [2] Ist eine Vereinbarung oder ein Beschluss im Sinne des Satzes 1 entgegen der Vorgabe des § 7 Absatz 3 Satz 2 nicht ausdrücklich im Grundbuch eingetragen, erfolgt die ausdrückliche Eintra-

---

[1)] Nr. **100**.
[2)] Nr. **20**.

gung in allen Wohnungsgrundbüchern nur auf Antrag eines Wohnungseigentümers oder der Gemeinschaft der Wohnungseigentümer. [3] Ist die Haftung von Sondernachfolgern für Geldschulden entgegen der Vorgabe des § 7 Absatz 3 Satz 2 nicht ausdrücklich im Grundbuch eingetragen, lässt dies die Wirkung gegen den Sondernachfolger eines Wohnungseigentümers unberührt, wenn die Sondernachfolge bis zum 31. Dezember 2025 eintritt.

(4) [1] § 19 Absatz 2 Nummer 6 ist ab dem 1. Dezember 2022 anwendbar. [2] Eine Person, die am 1. Dezember 2020 Verwalter einer Gemeinschaft der Wohnungseigentümer war, gilt gegenüber den Wohnungseigentümern dieser Gemeinschaft der Wohnungseigentümer bis zum 1. Juni 2024 als zertifizierter Verwalter.

(5) Für die bereits vor dem 1. Dezember 2020 bei Gericht anhängigen Verfahren sind die Vorschriften des dritten Teils dieses Gesetzes in ihrer bis dahin geltenden Fassung weiter anzuwenden.

§ 49 Überleitung bestehender Rechtsverhältnisse. (1) Werden Rechtsverhältnisse, mit denen ein Rechtserfolg bezweckt wird, der den durch dieses Gesetz geschaffenen Rechtsformen entspricht, in solche Rechtsformen umgewandelt, so ist als Geschäftswert für die Berechnung der hierdurch veranlassten Gebühren der Gerichte und Notare im Fall des Wohnungseigentums ein Fünfundzwanzigstel des Einheitswerts des Grundstückes, im Falle des Dauerwohnrechtes ein Fünfundzwanzigstel des Wertes des Rechts anzunehmen.

(2) Durch Landesgesetz können Vorschriften zur Überleitung bestehender, auf Landesrecht beruhender Rechtsverhältnisse in die durch dieses Gesetz geschaffenen Rechtsformen getroffen werden.

Lfd. Nr.	Änderndes Gesetz	Datum	Fundstelle	Betroffen	Hinweis
16.	Art. 2 Abs. 2 G zur Einführung eines Wettbewerbsregisters und zur Änd. des G gegen Wettbewerbsbeschränkungen	18.7.2017	BGBl. I S. 2739, geänd. 2021, S. 2	§§ 39, 123, 124 § 125	geänd. mWv 29.7.2017 neu gef. mit noch nicht bestimmtem Inkrafttreten
17.	Art. 6 Zweites G zur Stärkung der Verfahrensrechte von Beschuldigten im Strafverfahren und zur Änd. des Schöffenrechts[1]	27.8.2017	BGBl. I S. 3295	§ 81b	geänd. mWv 5.9.2017
18.	Art. 10 Abs. 9 G zur Neuregelung des Schutzes von Geheimnissen bei der Mitwirkung Dritter an der Berufsausübung schweigepflichtiger Personen	30.10. 2017	BGBl. I S. 3618	§ 47	geänd. mWv 9.11.2017
19.	Art. 10 G zur Einführung einer zivilprozessualen Musterfeststellungsklage	12.7.2018	BGBl. I S. 1151	§ 33h	geänd. mWv 1.11.2018
20.	Art. 1 G zur beschleunigten Beschaffung im Bereich der Verteidigung und Sicherheit und zur Optimierung der Vergabestatistik[2]	25.3.2020	BGBl. I S. 674	Inhaltsübersicht, §§ 107, 114, 150, 169, 170, 173, 176	geänd. mWv 2.4.2020
21.	Art. 1 G zur Abmilderung der Folgen der COVID-19-Pandemie im Wettbewerbsrecht und für den Bereich der Selbstverwaltungsorganisationen der gewerbl. Wirtschaft	25.5.2020	BGBl. I S. 1067	§ 186	geänd. mWv 29.5.2020
22.	Art. 220 Elfte ZuständigkeitsanpassungsVO	19.6.2020	BGBl. I S. 1328	§ 46	geänd. mWv 27.6.2020
23.	Art. 2 Abs. 8 G zur Änd. des EG-VerbraucherschutzdurchsetzungsG sowie des G über die Errichtung des Bundesamts für Justiz	25.6.2020	BGBl. I S. 1474	§ 50c	geänd. mWv 30.6.2020
24.	Art. 3 G zur Änd. des G zur Regelung von Ingenieur- und Architektenleistungen und anderer Gesetze	12.11. 2020	BGBl. I S. 2392	§ 114	geänd. mWv 19.11.2020
25.	Art. 7 G zur Stärkung des fairen Wettbewerbs	26.11. 2020	BGBl. I S. 2568	§§ 32e, 34a	geänd. mWv 2.12.2020

[1] **Amtl. Anm.:** Die Artikel 1 bis 6 dieses Gesetzes dienen der Umsetzung der Richtlinie 2013/48/EU des Europäischen Parlaments und des Rates vom 22. Oktober 2013 über das Recht auf Zugang zu einem Rechtsbeistand in Strafverfahren und in Verfahren zur Vollstreckung des Europäischen Haftbefehls sowie über das Recht auf Benachrichtigung eines Dritten bei Freiheitsentzug und das Recht auf Kommunikation mit Dritten und mit Konsularbehörden während des Freiheitsentzugs (ABl. L 294 vom 6.11.2013, S. 1).

[2] **Amtl. Anm.:** *(vom Abkdruck wurde abgesehen)*

Lfd. Nr.	Änderndes Gesetz	Datum	Fund-stelle	Betroffen	Hinweis
26.	Art. 1 GWB-DigitalisierungsG	18.1.2021	BGBl. I S. 2	Inhaltsübersicht, §§ 18, 19, 20, 32a, 32c, 32e, 33a, 33c, 34a, 35, 36, 38, 39, 40, 44, 46, 47d, 47k, Teil 2 Kapitel 3 Überschrift, §§ 53, 83, 86a, 88, 89b, 90a, 91, 92, 93, 94, 140, 163, 168, 175, 186	geänd. mWv 19.1.2021
				Teil 2 Kapitel 1 und 2 (§§ 48–50f), Teil 3 Kapitel 1 (§§ 54–80), Teil 3 Kapitel 2 Abschnitte 1 und 2 (§§ 81–81n), §§ 82, 82a	neu gef. mWv 19.1.2021
				§§ 19a, 39a, Teil 3 Kapitel 2 Abschnitt 3 Überschrift, § 82b	eingef. mWv 19.1.2021

Inhaltsübersicht[1)]

[1)] Inhaltsübersicht geänd. mWv 18.4.2016 durch G v. 17.2.2016 (BGBl. I S. 203); mWv 30.7.2016 durch G v. 26.7.2016 (BGBl. I S. 1786); mWv 9.6.2017 durch G v. 1.6.2017 (BGBl. I S. 1416); geänd. mWv 2.4.2020 durch G v. 25.3.2020 (BGBl. I S. 674); geänd. mWv 19.1.2021 durch G v. 18.1.2021 (BGBl. I S. 2).

Teil 1.[1] Wettbewerbsbeschränkungen

Kapitel 1.[1] Wettbewerbsbeschränkende Vereinbarungen, Beschlüsse und abgestimmte Verhaltensweisen

§ 1 Verbot wettbewerbsbeschränkender Vereinbarungen. Vereinbarungen zwischen Unternehmen, Beschlüsse von Unternehmensvereinigungen und aufeinander abgestimmte Verhaltensweisen, die eine Verhinderung, Einschränkung oder Verfälschung des Wettbewerbs bezwecken oder bewirken, sind verboten.

§ 2 Freigestellte Vereinbarungen. (1) Vom Verbot des § 1 freigestellt sind Vereinbarungen zwischen Unternehmen, Beschlüsse von Unternehmensvereinigungen oder aufeinander abgestimmte Verhaltensweisen, die unter angemessener Beteiligung der Verbraucher an dem entstehenden Gewinn zur Verbesserung der Warenerzeugung oder -verteilung oder zur Förderung des technischen oder wirtschaftlichen Fortschritts beitragen, ohne dass den beteiligten Unternehmen

1. Beschränkungen auferlegt werden, die für die Verwirklichung dieser Ziele nicht unerlässlich sind, oder
2. Möglichkeiten eröffnet werden, für einen wesentlichen Teil der betreffenden Waren den Wettbewerb auszuschalten.

(2) [1] Bei der Anwendung von Absatz 1 gelten die Verordnungen des Rates oder der Europäischen Kommission über die Anwendung von Artikel 101 Absatz 3 des Vertrages über die Arbeitsweise der Europäischen Union[2] auf bestimmte Gruppen von Vereinbarungen, Beschlüsse von Unternehmensvereinigungen und aufeinander abgestimmte Verhaltensweisen (Gruppenfreistellungsverordnungen) entsprechend. [2] Dies gilt auch, soweit die dort genannten Vereinbarungen, Beschlüsse und Verhaltensweisen nicht geeignet sind, den Handel zwischen den Mitgliedstaaten der Europäischen Union zu beeinträchtigen.

§ 3 Mittelstandskartelle. Vereinbarungen zwischen miteinander im Wettbewerb stehenden Unternehmen und Beschlüsse von Unternehmensvereinigungen, die die Rationalisierung wirtschaftlicher Vorgänge durch zwischenbetriebliche Zusammenarbeit zum Gegenstand haben, erfüllen die Voraussetzungen des § 2 Absatz 1, wenn

1. dadurch der Wettbewerb auf dem Markt nicht wesentlich beeinträchtigt wird und
2. die Vereinbarung oder der Beschluss dazu dient, die Wettbewerbsfähigkeit kleiner oder mittlerer Unternehmen zu verbessern.

§§ 4 bis 17 (weggefallen)

---

[1] Teil 1 und Kapitel 1 Überschriften neu gef. mWv 9.6.2017 durch G v. 1.6.2017 (BGBl. I S. 1416).
[2] Abgedruckt in Anm. zu § 22.

Kapitel 2.[1] Marktbeherrschung, sonstiges wettbewerbsbeschränkendes Verhalten

§ 18[2] Marktbeherrschung. (1) Ein Unternehmen ist marktbeherrschend, soweit es als Anbieter oder Nachfrager einer bestimmten Art von Waren oder gewerblichen Leistungen auf dem sachlich und räumlich relevanten Markt
1. ohne Wettbewerber ist,
2. keinem wesentlichen Wettbewerb ausgesetzt ist oder
3. eine im Verhältnis zu seinen Wettbewerbern überragende Marktstellung hat.

(2) Der räumlich relevante Markt kann weiter sein als der Geltungsbereich dieses Gesetzes.

(2a) Der Annahme eines Marktes steht nicht entgegen, dass eine Leistung unentgeltlich erbracht wird.

(3) Bei der Bewertung der Marktstellung eines Unternehmens im Verhältnis zu seinen Wettbewerbern ist insbesondere Folgendes zu berücksichtigen:
1. sein Marktanteil,
2. seine Finanzkraft,
3. sein Zugang zu wettbewerbsrelevanten Daten,
4. sein Zugang zu den Beschaffungs- oder Absatzmärkten,
5. Verflechtungen mit anderen Unternehmen,
6. rechtliche oder tatsächliche Schranken für den Marktzutritt anderer Unternehmen,
7. der tatsächliche oder potenzielle Wettbewerb durch Unternehmen, die innerhalb oder außerhalb des Geltungsbereichs dieses Gesetzes ansässig sind,
8. die Fähigkeit, sein Angebot oder seine Nachfrage auf andere Waren oder gewerbliche Leistungen umzustellen, sowie
9. die Möglichkeit der Marktgegenseite, auf andere Unternehmen auszuweichen.

(3a) Insbesondere bei mehrseitigen Märkten und Netzwerken sind bei der Bewertung der Marktstellung eines Unternehmens auch zu berücksichtigen:
1. direkte und indirekte Netzwerkeffekte,
2. die parallele Nutzung mehrerer Dienste und der Wechselaufwand für die Nutzer,
3. seine Größenvorteile im Zusammenhang mit Netzwerkeffekten,
4. sein Zugang zu wettbewerbsrelevanten Daten,
5. innovationsgetriebener Wettbewerbsdruck.

(3b) Bei der Bewertung der Marktstellung eines Unternehmens, das als Vermittler auf mehrseitigen Märkten tätig ist, ist insbesondere auch die Bedeutung der von ihm erbrachten Vermittlungsdienstleistungen für den Zugang zu Beschaffungs- und Absatzmärkten zu berücksichtigen.

(4) Es wird vermutet, dass ein Unternehmen marktbeherrschend ist, wenn es einen Marktanteil von mindestens 40 Prozent hat.

(5) Zwei oder mehr Unternehmen sind marktbeherrschend, soweit

---

[1] Kapitel 2 Überschrift neu gef. mWv 9.6.2017 durch G v. 1.6.2017 (BGBl. I S. 1416).

[2] § 18 Abs. 2 geänd., Abs. 2a und 3a eingef., Abs. 8 angef. mWv 9.6.2017 durch G v. 1.6.2017 (BGBl. I S. 1416); Abs. 3 Nr. 3 eingef., bish Nr. 3–8 werden Nr. 4–9, Abs. 3b eingef. mWv 19.1.2021 durch G v. 18.1.2021 (BGBl. I S. 2).

1. zwischen ihnen für eine bestimmte Art von Waren oder gewerblichen Leistungen ein wesentlicher Wettbewerb nicht besteht und
2. sie in ihrer Gesamtheit die Voraussetzungen des Absatzes 1 erfüllen.

(6) Eine Gesamtheit von Unternehmen gilt als marktbeherrschend, wenn sie
1. aus drei oder weniger Unternehmen besteht, die zusammen einen Marktanteil von 50 Prozent erreichen, oder
2. aus fünf oder weniger Unternehmen besteht, die zusammen einen Marktanteil von zwei Dritteln erreichen.

(7) Die Vermutung des Absatzes 6 kann widerlegt werden, wenn die Unternehmen nachweisen, dass
1. die Wettbewerbsbedingungen zwischen ihnen wesentlichen Wettbewerb erwarten lassen oder
2. die Gesamtheit der Unternehmen im Verhältnis zu den übrigen Wettbewerbern keine überragende Marktstellung hat.

(8) Das Bundesministerium für Wirtschaft und Energie berichtet den gesetzgebenden Körperschaften nach Ablauf von drei Jahren nach Inkrafttreten der Regelungen in den Absätzen 2a und 3a über die Erfahrungen mit den Vorschriften.

§ 19[1] Verbotenes Verhalten von marktbeherrschenden Unternehmen.

(1) Der Missbrauch einer marktbeherrschenden Stellung durch ein oder mehrere Unternehmen ist verboten.

(2) Ein Missbrauch liegt insbesondere vor, wenn ein marktbeherrschendes Unternehmen als Anbieter oder Nachfrager einer bestimmten Art von Waren oder gewerblichen Leistungen
1. ein anderes Unternehmen unmittelbar oder mittelbar unbillig behindert oder ohne sachlich gerechtfertigten Grund unmittelbar oder mittelbar anders behandelt als gleichartige Unternehmen;
2. Entgelte oder sonstige Geschäftsbedingungen fordert, die von denjenigen abweichen, die sich bei wirksamem Wettbewerb mit hoher Wahrscheinlichkeit ergeben würden; hierbei sind insbesondere die Verhaltensweisen von Unternehmen auf vergleichbaren Märkten mit wirksamem Wettbewerb zu berücksichtigen;
3. ungünstigere Entgelte oder sonstige Geschäftsbedingungen fordert, als sie das marktbeherrschende Unternehmen selbst auf vergleichbaren Märkten von gleichartigen Abnehmern fordert, es sei denn, dass der Unterschied sachlich gerechtfertigt ist;
4. sich weigert, ein anderes Unternehmen gegen angemessenes Entgelt mit einer solchen Ware oder gewerblichen Leistung zu beliefern, insbesondere ihm Zugang zu Daten, zu Netzen oder anderen Infrastruktureinrichtungen zu gewähren, und die Belieferung oder die Gewährung des Zugangs objektiv notwendig ist, um auf einem vor- oder nachgelagerten Markt tätig zu sein und die Weigerung den wirksamen Wettbewerb auf diesem Markt auszuschalten droht, es sei denn, die Weigerung ist sachlich gerechtfertigt;

---

[1] § 19 Abs. 2 Nr. 5 neu gef., Abs. 3 Satz 1 geänd. mWv 9.6.2017 durch G v. 1.6.2017 (BGBl. I S. 1416); Abs. 1 geänd., Abs. 2 Nr. 4 neu gef. mWv 19.1.2021 durch G v. 18.1.2021 (BGBl. I S. 2).

5. andere Unternehmen dazu auffordert, ihm ohne sachlich gerechtfertigten Grund Vorteile zu gewähren; hierbei ist insbesondere zu berücksichtigen, ob die Aufforderung für das andere Unternehmen nachvollziehbar begründet ist und ob der geforderte Vorteil in einem angemessenen Verhältnis zum Grund der Forderung steht.

(3) [1] Absatz 1 in Verbindung mit Absatz 2 Nummer 1 und Nummer 5 gilt auch für Vereinigungen von miteinander im Wettbewerb stehenden Unternehmen im Sinne der §§ 2, 3 und 28 Absatz 1, § 30 Absatz 2a, 2b und § 31 Absatz 1 Nummer 1, 2 und 4. [2] Absatz 1 in Verbindung mit Absatz 2 Nummer 1 gilt auch für Unternehmen, die Preise nach § 28 Absatz 2 oder § 30 Absatz 1 Satz 1 oder § 31 Absatz 1 Nummer 3 binden.

§ 19a[1)] Missbräuchliches Verhalten von Unternehmen mit überragender marktübergreifender Bedeutung für den Wettbewerb. (1) [1] Das Bundeskartellamt kann durch Verfügung feststellen, dass einem Unternehmen, das in erheblichem Umfang auf Märkten im Sinne des § 18 Absatz 3a tätig ist, eine überragende marktübergreifende Bedeutung für den Wettbewerb zukommt. [2] Bei der Feststellung der überragenden marktübergreifenden Bedeutung eines Unternehmens für den Wettbewerb sind insbesondere zu berücksichtigen:

1. seine marktbeherrschende Stellung auf einem oder mehreren Märkten,
2. seine Finanzkraft oder sein Zugang zu sonstigen Ressourcen,
3. seine vertikale Integration und seine Tätigkeit auf in sonstiger Weise miteinander verbundenen Märkten,
4. sein Zugang zu wettbewerbsrelevanten Daten,
5. die Bedeutung seiner Tätigkeit für den Zugang Dritter zu Beschaffungs- und Absatzmärkten sowie sein damit verbundener Einfluss auf die Geschäftstätigkeit Dritter.

[3] Die Verfügung nach Satz 1 ist auf fünf Jahre nach Eintritt der Bestandskraft zu befristen.

(2) [1] Das Bundeskartellamt kann im Falle einer Feststellung nach Absatz 1 dem Unternehmen untersagen,

1. beim Vermitteln des Zugangs zu Beschaffungs- und Absatzmärkten die eigenen Angebote gegenüber denen von Wettbewerbern bevorzugt zu behandeln, insbesondere
   a) die eigenen Angebote bei der Darstellung zu bevorzugen;
   b) ausschließlich eigene Angebote auf Geräten vorzuinstallieren oder in anderer Weise in Angebote des Unternehmens zu integrieren;
2. Maßnahmen zu ergreifen, die andere Unternehmen in ihrer Geschäftstätigkeit auf Beschaffungs- oder Absatzmärkten behindern, wenn die Tätigkeit des Unternehmens für den Zugang zu diesen Märkten Bedeutung hat, insbesondere
   a) Maßnahmen zu ergreifen, die zu einer ausschließlichen Vorinstallation oder Integration von Angeboten des Unternehmens führen;
   b) andere Unternehmen daran zu hindern oder es ihnen zu erschweren, ihre eigenen Angebote zu bewerben oder Abnehmer auch über andere als die von dem Unternehmen bereitgestellten oder vermittelten Zugänge zu erreichen;

[1)] § 19a eingef. mWv 19.1.2021 durch G v. 18.1.2021 (BGBl. I S. 2).

3. Wettbewerber auf einem Markt, auf dem das Unternehmen seine Stellung, auch ohne marktbeherrschend zu sein, schnell ausbauen kann, unmittelbar oder mittelbar zu behindern, insbesondere
   a) die Nutzung eines Angebots des Unternehmens mit einer dafür nicht erforderlichen automatischen Nutzung eines weiteren Angebots des Unternehmens zu verbinden, ohne dem Nutzer des Angebots ausreichende Wahlmöglichkeiten hinsichtlich des Umstands und der Art und Weise der Nutzung des anderen Angebots einzuräumen;
   b) die Nutzung eines Angebots des Unternehmens von der Nutzung eines anderen Angebots des Unternehmens abhängig zu machen;
4. durch die Verarbeitung wettbewerbsrelevanter Daten, die das Unternehmen gesammelt hat, Marktzutrittsschranken zu errichten oder spürbar zu erhöhen, oder andere Unternehmen in sonstiger Weise zu behindern, oder Geschäftsbedingungen zu fordern, die eine solche Verarbeitung zulassen, insbesondere
   a) die Nutzung von Diensten davon abhängig zu machen, dass Nutzer der Verarbeitung von Daten aus anderen Diensten des Unternehmens oder eines Drittanbieters zustimmen, ohne den Nutzern eine ausreichende Wahlmöglichkeit hinsichtlich des Umstands, des Zwecks und der Art und Weise der Verarbeitung einzuräumen;
   b) von anderen Unternehmen erhaltene wettbewerbsrelevante Daten zu anderen als für die Erbringung der eigenen Dienste gegenüber diesen Unternehmen erforderlichen Zwecken zu verarbeiten, ohne diesen Unternehmen eine ausreichende Wahlmöglichkeit hinsichtlich des Umstands, des Zwecks und der Art und Weise der Verarbeitung einzuräumen;
5. die Interoperabilität von Produkten oder Leistungen oder die Portabilität von Daten zu verweigern oder zu erschweren und damit den Wettbewerb zu behindern;
6. andere Unternehmen unzureichend über den Umfang, die Qualität oder den Erfolg der erbrachten oder beauftragten Leistung zu informieren oder ihnen in anderer Weise eine Beurteilung des Wertes dieser Leistung zu erschweren;
7. für die Behandlung von Angeboten eines anderen Unternehmens Vorteile zu fordern, die in keinem angemessenen Verhältnis zum Grund der Forderung stehen, insbesondere
   a) für deren Darstellung die Übertragung von Daten oder Rechten zu fordern, die dafür nicht zwingend erforderlich sind;
   b) die Qualität der Darstellung dieser Angebote von der Übertragung von Daten oder Rechten abhängig zu machen, die hierzu in keinem angemessenen Verhältnis stehen.

[2] Dies gilt nicht, soweit die jeweilige Verhaltensweise sachlich gerechtfertigt ist. [3] Die Darlegungs- und Beweislast obliegt insoweit dem Unternehmen. [4] § 32 Absatz 2 und 3, die §§ 32a und 32b gelten entsprechend. [5] Die Verfügung nach Absatz 2 kann mit der Feststellung nach Absatz 1 verbunden werden.

(3) Die §§ 19 und 20 bleiben unberührt.

(4) Das Bundesministerium für Wirtschaft und Energie berichtet den gesetzgebenden Körperschaften *nach* Ablauf von vier Jahren nach Inkrafttreten der *Regelungen in den Absätzen* 1 und 2 über die Erfahrungen mit der Vorschrift.

§ 20[1)] Verbotenes Verhalten von Unternehmen mit relativer oder überlegener Marktmacht. (1) [1] § 19 Absatz 1 in Verbindung mit Absatz 2 Nummer 1 gilt auch für Unternehmen und Vereinigungen von Unternehmen, soweit von ihnen andere Unternehmen als Anbieter oder Nachfrager einer bestimmten Art von Waren oder gewerblichen Leistungen in der Weise abhängig sind, dass ausreichende und zumutbare Möglichkeiten, auf dritte Unternehmen auszuweichen, nicht bestehen und ein deutliches Ungleichgewicht zur Gegenmacht der anderen Unternehmen besteht (relative Marktmacht). [2] § 19 Absatz 1 in Verbindung mit Absatz 2 Nummer 1 gilt ferner auch für Unternehmen, die als Vermittler auf mehrseitigen Märkten tätig sind, soweit andere Unternehmen mit Blick auf den Zugang zu Beschaffungs- und Absatzmärkten von ihrer Vermittlungsleistung in der Weise abhängig sind, dass ausreichende und zumutbare Ausweichmöglichkeiten nicht bestehen. [3] Es wird vermutet, dass ein Anbieter einer bestimmten Art von Waren oder gewerblichen Leistungen von einem Nachfrager abhängig im Sinne des Satzes 1 ist, wenn dieser Nachfrager bei ihm zusätzlich zu den verkehrsüblichen Preisnachlässen oder sonstigen Leistungsentgelten regelmäßig besondere Vergünstigungen erlangt, die gleichartigen Nachfragern nicht gewährt werden.

(1a) [1] Eine Abhängigkeit nach Absatz 1 kann sich auch daraus ergeben, dass ein Unternehmen für die eigene Tätigkeit auf den Zugang zu Daten angewiesen ist, die von einem anderen Unternehmen kontrolliert werden. [2] Die Verweigerung des Zugangs zu solchen Daten gegen angemessenes Entgelt kann eine unbillige Behinderung nach Absatz 1 in Verbindung mit § 19 Absatz 2 Nummer 1 darstellen. [3] Dies gilt auch dann, wenn ein Geschäftsverkehr für diese Daten bislang nicht eröffnet ist.

(2) § 19 Absatz 1 in Verbindung mit Absatz 2 Nummer 5 gilt auch für Unternehmen und Vereinigungen von Unternehmen im Verhältnis zu den von ihnen abhängigen Unternehmen.

(3) [1] Unternehmen mit gegenüber kleinen und mittleren Wettbewerbern überlegener Marktmacht dürfen ihre Marktmacht nicht dazu ausnutzen, solche Wettbewerber unmittelbar oder mittelbar unbillig zu behindern. [2] Eine unbillige Behinderung im Sinne des Satzes 1 liegt insbesondere vor, wenn ein Unternehmen

1. Lebensmittel im Sinne des § 2 Absatz 2 des Lebensmittel- und Futtermittelgesetzbuches[2)] unter Einstandspreis oder
2. andere Waren oder gewerbliche Leistungen nicht nur gelegentlich unter Einstandspreis oder
3. von kleinen oder mittleren Unternehmen, mit denen es auf dem nachgelagerten Markt beim Vertrieb von Waren oder gewerblichen Leistungen im Wettbewerb steht, für deren Lieferung einen höheren Preis fordert, als es selbst auf diesem Markt

anbietet, es sei denn, dies ist jeweils sachlich gerechtfertigt. [3] Einstandspreis im Sinne des Satzes 2 ist der zwischen dem Unternehmen mit überlegener Marktmacht und seinem Lieferanten vereinbarte Preis für die Beschaffung der Ware oder Leistung, auf den allgemein gewährte und im Zeitpunkt des Angebots bereits mit hinreichender Sicherheit feststehende Bezugsvergünstigungen anteilig angerechnet werden, soweit nicht für bestimmte Waren oder Leistungen ausdrücklich etwas

---

[1)] § 20 Abs. 3 Satz 3 eingef., bish. Sätze 3 und 4 werden Sätze 4 und 5, Abs. 4 geänd. mWv 9.6.2017 durch G v. 1.6.2017 (BGBl. I S. 1416); Abs. 1 Satz 1 neu gef., Satz 2 eingef., bish. Satz 2 wird Satz 3, Abs. 1a und 3a eingef. mWv 19.1.2021 durch G v. 18.1.2021 (BGBl. I S. 2).

[2)] **Sartorius ErgBd. Nr. 862.**

anderes vereinbart ist. [4] Das Anbieten von Lebensmitteln unter Einstandspreis ist sachlich gerechtfertigt, wenn es geeignet ist, den Verderb oder die drohende Unverkäuflichkeit der Waren beim Händler durch rechtzeitigen Verkauf zu verhindern sowie in vergleichbar schwerwiegenden Fällen. [5] Werden Lebensmittel an gemeinnützige Einrichtungen zur Verwendung im Rahmen ihrer Aufgaben abgegeben, liegt keine unbillige Behinderung vor.

(3a) Eine unbillige Behinderung im Sinne des Absatzes 3 Satz 1 liegt auch vor, wenn ein Unternehmen mit überlegener Marktmacht auf einem Markt im Sinne des § 18 Absatz 3a die eigenständige Erzielung von Netzwerkeffekten durch Wettbewerber behindert und hierdurch die ernstliche Gefahr begründet, dass der Leistungswettbewerb in nicht unerheblichem Maße eingeschränkt wird.

(4) Ergibt sich auf Grund bestimmter Tatsachen nach allgemeiner Erfahrung der Anschein, dass ein Unternehmen seine Marktmacht im Sinne des Absatzes 3 ausgenutzt hat, so obliegt es diesem Unternehmen, den Anschein zu widerlegen und solche anspruchsbegründenden Umstände aus seinem Geschäftsbereich aufzuklären, deren Aufklärung dem betroffenen Wettbewerber oder einem Verband nach § 33 Absatz 4 nicht möglich, dem in Anspruch genommenen Unternehmen aber leicht möglich und zumutbar ist.

(5) Wirtschafts- und Berufsvereinigungen sowie Gütezeichengemeinschaften dürfen die Aufnahme eines Unternehmens nicht ablehnen, wenn die Ablehnung eine sachlich nicht gerechtfertigte ungleiche Behandlung darstellen und zu einer unbilligen Benachteiligung des Unternehmens im Wettbewerb führen würde.

§ 21[1)] Boykottverbot, Verbot sonstigen wettbewerbsbeschränkenden Verhaltens. (1) Unternehmen und Vereinigungen von Unternehmen dürfen nicht ein anderes Unternehmen oder Vereinigungen von Unternehmen in der Absicht, bestimmte Unternehmen unbillig zu beeinträchtigen, zu Liefersperren oder Bezugssperren auffordern.

(2) Unternehmen und Vereinigungen von Unternehmen dürfen anderen Unternehmen keine Nachteile androhen oder zufügen und keine Vorteile versprechen oder gewähren, um sie zu einem Verhalten zu veranlassen, das nach folgenden Vorschriften nicht zum Gegenstand einer vertraglichen Bindung gemacht werden darf:

1. nach diesem Gesetz,
2. nach Artikel 101 oder 102 des Vertrages über die Arbeitsweise der Europäischen Union[2)] oder
3. nach einer Verfügung der Europäischen Kommission oder der Kartellbehörde, die auf Grund dieses Gesetzes oder auf Grund der Artikel 101 oder 102 des Vertrages über die Arbeitsweise der Europäischen Union ergangen ist.

(3) Unternehmen und Vereinigungen von Unternehmen dürfen andere Unternehmen nicht zwingen,

1. einer Vereinbarung oder einem Beschluss im Sinne der §§ 2, 3, 28 Absatz 1 oder § 30 Absatz 2a oder Absatz 2b beizutreten oder
2. sich mit anderen Unternehmen im Sinne des § 37 zusammenzuschließen oder
3. in der Absicht, den Wettbewerb zu beschränken, sich im Markt gleichförmig zu verhalten.

[1)] § 21 Abs. 2 Nr. 3 ber. durch G v. 12.8.2013 (BGBl. I S. 3245); Abs. 3 Nr. 1 neu gef. mWv 9.6.2017 durch G v. 1.6.2017 (BGBl. I S. 1416).

[2)] Abgedruckt in Anm. zu § 22.

(4) Es ist verboten, einem Anderen wirtschaftlichen Nachteil zuzufügen, weil dieser ein Einschreiten der Kartellbehörde beantragt oder angeregt hat.

Kapitel 3.[1] Anwendung des europäischen Wettbewerbsrechts

§ 22[2] Verhältnis dieses Gesetzes zu den Artikeln 101 und 102 des Vertrages über die Arbeitsweise der Europäischen Union. (1) [1] Auf Vereinbarungen zwischen Unternehmen, Beschlüsse von Unternehmensvereinigungen und aufeinander abgestimmte Verhaltensweisen im Sinne des Artikels 101 Absatz 1 des Vertrages über die Arbeitsweise der Europäischen Union[3], die den Handel zwischen den Mitgliedstaaten der Europäischen Union im Sinne dieser Bestimmung beeinträchtigen können, können auch die Vorschriften dieses Gesetzes angewandt werden. [2] Ist dies der Fall, ist daneben gemäß Artikel 3 Absatz 1 Satz 1 der Verordnung (EG) Nr. 1/2003 des Rates vom 16. Dezember 2002 zur Durchführung der in den Artikeln 81 und 82 des Vertrages niedergelegten Wettbewerbsregeln (ABl. EG 2003 Nr. L 1 S. 1) auch Artikel 101 des Vertrages über die Arbeitsweise der Europäischen Union anzuwenden.

(2) [1] Die Anwendung der Vorschriften dieses Gesetzes darf gemäß Artikel 3 Absatz 2 Satz 1 der Verordnung (EG) Nr. 1/2003 nicht zum Verbot von Vereinbarungen zwischen Unternehmen, Beschlüssen von Unternehmensvereinigungen und aufeinander abgestimmten Verhaltensweisen führen, welche zwar den Handel zwischen den Mitgliedstaaten der Europäischen Union zu beeinträchtigen geeignet sind, aber

1. den Wettbewerb im Sinne des Artikels 101 Absatz 1 des Vertrages über die Arbeitsweise der Europäischen Union nicht beschränken oder

---

[1] Kapitel 3 Überschrift neu gef. mWv 9.6.2017 durch G v. 1.6.2017 (BGBl. I S. 1416).
[2] § 22 Abs. 2 Satz 2 geänd. mWv 9.6.2017 durch G v. 1.6.2017 (BGBl. I S. 1416).
[3] Art. 101 Vertrag über die Arbeitsweise der Europäischen Union **(Sartorius Nr. 1001)** lautet:

„**Art. 101 [Kartellverbot]** (1) Mit dem Binnenmarkt unvereinbar und verboten sind alle Vereinbarungen zwischen Unternehmen, Beschlüsse von Unternehmensvereinigungen und aufeinander abgestimmte Verhaltensweisen, welche den Handel zwischen Mitgliedstaaten zu beeinträchtigen geeignet sind und eine Verhinderung, Einschränkung oder Verfälschung des Wettbewerbs innerhalb des Binnenmarkts bezwecken oder bewirken, insbesondere

a) die unmittelbare oder mittelbare Festsetzung der An- oder Verkaufspreise oder sonstiger Geschäftsbedingungen;
b) die Einschränkung oder Kontrolle der Erzeugung, des Absatzes, der technischen Entwicklung oder der Investitionen;
c) die Aufteilung der Märkte oder Versorgungsquellen;
d) die Anwendung unterschiedlicher Bedingungen bei gleichwertigen Leistungen gegenüber Handelspartnern, wodurch diese im Wettbewerb benachteiligt werden;
e) die an den Abschluss von Verträgen geknüpfte Bedingung, dass die Vertragspartner zusätzliche Leistungen annehmen, die weder sachlich noch nach Handelsbrauch in Beziehung zum Vertragsgegenstand stehen.

(2) Die nach diesem Artikel verbotenen Vereinbarungen oder Beschlüsse sind nichtig.

(3) Die Bestimmungen des Absatzes 1 können für nicht anwendbar erklärt werden auf

– Vereinbarungen oder Gruppen von Vereinbarungen zwischen Unternehmen,
– Beschlüsse oder Gruppen von Beschlüssen von Unternehmensvereinigungen,
– aufeinander abgestimmte Verhaltensweisen oder Gruppen von solchen,

die unter angemessener Beteiligung der Verbraucher an dem entstehenden Gewinn zur Verbesserung der Warenerzeugung oder -verteilung oder zur Förderung des technischen oder wirtschaftlichen Fortschritts beitragen, ohne dass den beteiligten Unternehmen

a) Beschränkungen auferlegt werden, die für die Verwirklichung dieser Ziele nicht unerlässlich sind, oder
b) Möglichkeiten eröffnet werden, für einen wesentlichen Teil der betreffenden Waren den Wettbewerb auszuschalten."

2. die Bedingungen des Artikels 101 Absatz 3 des Vertrages über die Arbeitsweise der Europäischen Union erfüllen oder
3. durch eine Verordnung zur Anwendung des Artikels 101 Absatz 3 des Vertrages über die Arbeitsweise der Europäischen Union erfasst sind.

[2] Die Vorschriften des Kapitels 2 bleiben unberührt. [3] In anderen Fällen richtet sich der Vorrang von Artikel 101 des Vertrages über die Arbeitsweise der Europäischen Union nach dem insoweit maßgeblichen Recht der Europäischen Union.

(3) [1] Auf Handlungen, die einen nach Artikel 102 des Vertrages über die Arbeitsweise der Europäischen Union[1)] verbotenen Missbrauch darstellen, können auch die Vorschriften dieses Gesetzes angewandt werden. [2] Ist dies der Fall, ist daneben gemäß Artikel 3 Absatz 1 Satz 2 der Verordnung (EG) Nr. 1/2003 auch Artikel 102 des Vertrages über die Arbeitsweise der Europäischen Union anzuwenden. [3] Die Anwendung weitergehender Vorschriften dieses Gesetzes bleibt unberührt.

(4) [1] Die Absätze 1 bis 3 gelten unbeschadet des Rechts der Europäischen Union nicht, soweit die Vorschriften über die Zusammenschlusskontrolle angewandt werden. [2] Vorschriften, die überwiegend ein von den Artikeln 101 und 102 des Vertrages über die Arbeitsweise der Europäischen Union abweichendes Ziel verfolgen, bleiben von den Vorschriften dieses Abschnitts unberührt.

§ 23 (weggefallen)

Kapitel 4.[2)] Wettbewerbsregeln

§ 24 Begriff, Antrag auf Anerkennung. (1) Wirtschafts- und Berufsvereinigungen können für ihren Bereich Wettbewerbsregeln aufstellen.

(2) Wettbewerbsregeln sind Bestimmungen, die das Verhalten von Unternehmen im Wettbewerb regeln zu dem Zweck, einem den Grundsätzen des lauteren oder der Wirksamkeit eines leistungsgerechten Wettbewerbs zuwiderlaufenden Verhalten im Wettbewerb entgegenzuwirken und ein diesen Grundsätzen entsprechendes Verhalten im Wettbewerb anzuregen.

(3) Wirtschafts- und Berufsvereinigungen können bei der Kartellbehörde die Anerkennung von Wettbewerbsregeln beantragen.

(4) [1] Der Antrag auf Anerkennung von Wettbewerbsregeln hat zu enthalten:
1. Name, Rechtsform und Anschrift der Wirtschafts- oder Berufsvereinigung;

[1)] Art. 102 Vertrag über die Arbeitsweise der Europäischen Union **(Sartorius Nr. 1001)** lautet:
„**Art. 102 [Missbrauch einer marktbeherrschenden Stellung]** Mit dem Binnenmarkt unvereinbar und verboten ist die missbräuchliche Ausnutzung einer beherrschenden Stellung auf dem Binnenmarkt oder auf einem wesentlichen Teil desselben durch ein oder mehrere Unternehmen, soweit dies dazu führen kann, den Handel zwischen Mitgliedstaaten zu beeinträchtigen.

Dieser Missbrauch kann insbesondere in Folgendem bestehen:
a) der unmittelbaren oder mittelbaren Erzwingung von unangemessenen Einkaufs- oder Verkaufspreisen oder sonstigen Geschäftsbedingungen;
b) der Einschränkung der Erzeugung, des Absatzes oder der technischen Entwicklung zum Schaden der Verbraucher;
c) der Anwendung unterschiedlicher Bedingungen bei gleichwertigen Leistungen gegenüber Handelspartnern, wodurch diese im Wettbewerb benachteiligt werden;
d) der an den Abschluss von Verträgen geknüpften Bedingung, dass die Vertragspartner zusätzliche Leistungen annehmen, die weder sachlich noch nach Handelsbrauch in Beziehung zum Vertragsgegenstand stehen."

[2)] Kapitel 4 Überschrift neu gef. mWv 9.6.2017 durch G v. 1.6.2017 (BGBl. I S. 1416).

2. Name und Anschrift der Person, die sie vertritt;
3. die Angabe des sachlichen und örtlichen Anwendungsbereichs der Wettbewerbsregeln;
4. den Wortlaut der Wettbewerbsregeln.

[2] Dem Antrag sind beizufügen:

1. die Satzung der Wirtschafts- oder Berufsvereinigung;
2. der Nachweis, dass die Wettbewerbsregeln satzungsmäßig aufgestellt sind;
3. eine Aufstellung von außenstehenden Wirtschafts- oder Berufsvereinigungen und Unternehmen der gleichen Wirtschaftsstufe sowie der Lieferanten- und Abnehmervereinigungen und der Bundesorganisationen der beteiligten Wirtschaftsstufen des betreffenden Wirtschaftszweiges.

[3] In dem Antrag dürfen keine unrichtigen oder unvollständigen Angaben gemacht oder benutzt werden, um für den Antragsteller oder einen anderen die Anerkennung einer Wettbewerbsregel zu erschleichen.

(5) Änderungen und Ergänzungen anerkannter Wettbewerbsregeln sind der Kartellbehörde mitzuteilen.

§ 25 Stellungnahme Dritter. [1] Die Kartellbehörde hat nichtbeteiligten Unternehmen der gleichen Wirtschaftsstufe, Wirtschafts- und Berufsvereinigungen der durch die Wettbewerbsregeln betroffenen Lieferanten und Abnehmer sowie den Bundesorganisationen der beteiligten Wirtschaftsstufen Gelegenheit zur Stellungnahme zu geben. [2] Gleiches gilt für Verbraucherzentralen und andere Verbraucherverbände, die mit öffentlichen Mitteln gefördert werden, wenn die Interessen der Verbraucher erheblich berührt sind. [3] Die Kartellbehörde kann eine öffentliche mündliche Verhandlung über den Antrag auf Anerkennung durchführen, in der es jedermann freisteht, Einwendungen gegen die Anerkennung zu erheben.

§ 26[1)] Anerkennung. (1) [1] Die Anerkennung erfolgt durch Verfügung der Kartellbehörde. [2] Sie hat zum Inhalt, dass die Kartellbehörde von den ihr nach Kapitel 6 zustehenden Befugnissen keinen Gebrauch machen wird.

(2) Soweit eine Wettbewerbsregel gegen das Verbot des § 1 verstößt und nicht nach den §§ 2 und 3 freigestellt ist oder andere Bestimmungen dieses Gesetzes, des Gesetzes gegen den unlauteren Wettbewerb[2)] oder eine andere Rechtsvorschrift verletzt, hat die Kartellbehörde den Antrag auf Anerkennung abzulehnen.

(3) Wirtschafts- und Berufsvereinigungen haben die Außerkraftsetzung von ihnen aufgestellter, anerkannter Wettbewerbsregeln der Kartellbehörde mitzuteilen.

(4) Die Kartellbehörde hat die Anerkennung zurückzunehmen oder zu widerrufen, wenn sie nachträglich feststellt, dass die Voraussetzungen für die Ablehnung der Anerkennung nach Absatz 2 vorliegen.

§ 27 Veröffentlichung von Wettbewerbsregeln, Bekanntmachungen.

(1) Anerkannte Wettbewerbsregeln sind im Bundesanzeiger zu veröffentlichen.

(2) Im Bundesanzeiger sind bekannt zu machen

1. die Anträge nach § 24 Absatz 3;

[1)] § 26 Abs. 1 Satz 2 geänd. mWv 9.6.2017 durch G v. 1.6.2017 (BGBl. I S. 1416).
[2)] Nr. **73**.

2. die Anberaumung von Terminen zur mündlichen Verhandlung nach § 25 Satz 3;
3. die Anerkennung von Wettbewerbsregeln, ihrer Änderungen und Ergänzungen;
4. die Ablehnung der Anerkennung nach § 26 Absatz 2, die Rücknahme oder der Widerruf der Anerkennung von Wettbewerbsregeln nach § 26 Absatz 4.

(3) Mit der Bekanntmachung der Anträge nach Absatz 2 Nummer 1 ist darauf hinzuweisen, dass die Wettbewerbsregeln, deren Anerkennung beantragt ist, bei der Kartellbehörde zur öffentlichen Einsichtnahme ausgelegt sind.

(4) Soweit die Anträge nach Absatz 2 Nummer 1 zur Anerkennung führen, genügt für die Bekanntmachung der Anerkennung eine Bezugnahme auf die Bekanntmachung der Anträge.

(5) Die Kartellbehörde erteilt zu anerkannten Wettbewerbsregeln, die nicht nach Absatz 1 veröffentlicht worden sind, auf Anfrage Auskunft über die Angaben nach § 24 Absatz 4 Satz 1.

Kapitel 5.[1] Sonderregeln für bestimmte Wirtschaftsbereiche

§ 28 Landwirtschaft. (1) [1] § 1 gilt nicht für Vereinbarungen von landwirtschaftlichen Erzeugerbetrieben sowie für Vereinbarungen und Beschlüsse von Vereinigungen von landwirtschaftlichen Erzeugerbetrieben und Vereinigungen von solchen Erzeugervereinigungen über

1. die Erzeugung oder den Absatz landwirtschaftlicher Erzeugnisse oder
2. die Benutzung gemeinschaftlicher Einrichtungen für die Lagerung, Be- oder Verarbeitung landwirtschaftlicher Erzeugnisse,

sofern sie keine Preisbindung enthalten und den Wettbewerb nicht ausschließen. [2] Als landwirtschaftliche Erzeugerbetriebe gelten auch Pflanzen- und Tierzuchtbetriebe und die auf der Stufe dieser Betriebe tätigen Unternehmen.

(2) Für vertikale Preisbindungen, die die Sortierung, Kennzeichnung oder Verpackung von landwirtschaftlichen Erzeugnissen betreffen, gilt § 1 nicht.

(3) Landwirtschaftliche Erzeugnisse sind die in Anhang I des Vertrages über die Arbeitsweise der Europäischen Union[2] aufgeführten Erzeugnisse sowie die durch Be- oder Verarbeitung dieser Erzeugnisse gewonnenen Waren, deren Be- oder Verarbeitung durch landwirtschaftliche Erzeugerbetriebe oder ihre Vereinigungen durchgeführt zu werden pflegt.

§ 29 Energiewirtschaft. [1] Einem Unternehmen ist es verboten, als Anbieter von Elektrizität oder leitungsgebundenem Gas (Versorgungsunternehmen) auf einem Markt, auf dem es allein oder zusammen mit anderen Versorgungsunternehmen eine marktbeherrschende Stellung hat, diese Stellung missbräuchlich auszunutzen, indem es

1. Entgelte oder sonstige Geschäftsbedingungen fordert, die ungünstiger sind als diejenigen anderer Versorgungsunternehmen oder von Unternehmen auf vergleichbaren Märkten, es sei denn, das Versorgungsunternehmen weist nach, dass die Abweichung sachlich gerechtfertigt ist, wobei die Umkehr der Darlegungs- und Beweislast nur in Verfahren vor den Kartellbehörden gilt, oder
2. Entgelte fordert, die die Kosten in unangemessener Weise überschreiten.

---

[1] Kapitel 5 Überschrift neu gef. mWv 9.6.2017 durch G v. 1.6.2017 (BGBl. I S. 1416).
[2] **Sartorius Nr. 1001.**

[2]Kosten, die sich ihrem Umfang nach im Wettbewerb nicht einstellen würden, dürfen bei der Feststellung eines Missbrauchs im Sinne des Satzes 1 nicht berücksichtigt werden. [3]Die §§ 19 und 20 bleiben unberührt.

§ 30[1)] Presse[2)]. (1) [1]§ 1 gilt nicht für vertikale Preisbindungen, durch die ein Unternehmen, das Zeitungen oder Zeitschriften herstellt, die Abnehmer dieser Erzeugnisse rechtlich oder wirtschaftlich bindet, bei der Weiterveräußerung bestimmte Preise zu vereinbaren oder ihren Abnehmern die gleiche Bindung bis zur Weiterveräußerung an den letzten Verbraucher aufzuerlegen. [2]Zu Zeitungen und Zeitschriften zählen auch Produkte, die Zeitungen oder Zeitschriften reproduzieren oder substituieren und bei Würdigung der Gesamtumstände als überwiegend verlagstypisch anzusehen sind, sowie kombinierte Produkte, bei denen eine Zeitung oder eine Zeitschrift im Vordergrund steht.

(2) [1]Vereinbarungen der in Absatz 1 bezeichneten Art sind, soweit sie Preise und Preisbestandteile betreffen, schriftlich abzufassen. [2]Es genügt, wenn die Beteiligten Urkunden unterzeichnen, die auf eine Preisliste oder auf Preismitteilungen Bezug nehmen. [3]§ 126 Absatz 2 des Bürgerlichen Gesetzbuchs[3)] findet keine Anwendung.

(2a) [1]§ 1 gilt nicht für Branchenvereinbarungen zwischen Vereinigungen von Unternehmen, die nach Absatz 1 Preise für Zeitungen oder Zeitschriften binden (Presseverlage), einerseits und Vereinigungen von deren Abnehmern, die im Preis gebundene Zeitungen und Zeitschriften mit Remissionsrecht beziehen und mit Remissionsrecht an Letztveräußerer verkaufen (Presse-Grossisten), andererseits für die von diesen Vereinigungen jeweils vertretenen Unternehmen, soweit in diesen Branchenvereinbarungen der flächendeckende und diskriminierungsfreie Vertrieb von Zeitungs- und Zeitschriftensortimenten durch die Presse-Grossisten, insbesondere dessen Voraussetzungen und dessen Vergütungen sowie die dadurch abgegoltenen Leistungen geregelt sind. [2]Insoweit sind die in Satz 1 genannten Vereinigungen und die von ihnen jeweils vertretenen Presseverlage und Presse-Grossisten zur Sicherstellung eines flächendeckenden und diskriminierungsfreien Vertriebs von Zeitungen und Zeitschriften im stationären Einzelhandel im Sinne von Artikel 106 Absatz 2 des Vertrages über die Arbeitsweise der Europäischen Union[4)] mit Dienstleistungen von allgemeinem wirtschaftlichem Interesse betraut. [3]Die §§ 19 und 20 bleiben unberührt.

(2b) [1]§ 1 gilt nicht für Vereinbarungen zwischen Zeitungs- oder Zeitschriftenverlagen über eine verlagswirtschaftliche Zusammenarbeit, soweit die Vereinbarung den Beteiligten ermöglicht, ihre wirtschaftliche Basis für den intermedialen Wettbewerb zu stärken. [2]Satz 1 gilt nicht für eine Zusammenarbeit im redaktionellen Bereich. [3]Die Unternehmen haben auf Antrag einen Anspruch auf eine Entscheidung der Kartellbehörde nach § 32c, wenn

1. bei einer Vereinbarung nach Satz 1 die Voraussetzungen für ein Verbot nach Artikel 101 Absatz 1 des Vertrages über die Arbeitsweise der Europäischen Union[5)] nach den der Kartellbehörde vorliegenden Erkenntnissen nicht gegeben sind und

---

[1)] § 30 Überschrift neu gef., Abs. 2b eingef., Abs. 3 Satz 2 geänd., Abs. 4 angef. mWv 9.6.2017 durch G v. 1.6.2017 (BGBl. I S. 1416).

[2)] Beachte hierzu auch G über die Preisbindung für Bücher (Buchpreisbindungsgesetz) **(Schönfelder ErgBd. Nr. 66a)**.

[3)] Nr. **20**.

[4)] **Sartorius Nr. 1001.**

[5)] Abgedruckt in Anm. zu § 22.

2. die Antragsteller ein erhebliches rechtliches und wirtschaftliches Interesse an dieser Entscheidung haben.

[4] Die §§ 19 und 20 bleiben unberührt.

(3) [1] Das Bundeskartellamt kann von Amts wegen oder auf Antrag eines gebundenen Abnehmers die Preisbindung für unwirksam erklären und die Anwendung einer neuen gleichartigen Preisbindung verbieten, wenn

1. die Preisbindung missbräuchlich gehandhabt wird oder
2. die Preisbindung oder ihre Verbindung mit anderen Wettbewerbsbeschränkungen geeignet ist, die gebundenen Waren zu verteuern oder ein Sinken ihrer Preise zu verhindern oder ihre Erzeugung oder ihren Absatz zu beschränken.

[2] Soweit eine Branchenvereinbarung nach Absatz 2a oder eine Vereinbarung nach Absatz 2b einen Missbrauch der Freistellung darstellt, kann das Bundeskartellamt diese ganz oder teilweise für unwirksam erklären.

(4) Das Bundesministerium für Wirtschaft und Energie berichtet den gesetzgebenden Körperschaften nach Ablauf von fünf Jahren nach Inkrafttreten der Regelung in den Absätzen 2b und 3 Satz 2 über die Erfahrungen mit der Vorschrift.

§ 31 Verträge der Wasserwirtschaft. (1) Das Verbot wettbewerbsbeschränkender Vereinbarungen nach § 1 gilt nicht für Verträge von Unternehmen der öffentlichen Versorgung mit Wasser (Wasserversorgungsunternehmen) mit

1. anderen Wasserversorgungsunternehmen oder mit Gebietskörperschaften, soweit sich damit ein Vertragsbeteiligter verpflichtet, in einem bestimmten Gebiet eine öffentliche Wasserversorgung über feste Leitungswege zu unterlassen;
2. Gebietskörperschaften, soweit sich damit eine Gebietskörperschaft verpflichtet, die Verlegung und den Betrieb von Leitungen auf oder unter öffentlichen Wegen für eine bestehende oder beabsichtigte unmittelbare öffentliche Wasserversorgung von Letztverbrauchern im Gebiet der Gebietskörperschaft ausschließlich einem Versorgungsunternehmen zu gestatten;
3. Wasserversorgungsunternehmen der Verteilungsstufe, soweit sich damit ein Wasserversorgungsunternehmen der Verteilungsstufe verpflichtet, seine Abnehmer mit Wasser über feste Leitungswege nicht zu ungünstigeren Preisen oder Bedingungen zu versorgen, als sie das zuliefernde Wasserversorgungsunternehmen seinen vergleichbaren Abnehmern gewährt;
4. anderen Wasserversorgungsunternehmen, soweit sie zu dem Zweck abgeschlossen sind, bestimmte Versorgungsleistungen über feste Leitungswege einem oder mehreren Versorgungsunternehmen ausschließlich zur Durchführung der öffentlichen Versorgung zur Verfügung zu stellen.

(2) Verträge nach Absatz 1 sowie ihre Änderungen und Ergänzungen bedürfen der Schriftform.

(3) Durch Verträge nach Absatz 1 oder die Art ihrer Durchführung darf die durch die Freistellung von den Vorschriften dieses Gesetzes erlangte Stellung im Markt nicht missbraucht werden.

(4) Ein Missbrauch liegt insbesondere vor, wenn

1. das Marktverhalten eines Wasserversorgungsunternehmens den Grundsätzen zuwiderläuft, die für das Marktverhalten von Unternehmen bei wirksamem Wettbewerb bestimmend sind, oder

2. ein Wasserversorgungsunternehmen von seinen Abnehmern ungünstigere Preise oder Geschäftsbedingungen fordert als gleichartige Wasserversorgungsunternehmen, es sei denn, das Wasserversorgungsunternehmen weist nach, dass der Unterschied auf abweichenden Umständen beruht, die ihm nicht zurechenbar sind, oder
3. ein Wasserversorgungsunternehmen Entgelte fordert, die die Kosten in unangemessener Weise überschreiten; anzuerkennen sind die Kosten, die bei einer rationellen Betriebsführung anfallen.

(5) Ein Missbrauch liegt nicht vor, wenn ein Wasserversorgungsunternehmen sich insbesondere aus technischen oder hygienischen Gründen weigert, mit einem anderen Unternehmen Verträge über die Einspeisung von Wasser in sein Versorgungsnetz abzuschließen, und eine damit verbundene Entnahme (Durchleitung) verweigert.

§ 31a Wasserwirtschaft, Meldepflicht. (1) [1] Verträge nach § 31 Absatz 1 Nummer 1, 2 und 4 sowie ihre Änderungen und Ergänzungen bedürfen zu ihrer Wirksamkeit der vollständigen Anmeldung bei der Kartellbehörde. [2] Bei der Anmeldung sind für jedes beteiligte Unternehmen anzugeben:
1. Firma oder sonstige Bezeichnung,
2. Ort der Niederlassung oder Sitz,
3. Rechtsform und Anschrift sowie
4. Name und Anschrift des bestellten Vertreters oder des sonstigen Bevollmächtigten, bei juristischen Personen des gesetzlichen Vertreters.

(2) Die Beendigung oder Aufhebung der in § 31 Absatz 1 Nummer 1, 2 und 4 genannten Verträge ist der Kartellbehörde mitzuteilen.

§ 31b Wasserwirtschaft, Aufgaben und Befugnisse der Kartellbehörde, Sanktionen. (1) Die Kartellbehörde erteilt zu den nach § 31 Absatz 1 Nummer 1, 2 und 4 freigestellten Verträgen auf Anfrage Auskunft über
1. Angaben nach § 31a und
2. den wesentlichen Inhalt der Verträge und Beschlüsse, insbesondere Angaben über den Zweck, über die beabsichtigten Maßnahmen und über Geltungsdauer, Kündigung, Rücktritt und Austritt.

(2) Die Kartellbehörde erlässt Verfügungen nach diesem Gesetz, die die öffentliche Versorgung mit Wasser über feste Leitungswege betreffen, im Benehmen mit der Fachaufsichtsbehörde.

(3) Die Kartellbehörde kann in Fällen des Missbrauchs nach § 31 Absatz 3
1. die beteiligten Unternehmen verpflichten, einen beanstandeten Missbrauch abzustellen,
2. die beteiligten Unternehmen verpflichten, die Verträge oder Beschlüsse zu ändern, oder
3. die Verträge und Beschlüsse für unwirksam erklären.

(4) Bei einer Entscheidung über eine Maßnahme nach Absatz 3 berücksichtigt die Kartellbehörde Sinn und Zweck der Freistellung und insbesondere das Ziel einer möglichst sicheren und preisgünstigen Versorgung.

(5) Absatz 3 gilt entsprechend, soweit ein Wasserversorgungsunternehmen eine marktbeherrschende Stellung innehat.

(6) § 19 bleibt unberührt.

Kapitel 6.[1] Befugnisse der Kartellbehörden, Schadensersatz und Vorteilsabschöpfung

Abschnitt 1.[2] Befugnisse der Kartellbehörden

§ 32[3] Abstellung und nachträgliche Feststellung von Zuwiderhandlungen. (1) Die Kartellbehörde kann Unternehmen oder Vereinigungen von Unternehmen verpflichten, eine Zuwiderhandlung gegen eine Vorschrift dieses Teils oder gegen Artikel 101 oder 102 des Vertrages über die Arbeitsweise der Europäischen Union[4] abzustellen.

(2) [1] Sie kann ihnen hierzu alle erforderlichen Abhilfemaßnahmen verhaltensorientierter oder struktureller Art vorschreiben, die gegenüber der festgestellten Zuwiderhandlung verhältnismäßig und für eine wirksame Abstellung der Zuwiderhandlung erforderlich sind. [2] Abhilfemaßnahmen struktureller Art können nur in Ermangelung einer verhaltensorientierten Abhilfemaßnahme von gleicher Wirksamkeit festgelegt werden, oder wenn letztere im Vergleich zu Abhilfemaßnahmen struktureller Art mit einer größeren Belastung für die beteiligten Unternehmen verbunden wäre.

(2a) [1] In der Abstellungsverfügung kann die Kartellbehörde eine Rückerstattung der aus dem kartellrechtswidrigen Verhalten erwirtschafteten Vorteile anordnen. [2] Die in den erwirtschafteten Vorteilen enthaltenen Zinsvorteile können geschätzt werden. [3] Nach Ablauf der in der Abstellungsverfügung bestimmten Frist für die Rückerstattung sind die bis zu diesem Zeitpunkt erwirtschafteten Vorteile entsprechend § 288 Absatz 1 Satz 2 und § 289 Satz 1 des Bürgerlichen Gesetzbuchs[5] zu verzinsen.

(3) Soweit ein berechtigtes Interesse besteht, kann die Kartellbehörde auch eine Zuwiderhandlung feststellen, nachdem diese beendet ist.

§ 32a[6] Einstweilige Maßnahmen. (1) [1] Die Kartellbehörde kann von Amts wegen einstweilige Maßnahmen anordnen, wenn eine Zuwiderhandlung im Sinne des § 32 Absatz 1 überwiegend wahrscheinlich erscheint und die einstweilige Maßnahme zum Schutz des Wettbewerbs oder aufgrund einer unmittelbar drohenden, schwerwiegenden Beeinträchtigung eines anderen Unternehmens geboten ist. [2] Dies gilt nicht, sofern das betroffene Unternehmen Tatsachen glaubhaft macht, nach denen die Anordnung eine unbillige, nicht durch überwiegende öffentliche Interessen gebotene Härte zur Folge hätte.

(2) [1] Die Anordnung gemäß Absatz 1 ist zu befristen. [2] Die Frist kann verlängert werden. [3] Sie soll insgesamt ein Jahr nicht überschreiten.

§ 32b Verpflichtungszusagen. (1) [1] Bieten Unternehmen im Rahmen eines Verfahrens nach § 30 Absatz 3, § 31b Absatz 3 oder § 32 an, Verpflichtungen einzugehen, die geeignet sind, die ihnen von der Kartellbehörde nach vorläufiger Beurteilung mitgeteilten Bedenken auszuräumen, so kann die Kartellbehörde für diese Unternehmen die Verpflichtungszusagen durch Verfügung für bindend erklären. [2] Die Verfügung hat zum Inhalt, dass die Kartellbehörde vorbehaltlich des

---

[1] Kapitel 6 Überschrift neu gef. mWv 9.6.2017 durch G v. 1.6.2017 (BGBl. I S. 1416).
[2] Kapitel 6 Abschnitt 1 Überschrift eingef. mWv 9.6.2017 durch G v. 1.6.2017 (BGBl. I S. 1416).
[3] § 32 Abs. 1 geänd. mWv 9.6.2017 *durch G v. 1.6.2017* (BGBl. I S. 1416).
[4] *Abgedruckt in Anm.* zu § 22.
[5] Nr. **20**.
[6] § 32a Abs. 1 neu gef. mWv 19.1.2021 durch G v. 18.1.2021 (BGBl. I S. 2).

Absatzes 2 von ihren Befugnissen nach den § 30 Absatz 3, § 31b Absatz 3, §§ 32 und 32a keinen Gebrauch machen wird. [3] Sie kann befristet werden.

(2) Die Kartellbehörde kann die Verfügung nach Absatz 1 aufheben und das Verfahren wieder aufnehmen, wenn

1. sich die tatsächlichen Verhältnisse in einem für die Verfügung wesentlichen Punkt nachträglich geändert haben,
2. die beteiligten Unternehmen ihre Verpflichtungen nicht einhalten oder
3. die Verfügung auf unvollständigen, unrichtigen oder irreführenden Angaben der Parteien beruht.

§ 32c[1)] Kein Anlass zum Tätigwerden. (1) [1] Sind die Voraussetzungen für ein Verbot nach den §§ 1, 19 bis 21 und 29, nach Artikel 101 Absatz 1 oder Artikel 102 des Vertrages über die Arbeitsweise der Europäischen Union[2)] nach den der Kartellbehörde vorliegenden Erkenntnissen nicht gegeben, so kann sie entscheiden, dass für sie kein Anlass besteht, tätig zu werden. [2] Die Entscheidung hat zum Inhalt, dass die Kartellbehörde vorbehaltlich neuer Erkenntnisse von ihren Befugnissen nach den §§ 32 und 32a keinen Gebrauch machen wird. [3] Sie hat keine Freistellung von einem Verbot im Sinne des Satzes 1 zum Inhalt.

(2) Unabhängig von den Voraussetzungen nach Absatz 1 kann die Kartellbehörde auch mitteilen, dass sie im Rahmen ihres Aufgreifermessens von der Einleitung eines Verfahrens absieht.

(3) Das Bundeskartellamt kann allgemeine Verwaltungsgrundsätze über die Ausübung seines nach Absatz 1 und 2 bestehenden Ermessens festlegen.

(4) [1] Unternehmen oder Unternehmensvereinigungen haben auf Antrag gegenüber dem Bundeskartellamt einen Anspruch auf eine Entscheidung nach Absatz 1, wenn im Hinblick auf eine Zusammenarbeit mit Wettbewerbern ein erhebliches rechtliches und wirtschaftliches Interesse an einer solchen Entscheidung besteht. [2] Das Bundeskartellamt soll innerhalb von sechs Monaten über einen Antrag nach Satz 1 entscheiden.

§ 32d Entzug der Freistellung. Haben Vereinbarungen, Beschlüsse von Unternehmensvereinigungen oder aufeinander abgestimmte Verhaltensweisen, die unter eine Gruppenfreistellungsverordnung fallen, in einem Einzelfall Wirkungen, die mit § 2 Absatz 1 oder mit Artikel 101 Absatz 3 des Vertrages über die Arbeitsweise der Europäischen Union[2)] unvereinbar sind und auf einem Gebiet im Inland auftreten, das alle Merkmale eines gesonderten räumlichen Marktes aufweist, so kann die Kartellbehörde den Rechtsvorteil der Gruppenfreistellung in diesem Gebiet entziehen.

§ 32e[3)] Untersuchungen einzelner Wirtschaftszweige und einzelner Arten von Vereinbarungen. (1) Lassen starre Preise oder andere Umstände vermuten, dass der Wettbewerb im Inland möglicherweise eingeschränkt oder verfälscht ist, können das Bundeskartellamt und die obersten Landesbehörden die Untersuchung eines bestimmten Wirtschaftszweiges oder – Sektor übergreifend – einer bestimmten Art von Vereinbarungen oder Verhaltensweisen durchführen.

[1)] § 32c Abs. 2–4 angef. mWv 19.1.2021 durch G v. 18.1.2021 (BGBl. I S. 2).

[2)] Abgedruckt in Anm. zu § 22.

[3)] § 32e Abs. 2 Satz 1 geänd., Abs. 5 und 6 angef. mWv 9.6.2017 durch G v. 1.6.2017 (BGBl. I S. 1416); Abs. 6 geänd. mWv 2.12.2020 durch G v. 26.11.2020 (BGBl. I S. 2568); Abs. 1 und 4 geänd., Abs. 5 Satz 3 neu gef. mWv 19.1.2021 durch G v. 18.1.2021 (BGBl. I S. 2).

(2) [1] Im Rahmen dieser Untersuchung können das Bundeskartellamt und die obersten Landesbehörden die zur Anwendung der Vorschriften dieses Teils oder des Artikels 101 oder 102 des Vertrages über die Arbeitsweise der Europäischen Union[1)] erforderlichen Ermittlungen durchführen. [2] Sie können dabei von den betreffenden Unternehmen und Vereinigungen Auskünfte verlangen, insbesondere die Unterrichtung über sämtliche Vereinbarungen, Beschlüsse und aufeinander abgestimmte Verhaltensweisen.

(3) Das Bundeskartellamt und die obersten Landesbehörden können einen Bericht über die Ergebnisse der Untersuchung nach Absatz 1 veröffentlichen und Dritte um Stellungnahme bitten.

(4) § 49 Absatz 1 sowie die §§ 57, 59, 59a, 59b und 61 gelten entsprechend.

(5) [1] Die Absätze 1 bis 3 gelten entsprechend bei begründetem Verdacht des Bundeskartellamts auf erhebliche, dauerhafte oder wiederholte Verstöße gegen verbraucherrechtliche Vorschriften, die nach ihrer Art oder ihrem Umfang die Interessen einer Vielzahl von Verbraucherinnen und Verbrauchern beeinträchtigen. [2] Dies gilt nicht, wenn die Durchsetzung der Vorschriften nach Satz 1 in die Zuständigkeit anderer Bundesbehörden fällt. [3] Absatz 4 gilt mit der Maßgabe, dass die Regelungen zum Betreten von Räumlichkeiten der Betroffenen zum Zweck der Einsichtnahme und Prüfung von Unterlagen gemäß § 59a sowie die Regelungen zu Durchsuchungen nach § 59b keine Anwendung finden.

(6) Der Anspruch auf Ersatz der Aufwendungen einer Abmahnung nach § 13 Absatz 3 des Gesetzes gegen den unlauteren Wettbewerb[2)] ist ab der Veröffentlichung eines Abschlussberichts über eine Sektoruntersuchung nach Absatz 5 für vier Monate ausgeschlossen.

Abschnitt 2.[3)] Schadensersatz und Vorteilsabschöpfung

§ 33[4)] Beseitigungs- und Unterlassungsanspruch. (1) Wer gegen eine Vorschrift dieses Teils oder gegen Artikel 101 oder 102 des Vertrages über die Arbeitsweise der Europäischen Union[1)] verstößt (Rechtsverletzer) oder wer gegen eine Verfügung der Kartellbehörde verstößt, ist gegenüber dem Betroffenen zur Beseitigung der Beeinträchtigung und bei Wiederholungsgefahr zur Unterlassung verpflichtet.

(2) Der Unterlassungsanspruch besteht bereits dann, wenn eine Zuwiderhandlung droht.

(3) Betroffen ist, wer als Mitbewerber oder sonstiger Marktbeteiligter durch den Verstoß beeinträchtigt ist.

(4) Die Ansprüche aus Absatz 1 können auch geltend gemacht werden von

1. rechtsfähigen Verbänden zur Förderung gewerblicher oder selbstständiger beruflicher Interessen, wenn
   a) ihnen eine erhebliche Anzahl betroffener Unternehmen im Sinne des Absatzes 3 angehört und
   b) sie insbesondere nach ihrer personellen, sachlichen und finanziellen Ausstattung imstande sind, ihre satzungsmäßigen Aufgaben der Verfolgung gewerblicher oder selbstständiger beruflicher Interessen tatsächlich wahrzunehmen;

[1)] Abgedruckt in Anm. zu § 22.
[2)] Nr. 73.
[3)] Kapitel 6 Abschnitt 2 Überschrift eingef. mWv 9.6.2017 durch G v. 1.6.2017 (BGBl. I S. 1416).
[4)] § 33 neu gef. mWv 9.6.2017 durch G v. 1.6.2017 (BGBl. I S. 1416).

2. Einrichtungen, die nachweisen, dass sie eingetragen sind in
   a) die Liste qualifizierter Einrichtungen nach § 4 des Unterlassungsklagengesetzes[1] oder
   b) das Verzeichnis der Europäischen Kommission nach Artikel 4 Absatz 3 der Richtlinie 2009/22/EG des Europäischen Parlaments und des Rates vom 23. April 2009 über Unterlassungsklagen zum Schutz der Verbraucherinteressen (ABl. L 110 vom 1.5.2009, S. 30) in der jeweils geltenden Fassung.

§ 33a[2] Schadensersatzpflicht. (1) Wer einen Verstoß nach § 33 Absatz 1 vorsätzlich oder fahrlässig begeht, ist zum Ersatz des daraus entstehenden Schadens verpflichtet.

(2) [1] Es wird widerleglich vermutet, dass ein Kartell einen Schaden verursacht. [2] Ein Kartell im Sinne dieses Abschnitts ist eine Absprache oder abgestimmte Verhaltensweise zwischen zwei oder mehr Wettbewerbern zwecks Abstimmung ihres Wettbewerbsverhaltens auf dem Markt oder Beeinflussung der relevanten Wettbewerbsparameter. [3] Zu solchen Absprachen oder Verhaltensweisen gehören unter anderem

1. die Festsetzung oder Koordinierung der An- oder Verkaufspreise oder sonstiger Geschäftsbedingungen,
2. die Aufteilung von Produktions- oder Absatzquoten,
3. die Aufteilung von Märkten und Kunden einschließlich Angebotsabsprachen, Einfuhr- und Ausfuhrbeschränkungen oder
4. gegen andere Wettbewerber gerichtete wettbewerbsschädigende Maßnahmen.

[4] Es wird widerleglich vermutet, dass Rechtsgeschäfte über Waren oder Dienstleistungen mit kartellbeteiligten Unternehmen, die sachlich, zeitlich und räumlich in den Bereich eines Kartells fallen, von diesem Kartell erfasst waren.

(3) [1] Für die Bemessung des Schadens gilt § 287 der Zivilprozessordnung[3]. [2] Dabei kann insbesondere der anteilige Gewinn, den der Rechtsverletzer durch den Verstoß gegen Absatz 1 erlangt hat, berücksichtigt werden.

(4) [1] Geldschulden nach Absatz 1 hat der Schuldner ab Eintritt des Schadens zu verzinsen. [2] Die §§ 288 und 289 Satz 1 des Bürgerlichen Gesetzbuchs[4] finden entsprechende Anwendung.

§ 33b[5] Bindungswirkung von Entscheidungen einer Wettbewerbsbehörde. [1] Wird wegen eines Verstoßes gegen eine Vorschrift dieses Teils oder gegen Artikel 101 oder 102 des Vertrages über die Arbeitsweise der Europäischen Union[6] Schadensersatz gefordert, so ist das Gericht an die Feststellung des Verstoßes gebunden, wie sie in einer bestandskräftigen Entscheidung der Kartellbehörde, der Europäischen Kommission oder der Wettbewerbsbehörde oder des als solche handelnden Gerichts in einem anderen Mitgliedstaat der Europäischen Union getroffen wurde. [2] Das Gleiche gilt für entsprechende Feststellungen in rechtskräftigen Gerichtsentscheidungen, die infolge der Anfechtung von Entscheidungen nach Satz 1 ergangen sind. [3] Diese Verpflichtung gilt unbeschadet der Rechte

---

[1] Nr. **105**.
[2] § 33a eingef. mWv 27.12.2016 durch G v. 1.6.2017 (BGBl. I S. 1416); Abs. 2 Satz 4 angef. mWv 19.1.2021 durch G v. 18.1.2021 (BGBl. I S. 2).
[3] Nr. **100**.
[4] Nr. **20**.
[5] § 33b eingef. mWv 27.12.2016 durch G v. 1.6.2017 (BGBl. I S. 1416).
[6] Abgedruckt in Anm. zu § 22.

und Pflichten nach Artikel 267 des Vertrages über die Arbeitsweise der Europäischen Union[1)].

§ 33c[2)] Schadensabwälzung. (1) [1] Wird eine Ware oder Dienstleistung zu einem überteuerten Preis bezogen (Preisaufschlag), so ist der Schaden nicht deshalb ausgeschlossen, weil die Ware oder Dienstleistung weiterveräußert wurde. [2] Der Schaden des Abnehmers ist ausgeglichen, soweit der Abnehmer einen Preisaufschlag, der durch einen Verstoß nach § 33a Absatz 1 verursacht worden ist, an seine Abnehmer (mittelbare Abnehmer) weitergegeben hat (Schadensabwälzung). [3] Davon unberührt bleibt der Anspruch des Geschädigten auf Ersatz seines entgangenen Gewinns nach § 252 des Bürgerlichen Gesetzbuchs[3)], soweit der entgangene Gewinn durch die Weitergabe des Preisaufschlags verursacht worden ist.

(2) Dem Grunde nach wird zugunsten eines mittelbaren Abnehmers vermutet, dass der Preisaufschlag auf ihn abgewälzt wurde, wenn

1. der Rechtsverletzer einen Verstoß gegen § 1 oder 19 oder Artikel 101 oder 102 des Vertrages über die Arbeitsweise der Europäischen Union[4)] begangen hat,
2. der Verstoß einen Preisaufschlag für den unmittelbaren Abnehmer des Rechtsverletzers zur Folge hatte und
3. der mittelbare Abnehmer Waren oder Dienstleistungen erworben hat, die
   a) Gegenstand des Verstoßes waren,
   b) aus Waren oder Dienstleistungen hervorgegangen sind, die Gegenstand des Verstoßes waren, oder
   c) Waren oder Dienstleistungen enthalten haben, die Gegenstand des Verstoßes waren.

(3) [1] Die Vermutung einer Schadensabwälzung nach Absatz 2 findet keine Anwendung, wenn glaubhaft gemacht wird, dass der Preisaufschlag nicht oder nicht vollständig an den mittelbaren Abnehmer weitergegeben wurde. [2] Für mittelbare Abnehmer gilt § 33a Absatz 2 Satz 4 in Bezug auf Waren oder Dienstleistungen nach Absatz 2 Satz 1 Nummer 3 entsprechend.

(4) Die Absätze 1 bis 3 finden entsprechende Anwendung für den Fall, dass der Verstoß gegen § 1 oder 19 oder Artikel 101 oder 102 des Vertrages über die Arbeitsweise der Europäischen Union die Belieferung des Rechtsverletzers betrifft.

(5) Bei der Entscheidung über den Umfang der Schadensabwälzung findet § 287 der Zivilprozessordnung[5)] entsprechende Anwendung.

§ 33d[6)] Gesamtschuldnerische Haftung. (1) [1] Begehen mehrere gemeinschaftlich einen Verstoß im Sinne des § 33a Absatz 1, sind sie als Gesamtschuldner zum Ersatz des daraus entstehenden Schadens verpflichtet. [2] Im Übrigen finden die §§ 830 und 840 Absatz 1 des Bürgerlichen Gesetzbuchs[3)] Anwendung.

(2) [1] Das Verhältnis, in dem die Gesamtschuldner untereinander für die Verpflichtung zum Ersatz und den Umfang des zu leistenden Ersatzes haften, hängt von den Umständen ab, insbesondere davon, in welchem Maß sie den Schaden

---

[1)] **Sartorius Nr. 1001.**

[2)] § 33c eingef. mWv 27.12.2016, Abs. 5 angef. mWv 9.6.2017 durch G v. 1.6.2017 (BGBl. I S. 1416); Abs. 3 Satz 2 angef. mWv 19.1.2021 durch G v. 18.1.2021 (BGBl. I S. 2).

[3)] Nr. **20**.

[4)] *Abgedruckt in Anm. zu § 22.*

[5)] Nr. **100**.

[6)] § 33d eingef. mWv 27.12.2016 durch G v. 1.6.2017 (BGBl. I S. 1416).

verursacht haben. [2] Im Übrigen finden die §§ 421 bis 425 sowie 426 Absatz 1 Satz 2 und Absatz 2 des Bürgerlichen Gesetzbuchs Anwendung.

(3) [1] Verstoßen mehrere Unternehmen gegen § 1 oder 19 oder gegen Artikel 101 oder 102 des Vertrages über die Arbeitsweise der Europäischen Union[1)], so ist die Verpflichtung eines kleinen oder mittleren Unternehmens im Sinne der Empfehlung 2003/361/EG der Kommission vom 6. Mai 2003 betreffend die Definition der Kleinstunternehmen sowie der kleinen und mittleren Unternehmen (ABl. L 124 vom 20.5.2003, S. 36) zum Schadensersatz nach § 33a Absatz 1 auf den Ersatz des Schadens beschränkt, der seinen unmittelbaren und mittelbaren Abnehmern oder Lieferanten aus dem Verstoß entsteht, wenn

1. sein Anteil an dem relevanten Markt während des Zeitraums, in dem der Verstoß begangen wurde, stets weniger als 5 Prozent betrug und
2. die regelmäßige Ersatzpflicht nach Absatz 1 seine wirtschaftliche Lebensfähigkeit unwiederbringlich gefährden und seine Aktiva jeden Werts berauben würde.

[2] Anderen Geschädigten ist das kleine oder mittlere Unternehmen nur zum Ersatz des aus dem Verstoß gemäß § 33a Absatz 1 entstehenden Schadens verpflichtet, wenn sie von den übrigen Rechtsverletzern mit Ausnahme des Kronzeugen keinen vollständigen Ersatz erlangen konnten. [3] § 33e Absatz 2 findet entsprechende Anwendung.

(4) [1] Die übrigen Rechtsverletzer können von dem kleinen oder mittleren Unternehmen im Sinne von Absatz 3 Satz 1 Ausgleichung nach Absatz 2 nur bis zur Höhe des Schadens verlangen, den dieses seinen unmittelbaren und mittelbaren Abnehmern oder Lieferanten verursacht hat. [2] Satz 1 gilt nicht für die Ausgleichung von Schäden, die anderen als den unmittelbaren oder mittelbaren Abnehmern oder Lieferanten der beteiligten Rechtsverletzer aus dem Verstoß entstehen.

(5) Die Beschränkung der Haftung nach den Absätzen 3 und 4 ist ausgeschlossen, wenn

1. das kleine oder mittlere Unternehmen den Verstoß organisiert oder
2. das kleine oder mittlere Unternehmen die anderen Rechtsverletzer zur Teilnahme an dem Verstoß gezwungen hat oder
3. in der Vergangenheit bereits die Beteiligung des kleinen oder mittleren Unternehmens an einem sonstigen Verstoß gegen § 1 oder 19 oder Artikel 101 oder 102 des Vertrages über die Arbeitsweise der Europäischen Union oder gegen Wettbewerbsrecht im Sinne des § 89e Absatz 2 behördlich oder gerichtlich festgestellt worden ist.

§ 33e[2)] Kronzeuge. (1) [1] Abweichend von § 33a Absatz 1 ist ein an einem Kartell beteiligtes Unternehmen oder eine an dem Kartell beteiligte natürliche Person, dem oder der im Rahmen eines Kronzeugenprogramms der vollständige Erlass der Geldbuße gewährt wurde (Kronzeuge), nur zum Ersatz des Schadens verpflichtet, der seinen oder ihren unmittelbaren und mittelbaren Abnehmern oder Lieferanten aus dem Verstoß entsteht. [2] Anderen Geschädigten ist der Kronzeuge nur zum Ersatz des aus dem Verstoß gemäß § 33a Absatz 1 entstehenden Schadens verpflichtet, wenn sie von den übrigen Rechtsverletzern keinen vollständigen Ersatz erlangen konnten.

---

1) Abgedruckt in Anm. zu § 22.
2) § 33e eingef. mWv 27.12.2016 durch G v. 1.6.2017 (BGBl. I S. 1416).

(2) In Fällen nach Absatz 1 Satz 2 ist der Kronzeuge nicht zum Ersatz des Schadens verpflichtet, soweit die Schadensersatzansprüche gegen die übrigen Rechtsverletzer bereits verjährt sind.

(3) [1] Die übrigen Rechtsverletzer können von dem Kronzeugen Ausgleichung nach § 33d Absatz 2 nur bis zur Höhe des Schadens verlangen, den dieser seinen unmittelbaren und mittelbaren Abnehmern oder Lieferanten verursacht hat. [2] Diese Beschränkung gilt nicht für die Ausgleichung von Schäden, die anderen als den unmittelbaren oder mittelbaren Abnehmern oder Lieferanten der an dem Kartell beteiligten Unternehmen aus dem Verstoß entstehen.

§ 33f[1)] Wirkungen des Vergleichs. (1) [1] Wenn nicht anders vereinbart, wird im Falle einer durch einvernehmliche Streitbeilegung erzielten Einigung (Vergleich) über einen Schadensersatzanspruch nach § 33a Absatz 1 der sich vergleichende Gesamtschuldner in Höhe seines Anteils an dem Schaden von seiner Haftung gegenüber dem sich vergleichenden Geschädigten befreit. [2] Die übrigen Gesamtschuldner sind nur zum Ersatz des Schadens verpflichtet, der nach Abzug des Anteils des sich vergleichenden Gesamtschuldners verbleibt. [3] Den Ersatz des verbliebenen Schadens kann der sich vergleichende Geschädigte von dem sich vergleichenden Gesamtschuldner nur verlangen, wenn der sich vergleichende Geschädigte von den übrigen Gesamtschuldnern insoweit keinen vollständigen Ersatz erlangen konnte. [4] Satz 3 findet keine Anwendung, wenn die Vergleichsparteien dies in dem Vergleich ausgeschlossen haben.

(2) Gesamtschuldner, die nicht an dem Vergleich nach Absatz 1 beteiligt sind, können von dem sich vergleichenden Gesamtschuldner keine Ausgleichung nach § 33d Absatz 2 für den Ersatz des Schadens des sich vergleichenden Geschädigten verlangen, der nach Abzug des Anteils des sich vergleichenden Gesamtschuldners verblieben ist.

§ 33g[2)] Anspruch auf Herausgabe von Beweismitteln und Erteilung von Auskünften. (1) Wer im Besitz von Beweismitteln ist, die für die Erhebung eines auf Schadensersatz gerichteten Anspruchs nach § 33a Absatz 1 erforderlich sind, ist verpflichtet, sie demjenigen herauszugeben, der glaubhaft macht, einen solchen Schadensersatzanspruch zu haben, wenn dieser die Beweismittel so genau bezeichnet, wie dies auf Grundlage der mit zumutbarem Aufwand zugänglichen Tatsachen möglich ist.

(2) [1] Wer im Besitz von Beweismitteln ist, die für die Verteidigung gegen einen auf Schadensersatz gerichteten Anspruch nach § 33a Absatz 1 erforderlich sind, ist verpflichtet, sie demjenigen herauszugeben, gegen den ein Rechtsstreit über den Anspruch nach Absatz 1 oder den Anspruch auf Schadensersatz nach § 33a Absatz 1 rechtshängig ist, wenn dieser die Beweismittel so genau bezeichnet, wie dies auf Grundlage der mit zumutbarem Aufwand zugänglichen Tatsachen möglich ist. [2] Der Anspruch nach Satz 1 besteht auch, wenn jemand Klage auf Feststellung erhoben hat, dass ein anderer keinen Anspruch nach § 33a Absatz 1 gegen ihn hat, und er den der Klage zugrunde liegenden Verstoß im Sinne des § 33a Absatz 1 nicht bestreitet.

(3) [1] Die Herausgabe von Beweismitteln nach den Absätzen 1 und 2 ist ausgeschlossen, soweit sie unter Berücksichtigung der berechtigten Interessen der

---

[1)] § 33f eingef. mWv 27.12.2016 durch G v. 1.6.2017 (BGBl. I S. 1416).
[2)] § 33g eingef. mWv 9.6.2017 durch G v. 1.6.2017 (BGBl. I S. 1416).

Beteiligten unverhältnismäßig ist. [2]Bei der Abwägung sind insbesondere zu berücksichtigen:

1. in welchem Umfang der Antrag auf zugängliche Informationen und Beweismittel gestützt wird,
2. der Umfang der Beweismittel und die Kosten der Herausgabe, insbesondere, wenn die Beweismittel von einem Dritten verlangt werden,
3. der Ausschluss der Ausforschung von Tatsachen, die für den Anspruch nach § 33a Absatz 1 oder für die Verteidigung gegen diesen Anspruch nicht erheblich sind,
4. die Bindungswirkung von Entscheidungen nach § 33b,
5. die Wirksamkeit der öffentlichen Durchsetzung des Kartellrechts und
6. der Schutz von Betriebs- und Geschäftsgeheimnissen und sonstiger vertraulicher Informationen und welche Vorkehrungen zu deren Schutz bestehen.

[3]Das Interesse desjenigen, gegen den der Anspruch nach § 33a Absatz 1 geltend gemacht wird, die Durchsetzung des Anspruchs zu vermeiden, ist nicht zu berücksichtigen.

(4) [1]Ausgeschlossen ist die Herausgabe eines Dokuments oder einer Aufzeichnung, auch über den Inhalt einer Vernehmung im wettbewerbsbehördlichen Verfahren, wenn und soweit darin eine freiwillige Erklärung seitens oder im Namen eines Unternehmens oder einer natürlichen Person gegenüber einer *Wettbewerbshörde*[1)] enthalten ist,

1. in der das Unternehmen oder die natürliche Person die Kenntnis von einem Kartell und seine beziehungsweise ihre Beteiligung daran darlegt und die eigens zu dem Zweck formuliert wurde, im Rahmen eines Kronzeugenprogramms bei der Wettbewerbsbehörde den Erlass oder die Ermäßigung der Geldbuße zu erwirken (Kronzeugenerklärung) oder
2. die ein Anerkenntnis oder den Verzicht auf das Bestreiten seiner Beteiligung an einer Zuwiderhandlung gegen das Kartellrecht und seiner Verantwortung für diese Zuwiderhandlung enthält und die eigens für den Zweck formuliert wurde, der Wettbewerbsbehörde die Anwendung eines vereinfachten oder beschleunigten Verfahrens zu ermöglichen (Vergleichsausführungen).

[2]Nicht von der Kronzeugenerklärung umfasst sind Beweismittel, die unabhängig von einem wettbewerbsbehördlichen Verfahren vorliegen, unabhängig davon, ob diese Informationen in den Akten einer Wettbewerbsbehörde enthalten sind oder nicht. [3]Behauptet ein Verpflichteter, ein Beweismittel oder Teile davon seien nach Satz 1 von der Herausgabe ausgeschlossen, kann der Anspruchsteller insoweit die Herausgabe an das zuständige Gericht nach § 89b Absatz 8 allein zum Zweck der Prüfung verlangen.

(5) Bis zum vollständigen Abschluss des wettbewerbsbehördlichen Verfahrens gegen alle Beteiligten ist die Herausgabe von Beweismitteln ausgeschlossen, soweit sie Folgendes enthalten:

1. Informationen, die von einer natürlichen oder juristischen Person oder Personenvereinigung eigens für das wettbewerbsbehördliche Verfahren erstellt wurden,
2. Mitteilungen der Wettbewerbsbehörde an die Beteiligten in dem Verfahren oder
3. Vergleichsausführungen, die zurückgezogen wurden.

---

1) Richtig wohl: „Wettbewerbsbehörde".

(6) [1]Die Herausgabe von Beweismitteln nach den Absätzen 1 und 2 kann verweigert werden, soweit der Besitzer in einem Rechtsstreit über einen Anspruch nach § 33a Absatz 1 dieses Gesetzes gemäß § 383 Absatz 1 Nummer 4 bis 6 oder gemäß § 384 Nummer 3 der Zivilprozessordnung[1)] zur Zeugnisverweigerung berechtigt wäre. [2]In diesem Fall kann der Anspruchsteller die Herausgabe der Beweismittel an das zuständige Gericht zur Entscheidung nach § 89b Absatz 6 verlangen. [3]Satz 2 ist nicht anzuwenden auf

1. Personen im Sinne des § 383 Absatz 1 Nummer 4 und 5 der Zivilprozessordnung, soweit sie nach dieser Vorschrift zur Zeugnisverweigerung berechtigt wären, und
2. Personen im Sinne des § 203 Absatz 1 Nummer 1 bis 5, Absatz 2 und 3 des Strafgesetzbuchs, soweit sie nach § 383 Absatz 1 Nummer 6 der Zivilprozessordnung zur Zeugnisverweigerung berechtigt wären.

[4]Geistlichen stehen ihre berufsmäßig tätigen Gehilfen und die Personen gleich, die bei ihnen zur Vorbereitung auf den Beruf tätig sind.

(7) Macht der nach Absatz 1 oder Absatz 2 Verpflichtete zu der Herausgabe der Beweismittel Aufwendungen, die er den Umständen nach für erforderlich halten darf, kann er von dem anderen Teil den Ersatz dieser Aufwendungen verlangen.

(8) Erteilt der Verpflichtete nach Absatz 1 oder 2 die Auskunft vorsätzlich oder grob fahrlässig falsch, unvollständig oder gar nicht oder gibt er Beweismittel vorsätzlich oder grob fahrlässig fehlerhaft, unvollständig oder gar nicht heraus, ist er dem Anspruchsteller zum Ersatz des daraus entstehenden Schadens verpflichtet.

(9) [1]Die von dem Verpflichteten nach den Absätzen 1 und 2 erteilten Auskünfte oder herausgegebenen Beweismittel dürfen in einem Strafverfahren oder in einem Verfahren nach dem Gesetz über Ordnungswidrigkeiten wegen einer vor der Erteilung der Auskunft oder der Herausgabe eines Beweismittels begangenen Tat gegen den Verpflichteten oder gegen einen in § 52 Absatz 1 der Strafprozessordnung[2)] bezeichneten Angehörigen nur mit Zustimmung des Verpflichteten verwertet werden. [2]Dies gilt auch, wenn die Auskunft im Rahmen einer Zeugen- oder Parteivernehmung erteilt oder wiederholt wird. [3]Die Sätze 1 und 2 finden keine Anwendung in Verfahren gegen Unternehmen.

(10) Die Absätze 1 bis 9 sowie die §§ 89b bis 89d über die Herausgabe von Beweismitteln gelten für die Erteilung von Auskünften entsprechend.

§ 33h[3)] Verjährung. (1) Ansprüche aus § 33 Absatz 1 und § 33a Absatz 1 verjähren in fünf Jahren.

(2) Die Verjährungsfrist beginnt mit dem Schluss des Jahres, in dem

1. der Anspruch entstanden ist,
2. der Anspruchsberechtigte Kenntnis erlangt hat oder ohne grobe Fahrlässigkeit hätte erlangen müssen
   a) von den Umständen, die den Anspruch begründen, und davon, dass sich daraus ein Verstoß nach § 33 Absatz 1 ergibt, sowie
   b) von der Identität des Rechtsverletzers und
3. der den Anspruch begründende Verstoß nach § 33 Absatz 1 beendet worden ist.

[1)] Nr. **100**.
[2)] Nr. **90**.
[3)] § 33h eingef. mWv 27.12.2016 durch G v. 1.6.2017 (BGBl. I S. 1416); Abs. 6 Satz 3 geänd. mWv 1.11.2018 durch G v. 12.7.2018 (BGBl. I S. 1151).

(3) Ansprüche aus § 33 Absatz 1 und § 33a Absatz 1 verjähren ohne Rücksicht auf die Kenntnis oder grob fahrlässige Unkenntnis von den Umständen nach Absatz 2 Nummer 2 in zehn Jahren von dem Zeitpunkt an, in dem

1. der Anspruch entstanden ist und
2. der Verstoß nach § 33 Absatz 1 beendet wurde.

(4) Im Übrigen verjähren die Ansprüche in 30 Jahren nach dem Verstoß nach § 33 Absatz 1, der den Schaden ausgelöst hat.

(5) Verjährung tritt ein, wenn eine der Fristen nach den Absätzen 1, 3 oder 4 abgelaufen ist.

(6) [1] Die Verjährung eines Anspruchs nach § 33 Absatz 1 oder nach § 33a Absatz 1 wird gehemmt, wenn

1. eine Kartellbehörde Maßnahmen im Hinblick auf eine Untersuchung oder auf ihr Verfahren wegen eines Verstoßes im Sinne des § 33 Absatz 1 trifft;
2. die Europäische Kommission oder eine Wettbewerbsbehörde eines anderen Mitgliedstaates der Europäischen Union oder das als solche handelnde Gericht Maßnahmen im Hinblick auf eine Untersuchung oder auf ihr Verfahren wegen eines Verstoßes gegen Artikel 101 oder 102 des Vertrages über die Arbeitsweise der Europäischen Union[1)] oder gegen eine Bestimmung des nationalen Wettbewerbsrechts eines anderen Mitgliedstaates der Europäischen Union im Sinne des § 89e Absatz 2 trifft oder
3. der Anspruchsberechtigte gegen den Rechtsverletzer Klage auf Auskunft oder Herausgabe von Beweismitteln nach § 33g erhoben hat.

[2] Die Hemmung endet ein Jahr nach der bestands- und rechtskräftigen Entscheidung oder der anderweitigen Erledigung des Verfahrens. [3] § 204 Absatz 2 Satz 3 und 4 des Bürgerlichen Gesetzbuchs[2)] findet entsprechende Anwendung.

(7) Die Verjährungsfrist eines Anspruchs auf Ausgleichung nach § 33d Absatz 2 wegen der Befriedigung eines Schadensersatzanspruchs nach § 33a Absatz 1 beginnt mit der Befriedigung dieses Schadensersatzanspruchs.

(8) [1] Abweichend von Absatz 2 beginnt die Verjährungsfrist des Schadensersatzanspruchs nach § 33a Absatz 1 von Geschädigten,

1. die nicht unmittelbare oder mittelbare Abnehmer oder Lieferanten des Kronzeugen sind, gegen den Kronzeugen mit dem Schluss des Jahres, in dem der Geschädigte von den übrigen Rechtsverletzern keinen vollständigen Ersatz seines aus dem Verstoß entstehenden Schadens erlangen konnte;
2. die nicht unmittelbare oder mittelbare Abnehmer oder Lieferanten eines kleinen oder mittleren Unternehmens nach § 33d Absatz 3 Satz 1 sind, gegen dieses Unternehmen mit dem Schluss des Jahres, in dem der Geschädigte nach § 33d Absatz 3 Satz 2 von den übrigen Rechtsverletzern mit Ausnahme des Kronzeugen keinen vollständigen Ersatz seines aus dem Verstoß entstehenden Schadens erlangen konnte.

[2] Absatz 3 findet keine Anwendung auf Schadensersatzansprüche, deren Verjährungsfrist nach Maßgabe dieses Absatzes beginnt.

---

1) Abgedruckt in Anm. zu § 22.

2) Nr. **20**.

§ 34[1)] Vorteilsabschöpfung durch die Kartellbehörde. (1) Hat ein Unternehmen vorsätzlich oder fahrlässig gegen eine Vorschrift dieses Teils, gegen Artikel 101 oder 102 des Vertrages über die Arbeitsweise der Europäischen Union[2)] oder eine Verfügung der Kartellbehörde verstoßen und dadurch einen wirtschaftlichen Vorteil erlangt, kann die Kartellbehörde die Abschöpfung des wirtschaftlichen Vorteils anordnen und dem Unternehmen die Zahlung eines entsprechenden Geldbetrags auferlegen.

(2) [1] Absatz 1 gilt nicht, soweit der wirtschaftliche Vorteil abgeschöpft ist durch

1. Schadensersatzleistungen,
2. Festsetzung der Geldbuße,
3. Anordnung der Einziehung von Taterträgen oder
4. Rückerstattung.

[2] Soweit das Unternehmen Leistungen nach Satz 1 erst nach der Vorteilsabschöpfung erbringt, ist der abgeführte Geldbetrag in Höhe der nachgewiesenen Zahlungen an das Unternehmen zurückzuerstatten.

(3) [1] Wäre die Durchführung der Vorteilsabschöpfung eine unbillige Härte, soll die Anordnung auf einen angemessenen Geldbetrag beschränkt werden oder ganz unterbleiben. [2] Sie soll auch unterbleiben, wenn der wirtschaftliche Vorteil gering ist.

(4) [1] Die Höhe des wirtschaftlichen Vorteils kann geschätzt werden. [2] Der abzuführende Geldbetrag ist zahlenmäßig zu bestimmen.

(5) [1] Die Vorteilsabschöpfung kann nur innerhalb einer Frist von bis zu sieben Jahren seit Beendigung der Zuwiderhandlung und längstens für einen Zeitraum von fünf Jahren angeordnet werden. [2] § 33h Absatz 6 gilt entsprechend. [3] Im Falle einer bestandskräftigen Entscheidung im Sinne des § 33b Satz 1 oder einer rechtskräftigen Gerichtsentscheidung im Sinne des § 33b Satz 2 beginnt die Frist nach Satz 1 erneut.

§ 34a[3)] Vorteilsabschöpfung durch Verbände. (1) Wer einen Verstoß im Sinne des § 34 Absatz 1 vorsätzlich begeht und hierdurch zu Lasten einer Vielzahl von Abnehmern oder Anbietern einen wirtschaftlichen Vorteil erlangt, kann von den gemäß § 33 Absatz 4 zur Geltendmachung eines Unterlassungsanspruchs Berechtigten auf Herausgabe dieses wirtschaftlichen Vorteils an den Bundeshaushalt in Anspruch genommen werden, soweit nicht die Kartellbehörde die Abschöpfung des wirtschaftlichen Vorteils durch Verhängung einer Geldbuße, durch Einziehung von Taterträgen, durch Rückerstattung oder nach § 34 Absatz 1 anordnet.

(2) [1] Auf den Anspruch sind Leistungen anzurechnen, die das Unternehmen auf Grund des Verstoßes erbracht hat. [2] § 34 Absatz 2 Satz 2 gilt entsprechend.

(3) Beanspruchen mehrere Gläubiger die Vorteilsabschöpfung, gelten die §§ 428 bis 430 des Bürgerlichen Gesetzbuchs[4)] entsprechend.

---

1) § 34 Abs. 2 Satz 1 Nr. 3 geänd. mWv 1.7.2017 durch G v. 13.4.2017 (BGBl. I S. 872); Abs. 1 geänd., Abs. 5 neu gef. mWv 9.6.2017 durch G v. 1.6.2017 (BGBl. I S. 1416).

2) Abgedruckt in Anm. zu § 22.

3) § 34a Abs. 1 geänd. mWv 1.7.2017 durch G v. 13.4.2017 (BGBl. I S. 872); Abs. 5 neu gef. mWv 9.6.2017 durch G v. 1.6.2017 (BGBl. I S. 1416); Abs. 1 geänd. mWv 2.12.2020 durch G v. 26.11.2020 (BGBl. I S. 2568); Abs. 1 geänd. mWv 19.1.2021 durch G v. 18.1.2021 (BGBl. I S. 2; nicht ausführbar aufgrund vorheriger Änd.).

4) Nr. **20**.

(4) [1] Die Gläubiger haben dem Bundeskartellamt über die Geltendmachung von Ansprüchen nach Absatz 1 Auskunft zu erteilen. [2] Sie können vom Bundeskartellamt Erstattung der für die Geltendmachung des Anspruchs erforderlichen Aufwendungen verlangen, soweit sie vom Schuldner keinen Ausgleich erlangen können. [3] Der Erstattungsanspruch ist auf die Höhe des an den Bundeshaushalt abgeführten wirtschaftlichen Vorteils beschränkt.

(5) [1] Ansprüche nach Absatz 1 verjähren in fünf Jahren. [2] Die §§ 33b und 33h Absatz 6 gelten entsprechend.

Kapitel 7.[1)] Zusammenschlusskontrolle

§ 35[2)] Geltungsbereich der Zusammenschlusskontrolle. (1) Die Vorschriften über die Zusammenschlusskontrolle finden Anwendung, wenn im letzten Geschäftsjahr vor dem Zusammenschluss

1. die beteiligten Unternehmen insgesamt weltweit Umsatzerlöse von mehr als 500 Millionen Euro und
2. im Inland mindestens ein beteiligtes Unternehmen Umsatzerlöse von mehr als 50 Millionen Euro und ein anderes beteiligtes Unternehmen Umsatzerlöse von mehr als 17,5 Millionen Euro

erzielt haben.

(1a) Die Vorschriften über die Zusammenschlusskontrolle finden auch Anwendung, wenn

1. die Voraussetzungen des Absatzes 1 Nummer 1 erfüllt sind,
2. im Inland im letzten Geschäftsjahr vor dem Zusammenschluss
   a) ein beteiligtes Unternehmen Umsatzerlöse von mehr als 50 Millionen Euro erzielt hat und
   b) weder das zu erwerbende Unternehmen noch ein anderes beteiligtes Unternehmen Umsatzerlöse von jeweils mehr als 17,5 Millionen Euro erzielt haben,
3. der Wert der Gegenleistung für den Zusammenschluss mehr als 400 Millionen Euro beträgt und
4. das zu erwerbende Unternehmen nach Nummer 2 in erheblichem Umfang im Inland tätig ist.

(2) [1] Absatz 1 gilt nicht für Zusammenschlüsse durch die Zusammenlegung öffentlicher Einrichtungen und Betriebe, die mit einer kommunalen Gebietsreform einhergehen. [2] Die Absätze 1 und 1a gelten nicht, wenn alle am Zusammenschluss beteiligten Unternehmen

1. Mitglied einer kreditwirtschaftlichen Verbundgruppe im Sinne des § 8b Absatz 4 Satz 8 des Körperschaftsteuergesetzes sind,
2. im Wesentlichen für die Unternehmen der kreditwirtschaftlichen Verbundgruppe, deren Mitglied sie sind, Dienstleistungen erbringen und
3. bei der Tätigkeit nach Nummer 2 keine eigenen vertraglichen Endkundenbeziehungen unterhalten.

[1)] Kapitel 7 Überschrift neu gef. mWv 9.6.2017 durch G v. 1.6.2017 (BGBl. I S. 1416).

[2)] § 35 Abs. 1a eingef., Abs. 2 Sätze 3 und 4 angef. mWv 9.6.2017 durch G v. 1.6.2017 (BGBl. I S. 1416); Abs. 1 Nr. 2, Abs. 1a Nr. 2 Buchst. a und b geänd., Abs. 2 Satz 1 aufgeh., bish. Sätze 2–4 werden Sätze 1–3, Sätze 1 und 3 geänd. mWv 19.1.2021 durch G v. 18.1.2021 (BGBl. I S. 2).

[3] Satz 2 gilt nicht für Zusammenschlüsse von Zentralbanken und Girozentralen im Sinne des § 21 Absatz 2 Nummer 2 des Kreditwesengesetzes[1)].

(3) Die Vorschriften dieses Gesetzes finden keine Anwendung, soweit die Europäische Kommission nach der Verordnung (EG) Nr. 139/2004 des Rates vom 20. Januar 2004 über die Kontrolle von Unternehmenszusammenschlüssen in ihrer jeweils geltenden Fassung ausschließlich zuständig ist.

§ 36[2)] Grundsätze für die Beurteilung von Zusammenschlüssen.

(1) [1] Ein Zusammenschluss, durch den wirksamer Wettbewerb erheblich behindert würde, insbesondere von dem zu erwarten ist, dass er eine marktbeherrschende Stellung begründet oder verstärkt, ist vom Bundeskartellamt zu untersagen. [2] Dies gilt nicht, wenn

1. die beteiligten Unternehmen nachweisen, dass durch den Zusammenschluss auch Verbesserungen der Wettbewerbsbedingungen eintreten und diese Verbesserungen die Behinderung des Wettbewerbs überwiegen, oder
2. die Untersagungsvoraussetzungen ausschließlich auf Märkten vorliegen, auf denen seit mindestens fünf Jahren Waren oder gewerbliche Leistungen angeboten werden und auf denen im letzten Kalenderjahr im Inland insgesamt weniger als 20 Millionen Euro umgesetzt wurden, es sei denn, es handelt sich um Märkte im Sinne des § 18 Absatz 2a oder einen Fall des § 35 Absatz 1a, oder
3. die marktbeherrschende Stellung eines Zeitungs- oder Zeitschriftenverlags verstärkt wird, der einen kleinen oder mittleren Zeitungs- oder Zeitschriftenverlag übernimmt, falls nachgewiesen wird, dass der übernommene Verlag in den letzten drei Jahren jeweils in der Gewinn- und Verlustrechnung nach § 275 des Handelsgesetzbuchs[3)] einen erheblichen Jahresfehlbetrag auszuweisen hatte und er ohne den Zusammenschluss in seiner Existenz gefährdet wäre. Ferner muss nachgewiesen werden, dass vor dem Zusammenschluss kein anderer Erwerber gefunden wurde, der eine wettbewerbskonformere Lösung sichergestellt hätte.

(2) [1] Ist ein beteiligtes Unternehmen ein abhängiges oder herrschendes Unternehmen im Sinne des § 17 des Aktiengesetzes[4)] oder ein Konzernunternehmen im Sinne des § 18 des Aktiengesetzes, sind die so verbundenen Unternehmen als einheitliches Unternehmen anzusehen. [2] Wirken mehrere Unternehmen derart zusammen, dass sie gemeinsam einen beherrschenden Einfluss auf ein anderes Unternehmen ausüben können, gilt jedes von ihnen als herrschendes.

(3) Steht einer Person oder Personenvereinigung, die nicht Unternehmen ist, die Mehrheitsbeteiligung an einem Unternehmen zu, gilt sie als Unternehmen.

§ 37[5)] Zusammenschluss. (1) Ein Zusammenschluss liegt in folgenden Fällen vor:

1. Erwerb des Vermögens eines anderen Unternehmens ganz oder zu einem wesentlichen Teil; das gilt auch, wenn ein im Inland tätiges Unternehmen, dessen Vermögen erworben wird, noch keine Umsatzerlöse erzielt hat;

[1)] **Sartorius ErgBd. Nr. 856.**

[2)] § 36 Abs. 1 Satz 2 Nr. 3 geänd. mWv 23.7.2015 durch G v. 17.7.2015 (BGBl. I S. 1245); Abs. 1 Satz 2 Nr. 2 geänd. mWv 9.6.2017 durch G v. 1.6.2017 (BGBl. I S. 1416); Abs. 1 Satz 2 Nr. 2 neu gef. mWv 19.1.2021 durch G v. 18.1.2021 (BGBl. I S. 2).

[3)] Nr. **50**.

[4)] Nr. **51**.

[5)] § 37 Abs. 1 Nr. 1 und 2 Satz 2 geänd. mWv 9.6.2017 durch G v. 1.6.2017 (BGBl. I S. 1416).

2. Erwerb der unmittelbaren oder mittelbaren Kontrolle durch ein oder mehrere Unternehmen über die Gesamtheit oder Teile eines oder mehrerer anderer Unternehmen. Die Kontrolle wird durch Rechte, Verträge oder andere Mittel begründet, die einzeln oder zusammen unter Berücksichtigung aller tatsächlichen und rechtlichen Umstände die Möglichkeit gewähren, einen bestimmenden Einfluss auf die Tätigkeit eines Unternehmens auszuüben, insbesondere durch
   a) Eigentums- oder Nutzungsrechte an einer Gesamtheit oder an Teilen des Vermögens des Unternehmens,
   b) Rechte oder Verträge, die einen bestimmenden Einfluss auf die Zusammensetzung, die Beratungen oder Beschlüsse der Organe des Unternehmens gewähren;

   das gilt auch, wenn ein im Inland tätiges Unternehmen noch keine Umsatzerlöse erzielt hat;
3. Erwerb von Anteilen an einem anderen Unternehmen, wenn die Anteile allein oder zusammen mit sonstigen, dem Unternehmen bereits gehörenden Anteilen
   a) 50 vom Hundert oder
   b) 25 vom Hundert

   des Kapitals oder der Stimmrechte des anderen Unternehmens erreichen. Zu den Anteilen, die dem Unternehmen gehören, rechnen auch die Anteile, die einem anderen für Rechnung dieses Unternehmens gehören und, wenn der Inhaber des Unternehmens ein Einzelkaufmann ist, auch die Anteile, die sonstiges Vermögen des Inhabers sind. Erwerben mehrere Unternehmen gleichzeitig oder nacheinander Anteile im vorbezeichneten Umfang an einem anderen Unternehmen, gilt dies hinsichtlich der Märkte, auf denen das andere Unternehmen tätig ist, auch als Zusammenschluss der sich beteiligenden Unternehmen untereinander;
4. jede sonstige Verbindung von Unternehmen, auf Grund deren ein oder mehrere Unternehmen unmittelbar oder mittelbar einen wettbewerblich erheblichen Einfluss auf ein anderes Unternehmen ausüben können.

(2) Ein Zusammenschluss liegt auch dann vor, wenn die beteiligten Unternehmen bereits vorher zusammengeschlossen waren, es sei denn, der Zusammenschluss führt nicht zu einer wesentlichen Verstärkung der bestehenden Unternehmensverbindung.

(3) [1] Erwerben Kreditinstitute, Finanzinstitute oder Versicherungsunternehmen Anteile an einem anderen Unternehmen zum Zwecke der Veräußerung, gilt dies nicht als Zusammenschluss, solange sie das Stimmrecht aus den Anteilen nicht ausüben und sofern die Veräußerung innerhalb eines Jahres erfolgt. [2] Diese Frist kann vom Bundeskartellamt auf Antrag verlängert werden, wenn glaubhaft gemacht wird, dass die Veräußerung innerhalb der Frist unzumutbar war.

§ 38[1)] Berechnung der Umsatzerlöse, der Marktanteile und des Wertes der Gegenleistung. (1) [1] Für die Ermittlung der Umsatzerlöse gilt § 277 Absatz 1 des Handelsgesetzbuchs[2)]. [2] Verwendet ein Unternehmen für seine regelmäßige Rechnungslegung ausschließlich einen anderen international anerkannten Rech-

---

[1)] § 38 Abs. 4 Satz 1 geänd. mWv 22.7.2013 durch G v. 4.7.2013 (BGBl. I S. 1981); Überschrift neu gef., Abs. 3 geänd., Abs. 4a eingef., Abs. 5 Satz 3 geänd. mWv 9.6.2017 durch G v. 1.6.2017 (BGBl. I S. 1416); Abs. 1 Satz 2 eingef., bish Satz 2 wird Satz 3, Abs. 3 und Abs. 5 Satz 3 geänd. mWv 19.1.2021 durch G v. 18.1.2021 (BGBl. I S. 2).

[2)] Nr. **50**.

nungslegungsstandard, so ist für die Ermittlung der Umsatzerlöse dieser Standard maßgeblich. [3] Umsatzerlöse aus Lieferungen und Leistungen zwischen verbundenen Unternehmen (Innenumsatzerlöse) sowie Verbrauchsteuern bleiben außer Betracht.

(2) Für den Handel mit Waren sind nur drei Viertel der Umsatzerlöse in Ansatz zu bringen.

(3) Für den Verlag, die Herstellung und den Vertrieb von Zeitungen, Zeitschriften und deren Bestandteilen ist das Vierfache der Umsatzerlöse und für die Herstellung, den Vertrieb und die Veranstaltung von Rundfunkprogrammen und den Absatz von Rundfunkwerbezeiten ist das Achtfache der Umsatzerlöse in Ansatz zu bringen.

(4) [1] An die Stelle der Umsatzerlöse tritt bei Kreditinstituten, Finanzinstituten, Bausparkassen sowie bei externen Kapitalverwaltungsgesellschaften im Sinne des § 17 Absatz 2 Nummer 1 des Kapitalanlagegesetzbuchs der Gesamtbetrag der in § 34 Absatz 2 Satz 1 Nummer 1 Buchstabe a bis e der Kreditinstituts-Rechnungslegungsverordnung in der jeweils geltenden Fassung genannten Erträge abzüglich der Umsatzsteuer und sonstiger direkt auf diese Erträge erhobener Steuern. [2] Bei Versicherungsunternehmen sind die Prämieneinnahmen des letzten abgeschlossenen Geschäftsjahres maßgebend. [3] Prämieneinnahmen sind die Einnahmen aus dem Erst- und Rückversicherungsgeschäft einschließlich der in Rückdeckung gegebenen Anteile.

(4a) Die Gegenleistung nach § 35 Absatz 1a umfasst

1. alle Vermögensgegenstände und sonstigen geldwerten Leistungen, die der Veräußerer vom Erwerber im Zusammenhang mit dem Zusammenschluss nach § 37 Absatz 1 erhält, (Kaufpreis) und
2. den Wert etwaiger vom Erwerber übernommener Verbindlichkeiten.

(5) [1] Wird ein Zusammenschluss durch den Erwerb von Teilen eines oder mehrerer Unternehmen bewirkt, so ist unabhängig davon, ob diese Teile eigene Rechtspersönlichkeit besitzen, auf Seiten des Veräußerers nur der Umsatz oder der Marktanteil zu berücksichtigen, der auf die veräußerten Teile entfällt. [2] Dies gilt nicht, sofern beim Veräußerer die Kontrolle im Sinne des § 37 Absatz 1 Nummer 2 oder 25 Prozent oder mehr der Anteile verbleiben. [3] Zwei oder mehr Erwerbsvorgänge im Sinne von Satz 1, die innerhalb von zwei Jahren zwischen denselben Personen oder Unternehmen getätigt werden, werden als ein einziger Zusammenschluss behandelt, wenn dadurch die Umsatzschwellen des § 35 Absatz 1 erreicht oder die Voraussetzungen des § 35 Absatz 1a erfüllt werden; als Zeitpunkt des Zusammenschlusses gilt der letzte Erwerbsvorgang.

§ 39[1]) Anmelde- und Anzeigepflicht. (1) [1] Zusammenschlüsse sind vor dem Vollzug beim Bundeskartellamt gemäß den Absätzen 2 und 3 anzumelden. [2] Elektronische Anmeldungen sind zulässig über:

1. die vom Bundeskartellamt eingerichtete zentrale De-Mail-Adresse im Sinne des De-Mail-Gesetzes,
2. die vom Bundeskartellamt eingerichtete zentrale E-Mail-Adresse für Dokumente mit qualifizierter elektronischer Signatur,

---

[1]) § 39 Abs. 3 Satz 2 Nr. 3 geänd. mWv 22.7.2013 durch G v. 4.7.2013 (BGBl. I S. 1981); Abs. 3 Satz 2 Nr. 3 geänd., Nr. 3a eingef., Abs. 5 geänd. mWv 9.6.2017 durch G v. 1.6.2017 (BGBl. I S. 1416); Abs. 5 neu gef. mWv 29.7.2017 durch G v. 18.7.2017 (BGBl. I S. 2739); Abs. 1 Satz 2 und Abs. 6 neu gef. mWv 19.1.2021 durch G v. 18.1.2021 (BGBl. I S. 2).

3. das besondere elektronische Behördenpostfach sowie
4. eine hierfür bestimmte Internetplattform.

[3] Die beiden Zugänge sind über die Internetseite des Bundeskartellamts erreichbar.

(2) Zur Anmeldung sind verpflichtet:

1. die am Zusammenschluss beteiligten Unternehmen,
2. in den Fällen des § 37 Absatz 1 Nummer 1 und 3 auch der Veräußerer.

(3) [1] In der Anmeldung ist die Form des Zusammenschlusses anzugeben. [2] Die Anmeldung muss ferner über jedes beteiligte Unternehmen folgende Angaben enthalten:

1. die Firma oder sonstige Bezeichnung und den Ort der Niederlassung oder den Sitz;
2. die Art des Geschäftsbetriebes;
3. die Umsatzerlöse im Inland, in der Europäischen Union und weltweit; anstelle der Umsatzerlöse sind bei Kreditinstituten, Finanzinstituten, Bausparkassen sowie bei externen Kapitalverwaltungsgesellschaften im Sinne des § 17 Absatz 2 Nummer 1 des Kapitalanlagegesetzbuchs der Gesamtbetrag der Erträge gemäß § 38 Absatz 4, bei Versicherungsunternehmen die Prämieneinnahmen anzugeben; im Fall des § 35 Absatz 1a ist zusätzlich auch der Wert der Gegenleistung für den Zusammenschluss nach § 38 Absatz 4a, einschließlich der Grundlagen für seine Berechnung, anzugeben;

3a. im Fall des § 35 Absatz 1a Angaben zu Art und Umfang der Tätigkeit im Inland;

4. die Marktanteile einschließlich der Grundlagen für ihre Berechnung oder Schätzung, wenn diese im Geltungsbereich dieses Gesetzes oder in einem wesentlichen Teil desselben für die beteiligten Unternehmen zusammen mindestens 20 vom Hundert erreichen;
5. beim Erwerb von Anteilen an einem anderen Unternehmen die Höhe der erworbenen und der insgesamt gehaltenen Beteiligung;
6. eine zustellungsbevollmächtigte Person im Inland, sofern sich der Sitz des Unternehmens nicht im Geltungsbereich dieses Gesetzes befindet.

[3] In den Fällen des § 37 Absatz 1 Nummer 1 oder 3 sind die Angaben nach Satz 2 Nummer 1 und 6 auch für den Veräußerer zu machen. [4] Ist ein beteiligtes Unternehmen ein verbundenes Unternehmen, sind die Angaben nach Satz 2 Nummer 1 und 2 auch über die verbundenen Unternehmen und die Angaben nach Satz 2 Nummer 3 und Nummer 4 über jedes am Zusammenschluss beteiligte Unternehmen und die mit ihm verbundenen Unternehmen insgesamt zu machen sowie die Konzernbeziehungen, Abhängigkeits- und Beteiligungsverhältnisse zwischen den verbundenen Unternehmen mitzuteilen. [5] In der Anmeldung dürfen keine unrichtigen oder unvollständigen Angaben gemacht oder benutzt werden, um die Kartellbehörde zu veranlassen, eine Untersagung nach § 36 Absatz 1 oder eine Mitteilung nach § 40 Absatz 1 zu unterlassen.

(4) [1] Eine Anmeldung ist nicht erforderlich, wenn die Europäische Kommission einen Zusammenschluss an das Bundeskartellamt verwiesen hat und dem Bundeskartellamt die nach Absatz 3 erforderlichen Angaben in deutscher Sprache vorliegen. [2] Das Bundeskartellamt teilt den beteiligten Unternehmen unverzüglich den Zeitpunkt des Eingangs der Verweisungsentscheidung mit und unterrichtet sie zugleich darüber, inwieweit die nach Absatz 3 erforderlichen Angaben in deutscher Sprache vorliegen.

(5) Das Bundeskartellamt kann von jedem beteiligten Unternehmen Auskunft über Marktanteile einschließlich der Grundlagen für die Berechnung oder Schätzung sowie über den Umsatzerlös bei einer bestimmten Art von Waren oder gewerblichen Leistungen, den das Unternehmen im letzten Geschäftsjahr vor dem Zusammenschluss erzielt hat, sowie über die Tätigkeit eines Unternehmens im Inland einschließlich von Angaben zu Zahlen und Standorten seiner Kunden sowie der Orte, an denen seine Angebote erbracht und bestimmungsgemäß genutzt werden, verlangen.

(6) [1] Anmeldepflichtige Zusammenschlüsse, die entgegen Absatz 1 Satz 1 nicht vor dem Vollzug angemeldet wurden, sind von den beteiligten Unternehmen unverzüglich beim Bundeskartellamt anzuzeigen. [2] § 41 bleibt unberührt.

§ 39a[1)] Aufforderung zur Anmeldung künftiger Zusammenschlüsse.

(1) Das Bundeskartellamt kann ein Unternehmen durch Verfügung verpflichten, jeden Zusammenschluss des Unternehmens mit anderen Unternehmen in einem oder mehreren bestimmten Wirtschaftszweigen anzumelden, wenn

1. das Unternehmen im letzten Geschäftsjahr weltweit Umsatzerlöse von mehr als 500 Millionen Euro erzielt hat,
2. objektiv nachvollziehbare Anhaltspunkte dafür bestehen, dass durch künftige Zusammenschlüsse der wirksame Wettbewerb im Inland in den genannten Wirtschaftszweigen erheblich behindert werden könnte und
3. das Unternehmen in den genannten Wirtschaftszweigen einen Anteil von mindestens 15 Prozent am Angebot oder an der Nachfrage von Waren oder Dienstleistungen in Deutschland hat.

(2) Die Anmeldepflicht nach Absatz 1 gilt nur für Zusammenschlüsse bei denen

1. das zu erwerbende Unternehmen im letzten Geschäftsjahr Umsatzerlöse von mehr als 2 Millionen Euro erzielt hat und
2. mehr als zwei Drittel seiner Umsatzerlöse im Inland erzielt hat.

(3) Eine Verfügung nach Absatz 1 setzt voraus, dass das Bundeskartellamt auf einem der betroffenen Wirtschaftszweige zuvor eine Untersuchung nach § 32e durchgeführt hat.

(4) [1] Die Anmeldepflicht nach Absatz 1 gilt für drei Jahre ab Zustellung der Entscheidung. [2] In der Verfügung sind die relevanten Wirtschaftszweige anzugeben.

§ 40[2)] Verfahren der Zusammenschlusskontrolle. (1) [1] Das Bundeskartellamt darf einen Zusammenschluss, der ihm angemeldet worden ist, nur untersagen, wenn es den anmeldenden Unternehmen innerhalb einer Frist von einem Monat seit Eingang der vollständigen Anmeldung mitteilt, dass es in die Prüfung des Zusammenschlusses (Hauptprüfverfahren) eingetreten ist. [2] Das Hauptprüfverfahren soll eingeleitet werden, wenn eine weitere Prüfung des Zusammenschlusses erforderlich ist.

(2) [1] Im Hauptprüfverfahren entscheidet das Bundeskartellamt durch Verfügung, ob der Zusammenschluss untersagt oder freigegeben wird. [2] Wird die Verfügung nicht innerhalb von fünf Monaten nach Eingang der vollständigen Anmeldung den anmeldenden Unternehmen zugestellt, gilt der Zusammenschluss als freigege-

---

[1)] § 39a eingef. mWv 19.1.2021 durch G v. 18.1.2021 (BGBl. I S. 2).

[2)] § 40 Abs. 4 Satz 3 angef. mWv 9.6.2017 durch G v. 1.6.2017 (BGBl. I S. 1416); Abs. 2 Sätze 2 und 7 geänd. mWv 19.1.2021 durch G v. 18.1.2021 (BGBl. I S. 2).

ben. [3]Die Verfahrensbeteiligten sind unverzüglich über den Zeitpunkt der Zustellung der Verfügung zu unterrichten. [4]Dies gilt nicht, wenn

1. die anmeldenden Unternehmen einer Fristverlängerung zugestimmt haben,
2. das Bundeskartellamt wegen unrichtiger Angaben oder wegen einer nicht rechtzeitig erteilten Auskunft nach § 39 Absatz 5 oder § 59 die Mitteilung nach Absatz 1 oder die Untersagung des Zusammenschlusses unterlassen hat,
3. eine zustellungsbevollmächtigte Person im Inland entgegen § 39 Absatz 3 Satz 2 Nummer 6 nicht mehr benannt ist.

[5]Die Frist nach Satz 2 wird gehemmt, wenn das Bundeskartellamt von einem am Zusammenschluss beteiligten Unternehmen eine Auskunft nach § 59 erneut anfordern muss, weil das Unternehmen ein vorheriges Auskunftsverlangen nach § 59 aus Umständen, die von ihm zu vertreten sind, nicht rechtzeitig oder nicht vollständig beantwortet hat. [6]Die Hemmung endet, wenn das Unternehmen dem Bundeskartellamt die Auskunft vollständig übermittelt hat. [7]Die Frist verlängert sich um einen Monat, wenn ein anmeldendes Unternehmen in einem Verfahren dem Bundeskartellamt erstmals Vorschläge für Bedingungen oder Auflagen nach Absatz 3 unterbreitet.

(3) [1]Die Freigabe kann mit Bedingungen und Auflagen verbunden werden, um sicherzustellen, dass die beteiligten Unternehmen den Verpflichtungen nachkommen, die sie gegenüber dem Bundeskartellamt eingegangen sind, um eine Untersagung abzuwenden. [2]Die Bedingungen und Auflagen dürfen sich nicht darauf richten, die beteiligten Unternehmen einer laufenden Verhaltenskontrolle zu unterstellen.

(3a) [1]Die Freigabe kann widerrufen oder geändert werden, wenn sie auf unrichtigen Angaben beruht, arglistig herbeigeführt worden ist oder die beteiligten Unternehmen einer mit ihr verbundenen Auflage zuwiderhandeln. [2]Im Falle der Nichterfüllung einer Auflage gilt § 41 Absatz 4 entsprechend.

(4) [1]Vor einer Untersagung ist den obersten Landesbehörden, in deren Gebiet die beteiligten Unternehmen ihren Sitz haben, Gelegenheit zur Stellungnahme zu geben. [2]In Verfahren nach § 172a des Fünften Buches Sozialgesetzbuch[1)] ist vor einer Untersagung das Benehmen mit den zuständigen Aufsichtsbehörden nach § 90 des Vierten Buches Sozialgesetzbuch[2)] herzustellen. [3]Vor einer Untersagung in Verfahren, die den Bereich der bundesweiten Verbreitung von Fernsehprogrammen durch private Veranstalter betreffen, ist das Benehmen mit der Kommission zur Ermittlung der Konzentration im Medienbereich herzustellen.

(5) Die Fristen nach den Absätzen 1 und 2 Satz 2 beginnen in den Fällen des § 39 Absatz 4 Satz 1, wenn die Verweisungsentscheidung beim Bundeskartellamt eingegangen ist und die nach § 39 Absatz 3 erforderlichen Angaben in deutscher Sprache vorliegen.

(6) Wird eine Freigabe des Bundeskartellamts durch gerichtlichen Beschluss rechtskräftig ganz oder teilweise aufgehoben, beginnt die Frist nach Absatz 2 Satz 2 *mit Eintritt* der Rechtskraft von Neuem.

§ 41[3)] Vollzugsverbot, Entflechtung. (1) [1]Die Unternehmen dürfen einen Zusammenschluss, der vom Bundeskartellamt nicht freigegeben ist, nicht vor

---

[1)] **Aichberger, SGB Nr. 5.**

[2)] **Aichberger, SGB Nr. 4.**

[3)] § 41 Abs. 3 Satz 1 geänd. mWv 8.9.2015 durch VO v. 31.8.2015 (BGBl. I S. 1474); Abs. 3 Satz 1 geänd. mWv 9.6.2017 durch G v. 1.6.2017 (BGBl. I S. 1416).

Ablauf der Fristen nach § 40 Absatz 1 Satz 1 und Absatz 2 Satz 2 vollziehen oder am Vollzug dieses Zusammenschlusses mitwirken. [2] Rechtsgeschäfte, die gegen dieses Verbot verstoßen, sind unwirksam. [3] Dies gilt nicht

1. für Verträge über Grundstücksgeschäfte, sobald sie durch Eintragung in das Grundbuch rechtswirksam geworden sind,
2. für Verträge über die Umwandlung, Eingliederung oder Gründung eines Unternehmens und für Unternehmensverträge im Sinne der §§ 291 und 292 des Aktiengesetzes[1)], sobald sie durch Eintragung in das zuständige Register rechtswirksam geworden sind, sowie
3. für andere Rechtsgeschäfte, wenn der nicht angemeldete Zusammenschluss nach Vollzug angezeigt und das Entflechtungsverfahren nach Absatz 3 eingestellt wurde, weil die Untersagungsvoraussetzungen nicht vorlagen, oder die Wettbewerbsbeschränkung infolge einer Auflösungsanordnung nach Absatz 3 Satz 2 in Verbindung mit Satz 3 beseitigt wurde oder eine Ministererlaubnis nach § 42 erteilt worden ist.

(1a) Absatz 1 steht der Verwirklichung von Erwerbsvorgängen nicht entgegen, bei denen die Kontrolle, Anteile oder wettbewerblich erheblicher Einfluss im Sinne von § 37 Absatz 1 oder 2 von mehreren Veräußerern entweder im Wege eines öffentlichen Übernahmeangebots oder im Wege einer Reihe von Rechtsgeschäften mit Wertpapieren, einschließlich solchen, die in andere zum Handel an einer Börse oder an einem ähnlichen Markt zugelassene Wertpapiere konvertierbar sind, über eine Börse erworben werden, sofern der Zusammenschluss gemäß § 39 unverzüglich beim Bundeskartellamt angemeldet wird und der Erwerber die mit den Anteilen verbundenen Stimmrechte nicht oder nur zur Erhaltung des vollen Wertes seiner Investition auf Grund einer vom Bundeskartellamt nach Absatz 2 erteilten Befreiung ausübt.

(2) [1] Das Bundeskartellamt kann auf Antrag Befreiungen vom Vollzugsverbot erteilen, wenn die beteiligten Unternehmen hierfür wichtige Gründe geltend machen, insbesondere um schweren Schaden von einem beteiligten Unternehmen oder von Dritten abzuwenden. [2] Die Befreiung kann jederzeit, auch vor der Anmeldung, erteilt und mit Bedingungen und Auflagen verbunden werden. [3] § 40 Absatz 3a gilt entsprechend.

(3) [1] Ein vollzogener Zusammenschluss, der die Untersagungsvoraussetzungen nach § 36 Absatz 1 erfüllt, ist aufzulösen, wenn nicht die Bundesministerin oder der Bundesminister für Wirtschaft und Energie nach § 42 die Erlaubnis zu dem Zusammenschluss erteilt. [2] Das Bundeskartellamt ordnet die zur Auflösung des Zusammenschlusses erforderlichen Maßnahmen an. [3] Die Wettbewerbsbeschränkung kann auch auf andere Weise als durch Wiederherstellung des früheren Zustands beseitigt werden.

(4) Zur Durchsetzung seiner Anordnung kann das Bundeskartellamt insbesondere

1. (weggefallen)
2. die Ausübung des Stimmrechts aus Anteilen an einem beteiligten Unternehmen, die einem anderen beteiligten Unternehmen gehören oder ihm zuzurechnen sind, untersagen oder einschränken,
3. einen Treuhänder bestellen, der die Auflösung des Zusammenschlusses herbeiführt.

[1)] Nr. **51**.

§ 42[1] **Ministererlaubnis.** (1) [1] Die Bundesministerin oder der Bundesminister für Wirtschaft und Energie erteilt auf Antrag die Erlaubnis zu einem vom Bundeskartellamt untersagten Zusammenschluss, wenn im Einzelfall die Wettbewerbsbeschränkung von gesamtwirtschaftlichen Vorteilen des Zusammenschlusses aufgewogen wird oder der Zusammenschluss durch ein überragendes Interesse der Allgemeinheit gerechtfertigt ist. [2] Hierbei ist auch die Wettbewerbsfähigkeit der beteiligten Unternehmen auf Märkten außerhalb des Geltungsbereichs dieses Gesetzes zu berücksichtigen. [3] Die Erlaubnis darf nur erteilt werden, wenn durch das Ausmaß der Wettbewerbsbeschränkung die marktwirtschaftliche Ordnung nicht gefährdet wird. [4] Weicht die Entscheidung vom Votum der Stellungnahme ab, die die Monopolkommission nach Absatz 5 Satz 1 erstellt hat, ist dies in der Verfügung gesondert zu begründen.

(2) [1] Die Erlaubnis kann mit Bedingungen und Auflagen verbunden werden. [2] § 40 Absatz 3 Satz 2 und Absatz 3a gilt entsprechend.

(3) [1] Der Antrag ist innerhalb einer Frist von einem Monat seit Zustellung der Untersagung oder einer Auflösungsanordnung nach § 41 Absatz 3 Satz 1 ohne vorherige Untersagung beim Bundesministerium für Wirtschaft und Energie schriftlich zu stellen. [2] Wird die Untersagung angefochten, beginnt die Frist in dem Zeitpunkt, in dem die Untersagung unanfechtbar wird. [3] Wird die Auflösungsanordnung nach § 41 Absatz 3 Satz 1 angefochten, beginnt die Frist zu dem Zeitpunkt, zu dem die Auflösungsanordnung unanfechtbar wird.

(4) [1] Die Bundesministerin oder der Bundesminister für Wirtschaft und Energie soll über den Antrag innerhalb von vier Monaten entscheiden. [2] Wird die Entscheidung nicht innerhalb dieser Frist getroffen, teilt das Bundesministerium für Wirtschaft und Energie die Gründe hierfür dem Deutschen Bundestag unverzüglich schriftlich mit. [3] Wird die Verfügung den antragstellenden Unternehmen nicht innerhalb von sechs Monaten nach Eingang des vollständigen Antrags zugestellt, gilt der Antrag auf die Ministererlaubnis als abgelehnt. [4] Das Bundesministerium für Wirtschaft und Energie kann die Frist nach Satz 3 auf Antrag der antragstellenden Unternehmen um bis zu zwei Monate verlängern. [5] In diesem Fall ist Satz 3 nicht anzuwenden und die Verfügung ist den antragstellenden Unternehmen innerhalb der Frist nach Satz 4 zuzustellen.

(5) [1] Vor der Entscheidung nach Absatz 4 Satz 1 ist eine Stellungnahme der Monopolkommission einzuholen und den obersten Landesbehörden, in deren Gebiet die beteiligten Unternehmen ihren Sitz haben, Gelegenheit zur Stellungnahme zu geben. [2] Im Fall eines Antrags auf Erlaubnis eines untersagten Zusammenschlusses im Bereich der bundesweiten Verbreitung von Fernsehprogrammen durch private Veranstalter ist zusätzlich eine Stellungnahme der Kommission zur Ermittlung der Konzentration im Medienbereich einzuholen. [3] Die Monopolkommission soll ihre Stellungnahme innerhalb von zwei Monaten nach Aufforderung durch das Bundesministerium für Wirtschaft und Energie abgeben.

(6) Das Bundesministerium für Wirtschaft und Energie erlässt Leitlinien über die Durchführung des Verfahrens.

§ 43 Bekanntmachungen. (1) Die Einleitung des Hauptprüfverfahrens durch das Bundeskartellamt nach § 40 Absatz 1 Satz 1 und der Antrag auf Erteilung einer Ministererlaubnis sind unverzüglich im Bundesanzeiger bekannt zu machen.

---

[1] § 42 Abs. 1 Satz 1, Abs. 3 Satz 1 und Abs. 4 Satz 1 geänd. mWv 8.9.2015 durch VO v. 31.8.2015 (BGBl. I S. 1474); Abs. 1 Satz 1 geänd., Satz 4 angef., Abs. 4 neu gef., Abs. 5 und 6 angef. mWv 9.6.2017 durch G v. 1.6.2017 (BGBl. I S. 1416).

(2) Im Bundesanzeiger sind bekannt zu machen

1. die Verfügung des Bundeskartellamts nach § 40 Absatz 2,
2. die Ministererlaubnis, deren Widerruf, Änderung oder Ablehnung,
3. die Rücknahme, der Widerruf oder die Änderung der Freigabe des Bundeskartellamts,
4. die Auflösung eines Zusammenschlusses und die sonstigen Anordnungen des Bundeskartellamts nach § 41 Absatz 3 und 4.

(3) Bekannt zu machen nach Absatz 1 und 2 sind jeweils die Angaben nach § 39 Absatz 3 Satz 1 sowie Satz 2 Nummer 1 und 2.

§ 43a[1] Evaluierung. Das Bundesministerium für Wirtschaft und Energie berichtet den gesetzgebenden Körperschaften nach Ablauf von drei Jahren nach Inkrafttreten der Vorschrift über die Erfahrungen mit den Regelungen von § 35 Absatz 1a, § 37 Absatz 1 Nummer 1 und § 38 Absatz 4a.

Kapitel 8.[2] Monopolkommission

§ 44[3] Aufgaben. (1) [1]Die Monopolkommission erstellt alle zwei Jahre ein Gutachten, in dem sie den Stand und die absehbare Entwicklung der Unternehmenskonzentration in der Bundesrepublik Deutschland beurteilt, die Anwendung der wettbewerbsrechtlichen Vorschriften anhand abgeschlossener Verfahren würdigt, sowie zu sonstigen aktuellen wettbewerbspolitischen Fragen Stellung nimmt. [2]Das Gutachten soll bis zum 30. Juni des Jahres abgeschlossen sein, in dem das Gutachten zu erstellen ist. [3]Die Bundesregierung kann die Monopolkommission mit der Erstattung zusätzlicher Gutachten beauftragen. [4]Darüber hinaus kann die Monopolkommission nach ihrem Ermessen Gutachten oder andere Stellungnahmen erstellen. [5]Die Möglichkeit zur Stellungnahme nach § 75 Absatz 5 bleibt unberührt.

(2) [1]Die Monopolkommission ist nur an den durch dieses Gesetz begründeten Auftrag gebunden und in ihrer Tätigkeit unabhängig. [2]Vertritt eine Minderheit bei der Abfassung der Gutachten eine abweichende Auffassung, so kann sie diese in dem Gutachten zum Ausdruck bringen.

(3) [1]Die Monopolkommission leitet ihre Gutachten der Bundesregierung zu. [2]Die Bundesregierung legt Gutachten nach Absatz 1 den gesetzgebenden Körperschaften unverzüglich vor. [3]Die Bundesregierung nimmt zu den Gutachten nach Absatz 1 Satz 1 in angemessener Frist Stellung, zu sonstigen Gutachten nach Absatz 1 kann sie Stellung nehmen, wenn und soweit sie dies für angezeigt hält. [4]Die jeweiligen fachlich zuständigen Bundesministerien und die Monopolkommission tauschen sich auf Verlangen zu den Inhalten der Gutachten aus. [5]Die Gutachten werden von der Monopolkommission veröffentlicht. [6]Bei Gutachten nach Absatz 1 Satz 1 erfolgt dies zu dem Zeitpunkt, zu dem sie von der Bundesregierung der gesetzgebenden Körperschaft vorgelegt werden.

§ 45 Mitglieder. (1) [1]Die Monopolkommission besteht aus fünf Mitgliedern, die über besondere volkswirtschaftliche, betriebswirtschaftliche, sozialpolitische,

---

[1] § 43a eingef. mWv 9.6.2017 durch G v. 1.6.2017 (BGBl. I S. 1416).

[2] Kapitel 8 Überschrift neu gef. mWv 9.6.2017 durch G v. 1.6.2017 (BGBl. I S. 1416).

[3] § 44 Abs. 1 Sätze 1 und 2 neu gef., Satz 4 geänd., Satz 5 angef., Abs. 3 Satz 2 neu gef., Sätze 3 und 4 eingef., bish Sätze 3 und 4 werden Sätze 5 und 6 mWv 19.1.2021 durch G v. 18.1.2021 (BGBl. I S. 2).

technologische oder wirtschaftsrechtliche Kenntnisse und Erfahrungen verfügen müssen. [2] Die Monopolkommission wählt aus ihrer Mitte einen Vorsitzenden.

(2) [1] Die Mitglieder der Monopolkommission werden auf Vorschlag der Bundesregierung durch den Bundespräsidenten für die Dauer von vier Jahren berufen. [2] Wiederberufungen sind zulässig. [3] Die Bundesregierung hört die Mitglieder der Kommission an, bevor sie neue Mitglieder vorschlägt. [4] Die Mitglieder sind berechtigt, ihr Amt durch Erklärung gegenüber dem Bundespräsidenten niederzulegen. [5] Scheidet ein Mitglied vorzeitig aus, so wird ein neues Mitglied für die Dauer der Amtszeit des ausgeschiedenen Mitglieds berufen.

(3) [1] Die Mitglieder der Monopolkommission dürfen weder der Regierung oder einer gesetzgebenden Körperschaft des Bundes oder eines Landes noch dem öffentlichen Dienst des Bundes, eines Landes oder einer sonstigen juristischen Person des öffentlichen Rechts, es sei denn als Hochschullehrer oder als Mitarbeiter eines wissenschaftlichen Instituts, angehören. [2] Ferner dürfen sie weder einen Wirtschaftsverband noch eine Arbeitgeber- oder Arbeitnehmerorganisation repräsentieren oder zu diesen in einem ständigen Dienst- oder Geschäftsbesorgungsverhältnis stehen. [3] Sie dürfen auch nicht während des letzten Jahres vor der Berufung zum Mitglied der Monopolkommission eine derartige Stellung innegehabt haben.

§ 46[1] Beschlüsse, Organisation, Rechte und Pflichten der Mitglieder.

(1) Die Beschlüsse der Monopolkommission bedürfen der Zustimmung von mindestens drei Mitgliedern.

(2) [1] Die Monopolkommission hat eine Geschäftsordnung und verfügt über eine Geschäftsstelle. [2] Diese hat die Aufgabe, die Monopolkommission wissenschaftlich, administrativ und technisch zu unterstützen.

(2a) [1] Die Monopolkommission kann Einsicht in die von der Kartellbehörde geführten Akten einschließlich Betriebs- und Geschäftsgeheimnisse und personenbezogener Daten nehmen, soweit dies zur ordnungsgemäßen Erfüllung ihrer Aufgaben erforderlich ist. [2] Dies gilt auch für die Erstellung der Gutachten nach § 78 des Eisenbahnregulierungsgesetzes, § 62 des Energiewirtschaftsgesetzes[2], § 44 des Postgesetzes[3] sowie nach § 121 Absatz 2 des Telekommunikationsgesetzes[4].

(2b) [1] Im Rahmen der Akteneinsicht kann die Monopolkommission bei der Kartellbehörde in elektronischer Form vorliegende Daten, einschließlich Betriebs- und Geschäftsgeheimnissen und personenbezogener Daten, selbstständig auswerten, soweit dies zur ordnungsgemäßen Erfüllung ihrer Aufgaben erforderlich ist. [2] Dies gilt auch für die Erstellung der Gutachten nach § 78 des Eisenbahnregulierungsgesetzes, § 62 des Energiewirtschaftsgesetzes, § 44 des Postgesetzes sowie nach § 121 Absatz 2 des Telekommunikationsgesetzes.

(3) [1] Die Mitglieder der Monopolkommission und die Angehörigen der Geschäftsstelle sind zur Verschwiegenheit über die Beratungen und die von der Monopolkommission als vertraulich bezeichneten Beratungsunterlagen verpflichtet. [2] Die Pflicht zur Verschwiegenheit bezieht sich auch auf Informationen und

---

[1] § 46 Abs. 4 Satz 2 geänd. mWv 8.9.2015 durch VO v. 31.8.2015 (BGBl. I S. 1474); Abs. 4 Satz 2 geänd. mWv 27.6.2020 durch VO v. 19.6.2020 (BGBl. I S. 1328); Abs. 2a Satz 2 angef., Abs. 2b eingef., Abs. 3 Satz 2 und Abs. 4 Satz 2 geänd. mWv 19.1.2021 durch G v. 18.1.2021 (BGBl. I S. 2).

[2] **Sartorius Nr. 830.**

[3] **Sartorius ErgBd. Nr. 910.**

[4] **Sartorius ErgBd. Nr. 920.**

Daten, die der Monopolkommission gegeben und als vertraulich bezeichnet werden oder die gemäß Absatz 2a oder 2b erlangt worden sind.

(4) [1]Die Mitglieder der Monopolkommission erhalten eine pauschale Entschädigung sowie Ersatz ihrer Reisekosten. [2]Diese werden vom Bundesministerium für Wirtschaft und Energie festgesetzt. [3]Die Kosten der Monopolkommission trägt der Bund.

§ 47[1)] Übermittlung statistischer Daten. (1) [1]Für die Begutachtung der Entwicklung der Unternehmenskonzentration werden der Monopolkommission vom Statistischen Bundesamt aus Wirtschaftsstatistiken (Statistik im produzierenden Gewerbe, Handwerksstatistik, Außenhandelsstatistik, Steuerstatistik, Verkehrsstatistik, Statistik im Handel und Gastgewerbe, Dienstleistungsstatistik) und dem Statistikregister zusammengefasste Einzelangaben über die Vomhundertanteile der größten Unternehmen, Betriebe oder fachlichen Teile von Unternehmen des jeweiligen Wirtschaftsbereichs

a) am Wert der zum Absatz bestimmten Güterproduktion,

b) am Umsatz,

c) an der Zahl der tätigen Personen,

d) an den Lohn- und Gehaltssummen,

e) an den Investitionen,

f) am Wert der gemieteten und gepachteten Sachanlagen,

g) an der Wertschöpfung oder dem Rohertrag,

h) an der Zahl der jeweiligen Einheiten

übermittelt. [2]Satz 1 gilt entsprechend für die Übermittlung von Angaben über die Vomhundertanteile der größten Unternehmensgruppen. [3]Für die Zuordnung der Angaben zu Unternehmensgruppen übermittelt die Monopolkommission dem Statistischen Bundesamt Namen und Anschriften der Unternehmen, deren Zugehörigkeit zu einer Unternehmensgruppe sowie Kennzeichen zur Identifikation. [4]Die zusammengefassten Einzelangaben dürfen nicht weniger als drei Unternehmensgruppen, Unternehmen, Betriebe oder fachliche Teile von Unternehmen betreffen. [5]Durch Kombination oder zeitliche Nähe mit anderen übermittelten oder allgemein zugänglichen Angaben darf kein Rückschluss auf zusammengefasste Angaben von weniger als drei Unternehmensgruppen, Unternehmen, Betrieben oder fachlichen Teile von Unternehmen möglich sein. [6]Für die Berechnung von summarischen Konzentrationsmaßen, insbesondere Herfindahl-Indizes und Gini-Koeffizienten, gilt dies entsprechend. [7]Die statistischen Ämter der Länder stellen die hierfür erforderlichen Einzelangaben dem Statistischen Bundesamt zur Verfügung.

(2) [1]Personen, die zusammengefasste Einzelangaben nach Absatz 1 erhalten sollen, sind vor der Übermittlung zur Geheimhaltung besonders zu verpflichten, soweit sie nicht Amtsträger oder für den öffentlichen Dienst besonders Verpflichtete sind. [2]§ 1 Absatz 2, 3 und 4 Nummer 2 des Verpflichtungsgesetzes gilt entsprechend. [3]Personen, die nach Satz 1 besonders verpflichtet worden sind, stehen für die Anwendung der Vorschriften des Strafgesetzbuches[2)] über die Verletzung von Privatgeheimnissen (§ 203 Absatz 2, 5 und 6; §§ 204, 205) und des Dienst-

---

[1)] § 47 Abs. 1 Satz 3 ber. durch G v. 12.8.2013 (BGBl. I S. 3245); Abs. 6 geänd. mWv 5.4.2017 durch G v. 29.3.2017 (BGBl. I S. 626); Abs. 2 Satz 3 geänd. mWv 9.11.2017 durch G v. 30.10.2017 (BGBl. I S. 3618).

[2)] Nr. **85**.

geheimnisses (§ 353b Absatz 1) den für den öffentlichen Dienst besonders Verpflichteten gleich.

(3) [1] Die zusammengefassten Einzelangaben dürfen nur für die Zwecke verwendet werden, für die sie übermittelt wurden. [2] Sie sind zu löschen, sobald der in Absatz 1 genannte Zweck erfüllt ist.

(4) Bei der Monopolkommission muss durch organisatorische und technische Maßnahmen sichergestellt sein, dass nur Amtsträger, für den öffentlichen Dienst besonders Verpflichtete oder Verpflichtete nach Absatz 2 Satz 1 Empfänger von zusammengefassten Einzelangaben sind.

(5) [1] Die Übermittlungen sind nach Maßgabe des § 16 Absatz 9 des Bundesstatistikgesetzes aufzuzeichnen. [2] Die Aufzeichnungen sind mindestens fünf Jahre aufzubewahren.

(6) Bei der Durchführung der Wirtschaftsstatistiken nach Absatz 1 sind die befragten Unternehmen schriftlich oder elektronisch zu unterrichten, dass die zusammengefassten Einzelangaben nach Absatz 1 der Monopolkommission übermittelt werden dürfen.

Kapitel 9.[1)] Markttransparenzstellen für den Großhandel mit Strom und Gas und für Kraftstoffe

Abschnitt 1.[1)] Markttransparenzstelle für den Großhandel im Bereich Strom und Gas

§ 47a[2)] Einrichtung, Zuständigkeit, Organisation. (1) [1] Zur Sicherstellung einer wettbewerbskonformen Bildung der Großhandelspreise von Elektrizität und Gas wird eine Markttransparenzstelle bei der Bundesnetzagentur für Elektrizität, Gas, Telekommunikation, Post und Eisenbahnen (Bundesnetzagentur) eingerichtet. [2] Sie beobachtet laufend die Vermarktung und den Handel mit Elektrizität und Erdgas auf der Großhandelsstufe.

(2) Die Aufgaben der Markttransparenzstelle nehmen die Bundesnetzagentur und das Bundeskartellamt einvernehmlich wahr.

(3) [1] Die Einzelheiten der einvernehmlichen Zusammenarbeit werden in einer vom Bundesministerium für Wirtschaft und Energie zu genehmigenden Kooperationsvereinbarung zwischen dem Bundeskartellamt und der Bundesnetzagentur näher geregelt. [2] In der Vereinbarung ist insbesondere Folgendes zu regeln:

1. die Besetzung und Geschäftsverteilung sowie
2. eine Koordinierung der Datenerhebung und des Daten- und Informationsaustausches.

(4) Das Bundesministerium für Wirtschaft und Energie wird ermächtigt, durch Rechtsverordnung Vorgaben zur Ausgestaltung der Kooperationsvereinbarung zu erlassen.

(5) [1] Entscheidungen der Markttransparenzstelle trifft die Person, die sie leitet. [2] § 51 Absatz 5 gilt für alle Mitarbeiterinnen und Mitarbeiter der Markttransparenzstelle entsprechend.

§ 47b Aufgaben. (1) [1] Die Markttransparenzstelle beobachtet laufend den gesamten Großhandel mit Elektrizität und Erdgas, unabhängig davon, ob er auf

---

[1)] Kapitel 9 und Abschnitt 1 Überschrift neu gef. mWv 9.6.2017 durch G v. 1.6.2017 (BGBl. I S. 1416).

[2)] § 47a Abs. 3 Satz 1 und Abs. 4 geänd. mWv 8.9.2015 durch VO v. 31.8.2015 (BGBl. I S. 1474).

physikalische oder finanzielle Erfüllung gerichtet ist, um Auffälligkeiten bei der Preisbildung aufzudecken, die auf Missbrauch von Marktbeherrschung, Insiderinformationen oder auf Marktmanipulation beruhen können. [2]Die Markttransparenzstelle beobachtet zu diesem Zweck auch die Erzeugung, den Kraftwerkseinsatz und die Vermarktung von Elektrizität und Erdgas durch die Erzeugungsunternehmen sowie die Vermarktung von Elektrizität und Erdgas als Regelenergie. [3]Die Markttransparenzstelle kann Wechselwirkungen zwischen den Großhandelsmärkten für Elektrizität und Erdgas und dem Emissionshandelssystem berücksichtigen.

(2) [1]Die Markttransparenzstelle überwacht als nationale Marktüberwachungsstelle gemäß Artikel 7 Absatz 2 Unterabsatz 2 der Verordnung (EU) Nr. 1227/2011 des Europäischen Parlaments und des Rates vom 25. Oktober 2011 über die Integrität und Transparenz des Energiegroßhandelsmarkts (ABl. L 326 vom 8.12. 2011, S. 1) zusammen mit der Bundesnetzagentur den Großhandel mit Elektrizität und Erdgas. [2]Sie arbeitet dabei mit der Agentur für die Zusammenarbeit der Energieregulierungsbehörden nach Artikel 7 Absatz 2 und Artikel 10 der Verordnung (EU) Nr. 1227/2011 zusammen.

(3) [1]Die Markttransparenzstelle erhebt und sammelt die Daten und Informationen, die sie zur Erfüllung ihrer Aufgaben benötigt. [2]Dabei berücksichtigt sie Meldepflichten der Mitteilungsverpflichteten gegenüber den in § 47i genannten Behörden oder Aufsichtsstellen sowie Meldepflichten, die von der Europäischen Kommission nach Artikel 8 Absatz 2 und 6 der Verordnung (EU) Nr. 1227/2011 festzulegen sind. [3]Für die Datenerfassung sind nach Möglichkeit bestehende Quellen und Meldesysteme zu nutzen.

(4) Die Bundesnetzagentur kann die Markttransparenzstelle mit der Erhebung und Auswertung von Daten beauftragen, soweit dies zur Erfüllung ihrer Aufgaben nach der Verordnung (EU) Nr. 1227/2011 erforderlich ist.

(5) [1]Die Markttransparenzstelle gibt vor Erlass von Festlegungen nach § 47g in Verbindung mit der nach § 47f zu erlassenden Rechtsverordnung betroffenen Behörden, Interessenvertretern und Marktteilnehmern vorab Gelegenheit zur Stellungnahme innerhalb einer festgesetzten Frist. [2]Zur Vorbereitung dieser Konsultationen erstellt und ergänzt die Markttransparenzstelle bei Bedarf eine detaillierte Liste aller Daten und Kategorien von Daten, die ihr die in § 47e Absatz 1 genannten Mitteilungspflichtigen auf Grund der §§ 47e und 47g und der nach § 47f zu erlassenden Rechtsverordnung laufend mitzuteilen haben, einschließlich des Zeitpunkts, an dem die Daten zu übermitteln sind, des Datenformats und der einzuhaltenden Übertragungswege sowie möglicher alternativer Meldekanäle. [3]Die Markttransparenzstelle ist nicht an die Stellungnahmen gebunden.

(6) Die Markttransparenzstelle wertet die erhaltenen Daten und Informationen kontinuierlich aus, um insbesondere festzustellen, ob Anhaltspunkte für einen Verstoß gegen die §§ 1, 19, 20 oder 29 dieses Gesetzes, die Artikel 101 oder 102 des Vertrages über die Arbeitsweise der Europäischen Union[1)], das Wertpapierhandelsgesetz[2)], das Börsengesetz oder die Verbote nach den Artikeln 3 und 5 der Verordnung (EU) Nr. 1227/2011 vorliegen.

(7) [1]Gibt es Anhaltspunkte dafür, dass eine natürliche oder juristische Person gegen die in Absatz 6 genannten gesetzlichen Bestimmungen verstößt, muss die Markttransparenzstelle umgehend die zuständigen Behörden informieren und den

---

[1)] Abgedruckt in Anm. zu § 22.
[2)] **Schönfelder ErgBd. Nr. 58.**

Vorgang an sie abgeben. [2]Bei Verdacht eines Verstoßes gegen die §§ 1, 19, 20 und 29 dieses Gesetzes oder gegen die Artikel 101 und 102 des Vertrages über die Arbeitsweise der Europäischen Union informiert die Markttransparenzstelle die zuständige Beschlussabteilung im Bundeskartellamt. [3]Kommt die Prüfzuständigkeit mehrerer Behörden in Betracht, so informiert die Markttransparenzstelle jede dieser Behörden über den Verdachtsfall und über die Benachrichtigung der anderen Behörden. [4]Die Markttransparenzstelle leitet alle von den Behörden benötigten oder angeforderten Informationen und Daten unverzüglich an diese gemäß § 47i weiter.

(8) Die Absätze 1 bis 3 können auch Anwendung finden auf die Erzeugung und Vermarktung im Ausland und auf Handelsgeschäfte, die im Ausland stattfinden, sofern sie sich auf die Preisbildung von Elektrizität und Erdgas im Geltungsbereich dieses Gesetzes auswirken.

§ 47c[1] Datenverwendung. (1) Die Markttransparenzstelle stellt die nach § 47b Absatz 3 erhaltenen Daten ferner folgenden Stellen zur Verfügung:

1. dem Bundeskartellamt für die Durchführung des Monitorings nach § 48 Absatz 3,
2. der Bundesnetzagentur für die Durchführung des Monitorings nach § 35 des Energiewirtschaftsgesetzes[2],
3. der zuständigen Beschlussabteilung im Bundeskartellamt für Fusionskontrollverfahren nach den §§ 35 bis 41 und für Sektoruntersuchungen nach § 32e sowie
4. der Bundesnetzagentur zur Erfüllung ihrer weiteren Aufgaben nach dem Energiewirtschaftsgesetz, insbesondere zur Überwachung von Transparenzverpflichtungen nach den Anhängen der folgenden Verordnungen:
   a) Verordnung (EG) Nr. 714/2009 des Europäischen Parlaments und des Rates vom 13. Juli 2009 über die Netzzugangsbedingungen für den grenzüberschreitenden Stromhandel und zur Aufhebung der Verordnung (EG) Nr. 1228/2003 (ABl. L 211 vom 14.8.2009, S. 15),
   b) Verordnung (EG) Nr. 715/2009 des Europäischen Parlaments und des Rates vom 13. Juli 2009 über die Bedingungen für den Zugang zu den Erdgasfernleitungsnetzen und zur Aufhebung der Verordnung (EG) Nr. 1775/2005 (ABl. L 211 vom 14.8.2009, S. 36) und
   c) Verordnung (EU) Nr. 994/2010 des Europäischen Parlaments und des Rates vom 20. Oktober 2010 über Maßnahmen zur Gewährleistung der sicheren Erdgasversorgung und zur Aufhebung der Richtlinie 2004/67/EG des Rates (ABl. L 295 vom 12.11.2010, S. 1).

(2) Die Markttransparenzstelle stellt die Daten ferner dem Bundesministerium für Wirtschaft und Energie und der Bundesnetzagentur zur Erfüllung ihrer Aufgaben nach § 54a des Energiewirtschaftsgesetzes zur Verfügung.

(3) Die Daten können dem Statistischen Bundesamt für dessen Aufgaben nach dem Energiestatistikgesetz und der Monopolkommission für deren Aufgaben nach diesem Gesetz und nach § 62 des Energiewirtschaftsgesetzes zur Verfügung gestellt werden.

(4) [1]Die Markttransparenzstelle darf die Daten in anonymisierter Form ferner Bundesministerien für eigene oder in deren Auftrag durchzuführende wissenschaftliche Studien zur Verfügung stellen, wenn die Daten zur Erreichung dieser

---

[1] § 47c Abs. 2 geänd. mWv 8.9.2015 durch VO v. 31.8.2015 (BGBl. I S. 1474).

[2] **Sartorius Nr. 830.**

Zwecke erforderlich sind. [2]Daten, die Betriebs- und Geschäftsgeheimnisse darstellen, dürfen von der Markttransparenzstelle nur herausgegeben werden, wenn ein Bezug zu einem Unternehmen nicht mehr hergestellt werden kann. [3]Die Bundesministerien dürfen die nach Satz 1 von der Markttransparenzstelle erhaltenen Daten auch Dritten zur Durchführung wissenschaftlicher Studien im Auftrag zur Verfügung stellen, wenn diese ihnen gegenüber die Fachkunde nachgewiesen und die vertrauliche Behandlung der Daten zugesichert haben.

§ 47d[1)] Befugnisse. (1) [1]Zur Erfüllung ihrer Aufgaben hat die Markttransparenzstelle die Befugnisse nach §§ 59, 59a und 59b gegenüber natürlichen und juristischen Personen. [2]Sie kann nach Maßgabe des § 47f Festlegungen gegenüber einzelnen, einer Gruppe oder allen der in § 47e Absatz 1 genannten Personen und Unternehmen in den in § 47g genannten Festlegungsbereichen treffen zur Datenkategorie, zum Zeitpunkt und zur Form der Übermittlung. [3]Die Markttransparenzstelle ist nach Maßgabe des § 47f befugt, die Festlegung bei Bedarf zu ändern, soweit dies zur Erfüllung ihrer Aufgaben erforderlich ist. [4]Sie kann insbesondere vorgeben, dass eine Internetplattform zur Eingabe der angeforderten Auskünfte sowie der Mitteilungen verwendet werden muss. [5]Die Markttransparenzstelle kann nach Maßgabe des § 47f darüber hinaus vorgeben, dass Auskünfte und Daten an einen zur Datenerfassung beauftragten Dritten geliefert werden; Auswertung und Nutzung findet allein bei der Markttransparenzstelle statt. [6]Die §§ 48 und 49 des Verwaltungsverfahrensgesetzes[2)] bleiben unberührt. [7]Die §§ 50f, 54, 56 bis 58, 61 Absatz 1 und 2, die §§ 63, 64, 66, 67, 70, 73 bis 80, 82a, 83, 85, 91 und 92 gelten entsprechend. [8]Für Entscheidungen, die die Markttransparenzstelle durch Festlegungen trifft, kann die Zustellung nach § 61 durch eine öffentliche Bekanntgabe im Bundesanzeiger ersetzt werden. [9]Für Auskunftspflichten nach Satz 1 und Mitteilungspflichten nach § 47e gilt § 55 der Strafprozessordnung[3)] entsprechend.

(2) [1]Die Markttransparenzstelle hat als nationale Marktüberwachungsstelle im Sinne des Artikels 7 Absatz 2 Unterabsatz 2 der Verordnung (EU) Nr. 1227/2011 zudem die Rechte gemäß Artikel 7 Absatz 2 Unterabsatz 1, Absatz 3 Unterabsatz 2 Satz 2, Artikel 4 Absatz 2 Satz 2, Artikel 8 Absatz 5 Satz 1 und Artikel 16 der Verordnung (EU) Nr. 1227/2011. [2]Absatz 1 gilt entsprechend.

(3) Die Markttransparenzstelle kann bei der Behörde, an die sie einen Verdachtsfall nach § 47b Absatz 7 Satz 1 abgegeben hat, eine Mitteilung über den Abschluss der Untersuchung anfordern.

§ 47e[4)] Mitteilungspflichten. (1) Folgende Personen und Unternehmen unterliegen neben den in § 47g genannten Mitteilungspflichtigen der Mitteilungspflicht nach den Absätzen 2 bis 5:

1. Großhändler im Sinne des § 3 Nummer 21 des Energiewirtschaftsgesetzes[5)],
2. Energieversorgungsunternehmen im Sinne des § 3 Nummer 18 des Energiewirtschaftsgesetzes,

---

[1)] § 47d Abs. 1 Satz 7 neu gef. mWv 9.6.2017 durch G v. 1.6.2017 (BGBl. I S. 1416); Abs. 1 Sätze 1 und 7 geänd. mWv 19.1.2021 durch G v. 18.1.2021 (BGBl. I S. 2).

[2)] **Sartorius Nr. 100.**

[3)] Nr. **90**.

[4)] § 47e Abs. 1 Satz 1 einl. Satzteil und Nr. 4 geänd., Abs. 5 neu gef. mWv 9.6.2017 durch G v. 1.6.2017 (BGBl. I S. 1416).

[5)] **Sartorius Nr. 830.**

3. Betreiber von Energieanlagen im Sinne des § 3 Nummer 15 des Energiewirtschaftsgesetzes, ausgenommen Betreiber von Verteileranlagen der Letztverbraucher oder bei der Gasversorgung Betreiber der letzten Absperrvorrichtungen von Verbrauchsanlagen,
4. Kunden im Sinne des § 3 Nummer 24 des Energiewirtschaftsgesetzes, ausgenommen Haushaltskunden im Sinne des § 3 Nummer 22 des Energiewirtschaftsgesetzes und
5. Handelsplattformen.

(2) [1] Die Mitteilungspflichtigen haben der Markttransparenzstelle die nach Maßgabe des § 47f in Verbindung mit § 47g konkretisierten Handels-, Transport-, Kapazitäts-, Erzeugungs- und Verbrauchsdaten aus den Märkten zu übermitteln, auf denen sie tätig sind. [2] Dazu gehören Angaben

1. zu den Transaktionen an den Großhandelsmärkten, an denen mit Elektrizität und Erdgas gehandelt wird, einschließlich der Handelsaufträge, mit genauen Angaben über die erworbenen und veräußerten Energiegroßhandelsprodukte, die vereinbarten Preise und Mengen, die Tage und Uhrzeiten der Ausführung, die Parteien und Begünstigten der Transaktionen,
2. zur Kapazität und Auslastung von Anlagen zur Erzeugung und Speicherung, zum Verbrauch oder zur Übertragung oder Fernleitung von Strom oder Erdgas oder über die Kapazität und Auslastung von Anlagen für verflüssigtes Erdgas (LNG-Anlagen), einschließlich der geplanten oder ungeplanten Nichtverfügbarkeit dieser Anlagen oder eines Minderverbrauchs,
3. im Bereich der Elektrizitätserzeugung, die eine Identifikation einzelner Erzeugungseinheiten ermöglichen,
4. zu Kosten, die im Zusammenhang mit dem Betrieb der meldepflichtigen Erzeugungseinheiten entstehen, insbesondere zu Grenzkosten, Brennstoffkosten, CO_2-Kosten, Opportunitätskosten und Anfahrkosten,
5. zu technischen Informationen, die für den Betrieb der meldepflichtigen Erzeugungsanlagen relevant sind, insbesondere zu Mindeststillstandszeiten, Mindestlaufzeiten und zur Mindestproduktion,
6. zu geplanten Stilllegungen oder Kaltreserven,
7. zu Bezugsrechtsverträgen,
8. zu Investitionsvorhaben sowie
9. zu Importverträgen und zur Regelenergie im Bereich Erdgashandel.

(3) [1] Die Daten sind der Markttransparenzstelle nach Maßgabe der §§ 47f und 47g im Wege der Datenfernübertragung und, soweit angefordert, laufend zu übermitteln. [2] Stellt die Markttransparenzstelle Formularvorlagen bereit, sind die Daten in dieser Form elektronisch zu übermitteln.

(4) Die jeweilige Mitteilungspflicht gilt als erfüllt, wenn

1. Meldepflichtige nach Absatz 1 die zu meldenden oder angeforderten Informationen entsprechend Artikel 8 der Verordnung (EU) Nr. 1227/2011 gemeldet haben und ein zeitnaher Datenzugriff durch die Markttransparenzstelle gesichert ist oder
2. Dritte die zu meldenden oder angeforderten Informationen im Namen eines Meldepflichtigen nach Absatz 1 auch in Verbindung mit § 47f Nummer 3 und 4 übermittelt haben und dies der Markttransparenzstelle mitgeteilt wird oder
3. Meldepflichtige nach Absatz 1 auch in Verbindung mit § 47f Nummer 3 und 4 die zu meldenden oder angeforderten Informationen an einen nach § 47d

Absatz 1 Satz 5 in Verbindung mit § 47f Nummer 2 beauftragten Dritten übermittelt haben oder

4. Meldepflichtige nach Absatz 1 Nummer 3 in Verbindung mit § 47g Absatz 6 die zu meldenden oder angeforderten Informationen entsprechend den Anforderungen des Erneuerbare-Energien-Gesetzes[1] oder einer auf dieses Gesetz gestützten Rechtsverordnung an den Netzbetreiber gemeldet haben, dies der Markttransparenzstelle mitgeteilt wird und ein zeitnaher Datenzugriff durch die Markttransparenzstelle gesichert ist.

(5) [1] Die Verpflichtungen nach den Absätzen 1 bis 4 gelten für Unternehmen, wenn sie an einer inländischen Börse zur Teilnahme am Handel zugelassen sind oder wenn sich ihre Tätigkeiten im Geltungsbereich dieses Gesetzes auswirken. [2] Übermittelt ein Unternehmen mit Sitz außerhalb des Geltungsbereichs dieses Gesetzes die verlangten Informationen nicht, so kann die Markttransparenzstelle zudem die zuständige Behörde des Sitzstaates ersuchen, geeignete Maßnahmen zur Verbesserung des Zugangs zu diesen Informationen zu treffen.

§ 47f[2] Verordnungsermächtigung. Das Bundesministerium für Wirtschaft und Energie wird ermächtigt, im Wege der Rechtsverordnung, die nicht der Zustimmung des Bundesrates bedarf, im Einvernehmen mit dem Bundesministerium der Finanzen unter Berücksichtigung der Anforderungen von Durchführungsrechtsakten nach Artikel 8 Absatz 2 oder Absatz 6 der Verordnung (EU) Nr. 1227/2011

1. nähere Bestimmungen zu Art, Inhalt und Umfang derjenigen Daten und Informationen, die die Markttransparenzstelle nach § 47d Absatz 1 Satz 2 durch Festlegungen von den zur Mitteilung Verpflichteten anfordern kann, zu erlassen sowie zum Zeitpunkt und zur Form der Übermittlung dieser Daten,
2. nähere Bestimmungen zu Art, Inhalt und Umfang derjenigen Daten und Informationen, die nach § 47d Absatz 1 Satz 5 an beauftragte Dritte geliefert werden sollen, zu erlassen sowie zum Zeitpunkt und zur Form der Übermittlung und zu den Adressaten dieser Daten,
3. vorzusehen, dass folgende Stellen der Markttransparenzstelle laufend Aufzeichnungen der Energiegroßhandelstransaktionen übermitteln:
   a) organisierte Märkte,
   b) Systeme zur Zusammenführung von Kauf- und Verkaufsaufträgen oder Meldesysteme,
   c) Handelsüberwachungsstellen an Börsen, an denen mit Strom und Gas gehandelt wird, sowie
   d) die in § 47i genannten Behörden,
4. vorzusehen, dass eine Börse oder ein geeigneter Dritter die Angaben nach § 47e Absatz 2 in Verbindung mit § 47g auf Kosten der Mitteilungsverpflichteten übermitteln darf oder zu übermitteln hat, und die Einzelheiten hierzu festzulegen oder die Markttransparenzstelle zu entsprechenden Festlegungen zu ermächtigen,
5. angemessene Bagatellgrenzen für die Meldung von Transaktionen und Daten festzulegen und Übergangsfristen für den Beginn der Mitteilungspflichten vorzusehen sowie

---

[1] **Sartorius ErgBd. Nr. 833.**

[2] § 47f einl. Satzteil geänd. mWv 1.8.2014 durch G v. 21.7.2014 (BGBl. I S. 1066); Nr. 4 neu gef., Nr. 5 geänd., Nr. 6 angef. mWv 9.6.2017 durch G v. 1.6.2017 (BGBl. I S. 1416).

6. eine Registrierungspflicht für die Meldepflichtigen vorzusehen und die Markttransparenzstelle zu ermächtigen, den Meldepflichtigen hierfür ein zu nutzendes Registrierungsportal vorzugeben und die inhaltlichen und technischen Details der Registrierung festzulegen.

§ 47g[1] Festlegungsbereiche. (1) Die Markttransparenzstelle entscheidet nach Maßgabe von § 47d Absatz 1 und § 47e sowie der nach § 47f zu erlassenden Rechtsverordnung durch Festlegungen zu den in den Absätzen 2 bis 12 genannten Bereichen, welche Daten und Kategorien von Daten wie zu übermitteln sind.

(2) *(aufgehoben)*

(3) Die Markttransparenzstelle kann festlegen, dass Betreiber von Erzeugungseinheiten mit mehr als 1 Megawatt und bis zu 10 Megawatt installierter Erzeugungskapazität je Einheit jährlich die Gesamtsumme der installierten Erzeugungskapazität aller Erzeugungseinheiten in der jeweiligen Regelzone, getrennt nach Erzeugungsart, angeben.

(4) Die Markttransparenzstelle kann festlegen, dass Betreiber von Verbrauchseinheiten von Elektrizität Angaben zu den folgenden Daten und Kategorien von Daten übermitteln:

1. der geplante und ungeplante Minderverbrauch bei Verbrauchseinheiten mit mehr als 25 Megawatt maximaler Verbrauchskapazität je Verbrauchseinheit und
2. die Vorhaltung und Einspeisung von Regelenergie.

(5) Die Markttransparenzstelle kann festlegen, dass Betreiber von Übertragungsnetzen im Sinne des § 3 Nummer 10 des Energiewirtschaftsgesetzes[2] Angaben zu den folgenden Daten und Kategorien von Daten übermitteln:

1. die Übertragungskapazität an Grenzkuppelstellen auf stündlicher Basis,
2. die Im- und Exportdaten auf stündlicher Basis,
3. die prognostizierte und die tatsächliche Einspeisung von Anlagen, die nach dem Erneuerbare-Energien-Gesetz[3] vergütet werden, auf stündlicher Basis,
4. die Verkaufsangebote, die im Rahmen der Verordnung zur Weiterentwicklung des bundesweiten Ausgleichsmechanismus getätigt wurden, auf stündlicher Basis und
5. die Angebote und Ergebnisse der Regelenergieauktionen.

(6) Die Markttransparenzstelle kann festlegen, dass Betreiber von Anlagen zur Erzeugung von Strom aus erneuerbaren Energien mit mehr als 10 Megawatt installierter Erzeugungskapazität Angaben zu den folgenden Daten und Kategorien von Daten übermitteln:

1. die erzeugten Mengen nach Anlagentyp und
2. die Wahl der Veräußerungsform im Sinne des § 21b Absatz 1 des Erneuerbare-Energien-Gesetzes und die auf die jeweilige Veräußerungsform entfallenden Mengen.

---

[1] § 47g Abs. 6 Nr. 2 neu gef., Abs. 8 Satz 2 geänd. mWv 1.8.2014 durch G v. 21.7.2014 (BGBl. I S. 1066); Abs. 2 aufgeh. mWv 1.1.2021 durch G v. 15.4.2015 (BGBl. I S. 578, geänd. durch G v. 1.6.2017, BGBl. I S. 1416); Abs. 6 Nr. 2 und Abs. 8 Satz 2 geänd. mWv 1.1.2017 durch G v. 13.10.2016 (BGBl. I S. 2258); Abs. 2 Nr. 2 einl. Satzteil geänd. mWv 9.6.2017 durch G v. 1.6.2017 (BGBl. I S. 1416).

[2] **Sartorius Nr. 830.**

[3] **Sartorius ErgBd. Nr. 833.**

(7) Die Markttransparenzstelle kann festlegen, dass Handelsplattformen für den Handel mit Strom und Erdgas Angaben zu den folgenden Daten und Kategorien von Daten übermitteln:

1. die Angebote, die auf den Plattformen getätigt wurden,
2. die Handelsergebnisse und
3. die außerbörslichen, nicht standardisierten Handelsgeschäfte, bei denen die Vertragspartner individuell bilaterale Geschäfte aushandeln (OTC-Geschäfte), deren geld- und warenmäßige Besicherung (Clearing) über die Handelsplattform erfolgt.

(8) [1]Die Markttransparenzstelle kann festlegen, dass Großhändler im Sinne des § 3 Nummer 21 des Energiewirtschaftsgesetzes, die mit Strom handeln, Angaben zu den in § 47e Absatz 2 Nummer 1 genannten Transaktionen übermitteln, soweit diese Transaktionen nicht von Absatz 7 erfasst sind. [2]Beim Handel mit Strom aus erneuerbaren Energien kann die Markttransparenzstelle auch festlegen, dass Großhändler nach Satz 1 Angaben zur Form der Direktvermarktung im Sinne des § 3 Nummer 16 des Erneuerbare-Energien-Gesetzes sowie zu den danach gehandelten Strommengen übermitteln.

(9) Die Markttransparenzstelle kann festlegen, dass Großhändler im Sinne des § 3 Nummer 21 des Energiewirtschaftsgesetzes, die mit Erdgas handeln, Angaben zu den folgenden Daten und Kategorien von Daten übermitteln:

1. die Grenzübergangsmengen und -preise und einen Abgleich von Import- und Exportmengen,
2. die im Inland geförderten Gasmengen und ihre Erstabsatzpreise,
3. die Importverträge (Grenzübergangsverträge),
4. die Liefermengen getrennt nach Distributionsstufe im Bereich der Verteilung,
5. die getätigten Transaktionen mit Großhandelskunden und Fernleitungsnetzbetreibern sowie mit Betreibern von Speicheranlagen und Anlagen für verflüssigtes Erdgas (LNG-Anlagen) im Rahmen von Gasversorgungsverträgen und Energiederivate nach § 3 Nummer 15a des Energiewirtschaftsgesetzes, die auf Gas bezogen sind, einschließlich Laufzeit, Menge, Datum und Uhrzeit der Ausführung, Laufzeit-, Liefer- und Abrechnungsbestimmungen und Transaktionspreisen,
6. die Angebote und Ergebnisse eigener Erdgasauktionen,
7. die bestehenden Gasbezugs- und Gasliefererverträge und
8. die sonstigen Gashandelsaktivitäten, die als OTC-Geschäfte durchgeführt werden.

(10) Die Markttransparenzstelle kann festlegen, dass Betreiber von Fernleitungsnetzen im Sinne des § 3 Nummer 5 des Energiewirtschaftsgesetzes Angaben zu folgenden Daten und Kategorien von Daten übermitteln:

1. die bestehenden Kapazitätsverträge,
2. die vertraglichen Vereinbarungen mit Dritten über Lastflusszusagen und
3. die Angebote und Ergebnisse von Ausschreibungen über Lastflusszusagen.

(11) Die Markttransparenzstelle kann festlegen, dass Marktgebietsverantwortliche im Sinne des § 2 Nummer 11 der Gasnetzzugangsverordnung Angaben zu folgenden Daten und Kategorien von Daten übermitteln:

1. die bestehenden Regelenergieverträge,

2. die Angebote und Ergebnisse von Regelenergieauktionen und -ausschreibungen,
3. die getätigten Transaktionen an Handelsplattformen und
4. die sonstigen Gashandelsaktivitäten, die als OTC-Geschäfte durchgeführt werden.

(12) Die Markttransparenzstelle kann festlegen, dass im Bereich der Regelenergie und von Biogas Angaben über die Beschaffung externer Regelenergie, über Ausschreibungsergebnisse sowie über die Einspeisung und Vermarktung von Biogas übermittelt werden.

§ 47h[1)] Berichtspflichten, Veröffentlichungen. (1) Die Markttransparenzstelle unterrichtet das Bundesministerium für Wirtschaft und Energie über die Übermittlung von Informationen nach § 47b Absatz 7 Satz 1.

(2) [1]Die Markttransparenzstelle erstellt alle zwei Jahre einen Bericht über ihre Tätigkeit. [2]Soweit der Großhandel mit Elektrizität und Erdgas betroffen ist, erstellt sie ihn im Einvernehmen mit dem Bundeskartellamt. [3]Geschäftsgeheimnisse, von denen die Markttransparenzstelle bei der Durchführung ihrer Aufgaben Kenntnis erhalten hat, werden aus dem Bericht entfernt. [4]Der Bericht wird auf der Internetseite der Markttransparenzstelle veröffentlicht. [5]Der Bericht kann zeitgleich mit dem Bericht des Bundeskartellamts nach § 53 Absatz 3 erfolgen und mit diesem verbunden werden.

(3) Die Markttransparenzstelle veröffentlicht die nach § 47b Absatz 5 erstellten Listen und deren Entwürfe auf ihrer Internetseite.

(4) [1]Die Markttransparenzstelle kann im Einvernehmen mit dem Bundeskartellamt zur Verbesserung der Transparenz im Großhandel diejenigen Erzeugungs- und Verbrauchsdaten veröffentlichen, die bisher auf der Transparenzplattform der European Energy Exchange AG und der Übertragungsnetzbetreiber veröffentlicht werden, sobald diese Veröffentlichung eingestellt wird. [2]Die nach dem Energiewirtschaftsgesetz[2)] und darauf basierenden Rechtsverordnungen sowie die nach europäischem Recht bestehenden Veröffentlichungspflichten der Marktteilnehmer zur Verbesserung der Transparenz auf den Strom- und Gasmärkten bleiben unberührt.

§ 47i[3)] Zusammenarbeit mit anderen Behörden und Aufsichtsstellen.

(1) [1]Das Bundeskartellamt und die Bundesnetzagentur arbeiten bei der Wahrnehmung der Aufgaben der Markttransparenzstelle nach § 47b mit folgenden Stellen zusammen:
1. der Bundesanstalt für Finanzdienstleistungsaufsicht,
2. den Börsenaufsichtsbehörden sowie Handelsüberwachungsstellen derjenigen Börsen, an denen Elektrizität und Gas sowie Energiederivate im Sinne des § 3 Nummer 15a des Energiewirtschaftsgesetzes[2)] gehandelt werden,
3. der Agentur für die Zusammenarbeit der Energieregulierungsbehörden und der Europäischen Kommission, soweit diese Aufgaben nach der Verordnung (EU) Nr. 1227/2011 wahrnehmen, und
4. den Regulierungsbehörden anderer Mitgliedstaaten.

[1)] § 47h Abs. 1 geänd. mWv 8.9.2015 durch VO v. 31.8.2015 (BGBl. I S. 1474); Abs. 2 Satz 2, Abs. 4 Satz 1 geänd. mWv 9.6.2017 durch G v. 1.6.2017 (BGBl. I S. 1416).

[2)] **Sartorius Nr. 830.**

[3)] § 47i Abs. 2 geänd. mWv 8.9.2015 durch VO v. 31.8.2015 (BGBl. I S. 1474).

[2] Diese Stellen können unabhängig von der jeweils gewählten Verfahrensart untereinander Informationen einschließlich personenbezogener Daten und Betriebs- und Geschäftsgeheimnisse austauschen, soweit dies zur Erfüllung ihrer jeweiligen Aufgaben erforderlich ist. [3] Sie können diese Informationen in ihren Verfahren verwerten. [4] Beweisverwertungsverbote bleiben unberührt. [5] Die Regelungen über die Rechtshilfe in Strafsachen sowie Amts- und Rechtshilfeabkommen bleiben unberührt.

(2) Die Markttransparenzstelle kann mit Zustimmung des Bundesministeriums für Wirtschaft und Energie Kooperationsvereinbarungen mit der Bundesanstalt für Finanzdienstleistungsaufsicht, den Börsenaufsichtsbehörden sowie Handelsüberwachungsstellen derjenigen Börsen, an denen Elektrizität und Gas sowie Energiederivate im Sinne des § 3 Nummer 15a des Energiewirtschaftsgesetzes gehandelt werden, und der Agentur für die Zusammenarbeit der Energieregulierungsbehörden schließen.

§ 47j[1)] Vertrauliche Informationen, operationelle Zuverlässigkeit, Datenschutz. (1) [1] Informationen, die die Markttransparenzstelle bei ihrer Aufgabenerfüllung im gewöhnlichen Geschäftsverkehr erlangt oder erstellt hat, unterliegen der Vertraulichkeit. [2] Die Beschäftigten bei der Markttransparenzstelle sind zur Verschwiegenheit über die vertraulichen Informationen im Sinne des Satzes 1 verpflichtet. [3] Andere Personen, die vertrauliche Informationen erhalten sollen, sind vor der Übermittlung besonders zur Geheimhaltung zu verpflichten, soweit sie nicht Amtsträger oder für den öffentlichen Dienst besonders Verpflichtete sind. [4] § 1 Absatz 2, 3 und 4 Nummer 2 des Verpflichtungsgesetzes gilt entsprechend.

(2) [1] Die Markttransparenzstelle stellt zusammen mit der Bundesnetzagentur die operationelle Zuverlässigkeit der Datenbeobachtung sicher und gewährleistet Vertraulichkeit, Integrität und Schutz der eingehenden Informationen. [2] Die Markttransparenzstelle ist dabei an dasselbe Maß an Vertraulichkeit gebunden wie die übermittelnde Stelle oder die Stelle, welche die Informationen erhoben hat. [3] Die Markttransparenzstelle ergreift alle erforderlichen Maßnahmen, um den Missbrauch der in ihren Systemen verwalteten Informationen und den nicht autorisierten Zugang zu ihnen zu verhindern. [4] Die Markttransparenzstelle ermittelt Quellen betriebstechnischer Risiken und minimiert diese Risiken durch die Entwicklung geeigneter Systeme, Kontrollen und Verfahren.

(3) Für Personen, die Daten nach § 47d Absatz 1 Satz 5 erhalten sollen oder die nach § 47c Absatz 4 Daten erhalten, gilt Absatz 1 entsprechend.

(4) Die Markttransparenzstelle darf personenbezogene Daten, die ihr zur Erfüllung ihrer Aufgaben nach § 47b mitgeteilt werden, nur speichern, verändern und nutzen, soweit dies zur Erfüllung der in ihrer Zuständigkeit liegenden Aufgaben und für die Zwecke der Zusammenarbeit nach Artikel 7 Absatz 2 und Artikel 16 der Verordnung (EU) Nr. 1227/2011 erforderlich ist.

(5) Die Akteneinsicht der von den Entscheidungen der Markttransparenzstelle nach § 47b Absatz 5 und 7, § 47d Absatz 1 und 2, den §§ 47e und 47g sowie nach § 81 Absatz 2 Nummer 2 Buchstabe c und d, Nummer 5a und 6 in eigenen Rechten Betroffenen ist beschränkt auf die Unterlagen, die allein dem Rechtsverhältnis zwischen dem Betroffenen und der Markttransparenzstelle zuzuordnen sind.

[1)] § 47j Abs. 5 geänd. mWv 1.9.2013 durch G v. 6.6.2013 (BGBl. I S. 1482); Abs. 5 geänd. mWv 9.6. 2017 durch G v. 1.6.2017 (BGBl. I S. 1416).

Abschnitt 2.[1] Markttransparenzstelle für Kraftstoffe

§ 47k[2] Marktbeobachtung im Bereich Kraftstoffe. (1) [1] Beim Bundeskartellamt wird eine Markttransparenzstelle für Kraftstoffe eingerichtet. [2] Sie beobachtet den Handel mit Kraftstoffen, um den Kartellbehörden die Aufdeckung und Sanktionierung von Verstößen gegen die §§ 1, 19 und 20 dieses Gesetzes und die Artikel 101 und 102 des Vertrages über die Arbeitsweise der Europäischen Union[3] zu erleichtern. [3] Sie nimmt ihre Aufgaben nach Maßgabe der Absätze 2 bis 9 wahr.

(2) [1] Betreiber von öffentlichen Tankstellen, die Letztverbrauchern Kraftstoffe zu selbst festgesetzten Preisen anbieten, sind verpflichtet, nach Maßgabe der Rechtsverordnung nach Absatz 8 bei jeder Änderung ihrer Kraftstoffpreise diese in Echtzeit und differenziert nach der jeweiligen Sorte an die Markttransparenzstelle für Kraftstoffe zu übermitteln. [2] Werden dem Betreiber die Verkaufspreise von einem anderen Unternehmen vorgegeben, so ist das Unternehmen, das über die Preissetzungshoheit verfügt, zur Übermittlung verpflichtet.

(3) [1] Kraftstoffe im Sinne dieser Vorschrift sind Ottokraftstoffe und Dieselkraftstoffe. [2] Öffentliche Tankstellen sind Tankstellen, die sich an öffentlich zugänglichen Orten befinden und die ohne Beschränkung des Personenkreises aufgesucht werden können.

(4) [1] Bestehen Anhaltspunkte dafür, dass ein Unternehmen gegen die in Absatz 1 genannten gesetzlichen Bestimmungen verstößt, muss die Markttransparenzstelle für Kraftstoffe umgehend die zuständige Kartellbehörde informieren und den Vorgang an sie abgeben. [2] Hierzu oder auf Anfrage einer Kartellbehörde leitet sie alle von dieser für deren Aufgaben nach diesem Gesetz benötigten oder angeforderten Informationen und Daten unverzüglich an diese weiter. [3] Die Markttransparenzstelle für Kraftstoffe stellt die von ihr nach Absatz 2 erhobenen Daten ferner den folgenden Behörden und Stellen zur Verfügung:

1. dem Bundesministerium für Wirtschaft und Energie für statistische Zwecke und zu Evaluierungszwecken sowie
2. der Monopolkommission für deren Aufgaben nach diesem Gesetz.

[4] Standortinformationen, aggregierte oder ältere Daten kann die Markttransparenzstelle für Kraftstoffe auch an weitere Behörden und Stellen der unmittelbaren Bundes- und Landesverwaltung für deren gesetzliche Aufgaben weitergeben.

(5) [1] Die Markttransparenzstelle für Kraftstoffe wird nach Maßgabe der Rechtsverordnung nach Absatz 8 ermächtigt, die nach Absatz 2 erhobenen Preisdaten elektronisch an Anbieter von Verbraucher-Informationsdiensten zum Zweck der Verbraucherinformation weiterzugeben. [2] Bei der Veröffentlichung oder Weitergabe dieser Preisdaten an Verbraucherinnen und Verbraucher müssen die Anbieter von Verbraucher-Informationsdiensten die in der Rechtsverordnung nach Absatz 8 Nummer 5 näher geregelten Vorgaben einhalten. [3] Die Markttransparenzstelle für Kraftstoffe ist befugt, bei Nichteinhaltung dieser Vorgaben von einer Weitergabe der Daten abzusehen.

---

[1] Abschnitt 2 Überschrift neu gef. mWv 9.6.2017 durch G v. 1.6.2017 (BGBl. I S. 1416).

[2] § 47k Abs. 4 Satz 3 Nr. 3, Abs. 8 Sätze 1, 2 und 4 geänd. mWv 8.9.2015 durch VO v. 31.8.2015 (BGBl. I S. 1474); Abs. 7 geänd., Abs. 9 Satz 3 aufgeh. mWv 9.6.2017 durch G v. 1.6.2017 (BGBl. I S. 1416); Abs. 4 Sätze 2 und 3 neu gef., Satz 4 angef., Abs. 7 geänd. mWv 19.1.2021 durch G v. 18.1.2021 (BGBl. I S. 2).

[3] Abgedruckt in Anm. zu § 22.

(6) Die Markttransparenzstelle für Kraftstoffe stellt die operationelle Zuverlässigkeit der Datenbeobachtung sicher und gewährleistet Vertraulichkeit, Integrität und Schutz der eingehenden Informationen.

(7) Zur Erfüllung ihrer Aufgaben hat die Markttransparenzstelle für Kraftstoffe die Befugnisse nach §§ 59, 59a und 59b.

(8) [1] Das Bundesministerium für Wirtschaft und Energie wird ermächtigt, im Wege der Rechtsverordnung, die nicht der Zustimmung des Bundesrates bedarf, Vorgaben zur Meldepflicht nach Absatz 2 und zur Weitergabe der Preisdaten nach Absatz 5 zu erlassen, insbesondere

1. nähere Bestimmungen zum genauen Zeitpunkt sowie zur Art und Form der Übermittlung der Preisdaten nach Absatz 2 zu erlassen,
2. angemessene Bagatellgrenzen für die Meldepflicht nach Absatz 2 vorzusehen und unterhalb dieser Schwelle für den Fall einer freiwilligen Unterwerfung unter die Meldepflichten nach Absatz 2 nähere Bestimmungen zu erlassen,
3. nähere Bestimmungen zu den Anforderungen an die Anbieter von Verbraucher-Informationsdiensten nach Absatz 5 zu erlassen,
4. nähere Bestimmungen zu Inhalt, Art, Form und Umfang der Weitergabe der Preisdaten durch die Markttransparenzstelle für Kraftstoffe an die Anbieter nach Absatz 5 zu erlassen sowie
5. nähere Bestimmungen zu Inhalt, Art, Form und Umfang der Veröffentlichung oder Weitergabe der Preisdaten an Verbraucherinnen und Verbraucher durch die Anbieter von Verbraucher-Informationsdiensten nach Absatz 5 zu erlassen.

[2] Die Rechtsverordnung ist dem Bundestag vom Bundesministerium für Wirtschaft und Energie zuzuleiten. [3] Sie kann durch Beschluss des Bundestages geändert oder abgelehnt werden. [4] Änderungen oder die Ablehnung sind dem Bundesministerium für Wirtschaft und Energie vom Bundestag zuzuleiten. [5] Hat sich der Bundestag nach Ablauf von drei Sitzungswochen nach Eingang der Rechtsverordnung nicht mit ihr befasst, gilt die Zustimmung des Bundestages als erteilt.

(9) [1] Entscheidungen der Markttransparenzstelle für Kraftstoffe trifft die Person, die sie leitet. [2] § 51 Absatz 5 gilt für alle Mitarbeiterinnen und Mitarbeiter der Markttransparenzstelle für Kraftstoffe entsprechend.

Abschnitt 3.[1] Evaluierung

§ 47l[2] Evaluierung der Markttransparenzstellen. [1] Das Bundesministerium für Wirtschaft und Energie berichtet den gesetzgebenden Körperschaften über die Ergebnisse der Arbeit der Markttransparenzstellen und die hieraus gewonnenen Erfahrungen. [2] Die Berichterstattung für den Großhandel mit Strom und Gas erfolgt fünf Jahre nach Beginn der Mitteilungspflichten nach § 47e Absatz 2 bis 5 in Verbindung mit der Rechtsverordnung nach § 47f. [3] Die Berichterstattung für den Kraftstoffbereich erfolgt drei Jahre nach Beginn der Meldepflicht nach § 47k Absatz 2 in Verbindung mit der Rechtsverordnung nach § 47k Absatz 8 und soll insbesondere auf die Preisentwicklung und die Situation der mittelständischen Mineralölwirtschaft eingehen.

---

[1] Abschnitt 3 Überschrift neu gef. mWv 9.6.2017 durch G v. 1.6.2017 (BGBl. I S. 1416).
[2] § 47l Satz 1 geänd. mWv 8.9.2015 durch VO v. 31.8.2015 (BGBl. I S. 1474).

Teil 2.[1] Kartellbehörden

Kapitel 1.[2] Allgemeine Vorschriften

§ 48[2] Zuständigkeit. (1) Kartellbehörden sind das Bundeskartellamt, das Bundesministerium für Wirtschaft und Energie und die nach Landesrecht zuständigen obersten Landesbehörden.

(2) [1] Weist eine Vorschrift dieses Gesetzes eine Zuständigkeit nicht einer bestimmten Kartellbehörde zu, so nimmt das Bundeskartellamt die in diesem Gesetz der Kartellbehörde übertragenen Aufgaben und Befugnisse wahr, wenn die Wirkung des wettbewerbsbeschränkenden oder diskriminierenden Verhaltens oder einer Wettbewerbsregel über das Gebiet eines Landes hinausreicht. [2] In allen übrigen Fällen nimmt diese Aufgaben und Befugnisse die nach Landesrecht zuständige oberste Landesbehörde wahr.

(3) [1] Das Bundeskartellamt führt ein Monitoring durch über den Grad der Transparenz, auch der Großhandelspreise, sowie den Grad und die Wirksamkeit der Marktöffnung und den Umfang des Wettbewerbs auf Großhandels- und Endkundenebene auf den Strom- und Gasmärkten sowie an Elektrizitäts- und Gasbörsen. [2] Das Bundeskartellamt wird die beim Monitoring gewonnenen Daten der Bundesnetzagentur unverzüglich zur Verfügung stellen.

§ 49[2] Bundeskartellamt und oberste Landesbehörde. (1) [1] Leitet das Bundeskartellamt ein Verfahren ein oder führt es Ermittlungen durch, so benachrichtigt es gleichzeitig die oberste Landesbehörde, in deren Gebiet die betroffenen Unternehmen ihren Sitz haben. [2] Leitet eine oberste Landesbehörde ein Verfahren ein oder führt sie Ermittlungen durch, so benachrichtigt sie gleichzeitig das Bundeskartellamt.

(2) [1] Die oberste Landesbehörde hat eine Sache an das Bundeskartellamt abzugeben, wenn nach § 48 Absatz 2 Satz 1 oder nach § 50 Absatz 1 die Zuständigkeit des Bundeskartellamts begründet ist. [2] Das Bundeskartellamt hat eine Sache an die oberste Landesbehörde abzugeben, wenn nach § 48 Absatz 2 Satz 2 die Zuständigkeit der obersten Landesbehörde begründet ist.

(3) [1] Auf Antrag des Bundeskartellamts kann die oberste Landesbehörde eine Sache, für die nach § 48 Absatz 2 Satz 2 ihre Zuständigkeit begründet ist, an das Bundeskartellamt abgeben, wenn dies aufgrund der Umstände der Sache angezeigt ist. [2] Mit der Abgabe wird das Bundeskartellamt zuständige Kartellbehörde.

(4) [1] Auf Antrag der obersten Landesbehörde kann das Bundeskartellamt eine Sache, für die nach § 48 Absatz 2 Satz 1 seine Zuständigkeit begründet ist, an die oberste Landesbehörde abgeben, wenn dies aufgrund der Umstände der Sache angezeigt ist. [2] Mit der Abgabe wird die oberste Landesbehörde zuständige Kartellbehörde. [3] Vor der Abgabe benachrichtigt das Bundeskartellamt die übrigen betroffenen obersten Landesbehörden. [4] Die Abgabe erfolgt nicht, sofern ihr eine betroffene oberste Landesbehörde innerhalb einer vom Bundeskartellamt zu setzenden Frist widerspricht.

§ 50[2] Vollzug des europäischen Rechts. (1) Abweichend von § 48 Absatz 2 ist das Bundeskartellamt für die Anwendung der Artikel 101 und 102 des Vertrages

---

[1] Teil 2 und Kapitel 1 Überschriften neu gef. mWv 9.6.2017 durch G v. 1.6.2017 (BGBl. I S. 1416).
[2] Teil 2 Kapitel 1 und 2 (§§ 48–50f) neu gef. mWv 19.1.2021 durch G v. 18.1.2021 (BGBl. I S. 2).

über die Arbeitsweise der Europäischen Union[1)] zuständige Wettbewerbsbehörde im Sinne des Artikels 35 Absatz 1 der Verordnung (EG) Nr. 1/2003.

(2) [1] Zuständige Wettbewerbsbehörde für die Mitwirkung an Verfahren der Europäischen Kommission oder der Wettbewerbsbehörden der anderen Mitgliedstaaten der Europäischen Union zur Anwendung der Artikel 101 und 102 des Vertrages über die Arbeitsweise der Europäischen Union ist das Bundeskartellamt. [2] Es gelten die bei der Anwendung dieses Gesetzes maßgeblichen Verfahrensvorschriften.

(3) Die Bediensteten der Wettbewerbsbehörde eines Mitgliedstaates der Europäischen Union und andere von dieser Wettbewerbsbehörde ermächtigte oder benannte Begleitpersonen sind befugt, an Durchsuchungen und Vernehmungen mitzuwirken, die das Bundeskartellamt im Namen und für Rechnung dieser Wettbewerbsbehörde nach Artikel 22 Absatz 1 der Verordnung (EG) Nr. 1/2003 durchführt.

(4) [1] In anderen als in den Absätzen 1 bis 3 bezeichneten Fällen nimmt das Bundeskartellamt die Aufgaben wahr, die den Behörden der Mitgliedstaaten der Europäischen Union in den Artikeln 104 und 105 des Vertrages über die Arbeitsweise der Europäischen Union[2)] sowie in Verordnungen nach Artikel 103 des Vertrages über die Arbeitsweise der Europäischen Union, auch in Verbindung mit Artikel 43 Absatz 2, Artikel 100 Absatz 2, Artikel 105 Absatz 3 und Artikel 352 Absatz 1 des Vertrages über die Arbeitsweise der Europäischen Union, übertragen sind. [2] Im Beratenden Ausschuss für die Kontrolle von Unternehmenszusammenschlüssen nach Artikel 19 der Verordnung (EG) Nr. 139/2004 wird die Bundesrepublik Deutschland durch das Bundesministerium für Wirtschaft und Energie oder das Bundeskartellamt vertreten. [3] Absatz 2 Satz 2 gilt entsprechend.

Kapitel 2.[3)] Behördenzusammenarbeit

§ 50a[3)] Ermittlungen im Netzwerk der europäischen Wettbewerbsbehörden. (1) [1] Das Bundeskartellamt darf im Namen und für Rechnung der Wettbewerbsbehörde eines anderen Mitgliedstaates der Europäischen Union und nach Maßgabe des innerstaatlichen Rechts Durchsuchungen und sonstige Maßnahmen zur Sachverhaltsaufklärung durchführen, um festzustellen, ob Unternehmen oder Unternehmensvereinigungen im Rahmen von Verfahren zur Durchsetzung von Artikel 101 oder 102 des Vertrages über die Arbeitsweise der Europäischen Union[1)] die ihnen bei Ermittlungsmaßnahmen obliegenden Pflichten verletzt oder Entscheidungen der ersuchenden Behörde nicht befolgt haben. [2] Das Bundeskartellamt kann von der ersuchenden Behörde die Erstattung aller im Zusammenhang mit diesen Ermittlungsmaßnahmen entstandenen vertretbaren Kosten, einschließlich Übersetzungs-, Personal- und Verwaltungskosten, verlangen, sofern nicht im Rahmen der Gegenseitigkeit auf eine Erstattung verzichtet wurde.

(2) [1] Das Bundeskartellamt kann die Wettbewerbsbehörde eines anderen Mitgliedstaates der Europäischen Union ersuchen, Ermittlungsmaßnahmen nach Absatz 1 durchzuführen. [2] Alle im Zusammenhang mit diesen Ermittlungsmaßnahmen entstandenen vertretbaren zusätzlichen Kosten, einschließlich Übersetzungs-, Personal- und Verwaltungskosten, werden auf Antrag der ersuchten Behörde vom

---

1) Abgedruckt in Anm. zu § 22.
2) **Sartorius Nr. 1001.**
3) Teil 2 Kapitel 1 und 2 (§§ 48–50f) neu gef. mWv 19.1.2021 durch G v. 18.1.2021 (BGBl. I S. 2).

Bundeskartellamt erstattet, sofern nicht im Rahmen der Gegenseitigkeit auf eine Erstattung verzichtet wurde.

(3) Die erhobenen Informationen werden in entsprechender Anwendung des § 50d ausgetauscht und verwendet.

§ 50b[1] Zustellung im Netzwerk der europäischen Wettbewerbsbehörden. (1) Auf Ersuchen der Wettbewerbsbehörde eines anderen Mitgliedstaates der Europäischen Union stellt das Bundeskartellamt in deren Namen einem im Inland ansässigen Unternehmen oder einer im Inland ansässigen Unternehmensvereinigung folgende Unterlagen zu:

1. jede Art vorläufiger Beschwerdepunkte zu mutmaßlichen Verstößen gegen Artikel 101 oder 102 des Vertrages über die Arbeitsweise der Europäischen Union[2];
2. Entscheidungen, die Artikel 101 oder 102 des Vertrages über die Arbeitsweise der Europäischen Union zur Anwendung bringen;
3. sonstige Verfahrensakte, die in Verfahren zur Durchsetzung der Artikel 101 oder 102 des Vertrages über die Arbeitsweise der Europäischen Union erlassen wurden und nach den Vorschriften des nationalen Rechts zuzustellen sind sowie
4. sonstige Unterlagen, die mit der Anwendung der Artikel 101 oder 102 des Vertrages über die Arbeitsweise der Europäischen Union, einschließlich der Vollstreckung von verhängten Geldbußen oder Zwangsgeldern, in Zusammenhang stehen.

(2) [1] Das Ersuchen um Zustellung von Unterlagen nach Absatz 1 an einen Empfänger, der im Anwendungsbereich dieses Gesetzes ansässig ist, erfolgt durch Übermittlung eines einheitlichen Titels in deutscher Sprache, dem die zuzustellende Unterlage beizufügen ist. [2] Der einheitliche Titel enthält:

1. den Namen und die Anschrift sowie gegebenenfalls weitere Informationen, durch die der Empfänger identifiziert werden kann,
2. eine Zusammenfassung der relevanten Fakten und Umstände,
3. eine Zusammenfassung des Inhalts der zuzustellenden Unterlage,
4. Name, Anschrift und sonstige Kontaktinformationen der ersuchten Behörde und
5. die Zeitspanne, innerhalb derer die Zustellung erfolgen sollte, beispielsweise gesetzliche Fristen oder Verjährungsfristen.

(3) [1] Das Bundeskartellamt kann die Zustellung verweigern, wenn das Ersuchen den Anforderungen nach Absatz 2 nicht entspricht oder die Durchführung der Zustellung der öffentlichen Ordnung offensichtlich widersprechen würde. [2] Will das Bundeskartellamt die Zustellung verweigern oder werden weitere Informationen benötigt, informiert es die ersuchende Behörde hierüber. [3] Anderenfalls stellt es die entsprechenden Unterlagen unverzüglich zu.

(4) [1] Die Zustellung richtet sich nach den Vorschriften des Verwaltungszustellungsgesetzes[3]. [2] § 5 Absatz 4 des Verwaltungszustellungsgesetzes sowie § 178 Absatz 1 Nummer 2 der Zivilprozessordnung[4] sind auf die Zustellung an Unternehmen und Vereinigungen von Unternehmen entsprechend anzuwenden.

---

[1] Teil 2 Kapitel 1 und 2 (§§ 48–50f) neu gef. mWv 19.1.2021 durch G v. 18.1.2021 (BGBl. I S. 2).
[2] Abgedruckt in Anm. zu § 22.
[3] **Sartorius Nr. 110.**
[4] Nr. **100**.

(5) [1]Das Bundeskartellamt ist befugt, die Zustellung seiner Entscheidungen und sonstiger Unterlagen im Sinne des Absatzes 1 durch die Wettbewerbsbehörde eines anderen Mitgliedstaates in seinem Namen zu bewirken. [2]Das Ersuchen um Zustellung ist in Form eines einheitlichen Titels entsprechend Absatz 2 nebst einer Übersetzung dieses einheitlichen Titels in die Amtssprache oder eine der Amtssprachen des ersuchten Mitgliedstaates unter Beifügung der zuzustellenden Unterlage an die dort zuständige Wettbewerbsbehörde zu richten. [3]Eine Übersetzung der zuzustellenden Unterlage in die Amtssprache oder in eine der Amtssprachen des Mitgliedstaates der ersuchten Behörde ist nur dann erforderlich, wenn das nationale Recht des ersuchten Mitgliedstaates dies vorschreibt. [4]Zum Nachweis der Zustellung genügt das Zeugnis der ersuchten Behörde.

(6) [1]Auf Verlangen der ersuchten Behörde erstattet das Bundeskartellamt die der ersuchten Behörde infolge der Zustellung entstandenen Kosten, insbesondere für benötigte Übersetzungen oder Personal- und Verwaltungsaufwand, soweit diese Kosten vertretbar sind. [2]Das Bundeskartellamt kann ein entsprechendes Verlangen an eine ersuchende Behörde stellen, wenn dem Bundeskartellamt bei der Zustellung für die ersuchende Behörde solche Kosten entstanden sind.

(7) [1]Über Streitigkeiten in Bezug auf die Rechtmäßigkeit einer durch das Bundeskartellamt erstellten und im Hoheitsgebiet einer anderen Wettbewerbsbehörde zuzustellenden Unterlage sowie über Streitigkeiten in Bezug auf die Wirksamkeit einer Zustellung, die das Bundeskartellamt im Namen der Wettbewerbsbehörde eines anderen Mitgliedstaates übernimmt, entscheidet das nach diesem Gesetz zuständige Gericht. [2]Es gilt deutsches Recht.

§ 50c[1)] Vollstreckung im Netzwerk der europäischen Wettbewerbsbehörden. (1) Auf Ersuchen der Wettbewerbsbehörde eines anderen Mitgliedstaates der Europäischen Union vollstreckt das Bundeskartellamt Entscheidungen, durch die in Verfahren zur Anwendung von Artikel 101 oder 102 des Vertrages über die Arbeitsweise der Europäischen Union[2)] Geldbußen oder Zwangsgelder festgesetzt werden, sofern die zu vollstreckende Entscheidung bestandskräftig ist und die ersuchende Behörde aufgrund hinreichender Bemühungen, die Entscheidung in ihrem Hoheitsgebiet zu vollstrecken, mit Sicherheit feststellen konnte, dass das Unternehmen oder die Unternehmensvereinigung dort über keine zur Einziehung der Geldbuße bzw. des Zwangsgeldes ausreichenden Vermögenswerte verfügt.

(2) [1]Auf Ersuchen der Wettbewerbsbehörde eines anderen Mitgliedstaates der Europäischen Union kann das Bundeskartellamt auch in anderen, von Absatz 1 nicht erfassten Fällen bestandskräftige Entscheidungen, durch die in Verfahren zur Anwendung von Artikel 101 oder 102 des Vertrages über die Arbeitsweise der Europäischen Union Geldbußen oder Zwangsgelder festgesetzt werden, vollstrecken. [2]Dies gilt insbesondere, wenn das Unternehmen oder die Vereinigung von Unternehmen, gegen die die Entscheidung vollstreckbar ist, über keine Niederlassung im Mitgliedstaat der ersuchenden Wettbewerbsbehörde verfügt.

(3) [1]Für das Ersuchen nach Absatz 1 oder Absatz 2 gilt § 50b Absatz 2 mit der Maßgabe, dass die Unterlage, aus der die Vollstreckung begehrt wird, an die Stelle der zuzustellenden Unterlage tritt. [2]Der einheitliche Titel umfasst neben den in § 50b Absatz 2 Satz 2 genannten Inhalten:

[1)] Teil 2 Kapitel 1 und 2 (§§ 48–50f) neu gef. mWv 19.1.2021 durch G v. 18.1.2021 (BGBl. I S. 2).
[2)] Abgedruckt in Anm. zu § 22.

1. Informationen über die Entscheidung, die die Vollstreckung im Mitgliedstaat der ersuchenden Behörde erlaubt, sofern diese nicht bereits im Rahmen des § 50b Absatz 2 Nummer 3 vorgelegt wurden,
2. den Zeitpunkt, zu dem die Entscheidung bestandskräftig wurde,
3. die Höhe der Geldbuße oder des Zwangsgeldes, sowie
4. im Fall des Absatzes 1 Nachweise, dass die ersuchende Behörde ausreichende Anstrengungen unternommen hat, die Forderung in ihrem Hoheitsgebiet zu vollstrecken.

[3] Die Vollstreckung erfolgt auf Grundlage des einheitlichen Titels, der zur Vollstreckung im ersuchten Mitgliedstaat ermächtigt, ohne dass es eines Anerkennungsaktes bedarf.

(4) [1] Das Bundeskartellamt kann die Vollstreckung im Fall des Absatzes 1 nur verweigern, wenn das Ersuchen den Anforderungen nach Absatz 3 nicht entspricht oder die Durchführung der Vollstreckung der öffentlichen Ordnung offensichtlich widersprechen würde. [2] Will das Bundeskartellamt die Vollstreckung verweigern oder benötigt es weitere Informationen, informiert es die ersuchende Behörde hierüber. [3] Anderenfalls leitet es unverzüglich die Vollstreckung ein.

(5) [1] Soweit dieses Gesetz keine abweichenden Regelungen trifft, richtet sich die Vollstreckung von Bußgeldern nach §§ 89 ff. des Gesetzes über Ordnungswidrigkeiten[1)] und die Vollstreckung von Zwangsgeldern nach den Vorschriften des Verwaltungsvollstreckungsgesetzes[2)]. [2] Geldbußen oder Zwangsgelder, die in einer anderen Währung verhängt wurden, werden vom Bundeskartellamt nach dem im Zeitpunkt der ausländischen Entscheidung maßgeblichen Kurswert in Euro umgerechnet. [3] Der Erlös aus der Vollstreckung fließt der Bundeskasse zu.

(6) [1] Das Bundeskartellamt macht die im Zusammenhang mit der Vollstreckung nach dieser Vorschrift entstandenen Kosten gemeinsam mit dem Buß- oder Zwangsgeld bei dem Unternehmen beziehungsweise der Unternehmensvereinigung geltend, gegen das oder gegen die die Entscheidung vollstreckbar ist. [2] Reicht der Vollstreckungserlös nicht aus, um die im Zusammenhang mit der Vollstreckung entstandenen Kosten zu decken, so kann das Bundeskartellamt von der ersuchenden Behörde verlangen, die nach Abzug des Vollstreckungserlöses verbleibenden Kosten zu tragen.

(7) [1] Das Bundeskartellamt ist befugt, die Wettbewerbsbehörde eines anderen Mitgliedstaates der Europäischen Union um die Vollstreckung von Entscheidungen, durch die in Verfahren zur Anwendung von Artikel 101 oder 102 des Vertrages über die Arbeitsweise der Europäischen Union Geldbußen oder Zwangsgelder festgesetzt werden, zu ersuchen. [2] § 50b Absatz 5 Satz 2 und 3 gilt entsprechend. [3] Für den Inhalt des einheitlichen Titels gilt darüber hinaus Absatz 3 Satz 2. [4] Gelingt es der ersuchten Behörde nicht, die ihr im Zusammenhang mit der Vollstreckung entstandenen Kosten, einschließlich Übersetzungs-, Personal- und Verwaltungskosten, aus den beigetriebenen Buß- oder Zwangsgeldern zu decken, so werden diese Kosten auf Antrag der ersuchten Behörde vom Bundeskartellamt erstattet.

(8) [1] Über Streitigkeiten in Bezug auf die Rechtmäßigkeit einer durch das Bundeskartellamt erlassenen und im Hoheitsgebiet einer anderen Wettbewerbsbehörde zu vollstreckenden Entscheidung sowie über die Rechtmäßigkeit des einheitlichen Titels, der zur Vollstreckung einer Entscheidung in einem anderen

---

[1)] Nr. **94**.
[2)] **Sartorius Nr. 112.**

Mitgliedstaat berechtigt, entscheidet das nach diesem Gesetz zuständige Gericht. [2] Es gilt deutsches Recht. [3] Gleiches gilt für Streitigkeiten in Bezug auf die Durchführung einer Vollstreckung, die das Bundeskartellamt für die Wettbewerbsbehörde eines anderen Mitgliedstaates vornimmt.

§ 50d[1)] Informationsaustausch im Netzwerk der europäischen Wettbewerbsbehörden. (1) Das Bundeskartellamt ist nach Artikel 12 Absatz 1 der Verordnung (EG) Nr. 1/2003 befugt, der Europäischen Kommission und den Wettbewerbsbehörden der anderen Mitgliedstaaten der Europäischen Union zum Zweck der Anwendung der Artikel 101 und 102 des Vertrages über die Arbeitsweise der Europäischen Union[2)] und vorbehaltlich Absatz 2

1. tatsächliche und rechtliche Umstände, einschließlich vertraulicher Angaben, insbesondere Betriebs- und Geschäftsgeheimnisse, mitzuteilen und entsprechende Dokumente und Daten zu übermitteln sowie
2. diese Wettbewerbsbehörden um die Übermittlung von Informationen nach Nummer 1 zu ersuchen, diese zu empfangen und als Beweismittel zu verwenden.

(2) Kronzeugenerklärungen dürfen der Wettbewerbsbehörde eines anderen Mitgliedstaates der Europäischen Union nur übermittelt werden, wenn

1. der Steller eines Antrags auf Kronzeugenbehandlung der Übermittlung seiner Kronzeugenerklärung an die andere Wettbewerbsbehörde zustimmt oder
2. bei der anderen Wettbewerbsbehörde von demselben Antragsteller ein Antrag auf Kronzeugenbehandlung eingegangen ist und dieser sich auf ein und dieselbe Zuwiderhandlung bezieht, sofern es dem Antragsteller zu dem Zeitpunkt, zu dem die Kronzeugenerklärung weitergeleitet wird, nicht freisteht, die der anderen Wettbewerbsbehörde vorgelegten Informationen zurückzuziehen.

(3) [1] Das Bundeskartellamt darf die empfangenen Informationen nur zum Zweck der Anwendung von Artikel 101 oder 102 des Vertrages über die Arbeitsweise der Europäischen Union sowie in Bezug auf den Untersuchungsgegenstand als Beweismittel verwenden, für den sie von der übermittelnden Behörde erhoben wurden. [2] Werden Vorschriften dieses Gesetzes jedoch nach Maßgabe des Artikels 12 Absatz 2 Satz 2 der Verordnung (EG) Nr. 1/2003 angewandt, so können nach Absatz 1 ausgetauschte Informationen auch für die Anwendung dieses Gesetzes verwendet werden.

(4) [1] Informationen, die das Bundeskartellamt nach Absatz 1 erhalten hat, können zum Zweck der Verhängung von Sanktionen gegen natürliche Personen nur als Beweismittel verwendet werden, wenn das Recht der übermittelnden Behörde ähnlich geartete Sanktionen in Bezug auf Verstöße gegen Artikel 101 oder 102 des Vertrages über die Arbeitsweise der Europäischen Union vorsieht. [2] Falls die Voraussetzungen des Satzes 1 nicht erfüllt sind, ist eine Verwendung als Beweismittel auch dann möglich, wenn die Informationen in einer Weise erhoben worden sind, die hinsichtlich der Wahrung der Verteidigungsrechte natürlicher Personen das gleiche Schutzniveau wie nach dem für das Bundeskartellamt geltenden Recht gewährleistet. [3] Das Beweisverwertungsverbot nach Satz 1 steht einer Verwendung der Beweise gegen juristische Personen oder Personenvereinigungen nicht entgegen. [4] Die Beachtung verfassungsrechtlich begründeter Verwertungsverbote bleibt unberührt.

---

1) Teil 2 Kapitel 1 und 2 (§§ 48–50f) neu gef. mWv 19.1.2021 durch G v. 18.1.2021 (BGBl. I S. 2).
2) Abgedruckt in Anm. zu § 22.

§ 50e[1)] Sonstige Zusammenarbeit mit ausländischen Wettbewerbsbehörden. (1) Das Bundeskartellamt hat die in § 50d Absatz 1 genannten Befugnisse auch in anderen Fällen, in denen es zum Zweck der Anwendung kartellrechtlicher Vorschriften mit der Europäischen Kommission oder den Wettbewerbsbehörden anderer Staaten zusammenarbeitet.

(2) [1] Das Bundeskartellamt darf Informationen nach § 50d Absatz 1 nur unter dem Vorbehalt übermitteln, dass die empfangende Wettbewerbsbehörde

1. die Informationen nur zum Zweck der Anwendung kartellrechtlicher Vorschriften sowie in Bezug auf den Untersuchungsgegenstand als Beweismittel verwendet, für den sie das Bundeskartellamt erhoben hat, und
2. den Schutz vertraulicher Informationen wahrt und diese nur an Dritte übermittelt, wenn das Bundeskartellamt der Übermittlung zustimmt; das gilt auch für die Offenlegung von vertraulichen Informationen in Gerichts- oder Verwaltungsverfahren.

[2] Vertrauliche Angaben, einschließlich Betriebs- und Geschäftsgeheimnisse, aus Verfahren der Zusammenschlusskontrolle dürfen durch das Bundeskartellamt nur mit Zustimmung des Unternehmens übermittelt werden, das diese Angaben vorgelegt hat.

(3) Die Regelungen über die Rechtshilfe in Strafsachen sowie Amts- und Rechtshilfeabkommen bleiben unberührt.

§ 50f[1)] Zusammenarbeit mit anderen Behörden. (1) [1] Die Kartellbehörden, Regulierungsbehörden, die oder der Bundesbeauftragte für den Datenschutz und die Informationsfreiheit und die Landesbeauftragten für Datenschutz sowie die zuständigen Behörden im Sinne des § 2 des EU-Verbraucherschutzdurchführungsgesetzes können unabhängig von der jeweils gewählten Verfahrensart untereinander Informationen einschließlich personenbezogener Daten und Betriebs- und Geschäftsgeheimnisse austauschen, soweit dies zur Erfüllung ihrer jeweiligen Aufgaben erforderlich ist, sowie diese in ihren Verfahren verwerten. [2] Beweisverwertungsverbote bleiben unberührt.

(2) [1] Die Kartellbehörden arbeiten im Rahmen der Erfüllung ihrer Aufgaben mit der Bundesanstalt für Finanzdienstleistungsaufsicht, der Deutschen Bundesbank, den zuständigen Aufsichtsbehörden nach § 90 des Vierten Buches Sozialgesetzbuch[2)] und den Landesmedienanstalten sowie der Kommission zur Ermittlung der Konzentration im Medienbereich zusammen. [2] Die Kartellbehörden tauschen mit den Landesmedienanstalten und der Kommission zur Ermittlung der Konzentration im Medienbereich gegenseitig Erkenntnisse aus, soweit dies für die Erfüllung ihrer jeweiligen Aufgaben erforderlich ist; mit den übrigen in Satz 1 genannten Behörden können sie entsprechend auf Anfrage Erkenntnisse austauschen. [3] Dies gilt nicht

1. für vertrauliche Informationen, insbesondere Betriebs- und Geschäftsgeheimnisse, sowie
2. für Informationen, die nach § 50d dieses Gesetzes oder nach Artikel 12 der Verordnung (EG) Nr. 1/2003 erlangt worden sind.

[1)] Teil 2 Kapitel 1 und 2 (§§ 48–50f) neu gef. mWv 19.1.2021 durch G v. 18.1.2021 (BGBl. I S. 2).
[2)] **Aichberger, SGB Nr. 4.**

[4] Die Sätze 2 und 3 Nummer 1 lassen die Regelungen des Wertpapiererwerbs- und Übernahmegesetzes sowie des Gesetzes über den Wertpapierhandel[1)] über die Zusammenarbeit mit anderen Behörden unberührt.

(3) [1] Das Bundeskartellamt kann Angaben der an einem Zusammenschluss beteiligten Unternehmen, die ihm nach § 39 Absatz 3 gemacht worden sind, an andere Behörden übermitteln, soweit dies zur Verfolgung der in § 4 Absatz 1 Nummer 1 und § 5 Absatz 2 des Außenwirtschaftsgesetzes genannten Zwecke erforderlich ist. [2] Bei Zusammenschlüssen mit gemeinschaftsweiter Bedeutung im Sinne des Artikels 1 Absatz 1 der Verordnung (EG) Nr. 139/2004 des Rates vom 20. Januar 2004 über die Kontrolle von Unternehmenszusammenschlüssen in ihrer jeweils geltenden Fassung steht dem Bundeskartellamt die Befugnis nach Satz 1 nur hinsichtlich solcher Angaben zu, welche von der Europäischen Kommission nach Artikel 4 Absatz 3 dieser Verordnung veröffentlicht worden sind.

Kapitel 3.[2)] Bundeskartellamt

§ 51[3)] Sitz, Organisation. (1) [1] Das Bundeskartellamt ist eine selbstständige Bundesoberbehörde mit dem Sitz in Bonn. [2] Es gehört zum Geschäftsbereich des Bundesministeriums für Wirtschaft und Energie.

(2) [1] Die Entscheidungen des Bundeskartellamts werden von den Beschlussabteilungen getroffen, die nach Bestimmung des Bundesministeriums für Wirtschaft und Energie gebildet werden. [2] Im Übrigen regelt der Präsident die Verteilung und den Gang der Geschäfte des Bundeskartellamts durch eine Geschäftsordnung; sie bedarf der Bestätigung durch das Bundesministerium für Wirtschaft und Energie.

(3) Die Beschlussabteilungen entscheiden in der Besetzung mit einem oder einer Vorsitzenden und zwei Beisitzenden.

(4) Vorsitzende und Beisitzende der Beschlussabteilungen müssen Beamte auf Lebenszeit sein und die Befähigung zum Richteramt oder zum höheren Verwaltungsdienst haben.

(5) Die Mitglieder des Bundeskartellamts dürfen weder ein Unternehmen innehaben oder leiten noch dürfen sie Mitglied des Vorstandes oder des Aufsichtsrates eines Unternehmens, eines Kartells oder einer Wirtschafts- oder Berufsvereinigung sein.

§ 52[4)] Veröffentlichung allgemeiner Weisungen. Soweit das Bundesministerium für Wirtschaft und Energie dem Bundeskartellamt allgemeine Weisungen für den Erlass oder die Unterlassung von Verfügungen nach diesem Gesetz erteilt, sind diese Weisungen im Bundesanzeiger zu veröffentlichen.

§ 53[5)] Tätigkeitsbericht und Monitoringberichte. (1) [1] Das Bundeskartellamt veröffentlicht alle zwei Jahre einen Bericht über seine Tätigkeit sowie über die Lage und Entwicklung auf seinem Aufgabengebiet. [2] In den Bericht sind die

---

[1)] **Schönfelder ErgBd. Nr. 58.**

[2)] Kapitel 2 Überschrift neu gef. mWv 9.6.2017 durch G v. 1.6.2017 (BGBl. I S. 1416); bish. Kapitel 2 wird Kapitel 3 mWv 19.1.2021 durch G v. 18.1.2021 (BGBl. I S. 2).

[3)] § 51 Abs. 1 Satz 2, Abs. 2 Sätze 1 und 2 geänd. mWv 8.9.2015 durch VO v. 31.8.2015 (BGBl. I S. 1474).

[4)] § 52 geänd. mWv 8.9.2015 durch VO v. 31.8.2015 (BGBl. I S. 1474).

[5)] § 53 Abs. 1 Satz 2 geänd. mWv 8.9.2015 durch VO v. 31.8.2015 (BGBl. I S. 1474); Überschrift und Abs. 3 Satz 1 geänd., Sätze 2 und 3 angef. mWv 30.7.2016 durch G v. 26.7.2016 (BGBl. I S. 1786); Abs. 4 und 5 angef. mWv 9.6.2017 durch G v. 1.6.2017 (BGBl. I S. 1416); Abs. 5 Satz 2 Nr. 3 neu gef. mWv 19.1.2021 durch G v. 18.1.2021 (BGBl. I S. 2).

allgemeinen Weisungen des Bundesministeriums für Wirtschaft und Energie nach § 52 aufzunehmen. [3]Es veröffentlicht ferner fortlaufend seine Verwaltungsgrundsätze.

(2) Die Bundesregierung leitet den Bericht des Bundeskartellamts dem Bundestag unverzüglich mit ihrer Stellungnahme zu.

(3) [1]Das Bundeskartellamt erstellt einen Bericht über seine Monitoringtätigkeit nach § 48 Absatz 3 Satz 1 im Einvernehmen mit der Bundesnetzagentur, soweit Aspekte der Regulierung der Leitungsnetze betroffen sind, und leitet ihn der Bundesnetzagentur zu. [2]Das Bundeskartellamt erstellt als Teil des Monitorings nach § 48 Absatz 3 Satz 1 mindestens alle zwei Jahre einen Bericht über seine Monitoringergebnisse zu den Wettbewerbsverhältnissen im Bereich der Erzeugung elektrischer Energie. [3]Das Bundeskartellamt kann den Bericht unabhängig von dem Monitoringbericht nach Satz 1 veröffentlichen.

(4) Das Bundeskartellamt kann der Öffentlichkeit auch fortlaufend über seine Tätigkeit sowie über die Lage und Entwicklung auf seinem Aufgabengebiet berichten.

(5) [1]Das Bundeskartellamt soll jede Bußgeldentscheidung wegen eines Verstoßes gegen § 1 oder 19 bis 21 oder Artikel 101 oder 102 des Vertrages über die Arbeitsweise der Europäischen Union[1)] spätestens nach Abschluss des behördlichen Bußgeldverfahrens auf seiner Internetseite mitteilen. [2]Die Mitteilung soll mindestens Folgendes enthalten:

1. Angaben zu dem in der Bußgeldentscheidung festgestellten Sachverhalt,
2. Angaben zu der Art des Verstoßes und dem Zeitraum, in dem der Verstoß begangen wurde,
3. Angaben zu den Unternehmen, gegen die Geldbußen festgesetzt oder Geldbußen im Rahmen eines Kronzeugenprogramms vollständig erlassen wurden,
4. Angaben zu den betroffenen Waren und Dienstleistungen,
5. den Hinweis, dass Personen, denen aus dem Verstoß ein Schaden entstanden ist, den Ersatz dieses Schadens verlangen können, sowie,
6. wenn die Bußgeldentscheidung bereits rechtskräftig ist, den Hinweis auf die Bindungswirkung von Entscheidungen einer Wettbewerbsbehörde nach § 33b.

Teil 3.[2)] Verfahren

Kapitel 1.[3)] Verwaltungssachen

Abschnitt 1.[3)] Verfahren vor den Kartellbehörden

§ 54[3)] Einleitung des Verfahrens, Beteiligte, Beteiligtenfähigkeit.

(1) [1]Die Kartellbehörde leitet ein Verfahren von Amts wegen oder auf Antrag ein. [2]Die Kartellbehörde kann auf entsprechendes Ersuchen zum Schutz eines Beschwerdeführers ein Verfahren von Amts wegen einleiten. [3]Soweit sich nicht aus den besonderen Bestimmungen dieses Gesetzes Abweichungen ergeben, sind für das Verfahren die allgemeinen Vorschriften der Verwaltungsverfahrensgesetze anzuwenden.

(2) An dem Verfahren vor der Kartellbehörde ist oder sind beteiligt:

[1)] Abgedruckt in Anm. zu § 22.

[2)] Teil 3, Kapitel 1 und Abschnitt 1 Überschriften neu gef. mWv 9.6.2017 durch G v. 1.6.2017 (BGBl. I S. 1416).

[3)] Teil 3 Kapitel 1 (§§ 54–80) neu gef. mWv 19.1.2021 durch G v. 18.1.2021 (BGBl. I S. 2).

1. wer die Einleitung eines Verfahrens beantragt hat;
2. Kartelle, Unternehmen, Wirtschafts- oder Berufsvereinigungen, gegen die sich das Verfahren richtet;
3. Personen und Personenvereinigungen, deren Interessen durch die Entscheidung erheblich berührt werden und die die Kartellbehörde auf ihren Antrag zu dem Verfahren beigeladen hat; Interessen der Verbraucherzentralen und anderer Verbraucherverbände, die mit öffentlichen Mitteln gefördert werden, werden auch dann erheblich berührt, wenn sich die Entscheidung auf eine Vielzahl von Verbrauchern auswirkt und dadurch die Interessen der Verbraucher insgesamt erheblich berührt werden;
4. in den Fällen des § 37 Absatz 1 Nummer 1 oder 3 auch der Veräußerer.

(3) An Verfahren vor obersten Landesbehörden ist auch das Bundeskartellamt beteiligt.

(4) Fähig, am Verfahren vor der Kartellbehörde beteiligt zu sein, sind außer natürlichen und juristischen Personen auch nichtrechtsfähige Personenvereinigungen.

§ 55[1)] Vorabentscheidung über Zuständigkeit. (1) [1] Macht ein Beteiligter die örtliche oder sachliche Unzuständigkeit der Kartellbehörde geltend, so kann die Kartellbehörde über die Zuständigkeit vorab entscheiden. [2] Die Verfügung kann selbstständig mit der Beschwerde angefochten werden; die Beschwerde hat aufschiebende Wirkung.

(2) Hat ein Beteiligter die örtliche oder sachliche Unzuständigkeit der Kartellbehörde nicht geltend gemacht, so kann eine Beschwerde nicht darauf gestützt werden, dass die Kartellbehörde ihre Zuständigkeit zu Unrecht angenommen hat.

§ 56[1)] Anhörung, Akteneinsicht, mündliche Verhandlung. (1) [1] Die Kartellbehörde hat den Beteiligten Gelegenheit zur Stellungnahme zu geben. [2] Über die Form der Anhörung entscheidet die Kartellbehörde nach pflichtgemäßem Ermessen. [3] Die Kartellbehörde kann die Anhörung auch mündlich durchführen, wenn die besonderen Umstände des Falles dies erfordern.

(2) Vertretern der von dem Verfahren berührten Wirtschaftskreise kann die Kartellbehörde in geeigneten Fällen Gelegenheit zur Stellungnahme geben.

(3) [1] Die Beteiligten können bei der Kartellbehörde die das Verfahren betreffenden Akten einsehen, soweit deren Kenntnis zur Geltendmachung oder Verteidigung ihrer rechtlichen Interessen erforderlich ist. [2] Die Einsicht erfolgt durch Übersendung von Kopien aus der Verfahrensakte, durch Ausdruck der betreffenden Teile der Verfahrensakte oder durch Übersendung entsprechender elektronischer Dokumente an den Beteiligten auf seine Kosten.

(4) [1] Die Behörde hat die Einsicht in die Unterlagen zu versagen, soweit dies aus wichtigen Gründen, insbesondere zur Sicherstellung der ordnungsgemäßen Erfüllung der Aufgaben der Behörde sowie zur Wahrung des Geheimschutzes oder von Betriebs- oder Geschäftsgeheimnissen oder sonstigen schutzwürdigen Interessen des Betroffenen, geboten ist. [2] In Entwürfe zu Entscheidungen, die Arbeiten zu ihrer Vorbereitung und die Dokumente, die Abstimmungen betreffen, wird Akteneinsicht nicht gewährt.

(5) [1] Die Kartellbehörde kann Dritten Auskünfte aus den ein Verfahren betreffenden Akten erteilen oder Einsicht in diese gewähren, soweit diese hierfür ein

---

[1)] Teil 3 Kapitel 1 (§§ 54–80) neu gef. mWv 19.1.2021 durch G v. 18.1.2021 (BGBl. I S. 2).

berechtigtes Interesse darlegen. [2]Absatz 4 gilt entsprechend. [3]Soweit die Akteneinsicht oder die Auskunft der Erhebung eines Schadensersatzanspruchs wegen eines Verstoßes nach § 33 Absatz 1 oder der Vorbereitung dieser Erhebung dienen soll, ist sie auf Einsicht in Entscheidungen nach den §§ 32 bis 32d sowie 60 begrenzt.

(6) [1]Die Kartellbehörde kann von den Beteiligten sowie von Dritten verlangen, mit der Übersendung von Anmeldungen, Stellungnahmen, Unterlagen oder sonstigen Auskünften oder im Anschluss an die Übersendung auf die in Absatz 4 genannten Geheimnisse hinzuweisen und diese in den Unterlagen entsprechend kenntlich zu machen. [2]Erfolgt dies trotz entsprechenden Verlangens nicht, darf die Kartellbehörde von der Zustimmung zur Offenlegung im Rahmen der Gewährung von Akteneinsicht ausgehen.

(7) [1]Auf Antrag eines Beteiligten oder von Amts wegen kann die Kartellbehörde eine öffentliche mündliche Verhandlung durchführen. [2]Für die Verhandlung oder für einen Teil davon ist die Öffentlichkeit auszuschließen, wenn sie eine Gefährdung der öffentlichen Ordnung, insbesondere des Wohls des Bundes oder eines Landes, oder die Gefährdung eines wichtigen Betriebs- oder Geschäftsgeheimnisses besorgen lässt. [3]In den Fällen des § 42 hat das Bundesministerium für Wirtschaft und Energie eine öffentliche mündliche Verhandlung durchzuführen; mit Einverständnis der Beteiligten kann ohne mündliche Verhandlung entschieden werden. [4]In der öffentlichen mündlichen Verhandlung hat die Monopolkommission in den Fällen des § 42 das Recht, gehört zu werden und die Stellungnahme, die sie nach § 42 Absatz 5 erstellt hat, zu erläutern.

(8) Die §§ 45 und 46 des Verwaltungsverfahrensgesetzes[1)] sind anzuwenden.

§ 57[2)] Ermittlungen, Beweiserhebung. (1) Die Kartellbehörde kann alle Ermittlungen führen und alle Beweise erheben, die erforderlich sind.

(2) [1]Für den Beweis durch Augenschein, Zeugen und Sachverständige sind § 372 Absatz 1, die §§ 376, 377, 378, 380 bis 387, 390, 395 bis 397, 398 Absatz 1 und die §§ 401, 402, 404, 404a, 406 bis 409, 411 bis 414 der Zivilprozessordnung[3)] sinngemäß anzuwenden; Haft darf nicht verhängt werden. [2]Für die Entscheidung über die Beschwerde ist das Oberlandesgericht zuständig.

(3) [1]Über die Zeugenaussage soll eine Niederschrift aufgenommen werden, die von dem ermittelnden Mitglied der Kartellbehörde und, wenn ein Urkundsbeamter zugezogen ist, auch von diesem zu unterschreiben ist. [2]Die Niederschrift soll Ort und Tag der Verhandlung sowie die Namen der Mitwirkenden und Beteiligten ersehen lassen.

(4) [1]Die Niederschrift ist dem Zeugen zur Genehmigung vorzulesen oder zur eigenen Durchsicht vorzulegen. [2]Die erteilte Genehmigung ist zu vermerken und von dem Zeugen zu unterschreiben. [3]Unterbleibt die Unterschrift, so ist der Grund hierfür anzugeben.

(5) Bei der Vernehmung von Sachverständigen sind die Bestimmungen der Absätze 3 und 4 entsprechend anzuwenden.

(6) [1]Die Kartellbehörde kann das Amtsgericht um die Beeidigung von Zeugen ersuchen, wenn sie die Beeidigung zur Herbeiführung einer wahrheitsgemäßen Aussage für notwendig erachtet. [2]Über die Beeidigung entscheidet das Gericht.

[1)] **Sartorius Nr. 100.**
[2)] Teil 3 Kapitel 1 (§§ 54–80) neu gef. mWv 19.1.2021 durch G v. 18.1.2021 (BGBl. I S. 2).
[3)] Nr. **100**.

§ 58[1)] Beschlagnahme. (1) [1]Die Bediensteten der Kartellbehörde können Gegenstände, die als Beweismittel für die Ermittlung von Bedeutung sein können, beschlagnahmen. [2]Die Beschlagnahme ist dem davon Betroffenen unverzüglich bekannt zu machen.

(2) Die Kartellbehörde soll binnen drei Tagen die gerichtliche Bestätigung bei dem Amtsgericht, in dessen Bezirk sie ihren Sitz hat, beantragen, wenn bei der Beschlagnahme weder der davon Betroffene noch ein erwachsener Angehöriger anwesend war oder wenn der Betroffene und im Fall seiner Abwesenheit ein erwachsener Angehöriger des Betroffenen gegen die Beschlagnahme ausdrücklich Widerspruch erhoben hat.

(3) [1]Der Betroffene kann gegen die Beschlagnahme jederzeit die richterliche Entscheidung nachsuchen. [2]Hierüber ist er zu belehren. [3]Über den Antrag entscheidet das nach Absatz 2 zuständige Gericht.

(4) [1]Gegen die richterliche Entscheidung ist die Beschwerde zulässig. [2]Die §§ 306 bis 310 und 311a der Strafprozessordnung[2)] gelten entsprechend.

§ 59[1)] Auskunftsverlangen. (1) [1]Soweit es zur Erfüllung der in diesem Gesetz der Kartellbehörde übertragenen Aufgaben erforderlich ist, kann die Kartellbehörde bis zum Eintritt der Bestandskraft ihrer Entscheidung von Unternehmen und Unternehmensvereinigungen die Erteilung von Auskünften sowie die Herausgabe von Unterlagen verlangen. [2]Die Unternehmen und Unternehmensvereinigungen sind verpflichtet, diese innerhalb einer angemessenen Frist zu erteilen oder herauszugeben. [3]Die Verpflichtung erstreckt sich auf alle Informationen und Unterlagen, die dem Unternehmen oder der Unternehmensvereinigung zugänglich sind. [4]Dies umfasst auch allgemeine Marktstudien, die der Einschätzung oder Analyse der Wettbewerbsbedingungen oder der Marktlage dienen und sich im Besitz des Unternehmens oder der Unternehmensvereinigung befinden. [5]Die Kartellbehörde kann vorgeben, in welcher Form die Auskünfte zu erteilen sind; insbesondere kann sie vorgeben, dass eine Internetplattform zur Eingabe der Informationen verwendet werden muss. [6]Vertreter des Unternehmens oder der Unternehmensvereinigung können von der Kartellbehörde zu einer Befragung bestellt werden. [7]Gegenüber juristischen Personen sowie Personenvereinigungen, die keine Unternehmen oder Unternehmensvereinigungen sind, gelten die Sätze 1 bis 6 entsprechend.

(2) [1]Die Inhaber der Unternehmen und ihre Vertretung sowie bei juristischen Personen und Personenvereinigungen auch die zur Vertretung berufenen Personen sind verpflichtet, die verlangten Auskünfte im Namen des Unternehmens, der Unternehmensvereinigung oder der juristischen Person oder Personenvereinigung zu erteilen und die verlangten Unterlagen herauszugeben. [2]Gegenüber der Kartellbehörde ist eine für die Erteilung der Auskünfte verantwortliche Leitungsperson zu benennen.

(3) [1]Das Auskunftsverlangen muss verhältnismäßig sein. [2]Es darf den Adressaten nicht zum Geständnis einer Straftat, einer Ordnungswidrigkeit oder einer Zuwiderhandlung gegen eine Vorschrift dieses Gesetzes oder gegen Artikel 101 oder 102 des Vertrages über die Arbeitsweise der Europäischen Union[3)] zwingen. [3]Soweit natürliche Personen aufgrund von Auskunftsverlangen nach den Absätzen 1 und 2 zur Mitwirkung in Form der Erteilung von Auskünften oder der

---

[1)] Teil 3 Kapitel 1 (§§ 54–80) neu gef. mWv 19.1.2021 durch G v. 18.1.2021 (BGBl. I S. 2).
[2)] Nr. **90**.
[3)] Abgedruckt in Anm. zu § 22.

Herausgabe von Unterlagen verpflichtet sind, müssen sie, falls die Informationserlangung auf andere Weise wesentlich erschwert oder nicht zu erwarten ist, auch Tatsachen offenbaren, die geeignet sind, eine Verfolgung wegen einer Straftat oder einer Ordnungswidrigkeit herbeizuführen. [4] Jedoch darf eine Auskunft, die die natürliche Person infolge ihrer Verpflichtung nach Absatz 1 und 2 erteilt, in einem Strafverfahren oder in einem Verfahren nach diesem Gesetz oder dem Gesetz über Ordnungswidrigkeiten[1)] nur mit Zustimmung der betreffenden natürlichen Person gegen diese oder einen in § 52 Absatz 1 der Strafprozessordnung[2)] bezeichneten Angehörigen verwendet werden.

(4) [1] Absatz 1 Satz 1 bis 6 und Absatz 3 Satz 1 gelten entsprechend für Auskunftsverlangen, die an natürliche Personen gerichtet werden. [2] Insoweit ist § 55 der Strafprozessordnung entsprechend anzuwenden, es sei denn, dass die Auskunft nur die Gefahr der Verfolgung im kartellbehördlichen Bußgeldverfahren begründet und die Kartellbehörde der natürlichen Person im Rahmen ihres pflichtgemäßen Ermessens eine Nichtverfolgungszusage erteilt hat.

(5) [1] Das Bundesministerium für Wirtschaft und Energie oder die oberste Landesbehörde fordert die Auskunft durch schriftliche Einzelverfügung, das Bundeskartellamt fordert sie durch Beschluss an. [2] Darin sind die Rechtsgrundlage, der Gegenstand und der Zweck des Auskunftsverlangens anzugeben und eine angemessene Frist zur Erteilung der Auskunft ist zu bestimmen.

§ 59a[3)] Prüfung von geschäftlichen Unterlagen. (1) Soweit es zur Erfüllung der in diesem Gesetz der Kartellbehörde übertragenen Aufgaben erforderlich ist, kann die Kartellbehörde bis zum Eintritt der Bestandskraft ihrer Entscheidung bei Unternehmen und Unternehmensvereinigungen innerhalb der üblichen Geschäftszeiten die geschäftlichen Unterlagen einsehen und prüfen.

(2) Die Inhaber der Unternehmen und ihre Vertretung sowie bei juristischen Personen und Personenvereinigungen auch die zur Vertretung berufenen Personen sind verpflichtet, die geschäftlichen Unterlagen zur Einsichtnahme und Prüfung vorzulegen und die Prüfung dieser geschäftlichen Unterlagen sowie das Betreten von Geschäftsräumen und -grundstücken zu dulden.

(3) Personen, die von der Kartellbehörde mit der Vornahme von Prüfungen beauftragt werden, dürfen die Räume der Unternehmen und Vereinigungen von Unternehmen betreten.

(4) Das Grundrecht des Artikels 13 des Grundgesetzes[4)] wird durch die Absätze 2 und 3 eingeschränkt.

(5) [1] Das Bundesministerium für Wirtschaft und Energie oder die oberste Landesbehörde ordnet die Prüfung durch schriftliche Einzelverfügung, das Bundeskartellamt ordnet sie durch Beschluss mit Zustimmung des Präsidenten an. [2] In der Anordnung sind Zeitpunkt, Rechtsgrundlage, Gegenstand und Zweck der Prüfung anzugeben.

§ 59b[3)] Durchsuchungen. (1) [1] Zur Erfüllung der ihr in diesem Gesetz übertragenen Aufgaben kann die Kartellbehörde Geschäftsräume, Wohnungen, Grundstücke und Sachen durchsuchen, wenn zu vermuten ist, dass sich dort Unterlagen befinden, die die Kartellbehörde nach den §§ 59 und 59a einsehen, prüfen oder

---

[1)] Nr. **94**.
[2)] Nr. **90**.
[3)] Teil 3 Kapitel 1 (§§ 54–80) neu gef. mWv 19.1.2021 durch G v. 18.1.2021 (BGBl. I S. 2).
[4)] **Schönfelder ErgBd. Nr. 1.**

herausverlangen darf. [2]Das Grundrecht des Artikels 13 des Grundgesetzes[1)] wird insofern eingeschränkt. [3]§ 104 Absatz 1 und 3 der Strafprozessordnung[2)] gilt entsprechend.

(2) [1]Durchsuchungen können nur auf Anordnung des Amtsrichters des Gerichts, in dessen Bezirk die Kartellbehörde ihren Sitz hat, vorgenommen werden. [2]Auf die Anfechtung dieser Anordnung sind die §§ 306 bis 310 und 311a der Strafprozessordnung entsprechend anzuwenden. [3]Bei Gefahr im Verzuge können die von der Kartellbehörde mit der Durchsuchung beauftragten Personen während der Geschäftszeit die erforderlichen Durchsuchungen ohne richterliche Anordnung vornehmen.

(3) [1]Die Bediensteten der Kartellbehörde sowie von dieser ermächtigte oder benannte Personen sind insbesondere befugt,

1. sämtliche Bücher und Geschäftsunterlagen, unabhängig davon, in welcher Form sie vorhanden oder gespeichert sind, zu prüfen und Zugang zu allen Informationen zu erlangen, die für den von der Durchsuchung Betroffenen zugänglich sind,
2. betriebliche Räumlichkeiten, Bücher und Unterlagen jeder Art für die Dauer und in dem Ausmaß zu versiegeln, wie es für den Zweck der Durchsuchung erforderlich ist, und
3. bei der Durchsuchung von Unternehmen oder Unternehmensvereinigungen von allen Vertretern oder Mitarbeitern des Unternehmens oder der Unternehmensvereinigung Informationen, die den Zugang zu Beweismitteln ermöglichen könnten, sowie Erläuterungen zu Fakten oder Unterlagen, die mit dem Gegenstand und dem Zweck der Durchsuchung in Verbindung stehen könnten, zu verlangen und ihre Antworten zu Protokoll zu nehmen; das Verlangen muss unter ausdrücklichem Hinweis auf die Pflicht zur Mitwirkung erfolgen und ist in das Protokoll aufzunehmen.

[2]Soweit natürliche Personen nach Satz 1 Nummer 3 zur Mitwirkung in Form der Erteilung von Informationen verpflichtet sind, müssen sie, falls die Informationserlangung auf andere Weise wesentlich erschwert oder nicht zu erwarten ist, auch Tatsachen offenbaren, die geeignet sind, eine Verfolgung wegen einer Straftat oder einer Ordnungswidrigkeit herbeizuführen. [3]Jedoch darf eine Auskunft, die die natürliche Person infolge ihrer Verpflichtung nach Satz 1 Nummer 3 erteilt, in einem Strafverfahren oder in einem Verfahren nach diesem Gesetz oder dem Gesetz über Ordnungswidrigkeiten[3)] nur mit Zustimmung der betreffenden natürlichen Person gegen diese oder einen in § 52 Absatz 1 der Strafprozessordnung bezeichneten Angehörigen verwendet werden.

(4) An Ort und Stelle ist eine Niederschrift über die Durchsuchung und ihr wesentliches Ergebnis aufzunehmen, aus der sich, falls keine richterliche Anordnung ergangen ist, auch die Tatsachen ergeben, die zur Annahme einer Gefahr im Verzuge geführt haben.

(5) [1]§ 108 Absatz 1 und § 110 der Strafprozessordnung gelten entsprechend. [2]Die Betroffenen haben die Durchsuchung zu dulden. [3]Die Duldung kann im Fall der Durchsuchung von Geschäftsräumen sowie geschäftlich genutzten Grundstücken und Sachen gegenüber Unternehmen und Unternehmensvereinigungen mit einem Zwangsgeld entsprechend § 86a durchgesetzt werden.

[1)] **Schönfelder ErgBd. Nr. 1.**
[2)] Nr. **90**.
[3)] Nr. **94**.

§ 60[1)] **Einstweilige Anordnungen.** Die Kartellbehörde kann bis zur endgültigen Entscheidung über

1. eine Verfügung nach § 31b Absatz 3, § 40 Absatz 2, § 41 Absatz 3 oder einen Widerruf oder eine Änderung einer Freigabe nach § 40 Absatz 3a,
2. eine Erlaubnis nach § 42 Absatz 1, ihren Widerruf oder ihre Änderung nach § 42 Absatz 2 Satz 2 in Verbindung mit § 40 Absatz 3a,
3. eine Verfügung nach § 26 Absatz 4, § 30 Absatz 3 oder § 34 Absatz 1

einstweilige Anordnungen zur Regelung eines einstweiligen Zustandes treffen.

§ 61[1)] **Verfahrensabschluss, Begründung der Verfügung, Zustellung.**

(1) [1] Verfügungen der Kartellbehörde sind zu begründen und mit einer Belehrung über das zulässige Rechtsmittel den Beteiligten nach den Vorschriften des Verwaltungszustellungsgesetzes[2)] zuzustellen. [2] § 5 Absatz 4 des Verwaltungszustellungsgesetzes und § 178 Absatz 1 Nummer 2 der Zivilprozessordnung[3)] sind auf Unternehmen und Vereinigungen von Unternehmen sowie auf Auftraggeber im Sinne des § 98 entsprechend anzuwenden. [3] Verfügungen, die gegenüber einem Unternehmen mit Sitz außerhalb des Geltungsbereichs dieses Gesetzes ergehen, stellt die Kartellbehörde der im Inland ansässigen Person zu, die das Unternehmen dem Bundeskartellamt als zustellungsbevollmächtigt benannt hat. [4] Hat das Unternehmen keine zustellungsbevollmächtigte Person benannt und ist bei Unternehmen oder Vereinigungen von Unternehmen mit Sitz innerhalb der Europäischen Union keine Zustellung nach § 50b möglich oder verspricht diese keinen Erfolg, so stellt die Kartellbehörde die Verfügungen durch Bekanntmachung im Bundesanzeiger zu.

(2) Soweit ein Verfahren nicht mit einer Verfügung abgeschlossen wird, die den Beteiligten nach Absatz 1 zugestellt wird, ist seine Beendigung den Beteiligten schriftlich oder elektronisch mitzuteilen.

(3) [1] Verfügungen der Kartellbehörde nach § 30 Absatz 3, § 31b Absatz 3, den §§ 32 bis 32b und 32d sind im Bundesanzeiger bekannt zu machen. [2] Entscheidungen nach § 32c Absatz 1 können von der Kartellbehörde veröffentlicht werden.

§ 62[1)] **Gebührenpflichtige Handlungen.** (1) [1] Im Verfahren vor der Kartellbehörde werden Kosten (Gebühren und Auslagen) zur Deckung des Verwaltungsaufwandes erhoben. [2] Als individuell zurechenbare öffentliche Leistungen sind gebührenpflichtig (gebührenpflichtige Handlungen):

1. Anmeldungen nach § 31a Absatz 1 und § 39 Absatz 1; bei von der Europäischen Kommission an das Bundeskartellamt verwiesenen Zusammenschlüssen steht der Verweisungsantrag an die Europäische Kommission oder die Anmeldung bei der Europäischen Kommission der Anmeldung nach § 39 Absatz 1 gleich;
2. Amtshandlungen aufgrund der §§ 19a, 26, 30 Absatz 3, des § 31b Absatz 1 und 3, der §§ 32 bis 32d, 34 – jeweils auch in Verbindung mit den §§ 50 bis 50f – und der §§ 36, 39, 40, 41, 42 und 60;
3. Einstellungen des Entflechtungsverfahrens nach § 41 Absatz 3;
4. Erteilung von beglaubigten Abschriften aus den Akten der Kartellbehörde;

---

1) Teil 3 Kapitel 1 (§§ 54–80) neu gef. mWv 19.1.2021 durch G v. 18.1.2021 (BGBl. I S. 2).
2) **Sartorius Nr. 110.**
3) Nr. **100**.

5. Gewährung von Einsicht in kartellbehördliche Akten oder die Erteilung von Auskünften daraus nach § 56 Absatz 5 oder nach § 406e oder 475 der Strafprozessordnung[1].

[3] Daneben werden als Auslagen die Kosten der Veröffentlichungen, der öffentlichen Bekanntmachungen und von weiteren Ausfertigungen, Kopien und Auszügen sowie die in entsprechender Anwendung des Justizvergütungs- und -entschädigungsgesetzes[2] zu zahlenden Beträge erhoben. [4] Auf die Gebühr für die Freigabe oder Untersagung eines Zusammenschlusses nach § 36 Absatz 1 sind die Gebühren für die Anmeldung eines Zusammenschlusses nach § 39 Absatz 1 anzurechnen.

(2) [1] Die Höhe der Gebühren bestimmt sich nach dem personellen und sachlichen Aufwand der Kartellbehörde unter Berücksichtigung der wirtschaftlichen Bedeutung, die der Gegenstand der gebührenpflichtigen Handlung hat. [2] Die Gebührensätze dürfen jedoch nicht übersteigen:

1. 50 000 Euro in den Fällen der §§ 36, 39, 40, 41 Absatz 3 und 4 und des § 42;
2. 25 000 Euro in den Fällen der §§ 19a, 31b Absatz 3, der §§ 32 und 32b Absatz 1 sowie des § 32c Absatz 1 und der §§ 32d, 34 und 41 Absatz 2 Satz 1 und 2;
3. 5 000 Euro in den Fällen der Gewährung von Einsicht in kartellbehördliche Akten oder der Erteilung von Auskünften daraus nach § 56 Absatz 5 oder nach § 406e oder 475 der Strafprozessordnung;
4. 5 000 Euro in den Fällen des § 26 Absatz 1 und 2, des § 30 Absatz 3, des § 31a Absatz 1 und des § 31b Absatz 1;
5. 17,50 Euro für die Erteilung beglaubigter Abschriften nach Absatz 1 Satz 2 Nummer 4 sowie
6. folgende Beträge:
   a) in den Fällen des § 40 Absatz 3a auch in Verbindung mit § 41 Absatz 2 Satz 3 und § 42 Absatz 2 Satz 2 den Betrag für die Freigabe, Befreiung oder Erlaubnis,
   b) 250 Euro für Verfügungen in Bezug auf Vereinbarungen oder Beschlüsse der in § 28 Absatz 1 bezeichneten Art,
   c) im Fall des § 26 Absatz 4 den Betrag für die Entscheidung nach § 26 Absatz 1,
   d) in den Fällen der §§ 32a und 60 ein Fünftel der Gebühr in der Hauptsache.

[3] Ist der personelle oder sachliche Aufwand der Kartellbehörde unter Berücksichtigung des wirtschaftlichen Wertes der gebührenpflichtigen Handlung im Einzelfall außergewöhnlich hoch, kann die Gebühr bis auf das Doppelte erhöht werden. [4] Aus Gründen der Billigkeit kann die unter Berücksichtigung der Sätze 1 bis 3 ermittelte Gebühr bis auf ein Zehntel ermäßigt werden.

(3) Zur Abgeltung mehrfacher gleichartiger Amtshandlungen oder gleichartiger Anmeldungen desselben Gebührenschuldners können Pauschgebührensätze, die den geringen Umfang des Verwaltungsaufwandes berücksichtigen, vorgesehen werden.

(4) [1] Gebühren dürfen nicht erhoben werden

1. für mündliche und schriftliche Auskünfte und Anregungen;
2. wenn sie bei richtiger Behandlung der Sache nicht entstanden wären;

---

[1] Nr. **90**.
[2] Nr. **116**.

3. in den Fällen des § 42, wenn die vorangegangene Verfügung des Bundeskartellamts nach § 36 Absatz 1 oder § 41 Absatz 3 aufgehoben worden ist.

[2] Nummer 1 findet keine Anwendung, soweit Auskünfte aus einer kartellbehördlichen Akte nach § 56 Absatz 5 oder nach § 406e oder 475 der Strafprozessordnung erteilt werden.

(5) [1] Wird ein Antrag zurückgenommen, bevor darüber entschieden ist, so ist die Hälfte der Gebühr zu entrichten. [2] Das gilt auch, wenn die Anmeldung eines Zusammenschlusses zurückgenommen wird, bevor ein Hauptprüfverfahren eingeleitet wurde.

(6) [1] Kostenschuldner ist

1. in den Fällen des Absatzes 1 Satz 2 Nummer 1, wer eine Anmeldung oder einen Verweisungsantrag eingereicht hat;
2. in den Fällen des Absatzes 1 Satz 2 Nummer 2, wer durch einen Antrag oder eine Anmeldung die Tätigkeit der Kartellbehörde veranlasst hat, oder derjenige, gegen den eine Verfügung der Kartellbehörde ergangen ist;
3. in den Fällen des Absatzes 1 Satz 2 Nummer 3, wer nach § 39 Absatz 2 zur Anmeldung verpflichtet war;
4. in den Fällen des Absatzes 1 Satz 2 Nummer 4, wer die Herstellung der Abschriften veranlasst hat;
5. in den Fällen des Absatzes 1 Satz 2 Nummer 5, wer die Gewährung von Einsicht in kartellbehördliche Akten oder die Erteilung von Auskünften daraus nach § 56 Absatz 5 oder nach § 406e oder 475 der Strafprozessordnung beantragt hat.

[2] Kostenschuldner ist auch, wer die Zahlung der Kosten durch eine vor der Kartellbehörde abgegebene oder ihr mitgeteilte Erklärung übernommen hat oder wer für die Kostenschuld eines anderen kraft Gesetzes haftet. [3] Mehrere Kostenschuldner haften als Gesamtschuldner.

(7) [1] Der Anspruch auf Zahlung der Gebühren verjährt in vier Jahren nach der Gebührenfestsetzung. [2] Der Anspruch auf Erstattung der Auslagen verjährt in vier Jahren nach ihrer Entstehung.

(8) [1] Die Bundesregierung wird ermächtigt, durch Rechtsverordnung, die der Zustimmung des Bundesrates bedarf, die Gebührensätze und die Erhebung der Gebühren vom Kostenschuldner in Durchführung der Vorschriften der Absätze 1 bis 6 sowie die Erstattung von Auslagen nach Absatz 1 Satz 3 zu regeln. [2] Sie kann dabei auch Vorschriften über die Kostenbefreiung von juristischen Personen des öffentlichen Rechts, über die Verjährung sowie über die Kostenerhebung erlassen.

(9) Durch Rechtsverordnung der Bundesregierung, die der Zustimmung des Bundesrates bedarf, wird das Nähere über die Erstattung der durch das Verfahren vor der Kartellbehörde entstehenden Kosten nach den Grundsätzen des § 71 bestimmt.

Abschnitt 2.[1] Gemeinsame Bestimmungen für Rechtsbehelfsverfahren

§ 63[1] **Beteiligte am Rechtsbehelfsverfahren, Beteiligtenfähigkeit.**

(1) An dem Rechtsbehelfsverfahren sind beteiligt:

1. der Rechtsbehelfsführer,
2. die Kartellbehörde, deren Verfügung angefochten wird,

---

[1] Teil 3 Kapitel 1 (§§ 54–80) neu gef. mWv 19.1.2021 durch G v. 18.1.2021 (BGBl. I S. 2).

3. Personen und Personenvereinigungen, deren Interessen durch die Entscheidung erheblich berührt werden und die die Kartellbehörde auf ihren Antrag zu dem Verfahren beigeladen hat.

(2) Richtet sich der Rechtsbehelf gegen eine Verfügung einer obersten Landesbehörde oder einen Beschluss des Beschwerdegerichts, der eine solche Verfügung betrifft, ist auch das Bundeskartellamt an dem Verfahren beteiligt.

(3) Fähig, am Rechtsbehelfsverfahren beteiligt zu sein, sind außer natürlichen und juristischen Personen auch nichtrechtsfähige Personenvereinigungen.

§ 64[1)] Anwaltszwang. [1] Die Beteiligten müssen sich durch einen Rechtsanwalt als Bevollmächtigten vertreten lassen. [2] Die Kartellbehörde kann sich durch ein Mitglied der Behörde vertreten lassen.

§ 65[1)] Mündliche Verhandlung. (1) Das Gericht entscheidet über die Beschwerde und über die Rechtsbeschwerde aufgrund mündlicher Verhandlung; mit Einverständnis der Beteiligten kann ohne mündliche Verhandlung entschieden werden.

(2) Sind die Beteiligten in dem Verhandlungstermin trotz rechtzeitiger Ladung nicht erschienen oder ordnungsgemäß vertreten, so kann gleichwohl in der Sache verhandelt und entschieden werden.

§ 66[1)] Aufschiebende Wirkung. (1) Rechtsbehelfe haben aufschiebende Wirkung, soweit durch die angefochtene Verfügung

1. eine Verfügung nach § 26 Absatz 4, § 30 Absatz 3, § 31b Absatz 3, § 32 Absatz 2a Satz 1 oder § 34 Absatz 1 getroffen wird oder
2. eine Erlaubnis nach § 42 Absatz 2 Satz 2 in Verbindung mit § 40 Absatz 3a widerrufen oder geändert wird,

oder soweit der angefochtene Beschluss des Beschwerdegerichts eine solche Verfügung betrifft.

(2) [1] Wird eine Verfügung, durch die eine einstweilige Anordnung nach § 60 getroffen wurde, angefochten, so kann das Gericht im Rechtsbehelfsverfahren anordnen, dass die Vollziehung der angefochtenen Verfügung ganz oder teilweise ausgesetzt wird. [2] Die Anordnung kann jederzeit aufgehoben oder geändert werden.

§ 67[1)] Anordnung der sofortigen Vollziehung. (1) Die Kartellbehörde kann in den Fällen des § 66 Absatz 1 die sofortige Vollziehung der Verfügung anordnen, wenn dies im öffentlichen Interesse oder im überwiegenden Interesse eines Beteiligten geboten ist.

(2) Die Anordnung nach Absatz 1 kann bereits vor der Einreichung der Beschwerde getroffen werden.

(3) [1] Auf Antrag kann das Gericht der Hauptsache die aufschiebende Wirkung ganz oder teilweise wiederherstellen, wenn

1. die Voraussetzungen für die Anordnung nach Absatz 1 nicht vorgelegen haben oder nicht mehr vorliegen oder
2. ernstliche Zweifel an der Rechtmäßigkeit der angefochtenen Verfügung bestehen oder

---

[1)] Teil 3 Kapitel 1 (§§ 54–80) neu gef. mWv 19.1.2021 durch G v. 18.1.2021 (BGBl. I S. 2).

3. die Vollziehung für den Betroffenen eine unbillige, nicht durch überwiegende öffentliche Interessen gebotene Härte zur Folge hätte.

[2] In den Fällen, in denen der Rechtsbehelf keine aufschiebende Wirkung hat, kann die Kartellbehörde die Vollziehung aussetzen; die Aussetzung soll erfolgen, wenn die Voraussetzungen des Satzes 1 Nummer 3 vorliegen. [3] Das Gericht der Hauptsache kann auf Antrag die aufschiebende Wirkung ganz oder teilweise anordnen, wenn die Voraussetzungen des Satzes 1 Nummer 2 oder 3 vorliegen. [4] Hat ein Dritter einen Rechtsbehelf gegen eine Verfügung nach § 40 Absatz 2 eingelegt, ist der Antrag des Dritten auf Erlass einer Anordnung nach Satz 3 nur zulässig, wenn dieser geltend macht, durch die Verfügung in seinen Rechten verletzt zu sein.

(4) [1] Der Antrag nach Absatz 3 Satz 1 oder 3 ist schon vor Einreichung der Beschwerde zulässig. [2] Die Tatsachen, auf die der Antrag gestützt wird, sind vom Antragsteller glaubhaft zu machen. [3] Ist die Verfügung im Zeitpunkt der Entscheidung schon vollzogen, kann das Gericht auch die Aufhebung der Vollziehung anordnen. [4] Die Wiederherstellung und die Anordnung der aufschiebenden Wirkung können von der Leistung einer Sicherheit oder von anderen Auflagen abhängig gemacht werden. [5] Sie können auch befristet werden.

(5) Beschlüsse über Anträge nach Absatz 3 können jederzeit geändert oder aufgehoben werden.

§ 68[1]) Einstweilige Anordnungen im Rechtsbehelfsverfahren. [1] § 60 gilt für Rechtsbehelfsverfahren entsprechend. [2] Dies gilt nicht für die Fälle des § 67. [3] Für den Erlass einstweiliger Anordnungen im Rechtsbehelfsverfahren ist das Gericht der Hauptsache zuständig.

§ 69[1]) Abhilfe bei Verletzung des Anspruchs auf rechtliches Gehör.

(1) [1] Auf die Rüge eines durch eine gerichtliche Entscheidung beschwerten Beteiligten ist das Verfahren fortzuführen, wenn

1. ein Rechtsmittel oder ein anderer Rechtsbehelf gegen die Entscheidung nicht gegeben ist und
2. das Gericht den Anspruch dieses Beteiligten auf rechtliches Gehör in entscheidungserheblicher Weise verletzt hat.

[2] Gegen eine der Endentscheidung vorausgehende Entscheidung findet die Rüge nicht statt.

(2) [1] Die Rüge ist innerhalb von zwei Wochen nach Kenntnis von der Verletzung des rechtlichen Gehörs zu erheben; der Zeitpunkt der Kenntniserlangung ist glaubhaft zu machen. [2] Nach Ablauf eines Jahres seit Bekanntgabe der angegriffenen Entscheidung kann die Rüge nicht mehr erhoben werden. [3] Formlos mitgeteilte Entscheidungen gelten mit dem dritten Tage nach Aufgabe zur Post als bekannt gegeben. [4] Die Rüge ist schriftlich oder zur Niederschrift des Urkundsbeamten der Geschäftsstelle bei dem Gericht zu erheben, dessen Entscheidung angegriffen wird. [5] Die Rüge soll die angegriffene Entscheidung bezeichnen und das Vorliegen der in Absatz 1 Satz 1 Nummer 2 genannten Voraussetzung darlegen.

(3) Den übrigen Beteiligten ist, soweit erforderlich, Gelegenheit zur Stellungnahme zu geben.

---

[1]) Teil 3 Kapitel 1 (§§ 54–80) neu gef. mWv 19.1.2021 durch G v. 18.1.2021 (BGBl. I S. 2).

(4) [1] Ist die Rüge nicht statthaft oder nicht in der gesetzlichen Form oder Frist erhoben, so ist sie als unzulässig zu verwerfen. [2] Ist die Rüge unbegründet, weist das Gericht sie zurück. [3] Die Entscheidung ergeht durch unanfechtbaren Beschluss. [4] Der Beschluss soll kurz begründet werden.

(5) [1] Ist die Rüge begründet, so hilft ihr das Gericht ab, indem es das Verfahren fortführt, soweit dies aufgrund der Rüge geboten ist. [2] Das Verfahren wird in die Lage zurückversetzt, in der es sich vor dem Schluss der mündlichen Verhandlung befand. [3] Im schriftlichen Verfahren tritt an die Stelle des Schlusses der mündlichen Verhandlung der Zeitpunkt, bis zu dem Schriftsätze eingereicht werden können. [4] Für den Ausspruch des Gerichts ist § 343 der Zivilprozessordnung[1)] anzuwenden.

(6) § 149 Absatz 1 Satz 2 der Verwaltungsgerichtsordnung[2)] ist entsprechend anzuwenden.

§ 70[3)] Akteneinsicht. (1) [1] Die in § 63 Absatz 1 Nummer 1 und 2 und Absatz 2 bezeichneten Beteiligten können die Akten des Gerichts einsehen und sich durch die Geschäftsstelle auf ihre Kosten Ausfertigungen, Auszüge und Abschriften erstellen lassen. [2] § 299 Absatz 3 der Zivilprozessordnung[1)] gilt entsprechend.

(2) [1] Einsicht in Vorakten, Beiakten, Gutachten und Auskünfte ist nur mit Zustimmung der Stellen zulässig, denen die Akten gehören oder die die Äußerung eingeholt haben. [2] Die Kartellbehörde hat die Zustimmung zur Einsicht in die ihr gehörenden Unterlagen zu versagen, soweit dies aus wichtigen Gründen, insbesondere zur Wahrung von Betriebs- oder Geschäftsgeheimnissen, geboten ist. [3] Wird die Einsicht abgelehnt oder ist sie unzulässig, dürfen diese Unterlagen der Entscheidung nur insoweit zugrunde gelegt werden, als ihr Inhalt vorgetragen worden ist. [4] Das Gericht kann die Offenlegung von Tatsachen oder Beweismitteln, deren Geheimhaltung aus wichtigen Gründen, insbesondere zur Wahrung von Betriebs- oder Geschäftsgeheimnissen, verlangt wird, nach Anhörung des von der Offenlegung Betroffenen durch Beschluss anordnen, soweit es für die Entscheidung auf diese Tatsachen oder Beweismittel ankommt, andere Möglichkeiten der Sachaufklärung nicht bestehen und nach Abwägung aller Umstände des Einzelfalles die Bedeutung der Sache für die Sicherung des Wettbewerbs das Interesse des Betroffenen an der Geheimhaltung überwiegt. [5] Der Beschluss ist zu begründen. [6] In dem Verfahren nach Satz 4 muss sich der Betroffene nicht anwaltlich vertreten lassen.

(3) Den in § 63 Absatz 1 Nummer 3 bezeichneten Beteiligten kann das Gericht nach Anhörung des Verfügungsberechtigten Akteneinsicht in gleichem Umfang gewähren.

§ 71[3)] Kostentragung und -festsetzung. [1] Das Gericht kann anordnen, dass die Kosten, die zur zweckentsprechenden Erledigung der Angelegenheit notwendig waren, von einem Beteiligten ganz oder teilweise zu erstatten sind, wenn dies der Billigkeit entspricht. [2] Hat ein Beteiligter Kosten durch ein unbegründetes Rechtsmittel oder durch grobes Verschulden veranlasst, so sind ihm die Kosten aufzuerlegen. [3] Im Übrigen gelten die Vorschriften der Zivilprozessordnung[1)] über das Kostenfestsetzungsverfahren und die Zwangsvollstreckung aus Kostenfestsetzungsbeschlüssen entsprechend.

[1)] Nr. **100**.
[2)] **Sartorius Nr. 600.**
[3)] Teil 3 Kapitel 1 (§§ 54–80) neu gef. mWv 19.1.2021 durch G v. 18.1.2021 (BGBl. I S. 2).

§ 72[1] Geltung von Vorschriften des Gerichtsverfassungsgesetzes und der Zivilprozessordnung. Soweit nichts anderes bestimmt ist, gelten entsprechend

1. die Vorschriften der §§ 169 bis 201 des Gerichtsverfassungsgesetzes[2] über Öffentlichkeit, Sitzungspolizei, Gerichtssprache, Beratung und Abstimmung sowie über den Rechtsschutz bei überlangen Gerichtsverfahren;
2. die Vorschriften der Zivilprozessordnung[3] über Ausschließung und Ablehnung eines Richters, über Prozessbevollmächtigte und Beistände, über die Zustellung von Amts wegen, über Ladungen, Termine und Fristen, über die Anordnung des persönlichen Erscheinens der Parteien, über die Verbindung mehrerer Prozesse, über die Erledigung des Zeugen- und Sachverständigenbeweises sowie über die sonstigen Arten des Beweisverfahrens, über die Wiedereinsetzung in den vorigen Stand gegen die Versäumung einer Frist sowie über den elektronischen Rechtsverkehr.

Abschnitt 3. Beschwerde

§ 73[1] Zulässigkeit, Zuständigkeit. (1) [1]Gegen Verfügungen der Kartellbehörde ist die Beschwerde zulässig. [2]Sie kann auch auf neue Tatsachen und Beweismittel gestützt werden.

(2) [1]Die Beschwerde steht den am Verfahren vor der Kartellbehörde Beteiligten im Sinne des § 54 Absatz 2 und 3 zu. [2]Gegen eine Verfügung, durch die eine Erlaubnis nach § 42 erteilt wird, steht die Beschwerde einem Dritten nur zu, wenn er geltend macht, durch die Verfügung in seinen Rechten verletzt zu sein.

(3) [1]Die Beschwerde ist auch gegen die Unterlassung einer beantragten Verfügung der Kartellbehörde zulässig, auf deren Vornahme der Antragsteller ein Recht zu haben behauptet. [2]Als Unterlassung gilt es auch, wenn die Kartellbehörde den Antrag auf Vornahme der Verfügung ohne zureichenden Grund in angemessener Frist nicht beschieden hat. [3]Die Unterlassung ist dann einer Ablehnung gleichzuachten.

(4) [1]Über die Beschwerde entscheidet das für den Sitz der Kartellbehörde zuständige Oberlandesgericht, in den Fällen der §§ 35 bis 42 das für den Sitz des Bundeskartellamts zuständige Oberlandesgericht, und zwar auch dann, wenn sich die Beschwerde gegen eine Verfügung des Bundesministeriums für Wirtschaft und Energie richtet. [2]§ 36 der Zivilprozessordnung[3] gilt entsprechend. [3]Für Streitigkeiten über Entscheidungen des Bundeskartellamts, die die freiwillige Vereinigung von Krankenkassen nach § 158 des Fünften Buches Sozialgesetzbuch[4] betreffen, gilt § 202 Satz 3 des Sozialgerichtsgesetzes[5].

(5) Der Bundesgerichtshof entscheidet als Beschwerdegericht im ersten und letzten Rechtszug über sämtliche Streitigkeiten gegen Verfügungen des Bundeskartellamts

1. nach § 19a, auch in Verbindung mit § 32 Absatz 2 und 3,
2. nach den §§ 32a und 32b, soweit diese Vorschriften auf Sachverhalte im Sinne des § 19a angewendet werden,

jeweils einschließlich aller selbständig anfechtbaren Verfahrenshandlungen.

---

[1] Teil 3 Kapitel 1 (§§ 54–80) neu gef. mWv 19.1.2021 durch G v. 18.1.2021 (BGBl. I S. 2).
[2] Nr. **95**.
[3] Nr. **100**.
[4] **Aichberger, SGB Nr. 5.**
[5] **Sartorius ErgBd. Nr. 415.**

§ 74[1)] Frist und Form. (1) [1]Die Beschwerde ist binnen einer Frist von einem Monat bei der Kartellbehörde, deren Verfügung angefochten wird, schriftlich einzureichen. [2]Die Frist beginnt mit der Zustellung der Verfügung der Kartellbehörde. [3]Es genügt, wenn die Beschwerde innerhalb der Frist bei dem Beschwerdegericht eingeht.

(2) Ergeht entsprechend § 73 Absatz 3 Satz 2 auf einen Antrag keine Verfügung, so ist die Beschwerde an keine Frist gebunden.

(3) [1]Die Beschwerde ist innerhalb von zwei Monaten nach Zustellung der angefochtenen Verfügung zu begründen. [2]Im Fall des Absatzes 2 beträgt die Frist einen Monat; sie beginnt mit der Einlegung der Beschwerde. [3]Die Frist kann auf Antrag von dem oder der Vorsitzenden des Beschwerdegerichts verlängert werden.

(4) Die Beschwerdebegründung muss enthalten:

1. die Erklärung, inwieweit die Verfügung angefochten und ihre Abänderung oder Aufhebung beantragt wird,
2. die Angabe der Tatsachen und Beweismittel, auf die sich die Beschwerde stützt.

(5) Die Beschwerdeschrift und die Beschwerdebegründung müssen durch einen Rechtsanwalt unterzeichnet sein; dies gilt nicht für Beschwerden der Kartellbehörden.

§ 75[1)] Untersuchungsgrundsatz. (1) Das Beschwerdegericht erforscht den Sachverhalt von Amts wegen.

(2) Der oder die Vorsitzende hat darauf hinzuwirken, dass Formfehler beseitigt, unklare Anträge erläutert, sachdienliche Anträge gestellt, ungenügende tatsächliche Angaben ergänzt, ferner alle für die Feststellung und Beurteilung des Sachverhalts wesentlichen Erklärungen abgegeben werden.

(3) [1]Das Beschwerdegericht kann den Beteiligten aufgeben, sich innerhalb einer zu bestimmenden Frist über aufklärungsbedürftige Punkte zu äußern, Beweismittel zu bezeichnen und in ihren Händen befindliche Urkunden sowie andere Beweismittel vorzulegen. [2]Bei Versäumung der Frist kann nach Lage der Sache ohne Berücksichtigung der nicht beigebrachten Beweismittel entschieden werden.

(4) [1]Wird die Anforderung nach § 59 Absatz 5 oder die Anordnung nach § 59a Absatz 4 mit der Beschwerde angefochten, hat die Kartellbehörde die tatsächlichen Anhaltspunkte glaubhaft zu machen. [2]§ 294 Absatz 1 der Zivilprozessordnung[2)] findet Anwendung. [3]Eine Glaubhaftmachung ist nicht erforderlich, soweit § 20 voraussetzt, dass Unternehmen von Unternehmen in der Weise abhängig sind, dass ausreichende und zumutbare Ausweichmöglichkeiten nicht bestehen.

(5) Der Bundesgerichtshof kann in Verfahren nach § 73 Absatz 5 eine Stellungnahme der Monopolkommission einholen.

§ 76[1)] Beschwerdeentscheidung. (1) [1]Das Beschwerdegericht entscheidet durch Beschluss nach seiner freien, aus dem Gesamtergebnis des Verfahrens gewonnenen Überzeugung. [2]Der Beschluss darf nur auf Tatsachen und Beweismittel gestützt werden, zu denen die Beteiligten sich äußern konnten. [3]Das Beschwerdegericht kann hiervon abweichen, soweit Beigeladenen aus wichtigen Gründen, insbesondere zur Wahrung von Betriebs- oder Geschäftsgeheimnissen, Akteneinsicht nicht gewährt und der Akteninhalt aus diesen Gründen auch nicht vorgetragen worden ist. [4]Dies gilt nicht für solche Beigeladene, die an dem streitigen

---

1) Teil 3 Kapitel 1 (§§ 54–80) neu gef. mWv 19.1.2021 durch G v. 18.1.2021 (BGBl. I S. 2).
2) Nr. **100**.

Rechtsverhältnis derart beteiligt sind, dass die Entscheidung auch ihnen gegenüber nur einheitlich ergehen kann.

(2) [1] Hält das Beschwerdegericht die Verfügung der Kartellbehörde für unzulässig oder unbegründet, so hebt es diese auf. [2] Hat sich die Verfügung vorher durch Zurücknahme oder auf andere Weise erledigt, so spricht das Beschwerdegericht auf Antrag aus, dass die Verfügung der Kartellbehörde unzulässig oder unbegründet gewesen ist, wenn der Beschwerdeführer ein berechtigtes Interesse an dieser Feststellung hat.

(3) Hat sich eine Verfügung nach den §§ 32 bis 32b oder § 32d wegen nachträglicher Änderung der tatsächlichen Verhältnisse oder auf andere Weise erledigt, so spricht das Beschwerdegericht auf Antrag aus, ob, in welchem Umfang und bis zu welchem Zeitpunkt die Verfügung begründet gewesen ist.

(4) Hält das Beschwerdegericht die Ablehnung oder Unterlassung der Verfügung für unzulässig oder unbegründet, so spricht es die Verpflichtung der Kartellbehörde aus, die beantragte Verfügung vorzunehmen.

(5) [1] Die Verfügung ist auch dann unzulässig oder unbegründet, wenn die Kartellbehörde von ihrem Ermessen fehlsamen Gebrauch gemacht hat, insbesondere, wenn sie die gesetzlichen Grenzen des Ermessens überschritten oder durch die Ermessensentscheidung Sinn und Zweck dieses Gesetzes verletzt hat. [2] Die Würdigung der gesamtwirtschaftlichen Lage und Entwicklung ist hierbei der Nachprüfung des Gerichts entzogen.

(6) Der Beschluss ist zu begründen und mit einer Rechtsmittelbelehrung den Beteiligten zuzustellen.

Abschnitt 4.[1] Rechtsbeschwerde und Nichtzulassungsbeschwerde

§ 77[1] Zulassung, absolute Rechtsbeschwerdegründe. (1) [1] Gegen Beschlüsse der Oberlandesgerichte findet die Rechtsbeschwerde an den Bundesgerichtshof statt, wenn das Oberlandesgericht die Rechtsbeschwerde zugelassen hat. [2] Für Beschlüsse des Landessozialgerichts in Streitigkeiten, die die freiwillige Vereinigung von Krankenkassen nach § 158 des Fünften Buches Sozialgesetzbuch[2] betreffen, gilt § 202 Satz 3 des Sozialgerichtsgesetzes[3].

(2) Die Rechtsbeschwerde ist zuzulassen, wenn

1. eine Rechtsfrage von grundsätzlicher Bedeutung zu entscheiden ist oder
2. die Fortbildung des Rechts oder die Sicherung einer einheitlichen Rechtsprechung eine Entscheidung des Bundesgerichtshofs erfordert.

(3) [1] Über die Zulassung oder Nichtzulassung der Rechtsbeschwerde ist in der Entscheidung des Oberlandesgerichts zu befinden. [2] Die Nichtzulassung ist zu begründen.

(4) Einer Zulassung zur Einlegung der Rechtsbeschwerde gegen Entscheidungen des Beschwerdegerichts bedarf es nicht, wenn einer der folgenden Mängel des Verfahrens vorliegt und gerügt wird:

1. wenn das beschließende Gericht nicht vorschriftsmäßig besetzt war,
2. wenn bei der Entscheidung ein Richter mitgewirkt hat, der von der Ausübung des Richteramtes kraft Gesetzes ausgeschlossen oder wegen Besorgnis der Befangenheit mit Erfolg abgelehnt war,

[1] Teil 3 Kapitel 1 (§§ 54–80) neu gef. mWv 19.1.2021 durch G v. 18.1.2021 (BGBl. I S. 2).
[2] **Aichberger, SGB Nr. 5.**
[3] **Sartorius ErgBd. Nr. 415.**

3. wenn einem Beteiligten das rechtliche Gehör versagt war,
4. wenn ein Beteiligter im Verfahren nicht nach Vorschrift des Gesetzes vertreten war, sofern er nicht der Führung des Verfahrens ausdrücklich oder stillschweigend zugestimmt hat,
5. wenn die Entscheidung aufgrund einer mündlichen Verhandlung ergangen ist, bei der die Vorschriften über die Öffentlichkeit des Verfahrens verletzt worden sind, oder
6. wenn die Entscheidung nicht mit Gründen versehen ist.

§ 78[1)] Nichtzulassungsbeschwerde. (1) Die Nichtzulassung der Rechtsbeschwerde kann von den am Beschwerdeverfahren Beteiligten durch Nichtzulassungsbeschwerde angefochten werden.

(2) [1] Über die Nichtzulassungsbeschwerde entscheidet der Bundesgerichtshof durch Beschluss, der zu begründen ist. [2] Der Beschluss kann ohne mündliche Verhandlung ergehen.

(3) [1] Die Nichtzulassungsbeschwerde ist binnen einer Frist von einem Monat schriftlich bei dem Oberlandesgericht einzulegen. [2] Die Frist beginnt mit der Zustellung der angefochtenen Entscheidung.

(4) [1] Die Nichtzulassungsbeschwerde ist innerhalb von zwei Monaten nach Zustellung der Entscheidung des Beschwerdegerichts zu begründen. [2] Die Frist kann auf Antrag von dem oder der Vorsitzenden verlängert werden. [3] In der Begründung der Nichtzulassungsbeschwerde müssen die Zulassungsgründe des § 77 Absatz 2 dargelegt werden.

(5) Die Nichtzulassungsbeschwerdeschrift und -begründung müssen durch einen Rechtsanwalt unterzeichnet sein; dies gilt nicht für Nichtzulassungsbeschwerden der Kartellbehörden.

(6) [1] Wird die Rechtsbeschwerde nicht zugelassen, so wird die Entscheidung des Oberlandesgerichts mit der Zustellung des Beschlusses des Bundesgerichtshofs rechtskräftig. [2] Wird die Rechtsbeschwerde zugelassen, so wird das Verfahren als Rechtsbeschwerdeverfahren fortgesetzt. [3] In diesem Fall gilt die form- und fristgerechte Einlegung der Nichtzulassungsbeschwerde als Einlegung der Rechtsbeschwerde. [4] Mit der Zustellung der Entscheidung beginnt die Frist für die Begründung der Rechtsbeschwerde.

§ 79[1)] Rechtsbeschwerdeberechtigte, Form und Frist. (1) Die Rechtsbeschwerde steht den am Beschwerdeverfahren Beteiligten zu.

(2) [1] Die Rechtsbeschwerde kann nur darauf gestützt werden, dass die Entscheidung auf einer Verletzung des Rechts beruht; die §§ 546 und 547 der Zivilprozessordnung[2)] gelten entsprechend. [2] Die Rechtsbeschwerde kann nicht darauf gestützt werden, dass die Kartellbehörde unter Verletzung des § 48 oder des § 50 Absatz 1 ihre Zuständigkeit zu Unrecht angenommen hat.

(3) [1] Die Rechtsbeschwerde ist binnen einer Frist von einem Monat schriftlich bei dem Oberlandesgericht einzulegen. [2] Die Frist beginnt mit der Zustellung der angefochtenen Entscheidung.

(4) [1] Die Rechtsbeschwerde ist innerhalb von zwei Monaten nach Zustellung der Entscheidung des Beschwerdegerichts zu begründen. [2] Die Frist kann auf Antrag von dem oder der Vorsitzenden verlängert werden. [3] Die Begründung muss

---

[1)] Teil 3 Kapitel 1 (§§ 54–80) neu gef. mWv 19.1.2021 durch G v. 18.1.2021 (BGBl. I S. 2).
[2)] Nr. **100**.

die Erklärung enthalten, inwieweit die Entscheidung des Beschwerdegerichts angefochten und ihre Abänderung oder Aufhebung beantragt wird. [4] Ist die Rechtsbeschwerde aufgrund einer Nichtzulassungsbeschwerde zugelassen worden, kann zur Begründung der Rechtsbeschwerde auf die Begründung der Nichtzulassungsbeschwerde Bezug genommen werden.

(5) Die Rechtsbeschwerdeschrift und -begründung müssen durch einen Rechtsanwalt unterzeichnet sein; dies gilt nicht für Rechtsbeschwerden der Kartellbehörden.

(6) Der Bundesgerichtshof ist an die in der angefochtenen Entscheidung getroffenen tatsächlichen Feststellungen gebunden, außer, wenn in Bezug auf diese Feststellungen zulässige und begründete Rechtsbeschwerdegründe vorgebracht sind.

§ 80[1)] Rechtsbeschwerdeentscheidung. (1) Der Bundesgerichtshof entscheidet durch Beschluss nach seiner freien, aus dem Gesamtergebnis des Verfahrens gewonnenen Überzeugung.

(2) Ist die Rechtsbeschwerde unzulässig, so verwirft sie der Bundesgerichtshof.

(3) Ist die Rechtsbeschwerde unbegründet, so weist der Bundesgerichtshof die Rechtsbeschwerde zurück.

(4) [1] Ist die Rechtsbeschwerde begründet, so kann der Bundesgerichtshof

1. in der Sache entsprechend § 76 Absatz 2 bis 5 selbst entscheiden,
2. den angefochtenen Beschluss aufheben und die Sache zur anderweitigen Verhandlung und Entscheidung zurückverweisen.

[2] Der Bundesgerichtshof verweist den Rechtsstreit zurück, wenn der im Rechtsbeschwerdeverfahren entsprechend § 142 Absatz 1 Satz 2 in Verbindung mit § 65 Absatz 2 der Verwaltungsgerichtsordnung[2)] Beigeladene ein berechtigtes Interesse daran hat.

(5) Ergibt die Begründung der Beschwerdeentscheidung zwar eine Rechtsverletzung, stellt sich die Beschwerdeentscheidung selbst aber aus anderen Gründen als richtig dar, so ist die Rechtsbeschwerde zurückzuweisen.

(6) Das Beschwerdegericht hat seiner Entscheidung nach einer Zurückverweisung die rechtliche Beurteilung des Bundesgerichtshofs zugrunde zu legen.

(7) Der Beschluss ist zu begründen und den Beteiligten zuzustellen.

Kapitel 2. Bußgeldsachen

Abschnitt 1.[3)] Bußgeldvorschriften

§ 81[3)] Bußgeldtatbestände. (1) Ordnungswidrig handelt, wer gegen den Vertrag über die Arbeitsweise der Europäischen Union[4)] in der Fassung der Bekanntmachung vom 9. Mai 2008 (ABl. C 115 vom 9.5.2008, S. 47) verstößt, indem er vorsätzlich oder fahrlässig

1. entgegen Artikel 101 Absatz 1 eine Vereinbarung trifft, einen Beschluss fasst oder Verhaltensweisen aufeinander abstimmt oder

---

[1)] Teil 3 Kapitel 1 (§§ 54–80) neu gef. mWv 19.1.2021 durch G v. 18.1.2021 (BGBl. I S. 2).
[2)] **Sartorius Nr. 600.**
[3)] Teil 3 Kapitel 2 Abschnitte 1 und 2 (§§ 81–81n) neu gef. mWv 19.1.2021 durch G v. 18.1.2021 (BGBl. I S. 2).
[4)] **Sartorius Nr. 1001.**

2. entgegen Artikel 102 Satz 1 eine beherrschende Stellung missbräuchlich ausnutzt.

(2) Ordnungswidrig handelt, wer vorsätzlich oder fahrlässig

1. einer Vorschrift der §§ 1, 19, 20 Absatz 1 bis 3 Satz 1, Absatz 3a oder Absatz 5, des § 21 Absatz 3 oder 4, des § 29 Satz 1 oder des § 41 Absatz 1 Satz 1 über das Verbot einer dort genannten Vereinbarung, eines dort genannten Beschlusses, einer aufeinander abgestimmten Verhaltensweise, des Missbrauchs einer marktbeherrschenden Stellung, des Missbrauchs einer Marktstellung oder einer überlegenen Marktmacht, einer unbilligen Behinderung oder unterschiedlichen Behandlung, der Ablehnung der Aufnahme eines Unternehmens, der Ausübung eines Zwangs, der Zufügung eines wirtschaftlichen Nachteils oder des Vollzugs eines Zusammenschlusses zuwiderhandelt,
2. einer vollziehbaren Anordnung nach
   a) § 19a Absatz 2, § 30 Absatz 3, § 31b Absatz 3 Nummer 1 und 3, § 32 Absatz 1, § 32a Absatz 1, § 32b Absatz 1 Satz 1 oder § 41 Absatz 4 Nummer 2, auch in Verbindung mit § 40 Absatz 3a Satz 2, auch in Verbindung mit § 41 Absatz 2 Satz 3 oder § 42 Absatz 2 Satz 2, oder § 60 oder
   b) § 39 Absatz 5 oder
   c) § 47d Absatz 1 Satz 2 in Verbindung mit einer Rechtsverordnung nach § 47f Nummer 1 oder
   d) § 47d Absatz 1 Satz 5 erster Halbsatz in Verbindung mit einer Rechtsverordnung nach § 47f Nummer 2 zuwiderhandelt,
3. entgegen § 39 Absatz 1 einen Zusammenschluss nicht richtig oder nicht vollständig anmeldet,
4. entgegen § 39 Absatz 6 eine Anzeige nicht, nicht richtig, nicht vollständig oder nicht rechtzeitig erstattet,
5. einer vollziehbaren Auflage nach § 40 Absatz 3 Satz 1 oder § 42 Absatz 2 Satz 1 zuwiderhandelt,

5a. einer Rechtsverordnung nach § 47f Nummer 3 Buchstabe a, b oder c oder einer vollziehbaren Anordnung aufgrund einer solchen Rechtsverordnung zuwiderhandelt, soweit die Rechtsverordnung für einen bestimmten Tatbestand auf diese Bußgeldvorschrift verweist,

5b. entgegen § 47k Absatz 2 Satz 1, auch in Verbindung mit Satz 2, jeweils in Verbindung mit einer Rechtsverordnung nach § 47k Absatz 8 Satz 1 Nummer 1 oder Nummer 2, eine dort genannte Änderung oder Angabe der Mengenabgabe nicht, nicht richtig, nicht vollständig oder nicht rechtzeitig übermittelt,

6. entgegen § 59 Absatz 2 oder Absatz 4, auch in Verbindung mit § 47d Absatz 1 Satz 1, § 47k Absatz 7 oder § 82b Absatz 1, ein Auskunftsverlangen nicht, nicht richtig, nicht vollständig oder nicht rechtzeitig beantwortet oder Unterlagen nicht, nicht vollständig oder nicht rechtzeitig herausgibt,
7. entgegen § 59 Absatz 1 Satz 6, auch in Verbindung mit § 82b Absatz 1, nicht zu einer Befragung erscheint,
8. entgegen § 59a Absatz 2, auch in Verbindung mit § 47d Absatz 1 Satz 1 und § 47k Absatz 7, geschäftliche Unterlagen nicht, nicht vollständig oder nicht rechtzeitig zur Einsichtnahme und Prüfung vorlegt oder die Prüfung von geschäftlichen Unterlagen sowie das Betreten von Geschäftsräumen und -grundstücken nicht duldet,

9. entgegen § 59b Absatz 5 Satz 2, auch in Verbindung mit § 82b Absatz 1, eine Durchsuchung von Geschäftsräumen oder geschäftlich genutzten Grundstücken oder Sachen nicht duldet,
10. ein Siegel bricht, das von den Bediensteten der Kartellbehörde oder von einer von diesen Bediensteten ermächtigten oder benannten Person gemäß § 59b Absatz 3 Satz 1 Nummer 2, auch in Verbindung mit § 82b Absatz 1, angebracht worden ist, oder
11. ein Verlangen nach § 59b Absatz 3 Satz 1 Nummer 3, auch in Verbindung mit § 82b Absatz 1, nicht, nicht richtig, nicht vollständig oder nicht rechtzeitig beantwortet.

(3) Ordnungswidrig handelt, wer
1. entgegen § 21 Absatz 1 zu einer Liefersperre oder Bezugssperre auffordert,
2. entgegen § 21 Absatz 2 einen Nachteil androht oder zufügt oder einen Vorteil verspricht oder gewährt oder
3. entgegen § 24 Absatz 4 Satz 3 oder § 39 Absatz 3 Satz 5 eine Angabe macht oder benutzt.

§ 81a[1] Geldbußen gegen Unternehmen. (1) Hat jemand als Leitungsperson im Sinne des § 30 Absatz 1 Nummer 1 bis 5 des Gesetzes über Ordnungswidrigkeiten[2] eine Ordnungswidrigkeit nach § 81 begangen, durch die Pflichten, welche das Unternehmen treffen, verletzt worden sind oder das Unternehmen bereichert worden ist oder werden sollte, so kann auch gegen weitere juristische Personen oder Personenvereinigungen, die das Unternehmen zum Zeitpunkt der Begehung der Ordnungswidrigkeit gebildet haben und die auf die juristische Person oder Personenvereinigung, deren Leitungsperson die Ordnungswidrigkeit begangen hat, unmittelbar oder mittelbar einen bestimmenden Einfluss ausgeübt haben, eine Geldbuße festgesetzt werden.

(2) [1] Im Fall einer Gesamtrechtsnachfolge oder einer partiellen Gesamtrechtsnachfolge durch Aufspaltung (§ 123 Absatz 1 des Umwandlungsgesetzes[3]) kann die Geldbuße nach Absatz 1 auch gegen den oder die Rechtsnachfolger festgesetzt werden. [2] Im Bußgeldverfahren tritt der Rechtsnachfolger oder treten die Rechtsnachfolger in die Verfahrensstellung ein, in der sich der Rechtsvorgänger zum Zeitpunkt des Wirksamwerdens der Rechtsnachfolge befunden hat. [3] § 30 Absatz 2a Satz 2 des Gesetzes über Ordnungswidrigkeiten findet insoweit keine Anwendung. [4] Satz 3 gilt auch für die Rechtsnachfolge nach § 30 Absatz 2a Satz 1 des Gesetzes über Ordnungswidrigkeiten, soweit eine Ordnungswidrigkeit nach § 81 zugrunde liegt.

(3) [1] Die Geldbuße nach § 30 Absatz 1 und 2 des Gesetzes über Ordnungswidrigkeiten sowie nach Absatz 1 kann auch gegen die juristischen Personen oder Personenvereinigungen festgesetzt werden, die das Unternehmen in wirtschaftlicher Kontinuität fortführen (wirtschaftliche Nachfolge). [2] Für das Verfahren gilt Absatz 2 Satz 2 entsprechend.

(4) [1] In den Fällen der Absätze 1 bis 3 bestimmen sich das Höchstmaß der Geldbuße und die Verjährung nach dem für die Ordnungswidrigkeit geltenden Recht. [2] Die Geldbuße nach Absatz 1 kann selbstständig festgesetzt werden.

---

[1] Teil 3 Kapitel 2 Abschnitte 1 und 2 (§§ 81–81n) neu gef. mWv 19.1.2021 durch G v. 18.1.2021 (BGBl. I S. 2).
[2] Nr. **94**.
[3] Nr. **52a**.

(5) Soweit in den Fällen der Absätze 1 bis 3 gegen mehrere juristische Personen oder Personenvereinigungen wegen derselben Ordnungswidrigkeit Geldbußen festgesetzt werden, finden die Vorschriften zur Gesamtschuld entsprechende Anwendung.

§ 81b[1] Geldbußen gegen Unternehmensvereinigungen. (1) Wird gegen eine Unternehmensvereinigung als juristische Person oder Personenvereinigung im Sinne des § 30 des Gesetzes gegen Ordnungswidrigkeiten[2] eine Geldbuße nach § 81c Absatz 4 festgesetzt und ist die Unternehmensvereinigung selbst nicht zahlungsfähig, so setzt die Kartellbehörde eine angemessene Frist, binnen derer die Unternehmensvereinigung von ihren Mitgliedern Beiträge zur Zahlung der Geldbuße verlangt.

(2) Sind die Beiträge zur Zahlung der Geldbuße innerhalb der nach Absatz 1 gesetzten Frist nicht in voller Höhe entrichtet worden, so kann die Kartellbehörde die Zahlung des ausstehenden Betrags der Geldbuße direkt von jedem Unternehmen verlangen, dessen Vertreter den Entscheidungsgremien der Unternehmensvereinigung zum Zeitpunkt der Begehung der Ordnungswidrigkeit angehört haben.

(3) Soweit dies nach einem Verlangen nach Absatz 2 zur vollständigen Zahlung der Geldbuße notwendig ist, kann die Kartellbehörde die Zahlung des ausstehenden Betrags der Geldbuße auch von jedem Mitglied der Unternehmensvereinigung verlangen, das auf dem von der Ordnungswidrigkeit betroffenen Markt tätig war.

(4) Eine Zahlung nach den Absätzen 2 und 3 kann nicht von Unternehmen verlangt werden, die darlegen, dass sie

1. entweder von der Existenz dieses Beschlusses keine Kenntnis hatten oder sich vor Einleitung des Verfahrens der Kartellbehörde aktiv davon distanziert haben und
2. den die Geldbuße nach § 81 begründenden Beschluss der Unternehmensvereinigung nicht umgesetzt haben.

(5) Das Verlangen nach Zahlung des ausstehenden Betrags der Geldbuße darf für ein einzelnes Unternehmen 10 Prozent des in dem der Behördenentscheidung vorausgegangenen Geschäftsjahr erzielten Gesamtumsatzes des jeweiligen Unternehmens nicht übersteigen.

(6) Die Absätze 1 bis 5 finden keine Anwendung in Bezug auf Mitglieder der Unternehmensvereinigung,

1. gegen die im Zusammenhang mit der Ordnungswidrigkeit eine Geldbuße festgesetzt wurde oder
2. denen nach § 81k ein Erlass der Geldbuße gewährt wurde.

§ 81c[1] Höhe der Geldbuße. (1) [1]Die Ordnungswidrigkeit kann in den Fällen des § 81 Absatz 1, 2 Nummer 1, 2 Buchstabe a und Nummer 5 und Absatz 3 mit einer Geldbuße bis zu einer Million Euro geahndet werden. [2]In den übrigen Fällen des § 81 kann die Ordnungswidrigkeit mit einer Geldbuße bis zu einhunderttausend Euro geahndet werden.

---

[1] Teil 3 Kapitel 2 Abschnitte 1 und 2 (§§ 81–81n) neu gef. mWv 19.1.2021 durch G v. 18.1.2021 (BGBl. I S. 2).

[2] Nr. **94**.

(2) [1] Im Fall eines Unternehmens oder einer Unternehmensvereinigung kann bei Verstößen nach § 81 Absatz 1, 2 Nummer 1, 2 Buchstabe a und Nummer 5 sowie Absatz 3 über Absatz 1 hinaus eine höhere Geldbuße verhängt werden. [2] Die Geldbuße darf 10 Prozent des in dem der Behördenentscheidung vorausgegangenen Geschäftsjahr erzielten Gesamtumsatzes des Unternehmens oder der Unternehmensvereinigung nicht übersteigen.

(3) [1] Im Fall eines Unternehmens oder einer Unternehmensvereinigung kann bei Verstößen nach § 81 Absatz 2 Nummer 2 Buchstabe b, Nummer 3 sowie 6 bis 11 über Absatz 1 hinaus eine höhere Geldbuße verhängt werden. [2] Die Geldbuße darf 1 Prozent des in dem der Behördenentscheidung vorausgegangenen Geschäftsjahr erzielten Gesamtumsatzes des Unternehmens oder der Unternehmensvereinigung nicht übersteigen.

(4) [1] Wird gegen eine Unternehmensvereinigung eine Geldbuße wegen einer Ordnungswidrigkeit gemäß § 81 Absatz 1 festgesetzt, die mit den Tätigkeiten ihrer Mitglieder im Zusammenhang steht, so darf diese abweichend von Absatz 2 Satz 2 10 Prozent der Summe des in dem der Behördenentscheidung vorausgegangenen Geschäftsjahr erzielten Gesamtumsatzes derjenigen Mitglieder, die auf dem von der Ordnungswidrigkeit betroffenen Markt tätig waren, nicht übersteigen. [2] Dabei bleiben die Umsätze von solchen Mitgliedern unberücksichtigt, gegen die im Zusammenhang mit der Ordnungswidrigkeit bereits eine Geldbuße festgesetzt wurde oder denen nach § 81k ein Erlass der Geldbuße gewährt wurde.

(5) [1] Bei der Ermittlung des Gesamtumsatzes ist der weltweite Umsatz aller natürlichen und juristischen Personen sowie Personenvereinigungen zugrunde zu legen, die als wirtschaftliche Einheit operieren. [2] Die Höhe des Gesamtumsatzes kann geschätzt werden.

§ 81d[1] Zumessung der Geldbuße. (1) [1] Bei der Festsetzung der Höhe der Geldbuße ist sowohl die Schwere der Zuwiderhandlung als auch deren Dauer zu berücksichtigen. [2] Bei Geldbußen, die gegen Unternehmen oder Unternehmensvereinigungen wegen wettbewerbsbeschränkender Vereinbarungen, Beschlüssen oder abgestimmter Verhaltensweisen nach § 1 dieses Gesetzes oder Artikel 101 des Vertrages über die Arbeitsweise der Europäischen Union[2] oder wegen verbotener Verhaltensweisen nach den §§ 19, 20 oder 21 oder nach Artikel 102 des Vertrages über die Arbeitsweise der Europäischen Union festgesetzt werden, kommen als abzuwägende Umstände insbesondere in Betracht:

1. die Art und das Ausmaß der Zuwiderhandlung, insbesondere die Größenordnung der mit der Zuwiderhandlung in unmittelbarem oder mittelbarem Zusammenhang stehenden Umsätze,
2. die Bedeutung der von der Zuwiderhandlung betroffenen Produkte und Dienstleistungen,
3. die Art der Ausführung der Zuwiderhandlung,
4. vorausgegangene Zuwiderhandlungen des Unternehmens sowie vor der Zuwiderhandlung getroffene, angemessene und wirksame Vorkehrungen zur Vermeidung und Aufdeckung von Zuwiderhandlungen und

---

[1] Teil 3 Kapitel 2 Abschnitte 1 und 2 (§§ 81–81n) neu gef. mWv 19.1.2021 durch G v. 18.1.2021 (BGBl. I S. 2).

[2] Abgedruckt in Anm. zu § 22.

5. das Bemühen des Unternehmens, die Zuwiderhandlung aufzudecken und den Schaden wiedergutzumachen sowie nach der Zuwiderhandlung getroffene Vorkehrungen zur Vermeidung und Aufdeckung von Zuwiderhandlungen.

[3] Bei der Berücksichtigung des Ausmaßes, der Größenordnung und der Bedeutung im Sinne des Satzes 2 Nummer 1 und 2 können Schätzungen zugrunde gelegt werden.

(2) [1] Bei der Zumessung der Geldbuße sind die wirtschaftlichen Verhältnisse des Unternehmens oder der Unternehmensvereinigung maßgeblich. [2] Haben sich diese während oder nach der Tat infolge des Erwerbs durch einen Dritten verändert, so ist eine geringere Höhe der gegenüber dem Unternehmen oder der Unternehmensvereinigung zuvor angemessenen Geldbuße zu berücksichtigen.

(3) [1] § 17 Absatz 4 des Gesetzes über Ordnungswidrigkeiten[1)] findet mit der Maßgabe Anwendung, dass der wirtschaftliche Vorteil, der aus der Ordnungswidrigkeit gezogen wurde, durch die Geldbuße nach § 81c abgeschöpft werden kann. [2] Dient die Geldbuße allein der Ahndung, ist dies bei der Zumessung entsprechend zu berücksichtigen.

(4) Das Bundeskartellamt kann allgemeine Verwaltungsgrundsätze über die Ausübung seines Ermessens bei der Bemessung der Geldbuße, insbesondere für die Feststellung der Bußgeldhöhe und für die Zusammenarbeit mit ausländischen Wettbewerbsbehörden, festlegen.

§ 81e[2)] Ausfallhaftung im Übergangszeitraum. (1) Erlischt die nach § 30 des Gesetzes über Ordnungswidrigkeiten[1)] verantwortliche juristische Person oder Personenvereinigung nach der Bekanntgabe der Einleitung des Bußgeldverfahrens oder wird Vermögen verschoben mit der Folge, dass ihr oder ihrem Rechtsnachfolger gegenüber eine nach den §§ 81c und 81d in Bezug auf das Unternehmen angemessene Geldbuße nicht festgesetzt oder voraussichtlich nicht vollstreckt werden kann, so kann gegen juristische Personen oder Personenvereinigungen, die zum Zeitpunkt der Bekanntgabe der Einleitung des Bußgeldverfahrens das Unternehmen gebildet und auf die verantwortliche juristische Person oder Personenvereinigung oder ihren Rechtsnachfolger unmittelbar oder mittelbar einen bestimmenden Einfluss ausgeübt haben oder die nach der Bekanntgabe der Einleitung des Bußgeldverfahrens Rechtsnachfolger im Sinne des § 81a Absatz 2 oder wirtschaftlicher Nachfolger im Sinne des § 81a Absatz 3 werden, ein Haftungsbetrag in Höhe der nach den §§ 81c und 81d in Bezug auf das Unternehmen angemessenen Geldbuße festgesetzt werden.

(2) § 81a Absatz 2 und 3 gilt für die Haftung nach Absatz 1 entsprechend.

(3) [1] Für das Verfahren zur Festsetzung und Vollstreckung des Haftungsbetrages gelten die Vorschriften über die Festsetzung und Vollstreckung einer Geldbuße entsprechend. [2] Für die Verjährungsfrist gilt das für die Ordnungswidrigkeit geltende Recht entsprechend. [3] § 31 Absatz 3 des Gesetzes über Ordnungswidrigkeiten gilt mit der Maßgabe entsprechend, dass die Verjährung mit Eintritt der Voraussetzungen nach Absatz 1 beginnt.

(4) Sofern gegen mehrere juristische Personen oder Personenvereinigungen eines Unternehmens wegen derselben Ordnungswidrigkeit Geldbußen und Haftungsbeträge festgesetzt werden, darf im Vollstreckungsverfahren diesen gegenüber

---

[1)] Nr. **94**.

[2)] Teil 3 Kapitel 2 Abschnitte 1 und 2 (§§ 81–81n) neu gef. mWv 19.1.2021 durch G v. 18.1.2021 (BGBl. I S. 2).

insgesamt nur eine Beitreibung bis zur Erreichung des höchsten festgesetzten Einzelbetrages erfolgen.

§ 81f[1] Verzinsung der Geldbuße. [1] Im Bußgeldbescheid festgesetzte Geldbußen gegen juristische Personen und Personenvereinigungen sind zu verzinsen; die Verzinsung beginnt vier Wochen nach Zustellung des Bußgeldbescheides. [2] § 288 Absatz 1 Satz 2 und § 289 Satz 1 des Bürgerlichen Gesetzbuchs[2] sind entsprechend anzuwenden. [3] Die Verjährungsfrist beträgt drei Jahre und beginnt mit dem Ablauf des Kalenderjahres, in dem die festgesetzte Geldbuße vollständig gezahlt oder beigetrieben wurde.

§ 81g[1] Verjährung der Geldbuße. (1) [1] Die Verjährung der Verfolgung von Ordnungswidrigkeiten nach § 81 bestimmt sich nach den Vorschriften des Gesetzes über Ordnungswidrigkeiten[3] auch dann, wenn die Tat durch Verbreiten von Druckschriften begangen wird. [2] Die Verfolgung der Ordnungswidrigkeiten nach § 81 Absatz 1, 2 Nummer 1 und Absatz 3 verjährt in fünf Jahren.

(2) Eine Unterbrechung der Verjährung nach § 33 Absatz 1 Nummer 1 des Gesetzes über Ordnungswidrigkeiten wird auch durch den Erlass des ersten an den Betroffenen gerichteten Auskunftsverlangens nach § 82b Absatz 1 in Verbindung mit § 59 bewirkt, sofern es binnen zwei Wochen zugestellt wird, ansonsten durch dessen Zustellung.

(3) [1] Die Verjährung ruht, solange die Europäische Kommission oder die Wettbewerbsbehörde eines anderen Mitgliedstaates der Europäischen Union aufgrund einer Beschwerde oder von Amts wegen mit einem Verfahren wegen eines Verstoßes gegen Artikel 101 oder 102 des Vertrages über die Arbeitsweise der Europäischen Union[4] gegen dieselbe Vereinbarung, denselben Beschluss oder dieselbe Verhaltensweise wie die Kartellbehörde befasst ist. [2] Das Ruhen der Verjährung beginnt mit den § 33 Absatz 1 des Gesetzes über Ordnungswidrigkeiten sowie Absatz 2 entsprechenden Handlungen dieser Wettbewerbsbehörden. [3] Das Ruhen der Verjährung dauert fort bis zu dem Tag, an dem die andere Wettbewerbsbehörde ihr Verfahren vollständig beendet, indem sie eine abschließende Entscheidung erlässt oder zu dem Schluss gelangt, dass zu weiteren Maßnahmen ihrerseits kein Anlass besteht. [4] Das Ruhen der Verjährung wirkt gegenüber allen Unternehmen oder Unternehmensvereinigungen, die an der Zuwiderhandlung beteiligt waren.

(4) [1] Die Verjährung tritt spätestens mit dem Tag ein, an dem die doppelte Verjährungsfrist verstrichen ist. [2] Diese Frist verlängert sich abweichend von § 33 Absatz 3 Satz 2 des Gesetzes über Ordnungswidrigkeiten um den Zeitraum, in dem die Bußgeldentscheidung Gegenstand eines Verfahrens ist, das bei einer gerichtlichen Instanz anhängig ist.

Abschnitt 2.[1] Kronzeugenprogramm

§ 81h[1] Ziel und Anwendungsbereich. (1) Die Kartellbehörde kann an Kartellen beteiligten natürlichen Personen, Unternehmen und Unternehmensvereinigungen (Kartellbeteiligte), die durch ihre Kooperation mit der Kartellbehörde

---

[1] Teil 3 Kapitel 2 Abschnitte 1 und 2 (§§ 81–81n) neu gef. mWv 19.1.2021 durch G v. 18.1.2021 (BGBl. I S. 2).
[2] Nr. **20**.
[3] Nr. **94**.
[4] Abgedruckt in Anm. zu § 22.

dazu beitragen, ein Kartell aufzudecken, die Geldbuße erlassen oder reduzieren (Kronzeugenbehandlung).

(2) Die Regelungen dieses Abschnitts gelten für Bußgeldverfahren der Kartellbehörden zur Ahndung von Kartellen in Anwendung des § 81 Absatz 1 Nummer 1 dieses Gesetzes in Verbindung mit Artikel 101 des Vertrages über die Arbeitsweise der Europäischen Union[1] und § 81 Absatz 2 Nummer 1 in Verbindung mit § 1 dieses Gesetzes.

(3) [1] Das Bundeskartellamt kann allgemeine Verwaltungsgrundsätze über die Ausübung seines Ermessens bei der Anwendung des Kronzeugenprogramms sowie der Gestaltung des Verfahrens festlegen. [2] Die Verwaltungsgrundsätze sind im Bundesanzeiger zu veröffentlichen.

§ 81i[2] Antrag auf Kronzeugenbehandlung. (1) [1] Eine Kronzeugenbehandlung ist nur auf Antrag möglich. [2] Kartellbeteiligte können wegen einer verfolgbaren Tat einen Antrag auf Kronzeugenbehandlung bei der zuständigen Kartellbehörde stellen. [3] Der Antrag muss detaillierte Informationen zu allen in § 81m Absatz 1 Satz 2 aufgelisteten Angaben enthalten und zusammen mit den entsprechenden Beweismitteln eingereicht werden.

(2) [1] Ein Antrag auf Kronzeugenbehandlung, der für ein Unternehmen abgegeben wird, gilt, soweit nicht ausdrücklich etwas anderes erklärt wird, für alle juristischen Personen oder Personenvereinigungen, die im Zeitpunkt der Antragstellung das Unternehmen bilden. [2] Er gilt auch für deren derzeitige sowie frühere Mitglieder von Aufsichts- und Leitungsorganen und Mitarbeiter.

(3) [1] Der Antrag kann schriftlich oder nach § 32a der Strafprozessordnung[3] elektronisch in deutscher, in englischer Sprache oder, nach Absprache zwischen der Kartellbehörde und dem Antragsteller, in einer anderen Sprache der Europäischen Union gestellt werden. [2] Nimmt die Kartellbehörde einen Antrag in einer anderen als der deutschen Sprache entgegen, so kann sie vom Antragsteller verlangen, unverzüglich eine deutsche Übersetzung beizubringen. [3] In Absprache mit der Kartellbehörde kann ein Antrag auch in Textform oder mündlich gestellt werden.

(4) Auf Ersuchen des Antragstellers bestätigt die Kartellbehörde den Eingang des Antrags mit Datum und Uhrzeit.

§ 81j[2] Allgemeine Voraussetzungen für die Kronzeugenbehandlung.

(1) Die Kronzeugenbehandlung kann nur gewährt werden, wenn der Antragsteller

1. seine Kenntnis von dem Kartell und seine Beteiligung daran in dem Antrag auf Kronzeugenbehandlung gegenüber der Kartellbehörde offenlegt oder ein Kartellbeteiligter im Fall eines zu seinen Gunsten geltenden Antrags umfassend an der Aufklärung des Sachverhalts mitwirkt;
2. seine Beteiligung an dem Kartell unmittelbar nach Stellung des Antrags auf Kronzeugenbehandlung beendet, soweit nicht einzelne Handlungen nach Auffassung der Kartellbehörde möglicherweise erforderlich sind, um die Integrität ihrer Untersuchung zu wahren;

---

[1] Abgedruckt in Anm. zu § 22.

[2] Teil 3 Kapitel 2 Abschnitte 1 und 2 (§§ 81–81n) neu gef. mWv 19.1.2021 durch G v. 18.1.2021 (BGBl. I S. 2).

[3] Nr. **90**.

3. ab dem Zeitpunkt der Stellung des Antrags auf Kronzeugenbehandlung bis zur Beendigung des kartellbehördlichen Verfahrens gegenüber allen Kartellbeteiligten der Pflicht zur ernsthaften, fortgesetzten und zügigen Kooperation genügt; diese beinhaltet insbesondere, dass er
   a) unverzüglich alle ihm zugänglichen Informationen über und Beweise für das Kartell zur Verfügung stellt,
   b) jede Anfrage beantwortet, die zur Feststellung des Sachverhalts beitragen kann,
   c) dafür sorgt, dass Mitglieder der Aufsichts- und Leitungsorgane sowie sonstige Mitarbeiter für Befragungen zur Verfügung stehen; bei früheren Mitgliedern der Aufsichts- und Leitungsorgane sowie sonstigen früheren Mitarbeitern genügt es, hierauf hinzuwirken,
   d) Informationen über und Beweise für das Kartell nicht vernichtet, verfälscht oder unterdrückt und
   e) weder die Tatsache der Stellung eines Antrags auf Kronzeugenbehandlung noch dessen Inhalt offenlegt, bis die Kartellbehörde ihn von dieser Pflicht entbindet;
4. während er die Stellung des Antrags auf Kronzeugenbehandlung erwogen hat,
   a) Informationen über oder Beweise für das Kartell weder vernichtet, noch verfälscht oder unterdrückt und
   b) weder die beabsichtigte Stellung des Antrags auf Kronzeugenbehandlung noch dessen beabsichtigten Inhalt offengelegt hat; dies gilt mit Ausnahme der Offenlegung gegenüber anderen Wettbewerbsbehörden.

(2) Die Voraussetzungen des Absatzes 1 finden entsprechend Anwendung auf diejenigen Kartellbeteiligten, zu deren Gunsten der Antrag auf Kronzeugenbehandlung gemäß § 81i Absatz 2 gestellt ist.

§ 81k[1] Erlass der Geldbuße. (1) Die Kartellbehörde sieht von der Verhängung einer Geldbuße gegenüber einem Kartellbeteiligten ab, wenn er

1. die in § 81j genannten Voraussetzungen erfüllt und
2. als Erster Beweismittel vorlegt, die die Kartellbehörde zu dem Zeitpunkt, zu dem sie den Antrag auf Kronzeugenbehandlung erhält, erstmals in die Lage versetzen, einen Durchsuchungsbeschluss zu erwirken.

(2) Von der Verhängung einer Geldbuße gegenüber einem Kartellbeteiligten ist in der Regel abzusehen, wenn er

1. die in § 81j genannten Voraussetzungen erfüllt und
2. als Erster Beweismittel vorlegt, die, wenn die Kartellbehörde bereits in der Lage ist, einen Durchsuchungsbeschluss zu erwirken, erstmals den Nachweis der Tat ermöglichen und kein anderer Kartellbeteiligter bereits die Voraussetzungen für einen Erlass nach Absatz 1 erfüllt hat.

(3) Ein Erlass der Geldbuße kommt nicht in Betracht, wenn der Kartellbeteiligte Schritte unternommen hat, um andere Kartellbeteiligte zur Beteiligung am oder zum Verbleib im Kartell zu zwingen.

§ 81l[1] Ermäßigung der Geldbuße. (1) Die Kartellbehörde kann gegenüber einem Kartellbeteiligten die Geldbuße ermäßigen, wenn er

---

[1] Teil 3 Kapitel 2 Abschnitte 1 und 2 (§§ 81–81n) neu gef. mWv 19.1.2021 durch G v. 18.1.2021 (BGBl. I S. 2).

1. die in § 81j genannten Voraussetzungen erfüllt und
2. Beweismittel für das Kartell vorlegt, die im Hinblick auf den Nachweis der Tat gegenüber den Informationen und Beweismitteln, die der Kartellbehörde bereits vorliegen, einen erheblichen Mehrwert aufweisen.

(2) Der Umfang der Ermäßigung richtet sich insbesondere nach dem Nutzen der Informationen und Beweismittel sowie nach dem Zeitpunkt der Anträge auf Kronzeugenbehandlung.

(3) Übermittelt ein Antragsteller als Erster stichhaltige Beweise, die die Kartellbehörde zur Feststellung zusätzlicher Tatsachen heranzieht und zur Festsetzung höherer Geldbußen gegenüber anderen Kartellbeteiligten verwendet, oder wirkt ein Kartellbeteiligter im Fall eines Antrags zu seinen Gunsten an deren erstmaliger Übermittlung umfassend mit, so werden diese Tatsachen bei der Festsetzung der Geldbuße gegen den Antragsteller beziehungsweise gegen den begünstigten Kartellbeteiligten nicht berücksichtigt.

§ 81m[1] Marker. (1) [1]Ein Kartellbeteiligter kann sich an die Kartellbehörde wenden, um zunächst die Bereitschaft zur Zusammenarbeit zu erklären (Marker), um einen Rang in der Reihenfolge des Eingangs der Anträge auf Kronzeugenbehandlung zu erhalten. [2]Ein Marker soll mindestens die folgenden Angaben in Kurzform enthalten:

1. den Namen und die Anschrift des Antragstellers,
2. die Namen der übrigen Kartellbeteiligten,
3. die betroffenen Produkte und Gebiete,
4. die Dauer und die Art der Tat, insbesondere auch betreffend die eigene Beteiligung, und
5. Informationen über alle bisherigen oder über etwaige künftige Anträge auf Kronzeugenbehandlung im Zusammenhang mit dem Kartell bei anderen Kartellbehörden, anderen europäischen Wettbewerbsbehörden oder sonstigen ausländischen Wettbewerbsbehörden.

(2) [1]Ein Marker kann mündlich oder in Textform erklärt werden. [2]§ 81i Absatz 2, 3 Satz 1 und 2 und Absatz 4 gilt entsprechend.

(3) [1]Die Kartellbehörde setzt eine angemessene Frist, vor deren Ablauf der Antragsteller einen Antrag auf Kronzeugenbehandlung, einschließlich detaillierter Informationen zu allen in Absatz 1 Satz 2 aufgelisteten Angaben zusammen mit den entsprechenden Beweismitteln, einzureichen hat. [2]Für den Rang des ausgearbeiteten Antrags auf Kronzeugenbehandlung nach Satz 1 ist der Zeitpunkt des Markers nach Absatz 1 maßgeblich, soweit der Antragsteller die ihm obliegenden Pflichten fortwährend erfüllt. [3]In diesem Fall gelten alle ordnungsgemäß bis zum Ablauf der nach Satz 1 gesetzten Frist beigebrachten Informationen und Beweismittel als zum Zeitpunkt des Markers vorgelegt.

§ 81n[1] Kurzantrag. (1) [1]Die Kartellbehörde nimmt von Kartellbeteiligten, die bei der Europäischen Kommission in Bezug auf dasselbe Kartell einen Antrag auf Kronzeugenbehandlung stellen, einen Kurzantrag an. [2]Dies gilt nur, wenn sich der Antrag auf mehr als drei Mitgliedstaaten als von dem Kartell betroffene Gebiete bezieht.

[1] Teil 3 Kapitel 2 Abschnitte 1 und 2 (§§ 81–81n) neu gef. mWv 19.1.2021 durch G v. 18.1.2021 (BGBl. I S. 2).

(2) [1] Für Kurzanträge gilt § 81m Absatz 1 Satz 2, Absatz 2 und 3 Satz 3 und 4 entsprechend. [2] Zusätzlich sind Angaben über die Mitgliedstaaten zu machen, in denen sich die Beweismittel für das Kartell wahrscheinlich befinden.

(3) Die Kartellbehörde verlangt die Vorlage eines vollständigen Antrags auf Kronzeugenbehandlung, sobald ihr die Europäische Kommission mitgeteilt hat, dass sie den Fall weder insgesamt noch in Teilen weiterverfolgt, oder wenn weitere Angaben für die Abgrenzung oder die Zuweisung des Falles notwendig sind.

(4) Reicht der Antragsteller den vollständigen Antrag auf Kronzeugenbehandlung innerhalb der von der Kartellbehörde festgesetzten Frist ein, gilt der vollständige Antrag als zum Zeitpunkt des Eingangs des Kurzantrags vorgelegt, soweit der Kurzantrag dieselbe Tat, dieselben betroffenen Produkte, Gebiete und Kartellbeteiligten sowie dieselbe Dauer des Kartells erfasst wie der bei der Europäischen Kommission gestellte Antrag auf Kronzeugenbehandlung.

Abschnitt 3.[1] Bußgeldverfahren

§ 82[2] Zuständigkeiten in Kartellbußgeldsachen. (1) Verwaltungsbehörden im Sinne des § 36 Absatz 1 Nummer 1 des Gesetzes über Ordnungswidrigkeiten[3] sind

1. die Bundesnetzagentur als Markttransparenzstelle für Strom und Gas bei Ordnungswidrigkeiten nach § 81 Absatz 2 Nummer 2 Buchstabe c und d, Nummer 5a, 6, soweit ein Verstoß gegen § 47d Absatz 1 Satz 1 in Verbindung mit § 59 Absatz 2 oder Absatz 4 vorliegt, und Nummer 8, soweit ein Verstoß gegen § 47d Absatz 1 Satz 1 in Verbindung mit § 59a Absatz 2 vorliegt,
2. das Bundeskartellamt als Markttransparenzstelle für Kraftstoffe bei Ordnungswidrigkeiten nach § 81 Absatz 2 Nummer 5b, 6, soweit ein Verstoß gegen § 47k Absatz 7 in Verbindung mit § 59 Absatz 2 oder Absatz 4 vorliegt, und Nummer 8, soweit ein Verstoß gegen § 47k Absatz 7 in Verbindung mit § 59a Absatz 2 vorliegt, und
3. in den übrigen Fällen von § 81 das Bundeskartellamt und die nach Landesrecht zuständige oberste Landesbehörde jeweils für ihren Geschäftsbereich.

(2) [1] Die Kartellbehörde ist für Verfahren wegen der Festsetzung einer Geldbuße gegen eine juristische Person oder Personenvereinigung nach § 30 des Gesetzes über Ordnungswidrigkeiten in Fällen ausschließlich zuständig, denen

1. eine Straftat, die auch den Tatbestand des § 81 Absatz 1, 2 Nummer 1 und Absatz 3 verwirklicht, oder
2. eine vorsätzliche oder fahrlässige Ordnungswidrigkeit nach § 130 des Gesetzes über Ordnungswidrigkeiten, bei der eine mit Strafe bedrohte Pflichtverletzung auch den Tatbestand des § 81 Absatz 1, 2 Nummer 1 und Absatz 3 verwirklicht,

zugrunde liegt. [2] Dies gilt nicht, wenn die Behörde das § 30 des Gesetzes über Ordnungswidrigkeiten betreffende Verfahren an die Staatsanwaltschaft abgibt. [3] In den Fällen des Satzes 1 sollen sich die Staatsanwaltschaft und die Kartellbehörde gegenseitig frühzeitig über geplante Ermittlungsschritte mit Außenwirkung, insbesondere über Durchsuchungen, unterrichten.

---

[1] Teil 3 Kapitel 2 Abschnitt 3 Überschrift eingef. mWv 19.1.2021 durch G v. 18.1.2021 (BGBl. I S. 2).
[2] § 82 neu gef. mWv 19.1.2021 durch G v. 18.1.2021 (BGBl. I S. 2).
[3] Nr. **94**.

§ 82a[1] Befugnisse und Zuständigkeiten im Verfahren nach Einspruchseinlegung. (1) [1]Im Verfahren nach Einspruch gegen eine Bußgeldentscheidung ist § 69 Absatz 4 und 5 Satz 1 zweiter Halbsatz des Gesetzes über Ordnungswidrigkeiten[2] nicht anzuwenden. [2]Die Staatsanwaltschaft hat die Akten an das nach § 83 zuständige Gericht zu übersenden. [3]Im gerichtlichen Bußgeldverfahren verfügt die Kartellbehörde über dieselben Rechte wie die Staatsanwaltschaft; im Verfahren vor dem Bundesgerichtshof vertritt allein der Generalbundesanwalt das öffentliche Interesse. [4]§ 76 des Gesetzes über Ordnungswidrigkeiten ist nicht anzuwenden.

(2) [1]Sofern das Bundeskartellamt als Verwaltungsbehörde des Vorverfahrens tätig war, erfolgt die Vollstreckung der Geldbuße und des Geldbetrages, dessen Einziehung nach § 29a des Gesetzes über Ordnungswidrigkeiten angeordnet wurde, durch das Bundeskartellamt als Vollstreckungsbehörde aufgrund einer von dem Urkundsbeamten der Geschäftsstelle des Gerichts zu erteilenden, mit der Bescheinigung der Vollstreckbarkeit versehenen beglaubigten Abschrift der Urteilsformel entsprechend den Vorschriften über die Vollstreckung von Bußgeldbescheiden. [2]Die Geldbußen und die Geldbeträge, deren Einziehung nach § 29a des Gesetzes über Ordnungswidrigkeiten angeordnet wurde, fließen der Bundeskasse zu, die auch die der Staatskasse auferlegten Kosten trägt.

§ 82b[3] Besondere Ermittlungsbefugnisse. (1) [1]In Verfahren zur Festsetzung einer Geldbuße nach § 81 oder zur Festsetzung eines Haftungsbetrages nach § 81e sind über § 46 Absatz 2 des Gesetzes über Ordnungswidrigkeiten[2] hinaus § 59 Absatz 1, 2, 3 Satz 1 und 2, Absatz 4 und 5 und im Rahmen von Durchsuchungen § 59b Absatz 3 Satz 1 und Absatz 5 Satz 2 und 3 entsprechend anzuwenden. [2]§ 59 Absatz 4 Satz 2 ist bei Auskunftsverlangen und Herausgabeverlangen nach § 59 Absatz 1 und 2 oder Verlangen nach § 59b Absatz 3 Satz 1 Nummer 3 in Bezug auf natürliche Personen entsprechend anzuwenden.

(2) Absatz 1 Satz 2 und § 59 Absatz 1, 2, 3 Satz 1 und 2, Absatz 4 und 5 gelten für die Erteilung einer Auskunft oder die Herausgabe von Unterlagen an das Gericht entsprechend.

(3) [1]Schriftliche oder protokollierte Auskünfte, die aufgrund von Auskunftsverlangen nach Absatz 1 in Verbindung mit § 59 erteilt wurden, sowie Protokolle nach Absatz 1 in Verbindung mit § 59b Absatz 3 Satz 1 Nummer 3 können als Urkunden in das gerichtliche Verfahren eingebracht werden. [2]§ 250 der Strafprozessordnung[4] ist insoweit nicht anzuwenden.

§ 83[5] Zuständigkeit des Oberlandesgerichts im gerichtlichen Verfahren.

(1) [1]Im gerichtlichen Verfahren wegen einer Ordnungswidrigkeit nach § 81 entscheidet das Oberlandesgericht, in dessen Bezirk die zuständige Kartellbehörde ihren Sitz hat; es entscheidet auch über einen Antrag auf gerichtliche Entscheidung (§ 62 des Gesetzes über Ordnungswidrigkeiten[2]) in den Fällen des § 52 Absatz 2 Satz 3 und des § 69 Absatz 1 Satz 2 des Gesetzes über Ordnungswidrigkeiten sowie gegen Maßnahmen, die die Kartellbehörde während des gerichtlichen Bußgeldverfahrens getroffen hat. [2]§ 140 Absatz 1 Nummer 1 der Strafprozessordnung[4] in

---

[1] § 82a neu gef. mWv 19.1.2021 durch G v. 18.1.2021 (BGBl. I S. 2).
[2] Nr. **94**.
[3] § 82b eingef. mWv 19.1.2021 durch G v. 18.1.2021 (BGBl. I S. 2).
[4] Nr. **90**.
[5] § 83 Überschrift neu gef. mWv 9.6.2017 durch G v. 1.6.2017 (BGBl. I S. 1416); Abs. 1 Satz 1 geänd. mWv 19.1.2021 durch G v. 18.1.2021 (BGBl. I S. 2).

Verbindung mit § 46 Absatz 1 des Gesetzes über Ordnungswidrigkeiten findet keine Anwendung.

(2) Das Oberlandesgericht entscheidet in der Besetzung von drei Mitgliedern mit Einschluss des vorsitzenden Mitglieds.

§ 84[1] Rechtsbeschwerde zum Bundesgerichtshof. [1]Über die Rechtsbeschwerde (§ 79 des Gesetzes über Ordnungswidrigkeiten[2]) entscheidet der Bundesgerichtshof. [2]Hebt er die angefochtene Entscheidung auf, ohne in der Sache selbst zu entscheiden, so verweist er die Sache an das Oberlandesgericht, dessen Entscheidung aufgehoben wird, zurück.

§ 85 Wiederaufnahmeverfahren gegen Bußgeldbescheid. Im Wiederaufnahmeverfahren gegen den Bußgeldbescheid der Kartellbehörde (§ 85 Absatz 4 des Gesetzes über Ordnungswidrigkeiten[2]) entscheidet das nach § 83 zuständige Gericht.

§ 86 Gerichtliche Entscheidungen bei der Vollstreckung. Die bei der Vollstreckung notwendig werdenden gerichtlichen Entscheidungen (§ 104 des Gesetzes über Ordnungswidrigkeiten[2]) werden von dem nach § 83 zuständigen Gericht erlassen.

Kapitel 3.[3] Vollstreckung

§ 86a[4] Vollstreckung. [1]Die Kartellbehörde kann ihre Anordnungen nach den für die Vollstreckung von Verwaltungsmaßnahmen geltenden Vorschriften durchsetzen. [2]Die Höhe des Zwangsgeldes gegen Unternehmen oder Unternehmensvereinigungen kann für jeden Tag des Verzugs ab dem in der Androhung bestimmten Zeitpunkt bis zu 5 Prozent des im vorausgegangenen Geschäftsjahr erzielten durchschnittlichen weltweiten Tagesgesamtumsatzes des Unternehmens oder der Unternehmensvereinigung betragen.

Kapitel 4.[5] Bürgerliche Rechtsstreitigkeiten

§ 87[6] Ausschließliche Zuständigkeit der Landgerichte. [1]Für bürgerliche Rechtsstreitigkeiten, die die Anwendung von Vorschriften des Teils 1, des Artikels 101 oder 102 des Vertrages über die Arbeitsweise der Europäischen Union[7] oder des Artikels 53 oder 54 des Abkommens über den Europäischen Wirtschaftsraum betreffen, sind ohne Rücksicht auf den Wert des Streitgegenstands die Landgerichte ausschließlich zuständig. [2]Satz 1 gilt auch, wenn die Entscheidung eines Rechtsstreits ganz oder teilweise von einer Entscheidung, die nach diesem Gesetz zu treffen ist, oder von der Anwendbarkeit des Artikels 101 oder 102 des Vertrages über die Arbeitsweise der Europäischen Union oder des Artikels 53 oder 54 des Abkommens über den Europäischen Wirtschaftsraum abhängt.

---

[1] § 84 Überschrift neu gef. mWv 9.6.2017 durch G v. 1.6.2017 (BGBl. I S. 1416).
[2] Nr. **94**.
[3] Kapitel 3 Überschrift neu gef. mWv 9.6.2017 durch G v. 1.6.2017 (BGBl. I S. 1416).
[4] § 86a Satz 2 neu gef. mWv 19.1.2021 durch G v. 18.1.2021 (BGBl. I S. 2).
[5] Kapitel 4 Überschrift neu gef. mWv 9.6.2017 durch G v. 1.6.2017 (BGBl. I S. 1416).
[6] § 87 Satz 1 geänd. mWv 9.6.2017 durch G v. 1.6.2017 (BGBl. I S. 1416).
[7] Abgedruckt in Anm. zu § 22.

§ 88[1)] Klageverbindung. Mit der Klage nach § 87 kann die Klage wegen eines anderen Anspruchs verbunden werden, wenn dieser im rechtlichen oder unmittelbaren wirtschaftlichen Zusammenhang mit dem Anspruch steht, der bei dem nach § 87 zuständigen Gericht geltend zu machen ist; dies gilt auch dann, wenn für die Klage wegen des anderen Anspruchs eine ausschließliche Zuständigkeit gegeben ist.

§ 89 Zuständigkeit eines Landgerichts für mehrere Gerichtsbezirke.

(1) [1] Die Landesregierungen werden ermächtigt, durch Rechtsverordnung[2)] bürgerliche Rechtsstreitigkeiten, für die nach § 87 ausschließlich die Landgerichte zuständig sind, einem Landgericht für die Bezirke mehrerer Landgerichte zuzuweisen, wenn eine solche Zusammenfassung der Rechtspflege in Kartellsachen, insbesondere der Sicherung einer einheitlichen Rechtsprechung, dienlich ist. [2] Die Landesregierungen können die Ermächtigung auf die Landesjustizverwaltungen übertragen.

(2) Durch Staatsverträge zwischen Ländern kann die Zuständigkeit eines Landgerichts für einzelne Bezirke oder das gesamte Gebiet mehrerer Länder begründet werden.

(3) Die Parteien können sich vor den nach den Absätzen 1 und 2 bestimmten Gerichten auch anwaltlich durch Personen vertreten lassen, die bei dem Gericht zugelassen sind, vor das der Rechtsstreit ohne die Regelung nach den Absätzen 1 und 2 gehören würde.

§ 89a[3)] Streitwertanpassung, Kostenerstattung. (1) [1] Macht in einer Rechtsstreitigkeit, in der ein Anspruch nach den §§ 33, 33a Absatz 1 oder § 34a geltend gemacht wird, eine Partei glaubhaft, dass die Belastung mit den Prozesskosten nach dem vollen Streitwert ihre wirtschaftliche Lage erheblich gefährden würde, so kann das Gericht auf ihren Antrag anordnen, dass die Verpflichtung dieser Partei zur Zahlung von Gerichtskosten sich nach einem ihrer Wirtschaftslage angepassten Teil des Streitwerts bemisst. [2] Das Gericht kann die Anordnung davon abhängig machen, dass die Partei glaubhaft macht, dass die von ihr zu tragenden Kosten des Rechtsstreits weder unmittelbar noch mittelbar von einem Dritten übernommen

---

[1)] § 88 geänd. mWv 19.1.2021 durch G v. 18.1.2021 (BGBl. I S. 2).

[2)] Die Länder haben hierzu folgende Vorschriften erlassen:

- **Baden- Württemberg:** ZuVOJu v. 20.11.1998 (GBl. S. 680), zuletzt geänd. durch VO v. 26.11.2020 (GBl. S. 1099)
- **Bayern:** GZVJu v. 11.6.2012 (GVBl. S. 295), zuletzt geänd. durch V v. 24.11.2020 (GVBl. S. 654)
- **Brandenburg:** GerZV v. 2.9.2014 (GVBl. II Nr. 62), zuletzt geänd. durch VO v. 26.11.2018 (GVBl. II Nr. 89)
- **Hessen:** JuZuV v. 3.6.2013 (GVBl. S. 386), zuletzt geänd. durch G v. 8.10.2020 (GVBl. S. 710)
- **Mecklenburg-Vorpommern:** KonzVO M-V v. 28.3.1994 (GVOBl. M-V S. 514), zuletzt geänd. durch VO v. 22.2.2018 (GVOBl. M-V S. 59)
- **Niedersachsen:** ZustVO-Justiz v. 18.12.2009 (Nds. GVBl. S. 506, ber. S. 283), zuletzt geänd. durch VO v. 12.1.2021 (Nds. GVBl. S. 12)
- **Nordrhein-Westfalen:** VO v. 30.8.2011 (GV. NRW. S. 469)
- **Rheinland-Pfalz:** LandesVO v. 22.11.1985 (GVBl. S. 267), zuletzt geänd. durch VO v. 27.11.2019 (GVBl. S. 345)
- **Sachsen:** SächsJOrgVO **(Schönfelder II Nr. 245c/2)**
- **Sachsen-Anhalt:** VO v. 1.9.1992 (GVBl. LSA S. 664), zuletzt geänd. durch VO v. 4.12.2019 (GVBl. LSA S. 955)
- **Schleswig-Holstein:** JZVO v. 15.11.2019 (GVOBl. Schl.-H. S. 546, 548), geänd. durch VO v. 7.12. 2020 (GVOBl. Schl.-H. S. 994)

[3)] § 89a Überschrift neu gef., Abs. 1 geänd., Abs. 3 angef. mWv 9.6.2017 durch G v. 1.6.2017 (BGBl. I S. 1416).

werden. [3]Die Anordnung hat zur Folge, dass die begünstigte Partei die Gebühren ihres Rechtsanwalts ebenfalls nur nach diesem Teil des Streitwerts zu entrichten hat. [4]Soweit ihr Kosten des Rechtsstreits auferlegt werden oder soweit sie diese übernimmt, hat sie die von dem Gegner entrichteten Gerichtsgebühren und die Gebühren seines Rechtsanwalts nur nach dem Teil des Streitwerts zu erstatten. [5]Soweit die außergerichtlichen Kosten dem Gegner auferlegt oder von ihm übernommen werden, kann der Rechtsanwalt der begünstigten Partei seine Gebühren von dem Gegner nach dem für diesen geltenden Streitwert beitreiben.

(2) [1]Der Antrag nach Absatz 1 kann vor der Geschäftsstelle des Gerichts zur Niederschrift erklärt werden. [2]Er ist vor der Verhandlung zur Hauptsache anzubringen. [3]Danach ist er nur zulässig, wenn der angenommene oder festgesetzte Streitwert später durch das Gericht heraufgesetzt wird. [4]Vor der Entscheidung über den Antrag ist der Gegner zu hören.

(3) [1]Ist in einer Rechtsstreitigkeit, in der ein Anspruch nach § 33a Absatz 1 geltend gemacht wird, ein Nebenintervenient einer Hauptpartei beigetreten, hat der Gegner, soweit ihm Kosten des Rechtsstreits auferlegt werden oder soweit er sie übernimmt, die Rechtsanwaltskosten der Nebenintervention nur nach dem Gegenstandswert zu erstatten, den das Gericht nach freiem Ermessen festsetzt. [2]Bei mehreren Nebeninterventionen darf die Summe der Gegenstandswerte der einzelnen Nebeninterventionen den Streitwert der Hauptsache nicht übersteigen.

§ 89b[1)] Verfahren. (1) Für die Erteilung von Auskünften gemäß § 33g gilt § 142 der Zivilprozessordnung[2)] entsprechend.

(2) § 142 Absatz 2 der Zivilprozessordnung findet mit der Maßgabe Anwendung, dass sich die Zumutbarkeit nach § 33g Absatz 3 bis 6 bestimmt.

(3) [1]Über den Anspruch nach § 33g Absatz 1 oder 2 kann das Gericht durch Zwischenurteil entscheiden, wenn er in dem Rechtsstreit über den Anspruch auf Ersatz des Schadens nach § 33a Absatz 1 gegen die andere Partei erhoben wird. [2]Ergeht ein Zwischenurteil, so ist es in Betreff der Rechtsmittel als Endurteil anzusehen.

(4) Das Gericht kann den Rechtsstreit über den auf Schadensersatz gerichteten Anspruch nach § 33a Absatz 1 auf Antrag aussetzen

1. bis zur Erledigung des wegen des Anspruchs nach § 33g Absatz 1 oder 2 geführten Rechtsstreits oder
2. für einen Zeitraum von bis zu zwei Jahren, wenn und solange die Parteien sich an einem Verfahren beteiligen, das zum Ziel hat, den Rechtsstreit über den Schadensersatzanspruch außergerichtlich beizulegen.

(5) [1]Gegen denjenigen, dessen Verstoß gegen eine Vorschrift des Teils 1 oder gegen Artikel 101 oder 102 des Vertrages über die Arbeitsweise der Europäischen Union[3)] durch eine gemäß § 33b bindende Entscheidung der Wettbewerbsbehörde festgestellt wurde, kann die Herausgabe dieser Entscheidung der Wettbewerbsbehörde bei Vorliegen der Voraussetzungen des § 33g im Wege der einstweiligen Verfügung auch ohne die Darlegung und Glaubhaftmachung der in den §§ 935 und 940 der Zivilprozessordnung bezeichneten Voraussetzungen angeordnet wer-

---

[1)] § 89b eingef. mWv 9.6.2017 durch G v. 1.6.2017 (BGBl. I S. 1416); Abs. 5 Satz 2 eingef., bish. Satz 2 wird Satz 3, Abs. 7 Satz 2 angef. mWv 19.1.2021 durch G v. 18.1.2021 (BGBl. I S. 2).

[2)] Nr. **100**.

[3)] Abgedruckt in Anm. zu § 22.

den. [2]Eine Anordnung nach Satz 1 setzt keine Eilbedürftigkeit voraus. [3]Der Antragsgegner ist vor der Anordnung anzuhören.

(6) [1]Auf Antrag kann das Gericht nach Anhörung der Betroffenen durch Beschluss die Offenlegung von Beweismitteln oder die Erteilung von Auskünften anordnen, deren Geheimhaltung aus wichtigen Gründen verlangt wird oder deren Offenlegung beziehungsweise Erteilung nach § 33g Absatz 6 verweigert wird, soweit

1. es diese für die Durchsetzung eines Anspruchs nach § 33a Absatz 1 oder die Verteidigung gegen diesen Anspruch als sachdienlich erachtet und
2. nach Abwägung aller Umstände des Einzelfalles das Interesse des Anspruchstellers an der Offenlegung das Interesse des Betroffenen an der Geheimhaltung überwiegt.

[2]Der Beschluss ist zu begründen. [3]Gegen den Beschluss findet sofortige Beschwerde statt.

(7) [1]Das Gericht trifft die erforderlichen Maßnahmen, um den im Einzelfall gebotenen Schutz von Betriebs- und Geschäftsgeheimnissen und anderen vertraulichen Informationen zu gewährleisten. [2]Insbesondere kann das Gericht einen öffentlich bestellten Sachverständigen mit einem Gutachten zu dem erforderlichen Umfang des im Einzelfall gebotenen Schutzes beauftragen, sofern dieser Sachverständige berufsrechtlich zur Verschwiegenheit verpflichtet worden ist.

(8) [1]Auf begründeten Antrag einer Partei in einem Rechtsstreit über den Anspruch nach § 33a Absatz 1, § 33g Absatz 1 oder 2 prüft das Gericht die ihm aufgrund des Anspruchs nach § 33g Absatz 4 allein zum Zweck der Prüfung vorgelegten Beweismittel darauf, ob sie Kronzeugenerklärungen oder Vergleichsausführungen, die nicht zurückgezogen wurden, enthalten. [2]Das Gericht legt die Beweismittel den Parteien vor, soweit

1. sie keine Kronzeugenerklärungen oder Vergleichsausführungen, die nicht zurückgezogen wurden, enthalten und
2. im Übrigen die Voraussetzungen für die Herausgabe nach § 33g vorliegen.

[3]Hierüber entscheidet das Gericht durch Beschluss. [4]Vor Beschlüssen nach diesem Absatz ist die Wettbewerbsbehörde anzuhören, gegenüber der die Kronzeugenerklärung oder Vergleichsausführung abgegeben worden ist. [5]Die Mitglieder des Gerichts sind zur Geheimhaltung verpflichtet; die Entscheidungsgründe dürfen den Inhalt der geheim gehaltenen Beweismittel nicht erkennen lassen. [6]Gegen Beschlüsse nach diesem Absatz findet sofortige Beschwerde statt.

§ 89c[1)] Offenlegung aus der Behördenakte. (1) [1]In einem Rechtsstreit wegen eines Anspruchs nach § 33a Absatz 1 oder nach § 33g Absatz 1 oder 2 kann das Gericht auf Antrag einer Partei bei der Wettbewerbsbehörde die Vorlegung von Urkunden und Gegenständen ersuchen, die sich in deren Akten zu einem Verfahren befinden oder in einem Verfahren amtlich verwahrt werden, wenn der Antragsteller glaubhaft macht, dass er

1. einen Anspruch auf Schadensersatz nach § 33a Absatz 1 gegen eine andere Partei hat und
2. die in der Akte vermuteten Informationen nicht mit zumutbarem Aufwand von einer anderen Partei oder einem Dritten erlangen kann.

---

1) § 89c eingef. mWv 9.6.2017 durch G v. 1.6.2017 (BGBl. I S. 1416).

[2] Das Gericht entscheidet über den Antrag durch Beschluss. [3] Gegen den Beschluss findet sofortige Beschwerde statt.

(2) [1] Das Gericht kann dem Antragsteller die vorgelegten Urkunden und Gegenstände zugänglich machen oder ihm Auskünfte daraus erteilen, soweit

1. es seinem Antrag entspricht,
2. die Tatsachen oder Beweismittel zur Erhebung eines Anspruchs nach § 33a Absatz 1 oder zur Verteidigung gegen diesen Anspruch erforderlich sind und
3. die Zugänglichmachung oder Auskunftserteilung nicht unverhältnismäßig ist.

[2] Das Gericht hat von der Offenlegung Betroffene und die Wettbewerbsbehörde vor der Zugänglichmachung oder Auskunftserteilung anzuhören. [3] Tatsachen und Beweismittel, deren Geheimhaltung aus wichtigen Gründen verlangt wird, sind von der Zugänglichmachung oder Auskunftserteilung auszunehmen. [4] § 89b Absatz 6 findet entsprechende Anwendung.

(3) [1] Das Ersuchen nach Absatz 1 oder um die Erteilung amtlicher Auskünfte von der Wettbewerbsbehörde ist ausgeschlossen, soweit es unverhältnismäßig ist. [2] Bei der Entscheidung über das Ersuchen nach Absatz 1, über das Ersuchen um die Erteilung amtlicher Auskünfte von der Wettbewerbsbehörde sowie über die Zugänglichmachung oder Auskunftserteilung nach Absatz 2 berücksichtigt das Gericht neben § 33g Absatz 3 insbesondere auch

1. die Bestimmtheit des Antrags hinsichtlich der in der Akte der Wettbewerbsbehörde erwarteten Beweismittel nach deren Art, Gegenstand und Inhalt,
2. die Anhängigkeit des Anspruchs nach § 33a Absatz 1,
3. die Wirksamkeit der öffentlichen Durchsetzung des Kartellrechts, insbesondere den Einfluss der Offenlegung auf laufende Verfahren und auf die Funktionsfähigkeit von Kronzeugenprogrammen und Vergleichsverfahren.

(4) [1] Die Wettbewerbsbehörde kann die Vorlegung von Urkunden und Gegenständen, die sich in ihren Akten zu einem Verfahren befinden oder in einem Verfahren amtlich verwahrt werden, ablehnen, soweit sie Folgendes enthalten:

1. Kronzeugenerklärungen,
2. Vergleichsausführungen, die nicht zurückgezogen wurden,
3. interne Vermerke der Behörden oder
4. Kommunikation der Wettbewerbsbehörden untereinander oder mit der Generalstaatsanwaltschaft am Sitz des für die Wettbewerbsbehörde zuständigen Oberlandesgerichts oder dem Generalbundesanwalt beim Bundesgerichtshof.

[2] § 33g Absatz 5 und § 89b Absatz 8 finden entsprechende Anwendung; letztere Regelung mit der Maßgabe, dass sie auch für die Überprüfung von Urkunden und Gegenständen im Sinne des Satzes 1 Nummer 3 und 4 gilt.

(5) [1] Die §§ 406e und 475 der Strafprozessordnung[1)] finden neben den Absätzen 1 bis 3 keine Anwendung, soweit die Einsicht in die kartellbehördliche Akte oder die Auskunft der Erhebung eines Schadensersatzanspruchs wegen eines Verstoßes nach § 33 Absatz 1 oder der Vorbereitung dieser Erhebung dienen soll. [2] Das Recht, aufgrund dieser Vorschriften Einsicht in Bußgeldbescheide zu begehren, die eine Kartellbehörde erlassen hat, bleibt unberührt. [3] § 33g Absatz 1 und 2 findet keine Anwendung auf Wettbewerbsbehörden, die im Besitz von Beweismitteln sind.

[1)] Nr. **90**.

(6) [1]Die Regelungen der Absätze 1 bis 5 gelten entsprechend für Behörden und Gerichte, die Akten, Bestandteile oder Kopien von Akten einer Wettbewerbsbehörde in ihren Akten haben. [2]Die Wettbewerbsbehörde, die die Akte führt oder geführt hat, ist nach Absatz 2 Satz 2 zu beteiligen.

§ 89d[1)] Beweisregeln. (1) Beweismittel, die allein durch Einsicht in die Akten einer Wettbewerbsbehörde oder nach § 89c erlangt worden sind, können nur Beweis für Tatsachen in einem Rechtsstreit über einen Anspruch auf Schadensersatz wegen eines Verstoßes nach § 33 Absatz 1 erbringen, wenn derjenige, dem die Einsicht gewährt worden ist, oder dessen Rechtsnachfolger Partei in dem Rechtsstreit ist.

(2) Kronzeugenerklärungen und Vergleichsausführungen, die allein durch Einsicht in die Akten einer Behörde oder eines Gerichts oder nach § 89c erlangt worden sind, können keinen Beweis für Tatsachen in einem Rechtsstreit über einen Anspruch auf Schadensersatz wegen eines Verstoßes nach § 33 Absatz 1 erbringen.

(3) Beweismittel im Sinne von § 33g Absatz 5, die allein durch Einsicht in die Akten einer Behörde oder eines Gerichts oder nach § 89c erlangt worden sind, können keinen Beweis für Tatsachen in einem Rechtsstreit über einen Anspruch auf Schadensersatz wegen eines Verstoßes nach § 33 Absatz 1 erbringen, bis die Wettbewerbsbehörde ihr Verfahren vollständig durch Erlass einer Entscheidung oder in anderer Weise gegen jeden Beteiligten beendet hat.

(4) [1]Die §§ 142, 144, § 371 Absatz 2, § 371a Absatz 1 Satz 1, die §§ 421, 422, 428, 429 und 432 der Zivilprozessordnung[2)] finden in einem Rechtsstreit über einen Anspruch auf Schadensersatz wegen eines Verstoßes nach § 33 Absatz 1 oder über einen Anspruch nach § 33g Absatz 1 oder Absatz 2 nur Anwendung, soweit in Bezug auf die vorzulegende Urkunde oder den vorzulegenden Gegenstand auch ein Anspruch auf Herausgabe von Beweismitteln nach § 33g gegen den zur Vorlage Verpflichteten besteht, es sei denn, es besteht ein vertraglicher Anspruch auf Vorlage gegen den Verpflichteten. [2]Satz 1 gilt entsprechend für die Vorlage durch Behörden bei Urkunden und Gegenständen, die sich in der Akte einer Wettbewerbsbehörde befinden oder in einem Verfahren amtlich verwahrt werden, mit der Maßgabe, dass in Bezug auf das betreffende Beweismittel auch die Voraussetzungen für eine Vorlage nach § 89c Absatz 1 bis 4 und 6 vorliegen müssen.

§ 89e[3)] Gemeinsame Vorschriften für die §§ 33g und 89b bis 89d.
(1) Wettbewerbsbehörden im Sinne der §§ 33g und 89b bis 89d sind
1. das Bundeskartellamt,
2. die nach Landesrecht zuständigen obersten Landesbehörden,
3. die Europäische Kommission und
4. die Wettbewerbsbehörden anderer Mitgliedstaaten der Europäischen Union.

(2) [1]Absatz 1 sowie die §§ 33g, 89b bis 89d finden entsprechende Anwendung auf die Durchsetzung von Schadensersatzansprüchen oder Verteidigung gegen Schadensersatzansprüche wegen Zuwiderhandlungen gegen Bestimmungen des nationalen Rechts eines anderen Mitgliedstaates der Europäischen Union,

---

[1)] § 89d eingef. mWv 9.6.2017 durch G v. 1.6.2017 (BGBl. I S. 1416).
[2)] Nr. **100**.
[3)] § 89e eingef. mWv 9.6.2017 durch G v. 1.6.2017 (BGBl. I S. 1416).

1. mit denen überwiegend das gleiche Ziel verfolgt wird wie mit den Artikeln 101 und 102 des Vertrages über die Arbeitsweise der Europäischen Union[1] und
2. die nach Artikel 3 Absatz 1 der Verordnung (EG) Nr. 1/2003 auf denselben Fall und parallel zum Wettbewerbsrecht der Europäischen Union angewandt werden.

[2] Davon ausgenommen sind nationale Rechtsvorschriften, mit denen natürlichen Personen strafrechtliche Sanktionen auferlegt werden, es sei denn, solche strafrechtlichen Sanktionen dienen als Mittel, um das für Unternehmen geltende Wettbewerbsrecht durchzusetzen.

Kapitel 5.[2] Gemeinsame Bestimmungen

§ 90[3] Benachrichtigung und Beteiligung der Kartellbehörden.

(1) [1] Die deutschen Gerichte unterrichten das Bundeskartellamt über alle Rechtsstreitigkeiten, deren Entscheidung ganz oder teilweise von der Anwendung der Vorschriften dieses Gesetzes, von einer Entscheidung, die nach diesen Vorschriften zu treffen ist, oder von der Anwendung von Artikel 101 oder 102 des Vertrages über die Arbeitsweise der Europäischen Union[1] oder von Artikel 53 oder 54 des Abkommens über den europäischen Wirtschaftsraum abhängt. [2] Dies gilt auch in den Fällen einer entsprechenden Anwendung der genannten Vorschriften. [3] Satz 1 gilt nicht für Rechtsstreitigkeiten über Entscheidungen nach § 42. [4] Das Gericht hat dem Bundeskartellamt auf Verlangen Abschriften von allen Schriftsätzen, Protokollen, Verfügungen und Entscheidungen zu übersenden.

(2) [1] Der Präsident des Bundeskartellamts kann, wenn er es zur Wahrung des öffentlichen Interesses als angemessen erachtet, aus den Mitgliedern des Bundeskartellamts eine Vertretung bestellen, die befugt ist, dem Gericht schriftliche Erklärungen abzugeben, auf Tatsachen und Beweismittel hinzuweisen, den Terminen beizuwohnen, in ihnen Ausführungen zu machen und Fragen an Parteien, Zeugen und Sachverständige zu richten. [2] Schriftliche Erklärungen der vertretenden Person sind den Parteien von dem Gericht mitzuteilen.

(3) Reicht die Bedeutung des Rechtsstreits nicht über das Gebiet eines Landes hinaus, so tritt im Rahmen des Absatzes 1 Satz 4 und des Absatzes 2 die oberste Landesbehörde an die Stelle des Bundeskartellamts.

(4) Die Absätze 1 und 2 gelten entsprechend für Rechtsstreitigkeiten, die die Durchsetzung eines nach § 30 gebundenen Preises gegenüber einem gebundenen Abnehmer oder einem anderen Unternehmen zum Gegenstand haben.

(5) [1] Das Bundeskartellamt kann auf Antrag eines Gerichts, das über einen Schadensersatzanspruch nach § 33a Absatz 1 Satz 1 zu entscheiden hat, eine Stellungnahme zur Höhe des Schadens abgeben, der durch den Verstoß entstanden ist. [2] Die Rechte des Präsidenten des Bundeskartellamts nach Absatz 2 bleiben unberührt.

(6) [1] Absatz 1 Satz 4 und Absatz 2 gelten entsprechend für Streitigkeiten vor Gericht, die erhebliche, dauerhafte oder wiederholte Verstöße gegen verbraucherrechtliche Vorschriften zum Gegenstand haben, die nach ihrer Art oder ihrem Umfang die Interessen einer Vielzahl von Verbraucherinnen und Verbrauchern

---

[1] Abgedruckt in Anm. zu § 22.
[2] Kapitel 5 Überschrift neu gef. mWv 9.6.2017 durch G v. 1.6.2017 (BGBl. I S. 1416).
[3] § 90 Abs. 1 neu gef., Abs. 3 geänd., Abs. 5 und 6 angef. mWv 9.6.2017 durch G v. 1.6.2017 (BGBl. I S. 1416).

beeinträchtigen. [2] Dies gilt nicht, wenn die Durchsetzung der Vorschriften nach Satz 1 in die Zuständigkeit anderer Bundesbehörden fällt.

§ 90a[1)] Zusammenarbeit der Gerichte mit der Europäischen Kommission und den Kartellbehörden. (1) [1] In allen gerichtlichen Verfahren, in denen der Artikel 101 oder 102 des Vertrages über die Arbeitsweise der Europäischen Union[2)] zur Anwendung kommt, übermittelt das Gericht der Europäischen Kommission über das Bundeskartellamt eine Abschrift jeder Entscheidung unverzüglich nach deren Zustellung an die Parteien. [2] Das Bundeskartellamt darf der Europäischen Kommission die Unterlagen übermitteln, die es nach § 90 Absatz 1 Satz 4 erhalten hat.

(2) [1] Die Europäische Kommission kann in Verfahren nach Absatz 1 aus eigener Initiative dem Gericht schriftliche Stellungnahmen übermitteln. [2] Das Gericht übermittelt der Europäischen Kommission alle zur Beurteilung des Falls notwendigen Schriftstücke, wenn diese darum nach Artikel 15 Absatz 3 Satz 5 der Verordnung (EG) Nr. 1/2003 ersucht. [3] Das Gericht übermittelt dem Bundeskartellamt und den Parteien eine Kopie einer Stellungnahme der Europäischen Kommission nach Artikel 15 Absatz 3 Satz 3 der Verordnung (EG) Nr. 1/2003. [4] Die Europäische Kommission kann in der mündlichen Verhandlung auch mündlich Stellung nehmen.

(3) [1] Das Gericht kann in Verfahren nach Absatz 1 die Europäische Kommission um die Übermittlung ihr vorliegender Informationen oder um Stellungnahmen zu Fragen bitten, die die Anwendung des Artikels 101 oder 102 des Vertrages über die Arbeitsweise der Europäischen Union betreffen. [2] Das Gericht unterrichtet die Parteien über ein Ersuchen nach Satz 1 und übermittelt diesen und dem Bundeskartellamt eine Kopie der Antwort der Europäischen Kommission.

(4) In den Fällen der Absätze 2 und 3 kann der Geschäftsverkehr zwischen dem Gericht und der Europäischen Kommission auch über das Bundeskartellamt erfolgen.

§ 91[3)] Kartellsenat beim Oberlandesgericht. [1] Bei den Oberlandesgerichten wird ein Kartellsenat gebildet. [2] Er entscheidet über die ihm gemäß § 57 Absatz 2 Satz 2, § 73 Absatz 4, §§ 83, 85 und 86 zugewiesenen Rechtssachen sowie über die Berufung gegen Endurteile und die Beschwerde gegen sonstige Entscheidungen in bürgerlichen Rechtsstreitigkeiten nach § 87.

§ 92[4)] Zuständigkeit eines Oberlandesgerichts oder des Obersten Landesgerichts für mehrere Gerichtsbezirke in Verwaltungs- und Bußgeldsachen. (1) [1] Sind in einem Land mehrere Oberlandesgerichte errichtet, so können die Rechtssachen, für die nach § 57 Absatz 2 Satz 2, § 73 Absatz 4, §§ 83, 85 und 86 ausschließlich die Oberlandesgerichte zuständig sind, von den Landesregierungen durch Rechtsverordnung einem oder einigen der Oberlandesgerichte oder dem Obersten Landesgericht zugewiesen werden, wenn eine solche Zusammenfassung der Rechtspflege in Kartellsachen, insbesondere der Sicherung einer

---

[1)] § 90a Abs. 1 Satz 2 geänd. mWv 19.1.2021 durch G v. 18.1.2021 (BGBl. I S. 2).

[2)] Abgedruckt in Anm. zu § 22.

[3)] § 91 Überschrift neu gef. mWv 9.6.2017 durch G v. 1.6.2017 (BGBl. I S. 1416); Satz 2 geänd. mWv 19.1.2021 durch G v. 18.1.2021 (BGBl. I S. 2).

[4)] § 92 Überschrift neu gef. mWv 9.6.2017 durch G v. 1.6.2017 (BGBl. I S. 1416); Abs. 1 Satz 1 geänd. mWv 19.1.2021 durch G v. 18.1.2021 (BGBl. I S. 2).

einheitlichen Rechtsprechung, dienlich ist. [2]Die Landesregierungen können die Ermächtigung auf die Landesjustizverwaltungen übertragen.

(2) Durch Staatsverträge zwischen Ländern kann die Zuständigkeit eines Oberlandesgerichts oder Obersten Landesgerichts für einzelne Bezirke oder das gesamte Gebiet mehrerer Länder begründet werden.

§ 93[1)] Zuständigkeit für Berufung und Beschwerde. § 92 Absatz 1 und 2 gilt entsprechend für die Entscheidung über die Berufung gegen Endurteile und die Beschwerde gegen sonstige Entscheidungen in bürgerlichen Rechtsstreitigkeiten nach § 87.

§ 94[2)] Kartellsenat beim Bundesgerichtshof. (1) Beim Bundesgerichtshof wird ein Kartellsenat gebildet; er entscheidet im ersten und letzten Rechtszug über die in § 73 Absatz 5 genannten Verfügungen des Bundeskartellamts und über folgende Rechtsmittel:

1. in Verwaltungssachen über die Rechtsbeschwerde gegen Entscheidungen der Oberlandesgerichte (§§ 77, 79, 80) und über die Nichtzulassungsbeschwerde (§ 78);
2. in Bußgeldverfahren über die Rechtsbeschwerde gegen Entscheidungen der Oberlandesgerichte (§ 84);
3. in bürgerlichen Rechtsstreitigkeiten nach § 87
   a) über die Revision einschließlich der Nichtzulassungsbeschwerde gegen Endurteile der Oberlandesgerichte,
   b) über die Sprungrevision gegen Endurteile der Landgerichte,
   c) über die Rechtsbeschwerde gegen Beschlüsse der Oberlandesgerichte in den Fällen des § 574 Absatz 1 der Zivilprozessordnung[3)].

(2) Der Kartellsenat gilt im Sinne des § 132 des Gerichtsverfassungsgesetzes[4)] in Bußgeldsachen als Strafsenat, in allen übrigen Sachen als Zivilsenat.

§ 95 Ausschließliche Zuständigkeit. Die Zuständigkeit der nach diesem Gesetz zur Entscheidung berufenen Gerichte ist ausschließlich.

§ 96 (weggefallen)

Teil 4.[5)] Vergabe von öffentlichen Aufträgen und Konzessionen

Kapitel 1. Vergabeverfahren

Erster Abschnitt. Grundsätze, Definitionen und Anwendungsbereich

§ 97[5)] Grundsätze der Vergabe. (1) [1]Öffentliche Aufträge und Konzessionen werden im Wettbewerb und im Wege transparenter Verfahren vergeben. [2]Dabei werden die Grundsätze der Wirtschaftlichkeit und der Verhältnismäßigkeit gewahrt.

---

1) § 93 geänd. mWv 19.1.2021 durch G v. 18.1.2021 (BGBl. I S. 2).

2) § 94 Überschrift neu gef. mWv 9.6.2017 durch G v. 1.6.2017 (BGBl. I S. 1416); Abs. 1 einl. Satzteil, Nr. 1 und 3 geänd. mWv 19.1.2021 durch G v. 18.1.2021 (BGBl. I S. 2).

3) Nr. **100**.

4) Nr. **95**.

5) Teil 4 (§§ 97–184) neu gef. mWv 18.4.2016 durch G v. 17.2.2016 (BGBl. I S. 203), wobei gem. Art. 3 Satz 1 dieses G §§ 113 und 114 Abs. 2 Satz 4 bereits mWv 24.2.2016 in Kraft treten.

(2) Die Teilnehmer an einem Vergabeverfahren sind gleich zu behandeln, es sei denn, eine Ungleichbehandlung ist aufgrund dieses Gesetzes ausdrücklich geboten oder gestattet.

(3) Bei der Vergabe werden Aspekte der Qualität und der Innovation sowie soziale und umweltbezogene Aspekte nach Maßgabe dieses Teils berücksichtigt.

(4) [1] Mittelständische Interessen sind bei der Vergabe öffentlicher Aufträge vornehmlich zu berücksichtigen. [2] Leistungen sind in der Menge aufgeteilt (Teillose) und getrennt nach Art oder Fachgebiet (Fachlose) zu vergeben. [3] Mehrere Teil- oder Fachlose dürfen zusammen vergeben werden, wenn wirtschaftliche oder technische Gründe dies erfordern. [4] Wird ein Unternehmen, das nicht öffentlicher Auftraggeber oder Sektorenauftraggeber ist, mit der Wahrnehmung oder Durchführung einer öffentlichen Aufgabe betraut, verpflichtet der öffentliche Auftraggeber oder Sektorenauftraggeber das Unternehmen, sofern es Unteraufträge vergibt, nach den Sätzen 1 bis 3 zu verfahren.

(5) Für das Senden, Empfangen, Weiterleiten und Speichern von Daten in einem Vergabeverfahren verwenden Auftraggeber und Unternehmen grundsätzlich elektronische Mittel nach Maßgabe der aufgrund des § 113 erlassenen Verordnungen.

(6) Unternehmen haben Anspruch darauf, dass die Bestimmungen über das Vergabeverfahren eingehalten werden.

§ 98[1)] Auftraggeber. Auftraggeber im Sinne dieses Teils sind öffentliche Auftraggeber im Sinne des § 99, Sektorenauftraggeber im Sinne des § 100 und Konzessionsgeber im Sinne des § 101.

§ 99[1)] Öffentliche Auftraggeber. Öffentliche Auftraggeber sind

1. Gebietskörperschaften sowie deren Sondervermögen,
2. andere juristische Personen des öffentlichen und des privaten Rechts, die zu dem besonderen Zweck gegründet wurden, im Allgemeininteresse liegende Aufgaben nichtgewerblicher Art zu erfüllen, sofern
   a) sie überwiegend von Stellen nach Nummer 1 oder 3 einzeln oder gemeinsam durch Beteiligung oder auf sonstige Weise finanziert werden,
   b) ihre Leitung der Aufsicht durch Stellen nach Nummer 1 oder 3 unterliegt oder
   c) mehr als die Hälfte der Mitglieder eines ihrer zur Geschäftsführung oder zur Aufsicht berufenen Organe durch Stellen nach Nummer 1 oder 3 bestimmt worden sind;

   dasselbe gilt, wenn diese juristische Person einer anderen juristischen Person des öffentlichen oder privaten Rechts einzeln oder gemeinsam mit anderen die überwiegende Finanzierung gewährt, über deren Leitung die Aufsicht ausübt oder die Mehrheit der Mitglieder eines zur Geschäftsführung oder Aufsicht berufenen Organs bestimmt hat,
3. Verbände, deren Mitglieder unter Nummer 1 oder 2 fallen,
4. natürliche oder juristische Personen des privaten Rechts sowie juristische Personen des öffentlichen Rechts, soweit sie nicht unter Nummer 2 fallen, in den Fällen, in denen sie für Tiefbaumaßnahmen, für die Errichtung von Krankenhäusern, Sport-, Erholungs- oder Freizeiteinrichtungen, Schul-, Hochschul- oder Verwaltungsgebäuden oder für damit in Verbindung stehende Dienstleis-

[1)] Teil 4 (§§ 97–184) neu gef. mWv 18.4.2016 durch G v. 17.2.2016 (BGBl. I S. 203).

tungen und Wettbewerbe von Stellen, die unter die Nummern 1, 2 oder 3 fallen, Mittel erhalten, mit denen diese Vorhaben zu mehr als 50 Prozent subventioniert werden.

§ 100[1)] **Sektorenauftraggeber.** (1) Sektorenauftraggeber sind

1. öffentliche Auftraggeber gemäß § 99 Nummer 1 bis 3, die eine Sektorentätigkeit gemäß § 102 ausüben,
2. natürliche oder juristische Personen des privaten Rechts, die eine Sektorentätigkeit gemäß § 102 ausüben, wenn
   a) diese Tätigkeit auf der Grundlage von besonderen oder ausschließlichen Rechten ausgeübt wird, die von einer zuständigen Behörde gewährt wurden, oder
   b) öffentliche Auftraggeber gemäß § 99 Nummer 1 bis 3 auf diese Personen einzeln oder gemeinsam einen beherrschenden Einfluss ausüben können.

(2) [1]Besondere oder ausschließliche Rechte im Sinne von Absatz 1 Nummer 2 Buchstabe a sind Rechte, die dazu führen, dass die Ausübung dieser Tätigkeit einem oder mehreren Unternehmen vorbehalten wird und dass die Möglichkeit anderer Unternehmen, diese Tätigkeit auszuüben, erheblich beeinträchtigt wird. [2]Keine besonderen oder ausschließlichen Rechte in diesem Sinne sind Rechte, die aufgrund eines Verfahrens nach den Vorschriften dieses Teils oder aufgrund eines sonstigen Verfahrens gewährt wurden, das angemessen bekannt gemacht wurde und auf objektiven Kriterien beruht.

(3) Die Ausübung eines beherrschenden Einflusses im Sinne von Absatz 1 Nummer 2 Buchstabe b wird vermutet, wenn ein öffentlicher Auftraggeber gemäß § 99 Nummer 1 bis 3

1. unmittelbar oder mittelbar die Mehrheit des gezeichneten Kapitals des Unternehmens besitzt,
2. über die Mehrheit der mit den Anteilen am Unternehmen verbundenen Stimmrechte verfügt oder
3. mehr als die Hälfte der Mitglieder des Verwaltungs-, Leitungs- oder Aufsichtsorgans des Unternehmens bestellen kann.

§ 101[1)] **Konzessionsgeber.** (1) Konzessionsgeber sind

1. öffentliche Auftraggeber gemäß § 99 Nummer 1 bis 3, die eine Konzession vergeben,
2. Sektorenauftraggeber gemäß § 100 Absatz 1 Nummer 1, die eine Sektorentätigkeit gemäß § 102 Absatz 2 bis 6 ausüben und eine Konzession zum Zweck der Ausübung dieser Tätigkeit vergeben,
3. Sektorenauftraggeber gemäß § 100 Absatz 1 Nummer 2, die eine Sektorentätigkeit gemäß § 102 Absatz 2 bis 6 ausüben und eine Konzession zum Zweck der Ausübung dieser Tätigkeit vergeben.

(2) § 100 Absatz 2 und 3 gilt entsprechend.

[1)] Teil 4 (§§ 97–184) neu gef. mWv 18.4.2016 durch G v. 17.2.2016 (BGBl. I S. 203).

§ 102[1)] Sektorentätigkeiten. (1) [1] Sektorentätigkeiten im Bereich Wasser sind
1. die Bereitstellung oder das Betreiben fester Netze zur Versorgung der Allgemeinheit im Zusammenhang mit der Gewinnung, der Fortleitung und der Abgabe von Trinkwasser,
2. die Einspeisung von Trinkwasser in diese Netze.

[2] Als Sektorentätigkeiten gelten auch Tätigkeiten nach Satz 1, die im Zusammenhang mit Wasserbau-, Bewässerungs- oder Entwässerungsvorhaben stehen, sofern die zur Trinkwasserversorgung bestimmte Wassermenge mehr als 20 Prozent der Gesamtwassermenge ausmacht, die mit den entsprechenden Vorhaben oder Bewässerungs- oder Entwässerungsanlagen zur Verfügung gestellt wird oder die im Zusammenhang mit der Abwasserbeseitigung oder -behandlung steht. [3] Die Einspeisung von Trinkwasser in feste Netze zur Versorgung der Allgemeinheit durch einen Sektorenauftraggeber nach § 100 Absatz 1 Nummer 2 gilt nicht als Sektorentätigkeit, sofern die Erzeugung von Trinkwasser durch den betreffenden Auftraggeber erfolgt, weil dessen Verbrauch für die Ausübung einer Tätigkeit erforderlich ist, die keine Sektorentätigkeit nach den Absätzen 1 bis 4 ist, und die Einspeisung in das öffentliche Netz nur von dem Eigenverbrauch des betreffenden Auftraggebers abhängt und bei Zugrundelegung des Durchschnitts der letzten drei Jahre einschließlich des laufenden Jahres nicht mehr als 30 Prozent der gesamten Trinkwassererzeugung des betreffenden Auftraggebers ausmacht.

(2) Sektorentätigkeiten im Bereich Elektrizität sind
1. die Bereitstellung oder das Betreiben fester Netze zur Versorgung der Allgemeinheit im Zusammenhang mit der Erzeugung, der Fortleitung und der Abgabe von Elektrizität,
2. die Einspeisung von Elektrizität in diese Netze, es sei denn,
   a) die Elektrizität wird durch den Sektorenauftraggeber nach § 100 Absatz 1 Nummer 2 erzeugt, weil ihr Verbrauch für die Ausübung einer Tätigkeit erforderlich ist, die keine Sektorentätigkeit nach den Absätzen 1 bis 4 ist, und
   b) die Einspeisung hängt nur von dem Eigenverbrauch des Sektorenauftraggebers ab und macht bei Zugrundelegung des Durchschnitts der letzten drei Jahre einschließlich des laufenden Jahres nicht mehr als 30 Prozent der gesamten Energieerzeugung des Sektorenauftraggebers aus.

(3) Sektorentätigkeiten im Bereich von Gas und Wärme sind
1. die Bereitstellung oder das Betreiben fester Netze zur Versorgung der Allgemeinheit im Zusammenhang mit der Erzeugung, der Fortleitung und der Abgabe von Gas und Wärme,
2. die Einspeisung von Gas und Wärme in diese Netze, es sei denn,
   a) die Erzeugung von Gas oder Wärme durch den Sektorenauftraggeber nach § 100 Absatz 1 Nummer 2 ergibt sich zwangsläufig aus der Ausübung einer Tätigkeit, die keine Sektorentätigkeit nach den Absätzen 1 bis 4 ist, und
   b) die Einspeisung zielt nur darauf ab, diese Erzeugung wirtschaftlich zu nutzen und macht bei Zugrundelegung des Durchschnitts der letzten drei Jahre einschließlich des laufenden Jahres nicht mehr als 20 Prozent des Umsatzes des Sektorenauftraggebers aus.

(4) Sektorentätigkeiten im Bereich Verkehrsleistungen sind die Bereitstellung oder das Betreiben von Netzen zur Versorgung der Allgemeinheit mit Verkehrs-

---

[1)] Teil 4 (§§ 97–184) neu gef. mWv 18.4.2016 durch G v. 17.2.2016 (BGBl. I S. 203).

leistungen per Eisenbahn, automatischen Systemen, Straßenbahn, Trolleybus, Bus oder Seilbahn; ein Netz gilt als vorhanden, wenn die Verkehrsleistung gemäß den von einer zuständigen Behörde festgelegten Bedingungen erbracht wird; dazu gehören die Festlegung der Strecken, die Transportkapazitäten und die Fahrpläne.

(5) Sektorentätigkeiten im Bereich Häfen und Flughäfen sind Tätigkeiten im Zusammenhang mit der Nutzung eines geografisch abgegrenzten Gebiets mit dem Zweck, für Luft-, See- oder Binnenschifffahrtsverkehrsunternehmen Flughäfen, See- oder Binnenhäfen oder andere Terminaleinrichtungen bereitzustellen.

(6) Sektorentätigkeiten im Bereich fossiler Brennstoffe sind Tätigkeiten zur Nutzung eines geografisch abgegrenzten Gebiets zum Zweck

1. der Förderung von Öl oder Gas oder
2. der Exploration oder Förderung von Kohle oder anderen festen Brennstoffen.

(7) [1] Für die Zwecke der Absätze 1 bis 3 umfasst der Begriff „Einspeisung" die Erzeugung und Produktion sowie den Groß- und Einzelhandel. [2] Die Erzeugung von Gas fällt unter Absatz 6.

§ 103[1)] Öffentliche Aufträge, Rahmenvereinbarungen und Wettbewerbe.

(1) Öffentliche Aufträge sind entgeltliche Verträge zwischen öffentlichen Auftraggebern oder Sektorenauftraggebern und Unternehmen über die Beschaffung von Leistungen, die die Lieferung von Waren, die Ausführung von Bauleistungen oder die Erbringung von Dienstleistungen zum Gegenstand haben.

(2) [1] Lieferaufträge sind Verträge zur Beschaffung von Waren, die insbesondere Kauf oder Ratenkauf oder Leasing, Mietverhältnisse oder Pachtverhältnisse mit oder ohne Kaufoption betreffen. [2] Die Verträge können auch Nebenleistungen umfassen.

(3) [1] Bauaufträge sind Verträge über die Ausführung oder die gleichzeitige Planung und Ausführung

1. von Bauleistungen im Zusammenhang mit einer der Tätigkeiten, die in Anhang II der Richtlinie 2014/24/EU des Europäischen Parlaments und des Rates vom 26. Februar 2014 über die öffentliche Auftragsvergabe und zur Aufhebung der Richtlinie 2004/18/EG (ABl. L 94 vom 28.3.2014, S. 65) und Anhang I der Richtlinie 2014/25/EU des Europäischen Parlaments und des Rates vom 26. Februar 2014 über die Vergabe von Aufträgen durch Auftraggeber im Bereich der Wasser-, Energie- und Verkehrsversorgung sowie der Postdienste und zur Aufhebung der Richtlinie 2004/17/EG (ABl. L 94 vom 28.3.2014, S. 243) genannt sind, oder
2. eines Bauwerkes für den öffentlichen Auftraggeber oder Sektorenauftraggeber, das Ergebnis von Tief- oder Hochbauarbeiten ist und eine wirtschaftliche oder technische Funktion erfüllen soll.

[2] Ein Bauauftrag liegt auch vor, wenn ein Dritter eine Bauleistung gemäß den vom *öffentlichen* Auftraggeber oder Sektorenauftraggeber genannten Erfordernissen erbringt, die Bauleistung dem Auftraggeber unmittelbar wirtschaftlich zugutekommt und dieser einen entscheidenden Einfluss auf Art und Planung der Bauleistung hat.

(4) Als Dienstleistungsaufträge gelten die Verträge über die Erbringung von Leistungen, die nicht unter die Absätze 2 und 3 fallen.

---

1) Teil 4 (§§ 97–184) neu gef. mWv 18.4.2016 durch G v. 17.2.2016 (BGBl. I S. 203).

(5) [1] Rahmenvereinbarungen sind Vereinbarungen zwischen einem oder mehreren öffentlichen Auftraggebern oder Sektorenauftraggebern und einem oder mehreren Unternehmen, die dazu dienen, die Bedingungen für die öffentlichen Aufträge, die während eines bestimmten Zeitraums vergeben werden sollen, festzulegen, insbesondere in Bezug auf den Preis. [2] Für die Vergabe von Rahmenvereinbarungen gelten, soweit nichts anderes bestimmt ist, dieselben Vorschriften wie für die Vergabe entsprechender öffentlicher Aufträge.

(6) Wettbewerbe sind Auslobungsverfahren, die dem Auftraggeber aufgrund vergleichender Beurteilung durch ein Preisgericht mit oder ohne Verteilung von Preisen zu einem Plan oder einer Planung verhelfen sollen.

§ 104[1)] Verteidigungs- oder sicherheitsspezifische öffentliche Aufträge.

(1) Verteidigungs- oder sicherheitsspezifische öffentliche Aufträge sind öffentliche Aufträge, deren Auftragsgegenstand mindestens eine der folgenden Leistungen umfasst:

1. die Lieferung von Militärausrüstung, einschließlich dazugehöriger Teile, Bauteile oder Bausätze,
2. die Lieferung von Ausrüstung, die im Rahmen eines Verschlusssachenauftrags vergeben wird, einschließlich der dazugehörigen Teile, Bauteile oder Bausätze,
3. Liefer-, Bau- und Dienstleistungen in unmittelbarem Zusammenhang mit der in den Nummern 1 und 2 genannten Ausrüstung in allen Phasen des Lebenszyklus der Ausrüstung oder
4. Bau- und Dienstleistungen speziell für militärische Zwecke oder Bau- und Dienstleistungen, die im Rahmen eines Verschlusssachenauftrags vergeben werden.

(2) Militärausrüstung ist jede Ausrüstung, die eigens zu militärischen Zwecken konzipiert oder für militärische Zwecke angepasst wird und zum Einsatz als Waffe, Munition oder Kriegsmaterial bestimmt ist.

(3) Ein Verschlusssachenauftrag im Sinne dieser Vorschrift ist ein Auftrag im speziellen Bereich der nicht-militärischen Sicherheit, der ähnliche Merkmale aufweist und ebenso schutzbedürftig ist wie ein Auftrag über die Lieferung von Militärausrüstung im Sinne des Absatzes 1 Nummer 1 oder wie Bau- und Dienstleistungen speziell für militärische Zwecke im Sinne des Absatzes 1 Nummer 4, und

1. bei dessen Erfüllung oder Erbringung Verschlusssachen nach § 4 des Gesetzes über die Voraussetzungen und das Verfahren von Sicherheitsüberprüfungen des Bundes oder nach den entsprechenden Bestimmungen der Länder verwendet werden oder
2. der Verschlusssachen im Sinne der Nummer 1 erfordert oder beinhaltet.

§ 105[1)] Konzessionen. (1) Konzessionen sind entgeltliche Verträge, mit denen ein oder mehrere Konzessionsgeber ein oder mehrere Unternehmen

1. mit der Erbringung von Bauleistungen betrauen (Baukonzessionen); dabei besteht die Gegenleistung entweder allein in dem Recht zur Nutzung des Bauwerks oder in diesem Recht zuzüglich einer Zahlung; oder
2. mit der Erbringung und der Verwaltung von Dienstleistungen betrauen, die nicht in der Erbringung von Bauleistungen nach Nummer 1 bestehen (Dienst-

[1)] Teil 4 (§§ 97–184) neu gef. mWv 18.4.2016 durch G v. 17.2.2016 (BGBl. I S. 203).

leistungskonzessionen); dabei besteht die Gegenleistung entweder allein in dem Recht zur Verwertung der Dienstleistungen oder in diesem Recht zuzüglich einer Zahlung.

(2) [1] In Abgrenzung zur Vergabe öffentlicher Aufträge geht bei der Vergabe einer Bau- oder Dienstleistungskonzession das Betriebsrisiko für die Nutzung des Bauwerks oder für die Verwertung der Dienstleistungen auf den Konzessionsnehmer über. [2] Dies ist der Fall, wenn

1. unter normalen Betriebsbedingungen nicht gewährleistet ist, dass die Investitionsaufwendungen oder die Kosten für den Betrieb des Bauwerks oder die Erbringung der Dienstleistungen wieder erwirtschaftet werden können, und
2. der Konzessionsnehmer den Unwägbarkeiten des Marktes tatsächlich ausgesetzt ist, sodass potenzielle geschätzte Verluste des Konzessionsnehmers nicht vernachlässigbar sind.

[3] Das Betriebsrisiko kann ein Nachfrage- oder Angebotsrisiko sein.

§ 106[1)] Schwellenwerte. (1) [1] Dieser Teil gilt für die Vergabe von öffentlichen Aufträgen und Konzessionen sowie die Ausrichtung von Wettbewerben, deren geschätzter Auftrags- oder Vertragswert ohne Umsatzsteuer die jeweils festgelegten Schwellenwerte erreicht oder überschreitet. [2] § 114 Absatz 2 bleibt unberührt.

(2) Der jeweilige Schwellenwert ergibt sich

1. für öffentliche Aufträge und Wettbewerbe, die von öffentlichen Auftraggebern vergeben werden, aus Artikel 4 der Richtlinie 2014/24/EU in der jeweils geltenden Fassung; der sich hieraus für zentrale Regierungsbehörden ergebende Schwellenwert ist von allen obersten Bundesbehörden sowie allen oberen Bundesbehörden und vergleichbaren Bundeseinrichtungen anzuwenden,
2. für öffentliche Aufträge und Wettbewerbe, die von Sektorenauftraggebern zum Zweck der Ausübung einer Sektorentätigkeit vergeben werden, aus Artikel 15 der Richtlinie 2014/25/EU in der jeweils geltenden Fassung,
3. für verteidigungs- oder sicherheitsspezifische öffentliche Aufträge aus Artikel 8 der Richtlinie 2009/81/EG des Europäischen Parlaments und des Rates vom 13. Juli 2009 über die Koordinierung der Verfahren zur Vergabe bestimmter Bau-, Liefer- und Dienstleistungsaufträge in den Bereichen Verteidigung und Sicherheit und zur Änderung der Richtlinien 2004/17/EG und 2004/18/EG (ABl. L 216 vom 20.8.2009, S. 76) in der jeweils geltenden Fassung,
4. für Konzessionen aus Artikel 8 der Richtlinie 2014/23/EU des Europäischen Parlaments und des Rates vom 26. Februar 2014 über die Konzessionsvergabe (ABl. L 94 vom 28.3.2014, S. 1) in der jeweils geltenden Fassung.

(3) Das Bundesministerium für Wirtschaft und Energie gibt die geltenden Schwellenwerte unverzüglich, nachdem sie im Amtsblatt der Europäischen Union veröffentlicht worden sind, im Bundesanzeiger bekannt.

§ 107[2)] Allgemeine Ausnahmen. (1) Dieser Teil ist nicht anzuwenden auf die Vergabe von öffentlichen Aufträgen und Konzessionen

1. zu Schiedsgerichts- und Schlichtungsdienstleistungen,

---

1) Teil 4 (§§ 97–184) neu gef. mWv 18.4.2016 durch G v. 17.2.2016 (BGBl. I S. 203).

2) § 107 neu gef. mWv 18.4.2016 durch G v. 17.2.2016 (BGBl. I S. 203); Abs. 2 Sätze 2 und 3 angef. mWv 2.4.2020 durch G v. 25.3.2020 (BGBl. I S. 674).

2. für den Erwerb, die Miete oder die Pacht von Grundstücken, vorhandenen Gebäuden oder anderem unbeweglichem Vermögen sowie Rechten daran, ungeachtet ihrer Finanzierung,
3. zu Arbeitsverträgen,
4. zu Dienstleistungen des Katastrophenschutzes, des Zivilschutzes und der Gefahrenabwehr, die von gemeinnützigen Organisationen oder Vereinigungen erbracht werden und die unter die Referenznummern des Common Procurement Vocabulary 75250000-3, 75251000-0, 75251100-1, 75251110-4, 75251120-7, 75252000-7, 75222000-8, 98113100-9 und 85143000-3 mit Ausnahme des Einsatzes von Krankenwagen zur Patientenbeförderung fallen; gemeinnützige Organisationen oder Vereinigungen im Sinne dieser Nummer sind insbesondere die Hilfsorganisationen, die nach Bundes- oder Landesrecht als Zivil- und Katastrophenschutzorganisationen anerkannt sind.

(2) [1] Dieser Teil ist ferner nicht auf öffentliche Aufträge und Konzessionen anzuwenden,

1. bei denen die Anwendung dieses Teils den Auftraggeber dazu zwingen würde, im Zusammenhang mit dem Vergabeverfahren oder der Auftragsausführung Auskünfte zu erteilen, deren Preisgabe seiner Ansicht nach wesentlichen Sicherheitsinteressen der Bundesrepublik Deutschland im Sinne des Artikels 346 Absatz 1 Buchstabe a des Vertrags über die Arbeitsweise der Europäischen Union[1)] widerspricht, oder
2. die dem Anwendungsbereich des Artikels 346 Absatz 1 Buchstabe b des Vertrags über die Arbeitsweise der Europäischen Union unterliegen.

[2] Wesentliche Sicherheitsinteressen im Sinne des Artikels 346 Absatz 1 des Vertrags über die Arbeitsweise der Europäischen Union können insbesondere berührt sein, wenn der öffentliche Auftrag oder die Konzession verteidigungsindustrielle Schlüsseltechnologien betrifft. [3] Ferner können im Fall des Satzes 1 Nummer 1 wesentliche Sicherheitsinteressen im Sinne des Artikels 346 Absatz 1 Buchstabe a des Vertrags über die Arbeitsweise der Europäischen Union insbesondere berührt sein, wenn der öffentliche Auftrag oder die Konzession

1. sicherheitsindustrielle Schlüsseltechnologien betreffen oder
2. Leistungen betreffen, die
   a) für den Grenzschutz, die Bekämpfung des Terrorismus oder der organisierten Kriminalität oder für verdeckte Tätigkeiten der Polizei oder der Sicherheitskräfte bestimmt sind, oder
   b) Verschlüsselung betreffen

   und soweit ein besonders hohes Maß an Vertraulichkeit erforderlich ist.

§ 108[2)] Ausnahmen bei öffentlich-öffentlicher Zusammenarbeit.

(1) Dieser Teil ist nicht anzuwenden auf die Vergabe von öffentlichen Aufträgen, die von einem öffentlichen Auftraggeber im Sinne des § 99 Nummer 1 bis 3 an eine juristische Person des öffentlichen oder privaten Rechts vergeben werden, wenn

1. der öffentliche Auftraggeber über die juristische Person eine ähnliche Kontrolle wie über seine eigenen Dienststellen ausübt,

---

[1)] **Sartorius Nr. 1001.**
[2)] Teil 4 (§§ 97–184) neu gef. mWv 18.4.2016 durch G v. 17.2.2016 (BGBl. I S. 203).

2. mehr als 80 Prozent der Tätigkeiten der juristischen Person der Ausführung von Aufgaben dienen, mit denen sie von dem öffentlichen Auftraggeber oder von einer anderen juristischen Person, die von diesem kontrolliert wird, betraut wurde, und
3. an der juristischen Person keine direkte private Kapitalbeteiligung besteht, mit Ausnahme nicht beherrschender Formen der privaten Kapitalbeteiligung und Formen der privaten Kapitalbeteiligung ohne Sperrminorität, die durch gesetzliche Bestimmungen vorgeschrieben sind und die keinen maßgeblichen Einfluss auf die kontrollierte juristische Person vermitteln.

(2) [1]Die Ausübung einer Kontrolle im Sinne von Absatz 1 Nummer 1 wird vermutet, wenn der öffentliche Auftraggeber einen ausschlaggebenden Einfluss auf die strategischen Ziele und die wesentlichen Entscheidungen der juristischen Person ausübt. [2]Die Kontrolle kann auch durch eine andere juristische Person ausgeübt werden, die von dem öffentlichen Auftraggeber auf gleiche Weise kontrolliert wird.

(3) [1]Absatz 1 gilt auch für die Vergabe öffentlicher Aufträge, die von einer kontrollierten juristischen Person, die zugleich öffentlicher Auftraggeber im Sinne des § 99 Nummer 1 bis 3 ist, an den kontrollierenden öffentlichen Auftraggeber oder an eine von diesem öffentlichen Auftraggeber kontrollierte andere juristische Person vergeben werden. [2]Voraussetzung ist, dass keine direkte private Kapitalbeteiligung an der juristischen Person besteht, die den öffentlichen Auftrag erhalten soll. [3]Absatz 1 Nummer 3 zweiter Halbsatz gilt entsprechend.

(4) Dieser Teil ist nicht anzuwenden auf die Vergabe von öffentlichen Aufträgen, bei denen der öffentliche Auftraggeber im Sinne des § 99 Nummer 1 bis 3 über eine juristische Person des privaten oder öffentlichen Rechts zwar keine Kontrolle im Sinne des Absatzes 1 Nummer 1 ausübt, aber
1. der öffentliche Auftraggeber gemeinsam mit anderen öffentlichen Auftraggebern über die juristische Person eine ähnliche Kontrolle ausübt wie jeder der öffentlichen Auftraggeber über seine eigenen Dienststellen,
2. mehr als 80 Prozent der Tätigkeiten der juristischen Person der Ausführung von Aufgaben dienen, mit denen sie von den öffentlichen Auftraggebern oder von einer anderen juristischen Person, die von diesen Auftraggebern kontrolliert wird, betraut wurde, und
3. an der juristischen Person keine direkte private Kapitalbeteiligung besteht; Absatz 1 Nummer 3 zweiter Halbsatz gilt entsprechend.

(5) Eine gemeinsame Kontrolle im Sinne von Absatz 4 Nummer 1 besteht, wenn
1. sich die beschlussfassenden Organe der juristischen Person aus Vertretern sämtlicher teilnehmender öffentlicher Auftraggeber zusammensetzen; ein einzelner Vertreter kann mehrere oder alle teilnehmenden öffentlichen Auftraggeber vertreten,
2. die *öffentlichen* Auftraggeber gemeinsam einen ausschlaggebenden Einfluss auf die strategischen Ziele und die wesentlichen Entscheidungen der juristischen Person ausüben können und
3. die juristische Person keine Interessen verfolgt, die den Interessen der öffentlichen Auftraggeber zuwiderlaufen.

(6) Dieser Teil ist ferner nicht anzuwenden auf Verträge, die zwischen zwei oder mehreren öffentlichen Auftraggebern im Sinne des § 99 Nummer 1 bis 3 geschlossen werden, wenn

1. der Vertrag eine Zusammenarbeit zwischen den beteiligten öffentlichen Auftraggebern begründet oder erfüllt, um sicherzustellen, dass die von ihnen zu erbringenden öffentlichen Dienstleistungen im Hinblick auf die Erreichung gemeinsamer Ziele ausgeführt werden,
2. die Durchführung der Zusammenarbeit nach Nummer 1 ausschließlich durch Überlegungen im Zusammenhang mit dem öffentlichen Interesse bestimmt wird und
3. die öffentlichen Auftraggeber auf dem Markt weniger als 20 Prozent der Tätigkeiten erbringen, die durch die Zusammenarbeit nach Nummer 1 erfasst sind.

(7) [1] Zur Bestimmung des prozentualen Anteils nach Absatz 1 Nummer 2, Absatz 4 Nummer 2 und Absatz 6 Nummer 3 wird der durchschnittliche Gesamtumsatz der letzten drei Jahre vor Vergabe des öffentlichen Auftrags oder ein anderer geeigneter tätigkeitsgestützter Wert herangezogen. [2] Ein geeigneter tätigkeitsgestützter Wert sind zum Beispiel die Kosten, die der juristischen Person oder dem öffentlichen Auftraggeber in dieser Zeit in Bezug auf Liefer-, Bau- und Dienstleistungen entstanden sind. [3] Liegen für die letzten drei Jahre keine Angaben über den Umsatz oder einen geeigneten alternativen tätigkeitsgestützten Wert wie zum Beispiel Kosten vor oder sind sie nicht aussagekräftig, genügt es, wenn der tätigkeitsgestützte Wert insbesondere durch Prognosen über die Geschäftsentwicklung glaubhaft gemacht wird.

(8) Die Absätze 1 bis 7 gelten entsprechend für Sektorenauftraggeber im Sinne des § 100 Absatz 1 Nummer 1 hinsichtlich der Vergabe von öffentlichen Aufträgen sowie für Konzessionsgeber im Sinne des § 101 Absatz 1 Nummer 1 und 2 hinsichtlich der Vergabe von Konzessionen.

§ 109[1)] Ausnahmen für Vergaben auf der Grundlage internationaler Verfahrensregeln. (1) Dieser Teil ist nicht anzuwenden, wenn öffentliche Aufträge, Wettbewerbe oder Konzessionen

1. nach Vergabeverfahren zu vergeben oder durchzuführen sind, die festgelegt werden durch
   a) ein Rechtsinstrument, das völkerrechtliche Verpflichtungen begründet, wie eine im Einklang mit den EU-Verträgen geschlossene internationale Übereinkunft oder Vereinbarung zwischen der Bundesrepublik Deutschland und einem oder mehreren Staaten, die nicht Vertragsparteien des Übereinkommens über den Europäischen Wirtschaftsraum sind, oder ihren Untereinheiten über Liefer-, Bau- oder Dienstleistungen für ein von den Unterzeichnern gemeinsam zu verwirklichendes oder zu nutzendes Projekt, oder
   b) eine internationale Organisation oder
2. gemäß den Vergaberegeln einer internationalen Organisation oder internationalen Finanzierungseinrichtung bei vollständiger Finanzierung der öffentlichen Aufträge und Wettbewerbe durch diese Organisation oder Einrichtung zu vergeben sind; für den Fall einer überwiegenden Kofinanzierung öffentlicher Aufträge und Wettbewerbe durch eine internationale Organisation oder eine internationale Finanzierungseinrichtung einigen sich die Parteien auf die anwendbaren Vergabeverfahren.

(2) Für verteidigungs- oder sicherheitsspezifische öffentliche Aufträge ist § 145 Nummer 7 und für Konzessionen in den Bereichen Verteidigung und Sicherheit ist § 150 Nummer 7 anzuwenden.

---

1) Teil 4 (§§ 97–184) neu gef. mWv 18.4.2016 durch G v. 17.2.2016 (BGBl. I S. 203).

§ 110[1)] Vergabe von öffentlichen Aufträgen und Konzessionen, die verschiedene Leistungen zum Gegenstand haben. (1) [1] Öffentliche Aufträge, die verschiedene Leistungen wie Liefer-, Bau- oder Dienstleistungen zum Gegenstand haben, werden nach den Vorschriften vergeben, denen der Hauptgegenstand des Auftrags zuzuordnen ist. [2] Dasselbe gilt für die Vergabe von Konzessionen, die sowohl Bau- als auch Dienstleistungen zum Gegenstand haben.

(2) Der Hauptgegenstand öffentlicher Aufträge und Konzessionen, die

1. teilweise aus Dienstleistungen, die den Vorschriften zur Vergabe von öffentlichen Aufträgen über soziale und andere besondere Dienstleistungen im Sinne des § 130 oder Konzessionen über soziale und andere besondere Dienstleistungen im Sinne des § 153 unterfallen, und teilweise aus anderen Dienstleistungen bestehen oder
2. teilweise aus Lieferleistungen und teilweise aus Dienstleistungen bestehen,

wird danach bestimmt, welcher geschätzte Wert der jeweiligen Liefer- oder Dienstleistungen am höchsten ist.

§ 111[1)] Vergabe von öffentlichen Aufträgen und Konzessionen, deren Teile unterschiedlichen rechtlichen Regelungen unterliegen. (1) Sind die verschiedenen Teile eines öffentlichen Auftrags, die jeweils unterschiedlichen rechtlichen Regelungen unterliegen, objektiv trennbar, so dürfen getrennte Aufträge für jeden Teil oder darf ein Gesamtauftrag vergeben werden.

(2) Werden getrennte Aufträge vergeben, so wird jeder einzelne Auftrag nach den Vorschriften vergeben, die auf seine Merkmale anzuwenden sind.

(3) Wird ein Gesamtauftrag vergeben,

1. kann der Auftrag ohne Anwendung dieses Teils vergeben werden, wenn ein Teil des Auftrags die Voraussetzungen des § 107 Absatz 2 Nummer 1 oder 2 erfüllt und die Vergabe eines Gesamtauftrags aus objektiven Gründen gerechtfertigt ist,
2. kann der Auftrag nach den Vorschriften über die Vergabe von verteidigungs- oder sicherheitsspezifischen Aufträgen vergeben werden, wenn ein Teil des Auftrags diesen Vorschriften unterliegt und die Vergabe eines Gesamtauftrags aus objektiven Gründen gerechtfertigt ist,
3. sind die Vorschriften zur Vergabe von öffentlichen Aufträgen durch Sektorenauftraggeber anzuwenden, wenn ein Teil des Auftrags diesen Vorschriften unterliegt und der Wert dieses Teils den geltenden Schwellenwert erreicht oder überschreitet; dies gilt auch dann, wenn der andere Teil des Auftrags den Vorschriften über die Vergabe von Konzessionen unterliegt,
4. sind die Vorschriften zur Vergabe von öffentlichen Aufträgen durch öffentliche Auftraggeber anzuwenden, wenn ein Teil des Auftrags den Vorschriften zur Vergabe von Konzessionen und ein anderer Teil des Auftrags den Vorschriften zur Vergabe von öffentlichen Aufträgen durch öffentliche Auftraggeber unterliegt und wenn der Wert dieses Teils den geltenden Schwellenwert erreicht oder überschreitet,
5. sind die Vorschriften dieses Teils anzuwenden, wenn ein Teil des Auftrags den Vorschriften dieses Teils und ein anderer Teil des Auftrags sonstigen Vorschriften außerhalb dieses Teils unterliegt; dies gilt ungeachtet des Wertes des Teils, der sonstigen Vorschriften außerhalb dieses Teils unterliegen würde und ungeachtet ihrer rechtlichen Regelung.

---

1) Teil 4 (§§ 97–184) neu gef. mWv 18.4.2016 durch G v. 17.2.2016 (BGBl. I S. 203).

(4) Sind die verschiedenen Teile eines öffentlichen Auftrags, die jeweils unterschiedlichen rechtlichen Regelungen unterliegen, objektiv nicht trennbar,

1. wird der Auftrag nach den Vorschriften vergeben, denen der Hauptgegenstand des Auftrags zuzuordnen ist; enthält der Auftrag Elemente einer Dienstleistungskonzession und eines Lieferauftrags, wird der Hauptgegenstand danach bestimmt, welcher geschätzte Wert der jeweiligen Dienst- oder Lieferleistungen höher ist,
2. kann der Auftrag ohne Anwendung der Vorschriften dieses Teils oder gemäß den Vorschriften über die Vergabe von verteidigungs- oder sicherheitsspezifischen öffentlichen Aufträgen vergeben werden, wenn der Auftrag Elemente enthält, auf die § 107 Absatz 2 Nummer 1 oder 2 anzuwenden ist.

(5) Die Entscheidung, einen Gesamtauftrag oder getrennte Aufträge zu vergeben, darf nicht zu dem Zweck getroffen werden, die Auftragsvergabe von den Vorschriften zur Vergabe öffentlicher Aufträge und Konzessionen auszunehmen.

(6) Auf die Vergabe von Konzessionen sind die Absätze 1, 2 und 3 Nummer 1 und 2 sowie die Absätze 4 und 5 entsprechend anzuwenden.

§ 112[1] Vergabe von öffentlichen Aufträgen und Konzessionen, die verschiedene Tätigkeiten umfassen. (1) Umfasst ein öffentlicher Auftrag mehrere Tätigkeiten, von denen eine Tätigkeit eine Sektorentätigkeit im Sinne des § 102 darstellt, dürfen getrennte Aufträge für die Zwecke jeder einzelnen Tätigkeit oder darf ein Gesamtauftrag vergeben werden.

(2) Werden getrennte Aufträge vergeben, so wird jeder einzelne Auftrag nach den Vorschriften vergeben, die auf seine Merkmale anzuwenden sind.

(3) [1] Wird ein Gesamtauftrag vergeben, unterliegt dieser Auftrag den Bestimmungen, die für die Tätigkeit gelten, für die der Auftrag hauptsächlich bestimmt ist. [2] Ist der Auftrag sowohl für eine Sektorentätigkeit im Sinne des § 102 als auch für eine Tätigkeit bestimmt, die Verteidigungs- oder Sicherheitsaspekte umfasst, ist § 111 Absatz 3 Nummer 1 und 2 entsprechend anzuwenden.

(4) Die Entscheidung, einen Gesamtauftrag oder getrennte Aufträge zu vergeben, darf nicht zu dem Zweck getroffen werden, die Auftragsvergabe von den Vorschriften dieses Teils auszunehmen.

(5) Ist es objektiv unmöglich, festzustellen, für welche Tätigkeit der Auftrag hauptsächlich bestimmt ist, unterliegt die Vergabe

1. den Vorschriften zur Vergabe von öffentlichen Aufträgen durch öffentliche Auftraggeber, wenn eine der Tätigkeiten, für die der Auftrag bestimmt ist, unter diese Vorschriften fällt,
2. den Vorschriften zur Vergabe von öffentlichen Aufträgen durch Sektorenauftraggeber, wenn der Auftrag sowohl für eine Sektorentätigkeit im Sinne des § 102 als auch für eine Tätigkeit bestimmt ist, die in den Anwendungsbereich der Vorschriften zur Vergabe von Konzessionen fallen würde,
3. den Vorschriften zur Vergabe von öffentlichen Aufträgen durch Sektorenauftraggeber, wenn der Auftrag sowohl für eine Sektorentätigkeit im Sinne des § 102 als auch für eine Tätigkeit bestimmt ist, die weder in den Anwendungsbereich der Vorschriften zur Vergabe von Konzessionen noch in den Anwendungsbereich der Vorschriften zur Vergabe öffentlicher Aufträge durch öffentliche Auftraggeber fallen würde.

---

[1] Teil 4 (§§ 97–184) neu gef. mWv 18.4.2016 durch G v. 17.2.2016 (BGBl. I S. 203).

(6) [1] Umfasst eine Konzession mehrere Tätigkeiten, von denen eine Tätigkeit eine Sektorentätigkeit im Sinne des § 102 darstellt, sind die Absätze 1 bis 4 entsprechend anzuwenden. [2] Ist es objektiv unmöglich, festzustellen, für welche Tätigkeit die Konzession hauptsächlich bestimmt ist, unterliegt die Vergabe

1. den Vorschriften zur Vergabe von Konzessionen durch Konzessionsgeber im Sinne des § 101 Absatz 1 Nummer 1, wenn eine der Tätigkeiten, für die die Konzession bestimmt ist, diesen Bestimmungen und die andere Tätigkeit den Bestimmungen für die Vergabe von Konzessionen durch Konzessionsgeber im Sinne des § 101 Absatz 1 Nummer 2 oder Nummer 3 unterliegt,
2. den Vorschriften zur Vergabe von öffentlichen Aufträgen durch öffentliche Auftraggeber, wenn eine der Tätigkeiten, für die die Konzession bestimmt ist, unter diese Vorschriften fällt,
3. den Vorschriften zur Vergabe von Konzessionen, wenn eine der Tätigkeiten, für die die Konzession bestimmt ist, diesen Vorschriften und die andere Tätigkeit weder den Vorschriften zur Vergabe von öffentlichen Aufträgen durch Sektorenauftraggeber noch den Vorschriften zur Vergabe öffentlicher Aufträge durch öffentliche Auftraggeber unterliegt.

§ 113[1)] Verordnungsermächtigung. [1] Die Bundesregierung wird ermächtigt, durch Rechtsverordnungen mit Zustimmung des Bundesrates die Einzelheiten zur Vergabe von öffentlichen Aufträgen und Konzessionen sowie zur Ausrichtung von Wettbewerben zu regeln. [2] Diese Ermächtigung umfasst die Befugnis zur Regelung von Anforderungen an den Auftragsgegenstand und an das Vergabeverfahren, insbesondere zur Regelung

1. der Schätzung des Auftrags- oder Vertragswertes,
2. der Leistungsbeschreibung, der Bekanntmachung, der Verfahrensarten und des Ablaufs des Vergabeverfahrens, der Nebenangebote, der Vergabe von Unteraufträgen sowie der Vergabe öffentlicher Aufträge und Konzessionen, die soziale und andere besondere Dienstleistungen betreffen,
3. der besonderen Methoden und Instrumente in Vergabeverfahren und für Sammelbeschaffungen einschließlich der zentralen Beschaffung,
4. des Sendens, Empfangens, Weiterleitens und Speicherns von Daten einschließlich der Regelungen zum Inkrafttreten der entsprechenden Verpflichtungen,
5. der Auswahl und Prüfung der Unternehmen und Angebote sowie des Abschlusses des Vertrags,
6. der Aufhebung des Vergabeverfahrens,
7. der verteidigungs- oder sicherheitsspezifischen Anforderungen im Hinblick auf den Geheimschutz, auf die allgemeinen Regelungen zur Wahrung der Vertraulichkeit, auf die Versorgungssicherheit sowie auf die besonderen Regelungen für die Vergabe von Unteraufträgen,
8. der Voraussetzungen, nach denen Sektorenauftraggeber, Konzessionsgeber oder Auftraggeber nach dem Bundesberggesetz[2)] von der Verpflichtung zur Anwendung dieses Teils befreit werden können, sowie des dabei anzuwendenden Verfahrens einschließlich der erforderlichen Ermittlungsbefugnisse des Bundeskartellamtes und der Einzelheiten der Kostenerhebung; Vollstreckungserleichterungen dürfen vorgesehen werden.

[1)] § 113 neu gef. mWv 24.2.2016 durch G v. 17.2.2016 (BGBl. I S. 203).
[2)] **Schönfelder II Nr. 27a.**

[3] Die Rechtsverordnungen sind dem Bundestag zuzuleiten. [4] Die Zuleitung erfolgt vor der Zuleitung an den Bundesrat. [5] Die Rechtsverordnungen können durch Beschluss des Bundestages geändert oder abgelehnt werden. [6] Der Beschluss des Bundestages wird der Bundesregierung zugeleitet. [7] Hat sich der Bundestag nach Ablauf von drei Sitzungswochen seit Eingang der Rechtsverordnungen nicht mit ihnen befasst, so werden die unveränderten Rechtsverordnungen dem Bundesrat zugeleitet.

§ 114[1)] Monitoring und Vergabestatistik. (1) [1] Die obersten Bundesbehörden und die Länder erstatten in ihrem jeweiligen Zuständigkeitsbereich dem Bundesministerium für Wirtschaft und Energie über die Anwendung der Vorschriften dieses Teils und der aufgrund des § 113 erlassenen Rechtsverordnungen bis zum 15. Februar 2017 und danach auf Anforderung schriftlich Bericht. [2] Zu berichten ist regelmäßig über die jeweils letzten drei Kalenderjahre, die der Anforderung vorausgegangen sind.

(2) [1] Das Statistische Bundesamt erstellt im Auftrag des Bundesministeriums für Wirtschaft und Energie eine Vergabestatistik. [2] Zu diesem Zweck übermitteln Auftraggeber im Sinne des § 98 an das Statistische Bundesamt Daten zu öffentlichen Aufträgen im Sinne des § 103 Absatz 1 unabhängig von deren geschätzten Auftragswert und zu Konzessionen im Sinne des § 105. [3] Das Bundesministerium für Wirtschaft und Energie wird ermächtigt, im Einvernehmen mit dem Bundesministerium des Innern, für Bau und Heimat durch Rechtsverordnung mit Zustimmung des Bundesrates die Einzelheiten der Vergabestatistik sowie der Datenübermittlung durch die meldende Stelle einschließlich des technischen Ablaufs, des Umfangs der zu übermittelnden Daten, der Wertgrenzen für die Erhebung sowie den Zeitpunkt des Inkrafttretens und der Anwendung der entsprechenden Verpflichtungen zu regeln.

Zweiter Abschnitt. Vergabe von öffentlichen Aufträgen durch öffentliche Auftraggeber

Unterabschnitt 1. Anwendungsbereich

§ 115[2)] Anwendungsbereich. Dieser Abschnitt ist anzuwenden auf die Vergabe von öffentlichen Aufträgen und die Ausrichtung von Wettbewerben durch öffentliche Auftraggeber.

§ 116[2)] Besondere Ausnahmen. (1) Dieser Teil ist nicht anzuwenden auf die Vergabe von öffentlichen Aufträgen durch öffentliche Auftraggeber, wenn diese Aufträge Folgendes zum Gegenstand haben:

1. Rechtsdienstleistungen, die eine der folgenden Tätigkeiten betreffen:
   a) Vertretung eines Mandanten durch einen Rechtsanwalt in
      aa) Gerichts- oder Verwaltungsverfahren vor nationalen oder internationalen Gerichten, Behörden oder Einrichtungen,
      bb) nationalen oder internationalen Schiedsgerichts- oder Schlichtungsverfahren,

---

[1)] § 114 neu gef. mWv 18.4.2016 durch G v. 17.2.2016 (BGBl. I S. 203), wobei gem. Art. 3 Satz 1 dieses G § 114 Abs. 2 Satz 4 bereits mWv 24.2.2016 in Kraft tritt; Überschrift geänd., Abs. 2 neu gef. mWv 2.4.2020 durch G v. 25.3.2020 (BGBl. I S. 674); Abs. 1 Satz 1 geänd., Satz 2 angef. mWv 19.11.2020 durch G v. 12.11.2020 (BGBl. I S. 2392).

[2)] Teil 4 (§§ 97–184) neu gef. mWv 18.4.2016 durch G v. 17.2.2016 (BGBl. I S. 203).

b) Rechtsberatung durch einen Rechtsanwalt, sofern diese zur Vorbereitung eines Verfahrens im Sinne von Buchstabe a dient oder wenn konkrete Anhaltspunkte dafür vorliegen und eine hohe Wahrscheinlichkeit besteht, dass die Angelegenheit, auf die sich die Rechtsberatung bezieht, Gegenstand eines solchen Verfahrens werden wird,

c) Beglaubigungen und Beurkundungen, sofern sie von Notaren vorzunehmen sind,

d) Tätigkeiten von gerichtlich bestellten Betreuern, Vormündern, Pflegern, Verfahrensbeiständen, Sachverständigen oder Verwaltern oder sonstige Rechtsdienstleistungen, deren Erbringer durch ein Gericht dafür bestellt oder durch Gesetz dazu bestimmt werden, um bestimmte Aufgaben unter der Aufsicht dieser Gerichte wahrzunehmen, oder

e) Tätigkeiten, die zumindest teilweise mit der Ausübung von hoheitlichen Befugnissen verbunden sind,

2. Forschungs- und Entwicklungsdienstleistungen, es sei denn, es handelt sich um Forschungs- und Entwicklungsdienstleistungen, die unter die Referenznummern des Common Procurement Vocabulary 73000000-2 bis 73120000-9, 73300000-5, 73420000-2 und 73430000-5 fallen und bei denen

   a) die Ergebnisse ausschließlich Eigentum des Auftraggebers für seinen Gebrauch bei der Ausübung seiner eigenen Tätigkeit werden und

   b) die Dienstleistung vollständig durch den Auftraggeber vergütet wird,

3. den Erwerb, die Entwicklung, die Produktion oder die Koproduktion von Sendematerial für audiovisuelle Mediendienste oder Hörfunkmediendienste, wenn diese Aufträge von Anbietern von audiovisuellen Mediendiensten oder Hörfunkmediendiensten vergeben werden, die Ausstrahlungszeit oder die Bereitstellung von Sendungen, wenn diese Aufträge an Anbieter von audiovisuellen Mediendiensten oder Hörfunkmediendiensten vergeben werden,

4. finanzielle Dienstleistungen im Zusammenhang mit der Ausgabe, dem Verkauf, dem Ankauf oder der Übertragung von Wertpapieren oder anderen Finanzinstrumenten, Dienstleistungen der Zentralbanken sowie mit der Europäischen Finanzstabilisierungsfazilität und dem Europäischen Stabilitätsmechanismus durchgeführte Transaktionen,

5. Kredite und Darlehen, auch im Zusammenhang mit der Ausgabe, dem Verkauf, dem Ankauf oder der Übertragung von Wertpapieren oder anderen Finanzinstrumenten oder

6. Dienstleistungen, die an einen öffentlichen Auftraggeber nach § 99 Nummer 1 bis 3 vergeben werden, der ein auf Gesetz oder Verordnung beruhendes ausschließliches Recht hat, die Leistungen zu erbringen.

(2) Dieser Teil ist ferner nicht auf öffentliche Aufträge und Wettbewerbe anzuwenden, die hauptsächlich den Zweck haben, dem öffentlichen Auftraggeber die Bereitstellung oder den Betrieb öffentlicher Kommunikationsnetze oder die Bereitstellung eines oder mehrerer elektronischer Kommunikationsdienste für die Öffentlichkeit zu ermöglichen.

§ 117[1] Besondere Ausnahmen für Vergaben, die Verteidigungs- oder Sicherheitsaspekte umfassen. Bei öffentlichen Aufträgen und Wettbewerben, die Verteidigungs- oder Sicherheitsaspekte umfassen, ohne verteidigungs- oder sicherheitsspezifische Aufträge zu sein, ist dieser Teil nicht anzuwenden,

[1] Teil 4 (§§ 97–184) neu gef. mWv 18.4.2016 durch G v. 17.2.2016 (BGBl. I S. 203).

1. soweit der Schutz wesentlicher Sicherheitsinteressen der Bundesrepublik Deutschland nicht durch weniger einschneidende Maßnahmen gewährleistet werden kann, zum Beispiel durch Anforderungen, die auf den Schutz der Vertraulichkeit der Informationen abzielen, die der öffentliche Auftraggeber im Rahmen eines Vergabeverfahrens zur Verfügung stellt,
2. soweit die Voraussetzungen des Artikels 346 Absatz 1 Buchstabe a des Vertrags über die Arbeitsweise der Europäischen Union[1] erfüllt sind,
3. wenn die Vergabe und die Ausführung des Auftrags für geheim erklärt werden oder nach den Rechts- oder Verwaltungsvorschriften besondere Sicherheitsmaßnahmen erfordern; Voraussetzung hierfür ist eine Feststellung darüber, dass die betreffenden wesentlichen Interessen nicht durch weniger einschneidende Maßnahmen gewährleistet werden können, zum Beispiel durch Anforderungen, die auf den Schutz der Vertraulichkeit der Informationen abzielen,
4. wenn der öffentliche Auftraggeber verpflichtet ist, die Vergabe oder Durchführung nach anderen Vergabeverfahren vorzunehmen, die festgelegt sind durch
   a) eine im Einklang mit den EU-Verträgen geschlossene internationale Übereinkunft oder Vereinbarung zwischen der Bundesrepublik Deutschland und einem oder mehreren Staaten, die nicht Vertragsparteien des Übereinkommens über den Europäischen Wirtschaftsraum sind, oder ihren Untereinheiten über Liefer-, Bau- oder Dienstleistungen für ein von den Unterzeichnern gemeinsam zu verwirklichendes oder zu nutzendes Projekt,
   b) eine internationale Übereinkunft oder Vereinbarung im Zusammenhang mit der Stationierung von Truppen, die Unternehmen betrifft, die ihren Sitz in der Bundesrepublik Deutschland oder einem Staat haben, der nicht Vertragspartei des Übereinkommens über den Europäischen Wirtschaftsraum ist, oder
   c) eine internationale Organisation oder
5. wenn der öffentliche Auftraggeber gemäß den Vergaberegeln einer internationalen Organisation oder internationalen Finanzierungseinrichtung einen öffentlichen Auftrag vergibt oder einen Wettbewerb ausrichtet und dieser öffentliche Auftrag oder Wettbewerb vollständig durch diese Organisation oder Einrichtung finanziert wird. Im Falle einer überwiegenden Kofinanzierung durch eine internationale Organisation oder eine internationale Finanzierungseinrichtung einigen sich die Parteien auf die anwendbaren Vergabeverfahren.

§ 118[2] Bestimmten Auftragnehmern vorbehaltene öffentliche Aufträge.

(1) Öffentliche Auftraggeber können das Recht zur Teilnahme an Vergabeverfahren Werkstätten für Menschen mit Behinderungen und Unternehmen vorbehalten, deren Hauptzweck die soziale und berufliche Integration von Menschen mit Behinderungen oder von benachteiligten Personen ist, oder bestimmen, dass öffentliche Aufträge im Rahmen von Programmen mit geschützten Beschäftigungsverhältnissen durchzuführen sind.

(2) Voraussetzung ist, dass mindestens 30 Prozent der in diesen Werkstätten oder Unternehmen Beschäftigten Menschen mit Behinderungen oder benachteiligte Personen sind.

---

[1] **Sartorius Nr. 1001.**
[2] Teil 4 (§§ 97–184) neu gef. mWv 18.4.2016 durch G v. 17.2.2016 (BGBl. I S. 203).

Unterabschnitt 2. Vergabeverfahren und Auftragsausführung

§ 119[1] Verfahrensarten. (1) Die Vergabe von öffentlichen Aufträgen erfolgt im offenen Verfahren, im nicht offenen Verfahren, im Verhandlungsverfahren, im wettbewerblichen Dialog oder in der Innovationspartnerschaft.

(2) [1] Öffentlichen Auftraggebern stehen das offene Verfahren und das nicht offene Verfahren, das stets einen Teilnahmewettbewerb erfordert, nach ihrer Wahl zur Verfügung. [2] Die anderen Verfahrensarten stehen nur zur Verfügung, soweit dies aufgrund dieses Gesetzes gestattet ist.

(3) Das offene Verfahren ist ein Verfahren, in dem der öffentliche Auftraggeber eine unbeschränkte Anzahl von Unternehmen öffentlich zur Abgabe von Angeboten auffordert.

(4) Das nicht offene Verfahren ist ein Verfahren, bei dem der öffentliche Auftraggeber nach vorheriger öffentlicher Aufforderung zur Teilnahme eine beschränkte Anzahl von Unternehmen nach objektiven, transparenten und nichtdiskriminierenden Kriterien auswählt (Teilnahmewettbewerb), die er zur Abgabe von Angeboten auffordert.

(5) Das Verhandlungsverfahren ist ein Verfahren, bei dem sich der öffentliche Auftraggeber mit oder ohne Teilnahmewettbewerb an ausgewählte Unternehmen wendet, um mit einem oder mehreren dieser Unternehmen über die Angebote zu verhandeln.

(6) [1] Der wettbewerbliche Dialog ist ein Verfahren zur Vergabe öffentlicher Aufträge mit dem Ziel der Ermittlung und Festlegung der Mittel, mit denen die Bedürfnisse des öffentlichen Auftraggebers am besten erfüllt werden können. [2] Nach einem Teilnahmewettbewerb eröffnet der öffentliche Auftraggeber mit den ausgewählten Unternehmen einen Dialog zur Erörterung aller Aspekte der Auftragsvergabe.

(7) [1] Die Innovationspartnerschaft ist ein Verfahren zur Entwicklung innovativer, noch nicht auf dem Markt verfügbarer Liefer-, Bau- oder Dienstleistungen und zum anschließenden Erwerb der daraus hervorgehenden Leistungen. [2] Nach einem Teilnahmewettbewerb verhandelt der öffentliche Auftraggeber in mehreren Phasen mit den ausgewählten Unternehmen über die Erst- und Folgeangebote.

§ 120[1] Besondere Methoden und Instrumente in Vergabeverfahren.

(1) Ein dynamisches Beschaffungssystem ist ein zeitlich befristetes, ausschließlich elektronisches Verfahren zur Beschaffung marktüblicher Leistungen, bei denen die allgemein auf dem Markt verfügbaren Merkmale den Anforderungen des öffentlichen Auftraggebers genügen.

(2) [1] Eine elektronische Auktion ist ein sich schrittweise wiederholendes elektronisches Verfahren zur Ermittlung des wirtschaftlichsten Angebots. [2] Jeder elektronischen Auktion geht eine vollständige erste Bewertung aller Angebote voraus.

(3) [1] Ein elektronischer Katalog ist ein auf der Grundlage der Leistungsbeschreibung erstelltes Verzeichnis der zu beschaffenden Liefer-, Bau- und Dienstleistungen in einem elektronischen Format. [2] Er kann insbesondere beim Abschluss von Rahmenvereinbarungen eingesetzt werden und Abbildungen, Preisinformationen und Produktbeschreibungen umfassen.

(4) [1] Eine zentrale Beschaffungsstelle ist ein öffentlicher Auftraggeber, der für andere öffentliche Auftraggeber dauerhaft Liefer- und Dienstleistungen beschafft,

[1] Teil 4 (§§ 97–184) neu gef. mWv 18.4.2016 durch G v. 17.2.2016 (BGBl. I S. 203).

öffentliche Aufträge vergibt oder Rahmenvereinbarungen abschließt (zentrale Beschaffungstätigkeit). [2] Öffentliche Auftraggeber können Liefer- und Dienstleistungen von zentralen Beschaffungsstellen erwerben oder Liefer-, Bau- und Dienstleistungsaufträge mittels zentraler Beschaffungsstellen vergeben. [3] Öffentliche Aufträge zur Ausübung zentraler Beschaffungstätigkeiten können an eine zentrale Beschaffungsstelle vergeben werden, ohne ein Vergabeverfahren nach den Vorschriften dieses Teils durchzuführen. [4] Derartige Dienstleistungsaufträge können auch Beratungs- und Unterstützungsleistungen bei der Vorbereitung oder Durchführung von Vergabeverfahren umfassen. [5] Die Teile 1 bis 3 bleiben unberührt.

§ 121[1)] Leistungsbeschreibung. (1) [1] In der Leistungsbeschreibung ist der Auftragsgegenstand so eindeutig und erschöpfend wie möglich zu beschreiben, sodass die Beschreibung für alle Unternehmen im gleichen Sinne verständlich ist und die Angebote miteinander verglichen werden können. [2] Die Leistungsbeschreibung enthält die Funktions- oder Leistungsanforderungen oder eine Beschreibung der zu lösenden Aufgabe, deren Kenntnis für die Erstellung des Angebots erforderlich ist, sowie die Umstände und Bedingungen der Leistungserbringung.

(2) Bei der Beschaffung von Leistungen, die zur Nutzung durch natürliche Personen vorgesehen sind, sind bei der Erstellung der Leistungsbeschreibung außer in ordnungsgemäß begründeten Fällen die Zugänglichkeitskriterien für Menschen mit Behinderungen oder die Konzeption für alle Nutzer zu berücksichtigen.

(3) Die Leistungsbeschreibung ist den Vergabeunterlagen beizufügen.

§ 122[1)] Eignung. (1) Öffentliche Aufträge werden an fachkundige und leistungsfähige (geeignete) Unternehmen vergeben, die nicht nach den §§ 123 oder 124 ausgeschlossen worden sind.

(2) [1] Ein Unternehmen ist geeignet, wenn es die durch den öffentlichen Auftraggeber im Einzelnen zur ordnungsgemäßen Ausführung des öffentlichen Auftrags festgelegten Kriterien (Eignungskriterien) erfüllt. [2] Die Eignungskriterien dürfen ausschließlich Folgendes betreffen:

1. Befähigung und Erlaubnis zur Berufsausübung,
2. wirtschaftliche und finanzielle Leistungsfähigkeit,
3. technische und berufliche Leistungsfähigkeit.

(3) Der Nachweis der Eignung und des Nichtvorliegens von Ausschlussgründen nach den §§ 123 oder 124 kann ganz oder teilweise durch die Teilnahme an Präqualifizierungssystemen erbracht werden.

(4) [1] Eignungskriterien müssen mit dem Auftragsgegenstand in Verbindung und zu diesem in einem angemessenen Verhältnis stehen. [2] Sie sind in der Auftragsbekanntmachung, der Vorinformation oder der Aufforderung zur Interessensbestätigung aufzuführen.

§ 123[2)] Zwingende Ausschlussgründe. (1) Öffentliche Auftraggeber schließen ein Unternehmen zu jedem Zeitpunkt des Vergabeverfahrens von der Teilnahme aus, wenn sie Kenntnis davon haben, dass eine Person, deren Verhalten nach Absatz 3 dem Unternehmen zuzurechnen ist, rechtskräftig verurteilt oder

---

[1)] Teil 4 (§§ 97–184) neu gef. mWv 18.4.2016 durch G v. 17.2.2016 (BGBl. I S. 203).

[2)] § 123 neu gef. mWv 18.4.2016 durch G v. 17.2.2016 (BGBl. I S. 203); Abs. 1 Nr. 10 neu gef. mWv 15.10.2016 durch G v. 11.10.2016 (BGBl. I S. 2226); Abs. 1 Nr. 6 geänd. mWv 29.7.2017 durch G v. 18.7.2017 (BGBl. I S. 2739).

gegen das Unternehmen eine Geldbuße nach § 30 des Gesetzes über Ordnungswidrigkeiten[1] rechtskräftig festgesetzt worden ist wegen einer Straftat nach:

1. § 129 des Strafgesetzbuchs[2] (Bildung krimineller Vereinigungen), § 129a des Strafgesetzbuchs (Bildung terroristischer Vereinigungen) oder § 129b des Strafgesetzbuchs (Kriminelle und terroristische Vereinigungen im Ausland),
2. § 89c des Strafgesetzbuchs (Terrorismusfinanzierung) oder wegen der Teilnahme an einer solchen Tat oder wegen der Bereitstellung oder Sammlung finanzieller Mittel in Kenntnis dessen, dass diese finanziellen Mittel ganz oder teilweise dazu verwendet werden oder verwendet werden sollen, eine Tat nach § 89a Absatz 2 Nummer 2 des Strafgesetzbuchs zu begehen,
3. § 261 des Strafgesetzbuchs (Geldwäsche; Verschleierung unrechtmäßig erlangter Vermögenswerte),
4. § 263 des Strafgesetzbuchs (Betrug), soweit sich die Straftat gegen den Haushalt der Europäischen Union oder gegen Haushalte richtet, die von der Europäischen Union oder in ihrem Auftrag verwaltet werden,
5. § 264 des Strafgesetzbuchs (Subventionsbetrug), soweit sich die Straftat gegen den Haushalt der Europäischen Union oder gegen Haushalte richtet, die von der Europäischen Union oder in ihrem Auftrag verwaltet werden,
6. § 299 des Strafgesetzbuchs (Bestechlichkeit und Bestechung im geschäftlichen Verkehr), §§ 299a und 299b des Strafgesetzbuchs (Bestechlichkeit und Bestechung im Gesundheitswesen),
7. § 108e des Strafgesetzbuchs (Bestechlichkeit und Bestechung von Mandatsträgern),
8. den §§ 333 und 334 des Strafgesetzbuchs (Vorteilsgewährung und Bestechung), jeweils auch in Verbindung mit § 335a des Strafgesetzbuchs (Ausländische und internationale Bedienstete),
9. Artikel 2 § 2 des Gesetzes zur Bekämpfung internationaler Bestechung (Bestechung ausländischer Abgeordneter im Zusammenhang mit internationalem Geschäftsverkehr) oder
10. den §§ 232, 232a Absatz 1 bis 5, den §§ 232b bis 233a des Strafgesetzbuches (Menschenhandel, Zwangsprostitution, Zwangsarbeit, Ausbeutung der Arbeitskraft, Ausbeutung unter Ausnutzung einer Freiheitsberaubung).

(2) Einer Verurteilung oder der Festsetzung einer Geldbuße im Sinne des Absatzes 1 stehen eine Verurteilung oder die Festsetzung einer Geldbuße nach den vergleichbaren Vorschriften anderer Staaten gleich.

(3) Das Verhalten einer rechtskräftig verurteilten Person ist einem Unternehmen zuzurechnen, wenn diese Person als für die Leitung des Unternehmens Verantwortlicher gehandelt hat; dazu gehört auch die Überwachung der Geschäftsführung oder die sonstige Ausübung von Kontrollbefugnissen in leitender Stellung.

(4) [1] Öffentliche Auftraggeber schließen ein Unternehmen zu jedem Zeitpunkt des Vergabeverfahrens von der Teilnahme an einem Vergabeverfahren aus, wenn

1. das Unternehmen seinen Verpflichtungen zur Zahlung von Steuern, Abgaben oder Beiträgen zur Sozialversicherung nicht nachgekommen ist und dies durch eine rechtskräftige Gerichts- oder bestandskräftige Verwaltungsentscheidung festgestellt wurde oder

---

[1] Nr. **94**.
[2] Nr. **85**.

2. die öffentlichen Auftraggeber auf sonstige geeignete Weise die Verletzung einer Verpflichtung nach Nummer 1 nachweisen können.

[2] Satz 1 ist nicht anzuwenden, wenn das Unternehmen seinen Verpflichtungen dadurch nachgekommen ist, dass es die Zahlung vorgenommen oder sich zur Zahlung der Steuern, Abgaben und Beiträge zur Sozialversicherung einschließlich Zinsen, Säumnis- und Strafzuschlägen verpflichtet hat.

(5) [1] Von einem Ausschluss nach Absatz 1 kann abgesehen werden, wenn dies aus zwingenden Gründen des öffentlichen Interesses geboten ist. [2] Von einem Ausschluss nach Absatz 4 Satz 1 kann abgesehen werden, wenn dies aus zwingenden Gründen des öffentlichen Interesses geboten ist oder ein Ausschluss offensichtlich unverhältnismäßig wäre. [3] § 125 bleibt unberührt.

§ 124[1)] Fakultative Ausschlussgründe. (1) Öffentliche Auftraggeber können unter Berücksichtigung des Grundsatzes der Verhältnismäßigkeit ein Unternehmen zu jedem Zeitpunkt des Vergabeverfahrens von der Teilnahme an einem Vergabeverfahren ausschließen, wenn

1. das Unternehmen bei der Ausführung öffentlicher Aufträge nachweislich gegen geltende umwelt-, sozial- oder arbeitsrechtliche Verpflichtungen verstoßen hat,
2. das Unternehmen zahlungsunfähig ist, über das Vermögen des Unternehmens ein Insolvenzverfahren oder ein vergleichbares Verfahren beantragt oder eröffnet worden ist, die Eröffnung eines solchen Verfahrens mangels Masse abgelehnt worden ist, sich das Unternehmen im Verfahren der Liquidation befindet oder seine Tätigkeit eingestellt hat,
3. das Unternehmen im Rahmen der beruflichen Tätigkeit nachweislich eine schwere Verfehlung begangen hat, durch die die Integrität des Unternehmens infrage gestellt wird; § 123 Absatz 3 ist entsprechend anzuwenden,
4. der öffentliche Auftraggeber über hinreichende Anhaltspunkte dafür verfügt, dass das Unternehmen mit anderen Unternehmen Vereinbarungen getroffen oder Verhaltensweisen aufeinander abgestimmt hat, die eine Verhinderung, Einschränkung oder Verfälschung des Wettbewerbs bezwecken oder bewirken,
5. ein Interessenkonflikt bei der Durchführung des Vergabeverfahrens besteht, der die Unparteilichkeit und Unabhängigkeit einer für den öffentlichen Auftraggeber tätigen Person bei der Durchführung des Vergabeverfahrens beeinträchtigen könnte und der durch andere, weniger einschneidende Maßnahmen nicht wirksam beseitigt werden kann,
6. eine Wettbewerbsverzerrung daraus resultiert, dass das Unternehmen bereits in die Vorbereitung des Vergabeverfahrens einbezogen war, und diese Wettbewerbsverzerrung nicht durch andere, weniger einschneidende Maßnahmen beseitigt werden kann,
7. das Unternehmen eine wesentliche Anforderung bei der Ausführung eines früheren öffentlichen Auftrags oder Konzessionsvertrags erheblich oder fortdauernd mangelhaft erfüllt hat und dies zu einer vorzeitigen Beendigung, zu Schadensersatz oder zu einer vergleichbaren Rechtsfolge geführt hat,
8. das Unternehmen in Bezug auf Ausschlussgründe oder Eignungskriterien eine schwerwiegende Täuschung begangen oder Auskünfte zurückgehalten hat oder nicht in der Lage ist, die erforderlichen Nachweise zu übermitteln, oder
9. das Unternehmen

[1)] § 124 neu gef. mWv 18.4.2016 durch G v. 17.2.2016 (BGBl. I S. 203); Abs. 1 Nr. 4 geänd. mWv 29.7.2017 durch G v. 18.7.2017 (BGBl. I S. 2739).

a) versucht hat, die Entscheidungsfindung des öffentlichen Auftraggebers in unzulässiger Weise zu beeinflussen,

b) versucht hat, vertrauliche Informationen zu erhalten, durch die es unzulässige Vorteile beim Vergabeverfahren erlangen könnte, oder

c) fahrlässig oder vorsätzlich irreführende Informationen übermittelt hat, die die Vergabeentscheidung des öffentlichen Auftraggebers erheblich beeinflussen könnten, oder versucht hat, solche Informationen zu übermitteln.

(2) § 21 des Arbeitnehmer-Entsendegesetzes[1], § 98c des Aufenthaltsgesetzes[2], § 19 des Mindestlohngesetzes[3] und § 21 des Schwarzarbeitsbekämpfungsgesetzes[4] bleiben unberührt.

[§ 125 bis unbestimmtem Inkrafttreten:]

§ 125[5] **Selbstreinigung.** (1) [1] Öffentliche Auftraggeber schließen ein Unternehmen, bei dem ein Ausschlussgrund nach § 123 oder § 124 vorliegt, nicht von der Teilnahme an dem Vergabeverfahren aus, wenn das Unternehmen nachgewiesen hat, dass es

1. für jeden durch eine Straftat oder ein Fehlverhalten verursachten Schaden einen Ausgleich gezahlt oder sich zur Zahlung eines Ausgleichs verpflichtet hat,
2. die Tatsachen und Umstände, die mit der Straftat oder dem Fehlverhalten und dem dadurch verursachten Schaden in Zusammenhang stehen, durch eine aktive Zusammenarbeit mit den Ermittlungsbehörden und dem öffentlichen Auftraggeber umfassend geklärt hat, und
3. konkrete technische, organisatorische und personelle Maßnahmen ergriffen hat, die geeignet sind, weitere Straftaten oder weiteres Fehlverhalten zu vermeiden.

[2] § 123 Absatz 4 Satz 2 bleibt unberührt.

(2) [1] Öffentliche Auftraggeber bewerten die von dem Unternehmen ergriffenen Selbstreinigungsmaßnahmen und berücksichtigen dabei die Schwere und die besonderen Umstände der Straftat oder des Fehlverhaltens. [2] Erachten die öffentlichen Auftraggeber die Selbstreinigungsmaßnahmen des Unternehmens als unzureichend, so begründen sie diese Entscheidung gegenüber dem Unternehmen.

[§ 125 ab unbestimmtem Inkrafttreten:]

§ 125[6] ***Selbstreinigung.*** *(1) [1] Öffentliche Auftraggeber schließen ein Unternehmen, bei dem ein Ausschlussgrund nach § 123 oder § 124 vorliegt, nicht von der Teilnahme an dem Vergabeverfahren aus, wenn das Unternehmen dem öffentlichen Auftraggeber oder nach § 8 des Wettbewerbsregistergesetzes dem Bundeskartellamt nachgewiesen hat, dass es*

1. *für jeden durch eine Straftat oder ein Fehlverhalten verursachten Schaden einen Ausgleich gezahlt oder sich zur Zahlung eines Ausgleichs verpflichtet hat,*
2. *die Tatsachen und Umstände, die mit der Straftat oder dem Fehlverhalten und dem dadurch verursachten Schaden in Zusammenhang stehen, durch eine aktive Zusammen-*

---

[1] **Nipperdey I, Arbeitsrecht Nr. 506.**
[2] **Sartorius Nr. 565.**
[3] **Schönfelder ErgBd. Nr. 80c.**
[4] **Schönfelder ErgBd. Nr. 94b.**
[5] Teil 4 (§§ 97–184) neu gef. mWv 18.4.2016 durch G v. 17.2.2016 (BGBl. I S. 203).
[6] § 125 neu gef. **mit unbestimmtem Inkrafttreten** durch G v. 18.7.2017 (BGBl. I S. 2739, geänd. durch G v. 18.1.2021, BGBl. I S. 2), die Änderung tritt an dem Tag in Kraft, der in der Bekanntmachung nach § 12 Abs. 2 Satz 1 des Wettbewerbsregistergesetzes bezeichnet ist.

arbeit mit den Ermittlungsbehörden und dem öffentlichen Auftraggeber umfassend geklärt hat und

3. *konkrete technische, organisatorische und personelle Maßnahmen ergriffen hat, die geeignet sind, weitere Straftaten oder weiteres Fehlverhalten zu vermeiden.*

[2] § 123 Absatz 4 Satz 2 bleibt unberührt.

(2) [1] Bei der Bewertung der von dem Unternehmen ergriffenen Selbstreinigungsmaßnahmen sind die Schwere und die besonderen Umstände der Straftat oder des Fehlverhaltens zu berücksichtigen. [2] Die Entscheidung, dass die Selbstreinigungsmaßnahmen des Unternehmens als unzureichend bewertet werden, ist gegenüber dem Unternehmen zu begründen.

§ 126[1)] Zulässiger Zeitraum für Ausschlüsse. Wenn ein Unternehmen, bei dem ein Ausschlussgrund vorliegt, keine oder keine ausreichenden Selbstreinigungsmaßnahmen nach § 125 ergriffen hat, darf es

1. bei Vorliegen eines Ausschlussgrundes nach § 123 höchstens fünf Jahre ab dem Tag der rechtskräftigen Verurteilung von der Teilnahme an Vergabeverfahren ausgeschlossen werden,
2. bei Vorliegen eines Ausschlussgrundes nach § 124 höchstens drei Jahre ab dem betreffenden Ereignis von der Teilnahme an Vergabeverfahren ausgeschlossen werden.

§ 127[1)] Zuschlag. (1) [1] Der Zuschlag wird auf das wirtschaftlichste Angebot erteilt. [2] Grundlage dafür ist eine Bewertung des öffentlichen Auftraggebers, ob und inwieweit das Angebot die vorgegebenen Zuschlagskriterien erfüllt. [3] Das wirtschaftlichste Angebot bestimmt sich nach dem besten Preis-Leistungs-Verhältnis. [4] Zu dessen Ermittlung können neben dem Preis oder den Kosten auch qualitative, umweltbezogene oder soziale Aspekte berücksichtigt werden.

(2) Verbindliche Vorschriften zur Preisgestaltung sind bei der Ermittlung des wirtschaftlichsten Angebots zu beachten.

(3) [1] Die Zuschlagskriterien müssen mit dem Auftragsgegenstand in Verbindung stehen. [2] Diese Verbindung ist auch dann anzunehmen, wenn sich ein Zuschlagskriterium auf Prozesse im Zusammenhang mit der Herstellung, Bereitstellung oder Entsorgung der Leistung, auf den Handel mit der Leistung oder auf ein anderes Stadium im Lebenszyklus der Leistung bezieht, auch wenn sich diese Faktoren nicht auf die materiellen Eigenschaften des Auftragsgegenstandes auswirken.

(4) [1] Die Zuschlagskriterien müssen so festgelegt und bestimmt sein, dass die Möglichkeit eines wirksamen Wettbewerbs gewährleistet wird, der Zuschlag nicht willkürlich erteilt werden kann und eine wirksame Überprüfung möglich ist, ob und inwieweit die Angebote die Zuschlagskriterien erfüllen. [2] Lassen öffentliche Auftraggeber Nebenangebote zu, legen sie die Zuschlagskriterien so fest, dass sie sowohl auf Hauptangebote als auch auf Nebenangebote anwendbar sind.

(5) Die Zuschlagskriterien und deren Gewichtung müssen in der Auftragsbekanntmachung oder den Vergabeunterlagen aufgeführt werden.

§ 128[1)] Auftragsausführung. (1) Unternehmen haben bei der Ausführung des öffentlichen Auftrags alle für sie geltenden rechtlichen Verpflichtungen einzuhalten, insbesondere Steuern, Abgaben und Beiträge zur Sozialversicherung zu entrichten, die arbeitsschutzrechtlichen Regelungen einzuhalten und den Arbeitnehmerinnen und Arbeitnehmern wenigstens diejenigen Mindestarbeitsbedingungen

[1)] Teil 4 (§§ 97–184) neu gef. mWv 18.4.2016 durch G v. 17.2.2016 (BGBl. I S. 203).

einschließlich des Mindestentgelts zu gewähren, die nach dem Mindestlohngesetz[1], einem nach dem Tarifvertragsgesetz[2] mit den Wirkungen des Arbeitnehmer-Entsendegesetzes[3] für allgemein verbindlich erklärten Tarifvertrag oder einer nach § 7, § 7a oder § 11 des Arbeitnehmer-Entsendegesetzes oder einer nach § 3a des Arbeitnehmerüberlassungsgesetzes[4] erlassenen Rechtsverordnung für die betreffende Leistung verbindlich vorgegeben werden.

(2) [1]Öffentliche Auftraggeber können darüber hinaus besondere Bedingungen für die Ausführung eines Auftrags (Ausführungsbedingungen) festlegen, sofern diese mit dem Auftragsgegenstand entsprechend § 127 Absatz 3 in Verbindung stehen. [2]Die Ausführungsbedingungen müssen sich aus der Auftragsbekanntmachung oder den Vergabeunterlagen ergeben. [3]Sie können insbesondere wirtschaftliche, innovationsbezogene, umweltbezogene, soziale oder beschäftigungspolitische Belange oder den Schutz der Vertraulichkeit von Informationen umfassen.

§ 129[5] Zwingend zu berücksichtigende Ausführungsbedingungen.

Ausführungsbedingungen, die der öffentliche Auftraggeber dem beauftragten Unternehmen verbindlich vorzugeben hat, dürfen nur aufgrund eines Bundes- oder Landesgesetzes festgelegt werden.

§ 130[5] Vergabe von öffentlichen Aufträgen über soziale und andere besondere Dienstleistungen. (1) [1]Bei der Vergabe von öffentlichen Aufträgen über soziale und andere besondere Dienstleistungen im Sinne des Anhangs XIV der Richtlinie 2014/24/EU stehen öffentlichen Auftraggebern das offene Verfahren, das nicht offene Verfahren, das Verhandlungsverfahren mit Teilnahmewettbewerb, der wettbewerbliche Dialog und die Innovationspartnerschaft nach ihrer Wahl zur Verfügung. [2]Ein Verhandlungsverfahren ohne Teilnahmewettbewerb steht nur zur Verfügung, soweit dies aufgrund dieses Gesetzes gestattet ist.

(2) Abweichend von § 132 Absatz 3 ist die Änderung eines öffentlichen Auftrags über soziale und andere besondere Dienstleistungen im Sinne des Anhangs XIV der Richtlinie 2014/24/EU ohne Durchführung eines neuen Vergabeverfahrens zulässig, wenn der Wert der Änderung nicht mehr als 20 Prozent des ursprünglichen Auftragswertes beträgt.

§ 131[5] Vergabe von öffentlichen Aufträgen über Personenverkehrsleistungen im Eisenbahnverkehr. (1) [1]Bei der Vergabe von öffentlichen Aufträgen, deren Gegenstand Personenverkehrsleistungen im Eisenbahnverkehr sind, stehen öffentlichen Auftraggebern das offene und das nicht offene Verfahren, das Verhandlungsverfahren mit Teilnahmewettbewerb, der wettbewerbliche Dialog und die Innovationspartnerschaft nach ihrer Wahl zur Verfügung. [2]Ein Verhandlungsverfahren ohne Teilnahmewettbewerb steht nur zur Verfügung, soweit dies aufgrund dieses Gesetzes gestattet ist.

(2) [1]Anstelle des § 108 Absatz 1 ist Artikel 5 Absatz 2 der Verordnung (EG) Nr. 1370/2007[6] des Europäischen Parlaments und des Rates vom 23. Oktober 2007 über öffentliche Personenverkehrsdienste auf Schiene und Straße und zur

---

[1] **Schönfelder ErgBd. Nr. 80c.**
[2] **Schönfelder ErgBd. Nr. 81.**
[3] **Nipperdey I, Arbeitsrecht Nr. 506.**
[4] **Schönfelder ErgBd. Nr. 84a.**
[5] Teil 4 (§§ 97–184) neu gef. mWv 18.4.2016 durch G v. 17.2.2016 (BGBl. I S. 203).
[6] **Nipperdey I, Arbeitsrecht Nr. 883.**

Aufhebung der Verordnungen (EWG) Nr. 1191/69 und (EWG) Nr. 1107/70 des Rates (ABl. L 315 vom 3.12.2007, S. 1) anzuwenden. [2] Artikel 5 Absatz 5 und Artikel 7 Absatz 2 der Verordnung (EG) Nr. 1370/2007 bleiben unberührt.

(3) [1] Öffentliche Auftraggeber, die öffentliche Aufträge im Sinne von Absatz 1 vergeben, sollen gemäß Artikel 4 Absatz 5 der Verordnung (EG) Nr. 1370/2007 verlangen, dass bei einem Wechsel des Betreibers der Personenverkehrsleistung der ausgewählte Betreiber die Arbeitnehmerinnen und Arbeitnehmer, die beim bisherigen Betreiber für die Erbringung dieser Verkehrsleistung beschäftigt waren, übernimmt und ihnen die Rechte gewährt, auf die sie Anspruch hätten, wenn ein Übergang gemäß § 613a des Bürgerlichen Gesetzbuchs[1)] erfolgt wäre. [2] Für den Fall, dass ein öffentlicher Auftraggeber die Übernahme von Arbeitnehmerinnen und Arbeitnehmern im Sinne von Satz 1 verlangt, beschränkt sich das Verlangen auf diejenigen Arbeitnehmerinnen und Arbeitnehmer, die für die Erbringung der übergehenden Verkehrsleistung unmittelbar erforderlich sind. [3] Der öffentliche Auftraggeber soll Regelungen vorsehen, durch die eine missbräuchliche Anpassung tarifvertraglicher Regelungen zu Lasten des neuen Betreibers zwischen der Veröffentlichung der Auftragsbekanntmachung und der Übernahme des Betriebes ausgeschlossen wird. [4] Der bisherige Betreiber ist nach Aufforderung durch den öffentlichen Auftraggeber verpflichtet, alle hierzu erforderlichen Angaben zu machen.

§ 132[2)] Auftragsänderungen während der Vertragslaufzeit. (1) [1] Wesentliche Änderungen eines öffentlichen Auftrags während der Vertragslaufzeit erfordern ein neues Vergabeverfahren. [2] Wesentlich sind Änderungen, die dazu führen, dass sich der öffentliche Auftrag erheblich von dem ursprünglich vergebenen öffentlichen Auftrag unterscheidet. [3] Eine wesentliche Änderung liegt insbesondere vor, wenn

1. mit der Änderung Bedingungen eingeführt werden, die, wenn sie für das ursprüngliche Vergabeverfahren gegolten hätten,
   a) die Zulassung anderer Bewerber oder Bieter ermöglicht hätten,
   b) die Annahme eines anderen Angebots ermöglicht hätten oder
   c) das Interesse weiterer Teilnehmer am Vergabeverfahren geweckt hätten,
2. mit der Änderung das wirtschaftliche Gleichgewicht des öffentlichen Auftrags zugunsten des Auftragnehmers in einer Weise verschoben wird, die im ursprünglichen Auftrag nicht vorgesehen war,
3. mit der Änderung der Umfang des öffentlichen Auftrags erheblich ausgeweitet wird oder
4. ein neuer Auftragnehmer den Auftragnehmer in anderen als den in Absatz 2 Satz 1 Nummer 4 vorgesehenen Fällen ersetzt.

(2) [1] Unbeschadet des Absatzes 1 ist die Änderung eines öffentlichen Auftrags ohne Durchführung eines neuen Vergabeverfahrens zulässig, wenn

1. in den ursprünglichen Vergabeunterlagen klare, genaue und eindeutig formulierte Überprüfungsklauseln oder Optionen vorgesehen sind, die Angaben zu Art, Umfang und Voraussetzungen möglicher Auftragsänderungen enthalten, und sich aufgrund der Änderung der Gesamtcharakter des Auftrags nicht verändert,

---

1) Nr. **20**.
2) Teil 4 (§§ 97–184) neu gef. mWv 18.4.2016 durch G v. 17.2.2016 (BGBl. I S. 203).

2. zusätzliche Liefer-, Bau- oder Dienstleistungen erforderlich geworden sind, die nicht in den ursprünglichen Vergabeunterlagen vorgesehen waren, und ein Wechsel des Auftragnehmers
   a) aus wirtschaftlichen oder technischen Gründen nicht erfolgen kann und
   b) mit erheblichen Schwierigkeiten oder beträchtlichen Zusatzkosten für den öffentlichen Auftraggeber verbunden wäre,
3. die Änderung aufgrund von Umständen erforderlich geworden ist, die der öffentliche Auftraggeber im Rahmen seiner Sorgfaltspflicht nicht vorhersehen konnte, und sich aufgrund der Änderung der Gesamtcharakter des Auftrags nicht verändert oder
4. ein neuer Auftragnehmer den bisherigen Auftragnehmer ersetzt
   a) aufgrund einer Überprüfungsklausel im Sinne von Nummer 1,
   b) aufgrund der Tatsache, dass ein anderes Unternehmen, das die ursprünglich festgelegten Anforderungen an die Eignung erfüllt, im Zuge einer Unternehmensumstrukturierung, wie zum Beispiel durch Übernahme, Zusammenschluss, Erwerb oder Insolvenz, ganz oder teilweise an die Stelle des ursprünglichen Auftragnehmers tritt, sofern dies keine weiteren wesentlichen Änderungen im Sinne des Absatzes 1 zur Folge hat, oder
   c) aufgrund der Tatsache, dass der öffentliche Auftraggeber selbst die Verpflichtungen des Hauptauftragnehmers gegenüber seinen Unterauftragnehmern übernimmt.

[2] In den Fällen des Satzes 1 Nummer 2 und 3 darf der Preis um nicht mehr als 50 Prozent des Wertes des ursprünglichen Auftrags erhöht werden. [3] Bei mehreren aufeinander folgenden Änderungen des Auftrags gilt diese Beschränkung für den Wert jeder einzelnen Änderung, sofern die Änderungen nicht mit dem Ziel vorgenommen werden, die Vorschriften dieses Teils zu umgehen.

(3) [1] Die Änderung eines öffentlichen Auftrags ohne Durchführung eines neuen Vergabeverfahrens ist ferner zulässig, wenn sich der Gesamtcharakter des Auftrags nicht ändert und der Wert der Änderung

1. die jeweiligen Schwellenwerte nach § 106 nicht übersteigt und
2. bei Liefer- und Dienstleistungsaufträgen nicht mehr als 10 Prozent und bei Bauaufträgen nicht mehr als 15 Prozent des ursprünglichen Auftragswertes beträgt.

[2] Bei mehreren aufeinander folgenden Änderungen ist der Gesamtwert der Änderungen maßgeblich.

(4) Enthält der Vertrag eine Indexierungsklausel, wird für die Wertberechnung gemäß Absatz 2 Satz 2 und 3 sowie gemäß Absatz 3 der höhere Preis als Referenzwert herangezogen.

(5) Änderungen nach Absatz 2 Satz 1 Nummer 2 und 3 sind im Amtsblatt der Europäischen Union bekannt zu machen.

§ 133[1)] Kündigung von öffentlichen Aufträgen in besonderen Fällen.

(1) Unbeschadet des § 135 können öffentliche Auftraggeber einen öffentlichen Auftrag während der Vertragslaufzeit kündigen, wenn

1. eine wesentliche Änderung vorgenommen wurde, die nach § 132 ein neues Vergabeverfahren erfordert hätte,

---

[1)] Teil 4 (§§ 97–184) neu gef. mWv 18.4.2016 durch G v. 17.2.2016 (BGBl. I S. 203).

2. zum Zeitpunkt der Zuschlagserteilung ein zwingender Ausschlussgrund nach § 123 Absatz 1 bis 4 vorlag oder
3. der öffentliche Auftrag aufgrund einer schweren Verletzung der Verpflichtungen aus dem Vertrag über die Arbeitsweise der Europäischen Union[1] oder aus den Vorschriften dieses Teils, die der Europäische Gerichtshof in einem Verfahren nach Artikel 258 des Vertrags über die Arbeitsweise der Europäischen Union festgestellt hat, nicht an den Auftragnehmer hätte vergeben werden dürfen.

(2) [1] Wird ein öffentlicher Auftrag gemäß Absatz 1 gekündigt, kann der Auftragnehmer einen seinen bisherigen Leistungen entsprechenden Teil der Vergütung verlangen. [2] Im Fall des Absatzes 1 Nummer 2 steht dem Auftragnehmer ein Anspruch auf Vergütung insoweit nicht zu, als seine bisherigen Leistungen infolge der Kündigung für den öffentlichen Auftraggeber nicht von Interesse sind.

(3) Die Berechtigung, Schadensersatz zu verlangen, wird durch die Kündigung nicht ausgeschlossen.

§ 134[2] Informations- und Wartepflicht. (1) [1] Öffentliche Auftraggeber haben die Bieter, deren Angebote nicht berücksichtigt werden sollen, über den Namen des Unternehmens, dessen Angebot angenommen werden soll, über die Gründe der vorgesehenen Nichtberücksichtigung ihres Angebots und über den frühesten Zeitpunkt des Vertragsschlusses unverzüglich in Textform zu informieren. [2] Dies gilt auch für Bewerber, denen keine Information über die Ablehnung ihrer Bewerbung zur Verfügung gestellt wurde, bevor die Mitteilung über die Zuschlagsentscheidung an die betroffenen Bieter ergangen ist.

(2) [1] Ein Vertrag darf erst 15 Kalendertage nach Absendung der Information nach Absatz 1 geschlossen werden. [2] Wird die Information auf elektronischem Weg oder per Fax versendet, verkürzt sich die Frist auf zehn Kalendertage. [3] Die Frist beginnt am Tag nach der Absendung der Information durch den Auftraggeber; auf den Tag des Zugangs beim betroffenen Bieter und Bewerber kommt es nicht an.

(3) [1] Die Informationspflicht entfällt in Fällen, in denen das Verhandlungsverfahren ohne Teilnahmewettbewerb wegen besonderer Dringlichkeit gerechtfertigt ist. [2] Im Fall verteidigungs- oder sicherheitsspezifischer Aufträge können öffentliche Auftraggeber beschließen, bestimmte Informationen über die Zuschlagserteilung oder den Abschluss einer Rahmenvereinbarung nicht mitzuteilen, soweit die Offenlegung den Gesetzesvollzug behindert, dem öffentlichen Interesse, insbesondere Verteidigungs- oder Sicherheitsinteressen, zuwiderläuft, berechtigte geschäftliche Interessen von Unternehmen schädigt oder den lauteren Wettbewerb zwischen ihnen beeinträchtigen könnte.

§ 135[2] Unwirksamkeit. (1) Ein öffentlicher Auftrag ist von Anfang an unwirksam, wenn der öffentliche Auftraggeber

1. gegen § 134 verstoßen hat oder
2. den Auftrag ohne vorherige Veröffentlichung einer Bekanntmachung im Amtsblatt der Europäischen Union vergeben hat, ohne dass dies aufgrund Gesetzes gestattet ist,

und dieser Verstoß in einem Nachprüfungsverfahren festgestellt worden ist.

---

[1] **Sartorius Nr. 1001.**

[2] Teil 4 (§§ 97–184) neu gef. mWv 18.4.2016 durch G v. 17.2.2016 (BGBl. I S. 203).

(2) [1] Die Unwirksamkeit nach Absatz 1 kann nur festgestellt werden, wenn sie im Nachprüfungsverfahren innerhalb von 30 Kalendertagen nach der Information der betroffenen Bieter und Bewerber durch den öffentlichen Auftraggeber über den Abschluss des Vertrags, jedoch nicht später als sechs Monate nach Vertragsschluss geltend gemacht worden ist. [2] Hat der Auftraggeber die Auftragsvergabe im Amtsblatt der Europäischen Union bekannt gemacht, endet die Frist zur Geltendmachung der Unwirksamkeit 30 Kalendertage nach Veröffentlichung der Bekanntmachung der Auftragsvergabe im Amtsblatt der Europäischen Union.

(3) [1] Die Unwirksamkeit nach Absatz 1 Nummer 2 tritt nicht ein, wenn

1. der öffentliche Auftraggeber der Ansicht ist, dass die Auftragsvergabe ohne vorherige Veröffentlichung einer Bekanntmachung im Amtsblatt der Europäischen Union zulässig ist,
2. der öffentliche Auftraggeber eine Bekanntmachung im Amtsblatt der Europäischen Union veröffentlicht hat, mit der er die Absicht bekundet, den Vertrag abzuschließen, und
3. der Vertrag nicht vor Ablauf einer Frist von mindestens zehn Kalendertagen, gerechnet ab dem Tag nach der Veröffentlichung dieser Bekanntmachung, abgeschlossen wurde.

[2] Die Bekanntmachung nach Satz 1 Nummer 2 muss den Namen und die Kontaktdaten des öffentlichen Auftraggebers, die Beschreibung des Vertragsgegenstands, die Begründung der Entscheidung des Auftraggebers, den Auftrag ohne vorherige Veröffentlichung einer Bekanntmachung im Amtsblatt der Europäischen Union zu vergeben, und den Namen und die Kontaktdaten des Unternehmens, das den Zuschlag erhalten soll, umfassen.

Abschnitt 3. Vergabe von öffentlichen Aufträgen in besonderen Bereichen und von Konzessionen

Unterabschnitt 1. Vergabe von öffentlichen Aufträgen durch Sektorenauftraggeber

§ 136[1)] Anwendungsbereich. Dieser Unterabschnitt ist anzuwenden auf die Vergabe von öffentlichen Aufträgen und die Ausrichtung von Wettbewerben durch Sektorenauftraggeber zum Zweck der Ausübung einer Sektorentätigkeit.

§ 137[1)] Besondere Ausnahmen. (1) Dieser Teil ist nicht anzuwenden auf die Vergabe von öffentlichen Aufträgen durch Sektorenauftraggeber zum Zweck der Ausübung einer Sektorentätigkeit, wenn die Aufträge Folgendes zum Gegenstand haben:

1. Rechtsdienstleistungen im Sinne des § 116 Absatz 1 Nummer 1,
2. Forschungs- und Entwicklungsdienstleistungen im Sinne des § 116 Absatz 1 Nummer 2,
3. Ausstrahlungszeit oder Bereitstellung von Sendungen, wenn diese Aufträge an Anbieter von audiovisuellen Mediendiensten oder Hörfunkmediendiensten vergeben werden,
4. finanzielle Dienstleistungen im Sinne des § 116 Absatz 1 Nummer 4,
5. Kredite und Darlehen im Sinne des § 116 Absatz 1 Nummer 5,
6. Dienstleistungen im Sinne des § 116 Absatz 1 Nummer 6, wenn diese Aufträge aufgrund eines ausschließlichen Rechts vergeben werden,
7. die Beschaffung von Wasser im Rahmen der Trinkwasserversorgung,

---

1) Teil 4 (§§ 97–184) neu gef. mWv 18.4.2016 durch G v. 17.2.2016 (BGBl. I S. 203).

8. die Beschaffung von Energie oder von Brennstoffen zur Energieerzeugung im Rahmen der Energieversorgung oder
9. die Weiterveräußerung oder Vermietung an Dritte, wenn
   a) dem Sektorenauftraggeber kein besonderes oder ausschließliches Recht zum Verkauf oder zur Vermietung des Auftragsgegenstandes zusteht und
   b) andere Unternehmen die Möglichkeit haben, den Auftragsgegenstand unter den gleichen Bedingungen wie der betreffende Sektorenauftraggeber zu verkaufen oder zu vermieten.

(2) Dieser Teil ist ferner nicht anzuwenden auf die Vergabe von öffentlichen Aufträgen und die Ausrichtung von Wettbewerben, die Folgendes zum Gegenstand haben:

1. Liefer-, Bau- und Dienstleistungen sowie die Ausrichtung von Wettbewerben durch Sektorenauftraggeber nach § 100 Absatz 1 Nummer 2, soweit sie anderen Zwecken dienen als einer Sektorentätigkeit, oder
2. die Durchführung von Sektorentätigkeiten außerhalb des Gebietes der Europäischen Union, wenn der Auftrag in einer Weise vergeben wird, die nicht mit der tatsächlichen Nutzung eines Netzes oder einer Anlage innerhalb dieses Gebietes verbunden ist.

§ 138[1)] Besondere Ausnahme für die Vergabe an verbundene Unternehmen. (1) Dieser Teil ist nicht anzuwenden auf die Vergabe von öffentlichen Aufträgen,

1. die ein Sektorenauftraggeber an ein verbundenes Unternehmen vergibt oder
2. die ein Gemeinschaftsunternehmen, das ausschließlich mehrere Sektorenauftraggeber zur Durchführung einer Sektorentätigkeit gebildet haben, an ein Unternehmen vergibt, das mit einem dieser Sektorenauftraggeber verbunden ist.

(2) Ein verbundenes Unternehmen im Sinne des Absatzes 1 ist

1. ein Unternehmen, dessen Jahresabschluss mit dem Jahresabschluss des Auftraggebers in einem Konzernabschluss eines Mutterunternehmens entsprechend § 271 Absatz 2 des Handelsgesetzbuchs[2)] nach den Vorschriften über die Vollkonsolidierung einzubeziehen ist, oder
2. ein Unternehmen, das
   a) mittelbar oder unmittelbar einem beherrschenden Einfluss nach § 100 Absatz 3 des Sektorenauftraggebers unterliegen kann,
   b) einen beherrschenden Einfluss nach § 100 Absatz 3 auf den Sektorenauftraggeber ausüben kann oder
   c) gemeinsam mit dem Auftraggeber aufgrund der Eigentumsverhältnisse, der finanziellen Beteiligung oder der für das Unternehmen geltenden Bestimmungen dem beherrschenden Einfluss nach § 100 Absatz 3 eines anderen Unternehmens unterliegt.

(3) Absatz 1 gilt für Liefer-, Bau- oder Dienstleistungsaufträge, sofern unter Berücksichtigung aller Liefer-, Bau- oder Dienstleistungen, die von dem verbundenen Unternehmen während der letzten drei Jahre in der Europäischen Union erbracht wurden, mindestens 80 Prozent des im jeweiligen Leistungssektor insgesamt erzielten durchschnittlichen Umsatzes dieses Unternehmens aus der Er-

---

[1)] Teil 4 (§§ 97–184) neu gef. mWv 18.4.2016 durch G v. 17.2.2016 (BGBl. I S. 203).
[2)] Nr. **50**.

bringung von Liefer-, Bau- oder Dienstleistungen für den Sektorenauftraggeber oder andere mit ihm verbundene Unternehmen stammen.

(4) Werden gleiche oder gleichartige Liefer-, Bauoder Dienstleistungen von mehr als einem mit dem Sektorenauftraggeber verbundenen und mit ihm wirtschaftlich zusammengeschlossenen Unternehmen erbracht, so werden die Prozentsätze nach Absatz 3 unter Berücksichtigung des Gesamtumsatzes errechnet, den diese verbundenen Unternehmen mit der Erbringung der jeweiligen Liefer-, Dienst- oder Bauleistung erzielen.

(5) Liegen für die letzten drei Jahre keine Umsatzzahlen vor, genügt es, wenn das Unternehmen etwa durch Prognosen über die Tätigkeitsentwicklung glaubhaft macht, dass die Erreichung des nach Absatz 3 geforderten Umsatzziels wahrscheinlich ist.

§ 139[1)] Besondere Ausnahme für die Vergabe durch oder an ein Gemeinschaftsunternehmen. (1) Dieser Teil ist nicht anzuwenden auf die Vergabe von öffentlichen Aufträgen,

1. die ein Gemeinschaftsunternehmen, das mehrere Sektorenauftraggeber ausschließlich zur Durchführung von Sektorentätigkeiten gebildet haben, an einen dieser Auftraggeber vergibt oder
2. die ein Sektorenauftraggeber, der einem Gemeinschaftsunternehmen im Sinne der Nummer 1 angehört, an dieses Gemeinschaftsunternehmen vergibt.

(2) Voraussetzung ist, dass

1. das Gemeinschaftsunternehmen im Sinne des Absatzes 1 Nummer 1 gebildet wurde, um die betreffende Sektorentätigkeit während eines Zeitraums von mindestens drei Jahren durchzuführen, und
2. in dem Gründungsakt des Gemeinschaftsunternehmens festgelegt wird, dass die das Gemeinschaftsunternehmen bildenden Sektorenauftraggeber dem Gemeinschaftsunternehmen mindestens während desselben Zeitraums angehören werden.

§ 140[2)] Besondere Ausnahme für unmittelbar dem Wettbewerb ausgesetzte Tätigkeiten. (1) [1] Dieser Teil ist nicht anzuwenden auf öffentliche Aufträge, die zum Zweck der Ausübung einer Sektorentätigkeit vergeben werden, wenn die Sektorentätigkeit unmittelbar dem Wettbewerb auf Märkten ausgesetzt ist, die keiner Zugangsbeschränkung unterliegen. [2] Dasselbe gilt für Wettbewerbe, die im Zusammenhang mit der Sektorentätigkeit ausgerichtet werden.

(2) [1] Für Gutachten und Stellungnahmen, die aufgrund der nach § 113 Satz 2 Nummer 8 erlassenen Rechtsverordnung vorgenommen werden, erhebt das Bundeskartellamt Kosten (Gebühren und Auslagen) zur Deckung des Verwaltungsaufwands. [2] § 62 Absatz 1 Satz 3 und Absatz 2 Satz 1, Satz 2 Nummer 1, Satz 3 und 4, Absatz 5 Satz 1 sowie Absatz 6 Satz 1 Nummer 2, Satz 2 und 3 gilt entsprechend. [3] Hinsichtlich der Möglichkeit zur Beschwerde über die Kostenentscheidung gilt § 73 Absatz 1 und 4 entsprechend.

[1)] Teil 4 (§§ 97–184) neu gef. mWv 18.4.2016 durch G v. 17.2.2016 (BGBl. I S. 203).

[2)] § 140 neu gef. mWv 18.4.2016 durch G v. 17.2.2016 (BGBl. I S. 203); Abs. 2 Sätze 2 und 3 geänd. mWv 19.1.2021 durch G v. 18.1.2021 (BGBl. I S. 2).

§ 141[1)] Verfahrensarten. (1) Sektorenauftraggebern stehen das offene Verfahren, das nicht offene Verfahren, das Verhandlungsverfahren mit Teilnahmewettbewerb und der wettbewerbliche Dialog nach ihrer Wahl zur Verfügung.

(2) Das Verhandlungsverfahren ohne Teilnahmewettbewerb und die Innovationspartnerschaft stehen nur zur Verfügung, soweit dies aufgrund dieses Gesetzes gestattet ist.

§ 142[1)] Sonstige anwendbare Vorschriften. Im Übrigen gelten für die Vergabe von öffentlichen Aufträgen durch Sektorenauftraggeber zum Zweck der Ausübung von Sektorentätigkeiten die §§ 118 und 119, soweit in § 141 nicht abweichend geregelt, die §§ 120 bis 129, 130 in Verbindung mit Anhang XVII der Richtlinie 2014/25/EU sowie die §§ 131 bis 135 mit der Maßgabe entsprechend, dass

1. Sektorenauftraggeber abweichend von § 122 Absatz 1 und 2 die Unternehmen anhand objektiver Kriterien auswählen, die allen interessierten Unternehmen zugänglich sind,
2. Sektorenauftraggeber nach § 100 Absatz 1 Nummer 2 ein Unternehmen nach § 123 ausschließen können, aber nicht ausschließen müssen,
3. § 132 Absatz 2 Satz 2 und 3 nicht anzuwenden ist.

§ 143[1)] Regelung für Auftraggeber nach dem Bundesberggesetz.

(1) [1] Sektorenauftraggeber, die nach dem Bundesberggesetz[2)] berechtigt sind, Erdöl, Gas, Kohle oder andere feste Brennstoffe aufzusuchen oder zu gewinnen, müssen bei der Vergabe von Liefer-, Bau- oder Dienstleistungsaufträgen oberhalb der Schwellenwerte nach § 106 Absatz 2 Nummer 2 zur Durchführung der Aufsuchung oder Gewinnung von Erdöl, Gas, Kohle oder anderen festen Brennstoffen die Grundsätze der Nichtdiskriminierung und der wettbewerbsorientierten Auftragsvergabe beachten. [2] Insbesondere müssen sie Unternehmen, die ein Interesse an einem solchen Auftrag haben können, ausreichend informieren und bei der Auftragsvergabe objektive Kriterien zugrunde legen. [3] Die Sätze 1 und 2 gelten nicht für die Vergabe von Aufträgen, deren Gegenstand die Beschaffung von Energie oder Brennstoffen zur Energieerzeugung ist.

(2) [1] Die Auftraggeber nach Absatz 1 erteilen der Europäischen Kommission über das Bundesministerium für Wirtschaft und Energie Auskunft über die Vergabe der unter diese Vorschrift fallenden Aufträge nach Maßgabe der Entscheidung 93/327/EWG der Kommission vom 13. Mai 1993 zur Festlegung der Voraussetzungen, unter denen die öffentlichen Auftraggeber, die geographisch abgegrenzte Gebiete zum Zwecke der Suche oder Förderung von Erdöl, Gas, Kohle oder anderen Festbrennstoffen nutzen, der Kommission Auskunft über die von ihnen vergebenen Aufträge zu erteilen haben (ABl. L 129 vom 27.5.1993, S. 25). [2] Sie können über das Verfahren gemäß der Rechtsverordnung nach § 113 Satz 2 Nummer 8 unter den dort geregelten Voraussetzungen eine Befreiung von der Pflicht zur Anwendung dieser Bestimmung erreichen.

[1)] Teil 4 (§§ 97–184) neu gef. mWv 18.4.2016 durch G v. 17.2.2016 (BGBl. I S. 203).
[2)] **Schönfelder II Nr. 27a.**

Unterabschnitt 2. Vergabe von verteidigungs- oder sicherheitsspezifischen öffentlichen Aufträgen

§ 144[1)] Anwendungsbereich. Dieser Unterabschnitt ist anzuwenden auf die Vergabe von verteidigungs- oder sicherheitsspezifischen öffentlichen Aufträgen durch öffentliche Auftraggeber und Sektorenauftraggeber.

§ 145[1)] Besondere Ausnahmen für die Vergabe von verteidigungs- oder sicherheitsspezifischen öffentlichen Aufträgen. Dieser Teil ist nicht anzuwenden auf die Vergabe von verteidigungs- oder sicherheitsspezifischen öffentlichen Aufträgen, die

1. den Zwecken nachrichtendienstlicher Tätigkeiten dienen,
2. im Rahmen eines Kooperationsprogramms vergeben werden, das
   a) auf Forschung und Entwicklung beruht und
   b) mit mindestens einem anderen Mitgliedstaat der Europäischen Union für die Entwicklung eines neuen Produkts und gegebenenfalls die späteren Phasen des gesamten oder eines Teils des Lebenszyklus dieses Produkts durchgeführt wird;

   beim Abschluss eines solchen Abkommens teilt die Europäische Kommission den Anteil der Forschungs- und Entwicklungsausgaben an den Gesamtkosten des Programms, die Vereinbarung über die Kostenteilung und gegebenenfalls den geplanten Anteil der Beschaffungen je Mitgliedstaat mit,
3. in einem Staat außerhalb der Europäischen Union vergeben werden; zu diesen Aufträgen gehören auch zivile Beschaffungen im Rahmen des Einsatzes von Streitkräften oder von Polizeien des Bundes oder der Länder außerhalb des Gebiets der Europäischen Union, wenn der Einsatz es erfordert, dass im Einsatzgebiet ansässige Unternehmen beauftragt werden; zivile Beschaffungen sind Beschaffungen nicht-militärischer Produkte und Beschaffungen von Bau- oder Dienstleistungen für logistische Zwecke,
4. die Bundesregierung, eine Landesregierung oder eine Gebietskörperschaft an eine andere Regierung oder an eine Gebietskörperschaft eines anderen Staates vergibt und die Folgendes zum Gegenstand haben:
   a) die Lieferung von Militärausrüstung im Sinne des § 104 Absatz 2 oder die Lieferung von Ausrüstung, die im Rahmen eines Verschlusssachenauftrags im Sinne des § 104 Absatz 3 vergeben wird,
   b) Bau- und Dienstleistungen, die in unmittelbarem Zusammenhang mit dieser Ausrüstung stehen,
   c) Bau- und Dienstleistungen speziell für militärische Zwecke oder
   d) Bau- und Dienstleistungen, die im Rahmen eines Verschlusssachenauftrags im Sinne des § 104 Absatz 3 vergeben werden,
5. Finanzdienstleistungen mit Ausnahme von Versicherungsdienstleistungen zum Gegenstand haben,
6. Forschungs- und Entwicklungsdienstleistungen zum Gegenstand haben, es sei denn, die Ergebnisse werden ausschließlich Eigentum des Auftraggebers für seinen Gebrauch bei der Ausübung seiner eigenen Tätigkeit und die Dienstleistung wird vollständig durch den Auftraggeber vergütet, oder
7. besonderen Verfahrensregeln unterliegen,

[1)] Teil 4 (§§ 97–184) neu gef. mWv 18.4.2016 durch G v. 17.2.2016 (BGBl. I S. 203).

a) die sich aus einem internationalen Abkommen oder einer internationalen Vereinbarung ergeben, das oder die zwischen einem oder mehreren Mitgliedstaaten der Europäischen Union und einem oder mehreren Staaten, die nicht Vertragsparteien des Übereinkommens über den Europäischen Wirtschaftsraum sind, geschlossen wurde,

b) die sich aus einem internationalen Abkommen oder einer internationalen Vereinbarung im Zusammenhang mit der Stationierung von Truppen ergeben, das oder die Unternehmen eines Mitgliedstaates der Europäischen Union oder eines anderen Staates betrifft, oder

c) die für eine internationale Organisation gelten, wenn diese für ihre Zwecke Beschaffungen tätigt oder wenn ein Mitgliedstaat öffentliche Aufträge nach diesen Regeln vergeben muss.

§ 146[1)] Verfahrensarten. [1] Bei der Vergabe von verteidigungs- oder sicherheitsspezifischen öffentlichen Aufträgen stehen öffentlichen Auftraggebern und Sektorenauftraggebern das nicht offene Verfahren und das Verhandlungsverfahren mit Teilnahmewettbewerb nach ihrer Wahl zur Verfügung. [2] Das Verhandlungsverfahren ohne Teilnahmewettbewerb und der wettbewerbliche Dialog stehen nur zur Verfügung, soweit dies aufgrund dieses Gesetzes gestattet ist.

§ 147[1)] Sonstige anwendbare Vorschriften. [1] Im Übrigen gelten für die Vergabe von verteidigungs- oder sicherheitsspezifischen öffentlichen Aufträgen die §§ 119, 120, 121 Absatz 1 und 3 sowie die §§ 122 bis 135 mit der Maßgabe entsprechend, dass ein Unternehmen gemäß § 124 Absatz 1 auch dann von der Teilnahme an einem Vergabeverfahren ausgeschlossen werden kann, wenn das Unternehmen nicht die erforderliche Vertrauenswürdigkeit aufweist, um Risiken für die nationale Sicherheit auszuschließen. [2] Der Nachweis, dass Risiken für die nationale Sicherheit nicht auszuschließen sind, kann auch mit Hilfe geschützter Datenquellen erfolgen.

Unterabschnitt 3. Vergabe von Konzessionen

§ 148[1)] Anwendungsbereich. Dieser Unterabschnitt ist anzuwenden auf die Vergabe von Konzessionen durch Konzessionsgeber.

§ 149[1)] Besondere Ausnahmen. Dieser Teil ist nicht anzuwenden auf die Vergabe von:

1. Konzessionen zu Rechtsdienstleistungen im Sinne des § 116 Absatz 1 Nummer 1,
2. Konzessionen zu Forschungs- und Entwicklungsdienstleistungen im Sinne des § 116 Absatz 1 Nummer 2,
3. Konzessionen zu audiovisuellen Mediendiensten oder Hörfunkmediendiensten im Sinne des § 116 Absatz 1 Nummer 3,
4. Konzessionen zu finanziellen Dienstleistungen im Sinne des § 116 Absatz 1 Nummer 4,
5. Konzessionen zu Krediten und Darlehen im Sinne des § 116 Absatz 1 Nummer 5,

[1)] Teil 4 (§§ 97–184) neu gef. mWv 18.4.2016 durch G v. 17.2.2016 (BGBl. I S. 203).

6. Dienstleistungskonzessionen, die an einen Konzessionsgeber nach § 101 Absatz 1 Nummer 1 oder Nummer 2 aufgrund eines auf Gesetz oder Verordnung beruhenden ausschließlichen Rechts vergeben werden,
7. Dienstleistungskonzessionen, die an ein Unternehmen aufgrund eines ausschließlichen Rechts vergeben werden, das diesem im Einklang mit den nationalen und unionsrechtlichen Rechtsvorschriften über den Marktzugang für Tätigkeiten nach § 102 Absatz 2 bis 6 gewährt wurde; ausgenommen hiervon sind Dienstleistungskonzessionen für Tätigkeiten, für die die Unionsvorschriften keine branchenspezifischen Transparenzverpflichtungen vorsehen; Auftraggeber, die einem Unternehmen ein ausschließliches Recht im Sinne dieser Vorschrift gewähren, setzen die Europäische Kommission hierüber binnen eines Monats nach Gewährung dieses Rechts in Kenntnis,
8. Konzessionen, die hauptsächlich dazu dienen, dem Konzessionsgeber im Sinne des § 101 Absatz 1 Nummer 1 die Bereitstellung oder den Betrieb öffentlicher Kommunikationsnetze oder die Bereitstellung eines oder mehrerer elektronischer Kommunikationsdienste für die Öffentlichkeit zu ermöglichen,
9. Konzessionen im Bereich Wasser, die
   a) die Bereitstellung oder das Betreiben fester Netze zur Versorgung der Allgemeinheit im Zusammenhang mit der Gewinnung, dem Transport oder der Verteilung von Trinkwasser oder die Einspeisung von Trinkwasser in diese Netze betreffen oder
   b) mit einer Tätigkeit nach Buchstabe a im Zusammenhang stehen und einen der nachfolgend aufgeführten Gegenstände haben:
      aa) Wasserbau-, Bewässerungs- und Entwässerungsvorhaben, sofern die zur Trinkwasserversorgung bestimmte Wassermenge mehr als 20 Prozent der Gesamtwassermenge ausmacht, die mit den entsprechenden Vorhaben oder Bewässerungs- oder Entwässerungsanlagen zur Verfügung gestellt wird, oder
      bb) Abwasserbeseitigung oder -behandlung,
10. Dienstleistungskonzessionen zu Lotteriedienstleistungen, die unter die Referenznummer des Common Procurement Vocabulary 92351100-7 fallen, und die einem Unternehmen auf der Grundlage eines ausschließlichen Rechts gewährt werden,
11. Konzessionen, die Konzessionsgeber im Sinne des § 101 Absatz 1 Nummer 2 und 3 zur Durchführung ihrer Tätigkeiten in einem nicht der Europäischen Union angehörenden Staat in einer Weise vergeben, die nicht mit der physischen Nutzung eines Netzes oder geografischen Gebiets in der Europäischen Union verbunden ist, oder
12. Konzessionen, die im Bereich der Luftverkehrsdienste auf der Grundlage der Erteilung einer Betriebsgenehmigung im Sinne der Verordnung (EG) Nr. 1008/2008 des Europäischen Parlaments und des Rates vom 24. September 2008 über gemeinsame Vorschriften für die Durchführung von Luftverkehrsdiensten in der Gemeinschaft (ABl. L 293 vom 31.10.2008, S. 3) vergeben werden, oder von Konzessionen, die die Beförderung von Personen im Sinne des § 1 des Personenbeförderungsgesetzes[1] betreffen.

---

[1] **Sartorius Nr. 950.**

§ 150[1)] Besondere Ausnahmen für die Vergabe von Konzessionen in den Bereichen Verteidigung und Sicherheit. Dieser Teil ist nicht anzuwenden auf die Vergabe von Konzessionen in den Bereichen Verteidigung und Sicherheit,

1. bei denen die Anwendung der Vorschriften dieses Teils den Konzessionsgeber verpflichten würde, Auskünfte zu erteilen, deren Preisgabe seines Erachtens den wesentlichen Sicherheitsinteressen der Bundesrepublik Deutschland zuwiderläuft, oder wenn die Vergabe und Durchführung der Konzession als geheim zu erklären sind oder von besonderen Sicherheitsmaßnahmen gemäß den geltenden Rechts- oder Verwaltungsvorschriften begleitet sein müssen, sofern der Konzessionsgeber festgestellt hat, dass die betreffenden wesentlichen Interessen nicht durch weniger einschneidende Maßnahmen gewahrt werden können, wie beispielsweise durch Anforderungen, die auf den Schutz der Vertraulichkeit der Informationen abzielen, die Konzessionsgeber im Rahmen eines Konzessionsvergabeverfahrens zur Verfügung stellen,
2. die im Rahmen eines Kooperationsprogramms vergeben werden, das
   a) auf Forschung und Entwicklung beruht und
   b) mit mindestens einem anderen Mitgliedstaat der Europäischen Union für die Entwicklung eines neuen Produkts und gegebenenfalls die späteren Phasen des gesamten oder eines Teils des Lebenszyklus dieses Produkts durchgeführt wird,
3. die die Bundesregierung an eine andere Regierung für in unmittelbarem Zusammenhang mit Militärausrüstung oder sensibler Ausrüstung stehende Bau- und Dienstleistungen oder für Bau- und Dienstleistungen speziell für militärische Zwecke oder für sensible Bau- und Dienstleistungen vergibt,
4. die in einem Staat, der nicht Vertragspartei des Übereinkommens über den Europäischen Wirtschaftsraum ist, im Rahmen des Einsatzes von Truppen außerhalb des Gebiets der Europäischen Union vergeben werden, wenn der Einsatz erfordert, dass diese Konzessionen an im Einsatzgebiet ansässige Unternehmen vergeben werden,
5. die durch andere Ausnahmevorschriften dieses Teils erfasst werden,
6. die nicht bereits gemäß den Nummern 1 bis 5 ausgeschlossen sind, wenn der Schutz wesentlicher Sicherheitsinteressen der Bundesrepublik Deutschland nicht durch weniger einschneidende Maßnahmen garantiert werden kann, wie beispielsweise durch Anforderungen, die auf den Schutz der Vertraulichkeit der Informationen abzielen, die Konzessionsgeber im Rahmen eines Konzessionsvergabeverfahrens zur Verfügung stellen, oder
7. die besonderen Verfahrensregeln unterliegen,
   a) die sich aus einem internationalen Abkommen oder einer internationalen Vereinbarung ergeben, das oder die zwischen einem oder mehreren Mitgliedstaaten der Europäischen Union und einem oder mehreren Staaten, die nicht Vertragsparteien des Übereinkommens über den Europäischen Wirtschaftsraum sind, geschlossen wurde,
   b) die sich aus einem internationalen Abkommen oder einer internationalen Vereinbarung im Zusammenhang mit der Stationierung von Truppen ergeben, das oder die Unternehmen eines Mitgliedstaates der Europäischen Union oder eines anderen Staates betrifft, oder

---

[1)] § 150 neu gef. mWv 18.4.2016 durch G v. 17.2.2016 (BGBl. I S. 203); Nr. 7 Buchst. a geänd. mWv 2.4.2020 durch G v. 25.3.2020 (BGBl. I S. 674).

c) die für eine internationale Organisation gelten, wenn diese für ihre Zwecke Beschaffungen tätigt oder wenn ein Mitgliedstaat der Europäischen Union Aufträge nach diesen Regeln vergeben muss.

§ 151[1)] Verfahren. [1]Konzessionsgeber geben die Absicht bekannt, eine Konzession zu vergeben. [2]Auf die Veröffentlichung der Konzessionsvergabeabsicht darf nur verzichtet werden, soweit dies aufgrund dieses Gesetzes zulässig ist. [3]Im Übrigen dürfen Konzessionsgeber das Verfahren zur Vergabe von Konzessionen vorbehaltlich der aufgrund dieses Gesetzes erlassenen Verordnung zu den Einzelheiten des Vergabeverfahrens frei ausgestalten.

§ 152[1)] Anforderungen im Konzessionsvergabeverfahren. (1) Zur Leistungsbeschreibung ist § 121 Absatz 1 und 3 entsprechend anzuwenden.

(2) Konzessionen werden an geeignete Unternehmen im Sinne des § 122 vergeben.

(3) [1]Der Zuschlag wird auf der Grundlage objektiver Kriterien erteilt, die sicherstellen, dass die Angebote unter wirksamen Wettbewerbsbedingungen bewertet werden, sodass ein wirtschaftlicher Gesamtvorteil für den Konzessionsgeber ermittelt werden kann. [2]Die Zuschlagskriterien müssen mit dem Konzessionsgegenstand in Verbindung stehen und dürfen dem Konzessionsgeber keine uneingeschränkte Wahlfreiheit einräumen. [3]Sie können qualitative, umweltbezogene oder soziale Belange umfassen. [4]Die Zuschlagskriterien müssen mit einer Beschreibung einhergehen, die eine wirksame Überprüfung der von den Bietern übermittelten Informationen gestatten, damit bewertet werden kann, ob und inwieweit die Angebote die Zuschlagskriterien erfüllen.

(4) Die Vorschriften zur Auftragsausführung nach § 128 und zu den zwingend zu berücksichtigenden Ausführungsbedingungen nach § 129 sind entsprechend anzuwenden.

§ 153[1)] Vergabe von Konzessionen über soziale und andere besondere Dienstleistungen. Für das Verfahren zur Vergabe von Konzessionen, die soziale und andere besondere Dienstleistungen im Sinne des Anhangs IV der Richtlinie 2014/23/EU betreffen, sind die §§ 151 und 152 anzuwenden.

§ 154[1)] Sonstige anwendbare Vorschriften. Im Übrigen sind für die Vergabe von Konzessionen einschließlich der Konzessionen nach § 153 folgende Vorschriften entsprechend anzuwenden:

1. § 118 hinsichtlich vorbehaltener Konzessionen,
2. die §§ 123 bis 126 mit der Maßgabe, dass
   a) Konzessionsgeber nach § 101 Absatz 1 Nummer 3 ein Unternehmen unter den Voraussetzungen des § 123 ausschließen können, aber nicht ausschließen müssen,
   b) Konzessionsgeber im Fall einer Konzession in den Bereichen Verteidigung und Sicherheit ein Unternehmen von der Teilnahme an einem Vergabeverfahren ausschließen können, wenn das Unternehmen nicht die erforderliche Vertrauenswürdigkeit aufweist, um Risiken für die nationale Sicherheit auszuschließen; der Nachweis kann auch mithilfe geschützter Datenquellen erfolgen,
3. § 131 Absatz 2 und 3 und § 132 mit der Maßgabe, dass

[1)] Teil 4 (§§ 97–184) neu gef. mWv 18.4.2016 durch G v. 17.2.2016 (BGBl. I S. 203).

a) § 132 Absatz 2 Satz 2 und 3 für die Vergabe von Konzessionen, die Tätigkeiten nach § 102 Absatz 2 bis 6 betreffen, nicht anzuwenden ist und
b) die Obergrenze des § 132 Absatz 3 Nummer 2 für Bau- und Dienstleistungskonzessionen einheitlich 10 Prozent des Wertes der ursprünglichen Konzession beträgt,

4. die §§ 133 bis 135,
5. § 138 hinsichtlich der Vergabe von Konzessionen durch Konzessionsgeber im Sinne des § 101 Absatz 1 Nummer 2 und 3 an verbundene Unternehmen,
6. § 139 hinsichtlich der Vergabe von Konzessionen durch Konzessionsgeber im Sinne des § 101 Absatz 1 Nummer 2 und 3 an ein Gemeinschaftsunternehmen oder durch Gemeinschaftsunternehmen an einen Konzessionsgeber im Sinne des § 101 Absatz 1 Nummer 2 und 3 und
7. § 140 hinsichtlich der Vergabe von Konzessionen durch Konzessionsgeber im Sinne des § 101 Absatz 1 Nummer 2 und 3 für unmittelbar dem Wettbewerb ausgesetzte Tätigkeiten.

Kapitel 2. Nachprüfungsverfahren

Abschnitt 1. Nachprüfungsbehörden

§ 155[1)] Grundsatz. Unbeschadet der Prüfungsmöglichkeiten von Aufsichtsbehörden unterliegt die Vergabe öffentlicher Aufträge und von Konzessionen der Nachprüfung durch die Vergabekammern.

§ 156[1)] Vergabekammern. (1) Die Nachprüfung der Vergabe öffentlicher Aufträge und der Vergabe von Konzessionen nehmen die Vergabekammern des Bundes für die dem Bund zuzurechnenden öffentlichen Aufträge und Konzessionen, die Vergabekammern der Länder für die diesen zuzurechnenden öffentlichen Aufträge und Konzessionen wahr.

(2) Rechte aus § 97 Absatz 6 sowie sonstige Ansprüche gegen Auftraggeber, die auf die Vornahme oder das Unterlassen einer Handlung in einem Vergabeverfahren gerichtet sind, können nur vor den Vergabekammern und dem Beschwerdegericht geltend gemacht werden.

(3) Die Zuständigkeit der ordentlichen Gerichte für die Geltendmachung von Schadensersatzansprüchen und die Befugnisse der Kartellbehörden zur Verfolgung von Verstößen insbesondere gegen die §§ 19 und 20 bleiben unberührt.

§ 157[1)] Besetzung, Unabhängigkeit. (1) Die Vergabekammern üben ihre Tätigkeit im Rahmen der Gesetze unabhängig und in eigener Verantwortung aus.

(2) [1]Die Vergabekammern entscheiden in der Besetzung mit einem Vorsitzenden und zwei Beisitzern, von denen einer ein ehrenamtlicher Beisitzer ist. [2]Der Vorsitzende und der hauptamtliche Beisitzer müssen Beamte auf Lebenszeit mit der Befähigung zum höheren Verwaltungsdienst oder vergleichbar fachkundige Angestellte sein. [3]Der Vorsitzende oder der hauptamtliche Beisitzer muss die Befähigung zum Richteramt haben; in der Regel soll dies der Vorsitzende sein. [4]Die Beisitzer sollen über gründliche Kenntnisse des Vergabewesens, die ehrenamtlichen Beisitzer auch über mehrjährige praktische Erfahrungen auf dem Gebiet des Vergabewesens verfügen. [5]Bei der Überprüfung der Vergabe von verteidigungs- oder sicherheitsspezifischen Aufträgen im Sinne des § 104 können die

---

1) Teil 4 (§§ 97–184) neu gef. mWv 18.4.2016 durch G v. 17.2.2016 (BGBl. I S. 203).

Vergabekammern abweichend von Satz 1 auch in der Besetzung mit einem Vorsitzenden und zwei hauptamtlichen Beisitzern entscheiden.

(3) [1] Die Kammer kann das Verfahren dem Vorsitzenden oder dem hauptamtlichen Beisitzer ohne mündliche Verhandlung durch unanfechtbaren Beschluss zur alleinigen Entscheidung übertragen. [2] Diese Übertragung ist nur möglich, sofern die Sache keine wesentlichen Schwierigkeiten in tatsächlicher oder rechtlicher Hinsicht aufweist und die Entscheidung nicht von grundsätzlicher Bedeutung sein wird.

(4) [1] Die Mitglieder der Kammer werden für eine Amtszeit von fünf Jahren bestellt. [2] Sie entscheiden unabhängig und sind nur dem Gesetz unterworfen.

§ 158[1)] Einrichtung, Organisation. (1) [1] Der Bund richtet die erforderliche Anzahl von Vergabekammern beim Bundeskartellamt ein. [2] Einrichtung und Besetzung der Vergabekammern sowie die Geschäftsverteilung bestimmt der Präsident des Bundeskartellamts. [3] Ehrenamtliche Beisitzer und deren Stellvertreter ernennt er auf Vorschlag der Spitzenorganisationen der öffentlich-rechtlichen Kammern. [4] Der Präsident des Bundeskartellamts erlässt nach Genehmigung durch das Bundesministerium für Wirtschaft und Energie eine Geschäftsordnung und veröffentlicht diese im Bundesanzeiger.

(2) [1] Die Einrichtung, Organisation und Besetzung der in diesem Abschnitt genannten Stellen (Nachprüfungsbehörden) der Länder bestimmen die nach Landesrecht zuständigen Stellen, mangels einer solchen Bestimmung die Landesregierung, die die Ermächtigung weiter übertragen kann. [2] Die Länder können gemeinsame Nachprüfungsbehörden einrichten.

§ 159[1)] Abgrenzung der Zuständigkeit der Vergabekammern. (1) Die Vergabekammer des Bundes ist zuständig für die Nachprüfung der Vergabeverfahren

1. des Bundes;
2. von öffentlichen Auftraggebern im Sinne des § 99 Nummer 2, von Sektorenauftraggebern im Sinne des § 100 Absatz 1 Nummer 1 in Verbindung mit § 99 Nummer 2 und Konzessionsgebern im Sinne des § 101 Absatz 1 Nummer 1 in Verbindung mit § 99 Nummer 2, sofern der Bund die Beteiligung überwiegend verwaltet oder die sonstige Finanzierung überwiegend gewährt hat oder über die Leitung überwiegend die Aufsicht ausübt oder die Mitglieder des zur Geschäftsführung oder zur Aufsicht berufenen Organs überwiegend bestimmt hat, es sei denn, die an dem Auftraggeber Beteiligten haben sich auf die Zuständigkeit einer anderen Vergabekammer geeinigt;
3. von Sektorenauftraggebern im Sinne des § 100 Absatz 1 Nummer 2 und von Konzessionsgebern im Sinne des § 101 Absatz 1 Nummer 3, sofern der Bund auf sie einen beherrschenden Einfluss ausübt; ein beherrschender Einfluss liegt vor, wenn der Bund unmittelbar oder mittelbar die Mehrheit des gezeichneten *Kapitals* des Auftraggebers besitzt oder über die Mehrheit der mit den Anteilen des Auftraggebers verbundenen Stimmrechte verfügt oder mehr als die Hälfte der Mitglieder des Verwaltungs-, Leitungs- oder Aufsichtsorgans des Auftraggebers bestellen kann;
4. von Auftraggebern im Sinne des § 99 Nummer 4, sofern der Bund die Mittel überwiegend bewilligt hat;

[1)] Teil 4 (§§ 97–184) neu gef. mWv 18.4.2016 durch G v. 17.2.2016 (BGBl. I S. 203).

5. die im Rahmen der Organleihe für den Bund durchgeführt werden;
6. in Fällen, in denen sowohl die Vergabekammer des Bundes als auch eine oder mehrere Vergabekammern der Länder zuständig sind.

(2) [1] Wird das Vergabeverfahren von einem Land im Rahmen der Auftragsverwaltung für den Bund durchgeführt, ist die Vergabekammer dieses Landes zuständig. [2] Ist in entsprechender Anwendung des Absatzes 1 Nummer 2 bis 5 ein Auftraggeber einem Land zuzuordnen, ist die Vergabekammer des jeweiligen Landes zuständig.

(3) [1] In allen anderen Fällen wird die Zuständigkeit der Vergabekammern nach dem Sitz des Auftraggebers bestimmt. [2] Bei länderübergreifenden Beschaffungen benennen die Auftraggeber in der Vergabebekanntmachung nur eine zuständige Vergabekammer.

Abschnitt 2. Verfahren vor der Vergabekammer

§ 160[1)] Einleitung, Antrag. (1) Die Vergabekammer leitet ein Nachprüfungsverfahren nur auf Antrag ein.

(2) [1] Antragsbefugt ist jedes Unternehmen, das ein Interesse an dem öffentlichen Auftrag oder der Konzession hat und eine Verletzung in seinen Rechten nach § 97 Absatz 6 durch Nichtbeachtung von Vergabevorschriften geltend macht. [2] Dabei ist darzulegen, dass dem Unternehmen durch die behauptete Verletzung der Vergabevorschriften ein Schaden entstanden ist oder zu entstehen droht.

(3) [1] Der Antrag ist unzulässig, soweit

1. der Antragsteller den geltend gemachten Verstoß gegen Vergabevorschriften vor Einreichen des Nachprüfungsantrags erkannt und gegenüber dem Auftraggeber nicht innerhalb einer Frist von zehn Kalendertagen gerügt hat; der Ablauf der Frist nach § 134 Absatz 2 bleibt unberührt,
2. Verstöße gegen Vergabevorschriften, die aufgrund der Bekanntmachung erkennbar sind, nicht spätestens bis zum Ablauf der in der Bekanntmachung benannten Frist zur Bewerbung oder zur Angebotsabgabe gegenüber dem Auftraggeber gerügt werden,
3. Verstöße gegen Vergabevorschriften, die erst in den Vergabeunterlagen erkennbar sind, nicht spätestens bis zum Ablauf der Frist zur Bewerbung oder zur Angebotsabgabe gegenüber dem Auftraggeber gerügt werden,
4. mehr als 15 Kalendertage nach Eingang der Mitteilung des Auftraggebers, einer Rüge nicht abhelfen zu wollen, vergangen sind.

[2] Satz 1 gilt nicht bei einem Antrag auf Feststellung der Unwirksamkeit des Vertrags nach § 135 Absatz 1 Nummer 2. [3] § 134 Absatz 1 Satz 2 bleibt unberührt.

§ 161[1)] Form, Inhalt. (1) [1] Der Antrag ist schriftlich bei der Vergabekammer einzureichen und unverzüglich zu begründen. [2] Er soll ein bestimmtes Begehren enthalten. [3] Ein Antragsteller ohne Wohnsitz oder gewöhnlichen Aufenthalt, Sitz oder Geschäftsleitung im Geltungsbereich dieses Gesetzes hat einen Empfangsbevollmächtigten im Geltungsbereich dieses Gesetzes zu benennen.

(2) Die Begründung muss die Bezeichnung des Antragsgegners, eine Beschreibung der behaupteten Rechtsverletzung mit Sachverhaltsdarstellung und die Bezeichnung der verfügbaren Beweismittel enthalten sowie darlegen, dass die Rüge

---

[1)] Teil 4 (§§ 97–184) neu gef. mWv 18.4.2016 durch G v. 17.2.2016 (BGBl. I S. 203).

gegenüber dem Auftraggeber erfolgt ist; sie soll, soweit bekannt, die sonstigen Beteiligten benennen.

§ 162[1)] Verfahrensbeteiligte, Beiladung. [1] Verfahrensbeteiligte sind der Antragsteller, der Auftraggeber und die Unternehmen, deren Interessen durch die Entscheidung schwerwiegend berührt werden und die deswegen von der Vergabekammer beigeladen worden sind. [2] Die Entscheidung über die Beiladung ist unanfechtbar.

§ 163[2)] Untersuchungsgrundsatz. (1) [1] Die Vergabekammer erforscht den Sachverhalt von Amts wegen. [2] Sie kann sich dabei auf das beschränken, was von den Beteiligten vorgebracht wird oder ihr sonst bekannt sein muss. [3] Zu einer umfassenden Rechtmäßigkeitskontrolle ist die Vergabekammer nicht verpflichtet. [4] Sie achtet bei ihrer gesamten Tätigkeit darauf, dass der Ablauf des Vergabeverfahrens nicht unangemessen beeinträchtigt wird.

(2) [1] Die Vergabekammer prüft den Antrag darauf, ob er offensichtlich unzulässig oder unbegründet ist. [2] Dabei berücksichtigt die Vergabekammer auch einen vorsorglich hinterlegten Schriftsatz (Schutzschrift) des Auftraggebers. [3] Sofern der Antrag nicht offensichtlich unzulässig oder unbegründet ist, übermittelt die Vergabekammer dem Auftraggeber eine Kopie des Antrags und fordert bei ihm die Akten an, die das Vergabeverfahren dokumentieren (Vergabeakten). [4] Der Auftraggeber hat die Vergabeakten der Kammer sofort zur Verfügung zu stellen. [5] Die §§ 57 bis 59 Absatz 1 bis 4, § 59a Absatz 1 bis 3 und § 59b sowie § 61 gelten entsprechend.

§ 164[1)] Aufbewahrung vertraulicher Unterlagen. (1) Die Vergabekammer stellt die Vertraulichkeit von Verschlusssachen und anderen vertraulichen Informationen sicher, die in den von den Parteien übermittelten Unterlagen enthalten sind.

(2) Die Mitglieder der Vergabekammern sind zur Geheimhaltung verpflichtet; die Entscheidungsgründe dürfen Art und Inhalt der geheim gehaltenen Urkunden, Akten, elektronischen Dokumente und Auskünfte nicht erkennen lassen.

§ 165[1)] Akteneinsicht. (1) Die Beteiligten können die Akten bei der Vergabekammer einsehen und sich durch die Geschäftsstelle auf ihre Kosten Ausfertigungen, Auszüge oder Abschriften erteilen lassen.

(2) Die Vergabekammer hat die Einsicht in die Unterlagen zu versagen, soweit dies aus wichtigen Gründen, insbesondere des Geheimschutzes oder zur Wahrung von Betriebs- oder Geschäftsgeheimnissen, geboten ist.

(3) [1] Jeder Beteiligte hat mit Übersendung seiner Akten oder Stellungnahmen auf die in Absatz 2 genannten Geheimnisse hinzuweisen und diese in den Unterlagen entsprechend kenntlich zu machen. [2] Erfolgt dies nicht, kann die Vergabekammer von seiner Zustimmung auf Einsicht ausgehen.

(4) Die Versagung der Akteneinsicht kann nur im Zusammenhang mit der sofortigen Beschwerde in der Hauptsache angegriffen werden.

§ 166[1)] Mündliche Verhandlung. (1) [1] Die Vergabekammer entscheidet aufgrund einer mündlichen Verhandlung, die sich auf einen Termin beschränken soll.

[1)] Teil 4 (§§ 97–184) neu gef. mWv 18.4.2016 durch G v. 17.2.2016 (BGBl. I S. 203).

[2)] § 163 neu gef. mWv 18.4.2016 durch G v. 17.2.2016 (BGBl. I S. 203); Abs. 2 Satz 5 geänd. mWv 19.1.2021 durch G v. 18.1.2021 (BGBl. I S. 2).

[2] Alle Beteiligten haben Gelegenheit zur Stellungnahme. [3] Mit Zustimmung der Beteiligten oder bei Unzulässigkeit oder bei offensichtlicher Unbegründetheit des Antrags kann nach Lage der Akten entschieden werden.

(2) Auch wenn die Beteiligten in dem Verhandlungstermin nicht erschienen oder nicht ordnungsgemäß vertreten sind, kann in der Sache verhandelt und entschieden werden.

§ 167[1)] Beschleunigung. (1) [1] Die Vergabekammer trifft und begründet ihre Entscheidung schriftlich innerhalb einer Frist von fünf Wochen ab Eingang des Antrags. [2] Bei besonderen tatsächlichen oder rechtlichen Schwierigkeiten kann der Vorsitzende im Ausnahmefall die Frist durch Mitteilung an die Beteiligten um den erforderlichen Zeitraum verlängern. [3] Dieser Zeitraum soll nicht länger als zwei Wochen dauern. [4] Er begründet diese Verfügung schriftlich.

(2) [1] Die Beteiligten haben an der Aufklärung des Sachverhalts mitzuwirken, wie es einem auf Förderung und raschen Abschluss des Verfahrens bedachten Vorgehen entspricht. [2] Den Beteiligten können Fristen gesetzt werden, nach deren Ablauf weiterer Vortrag unbeachtet bleiben kann.

§ 168[2)] Entscheidung der Vergabekammer. (1) [1] Die Vergabekammer entscheidet, ob der Antragsteller in seinen Rechten verletzt ist und trifft die geeigneten Maßnahmen, um eine Rechtsverletzung zu beseitigen und eine Schädigung der betroffenen Interessen zu verhindern. [2] Sie ist an die Anträge nicht gebunden und kann auch unabhängig davon auf die Rechtmäßigkeit des Vergabeverfahrens einwirken.

(2) [1] Ein wirksam erteilter Zuschlag kann nicht aufgehoben werden. [2] Hat sich das Nachprüfungsverfahren durch Erteilung des Zuschlags, durch Aufhebung oder durch Einstellung des Vergabeverfahrens oder in sonstiger Weise erledigt, stellt die Vergabekammer auf Antrag eines Beteiligten fest, ob eine Rechtsverletzung vorgelegen hat. [3] § 167 Absatz 1 gilt in diesem Fall nicht.

(3) [1] Die Entscheidung der Vergabekammer ergeht durch Verwaltungsakt. [2] Die Vollstreckung richtet sich, auch gegen einen Hoheitsträger, nach den Verwaltungsvollstreckungsgesetzen des Bundes und der Länder. [3] Die Höhe des Zwangsgeldes beträgt mindestens 1 000 Euro und höchstens 10 Millionen Euro. [4] § 61 Absatz 1 und 2 gilt entsprechend.

§ 169[3)] Aussetzung des Vergabeverfahrens. (1) Informiert die Vergabekammer den Auftraggeber in Textform über den Antrag auf Nachprüfung, darf dieser vor einer Entscheidung der Vergabekammer und dem Ablauf der Beschwerdefrist nach § 172 Absatz 1 den Zuschlag nicht erteilen.

(2) [1] Die Vergabekammer kann dem Auftraggeber auf seinen Antrag oder auf Antrag des Unternehmens, das nach § 134 vom Auftraggeber als das Unternehmen benannt ist, das den Zuschlag erhalten soll, gestatten, den Zuschlag nach Ablauf von zwei Wochen seit Bekanntgabe dieser Entscheidung zu erteilen, wenn unter Berücksichtigung aller möglicherweise geschädigten Interessen sowie des Interesses der Allgemeinheit an einem raschen Abschluss des Vergabeverfahrens die nachteiligen Folgen einer Verzögerung der Vergabe bis zum Abschluss der Nachprü-

---

1) Teil 4 (§§ 97–184) neu gef. mWv 18.4.2016 durch G v. 17.2.2016 (BGBl. I S. 203).

2) § 168 neu gef. mWv 18.4.2016 durch G v. 17.2.2016 (BGBl. I S. 203); Abs. 3 Satz 3 eingef., bish Satz 3 wird Satz 4 und neu gef. mWv 19.1.2021 durch G v. 18.1.2021 (BGBl. I S. 2).

3) § 169 neu gef. mWv 18.4.2016 durch G v. 17.2.2016 (BGBl. I S. 203); Abs. 2 Satz 3 eingef., bish. Sätze 3–8 werden Sätze 4–9 mWv 2.4.2020 durch G v. 25.3.2020 (BGBl. I S. 674).

fung die damit verbundenen Vorteile überwiegen. [2]Bei der Abwägung ist das Interesse der Allgemeinheit an einer wirtschaftlichen Erfüllung der Aufgaben des Auftraggebers zu berücksichtigen; bei verteidigungs- oder sicherheitsspezifischen Aufträgen im Sinne des § 104 sind zusätzlich besondere Verteidigungs- und Sicherheitsinteressen zu berücksichtigen. [3]Die besonderen Verteidigungs- und Sicherheitsinteressen überwiegen in der Regel, wenn der öffentliche Auftrag oder die Konzession im unmittelbaren Zusammenhang steht mit

1. einer Krise,
2. einem mandatierten Einsatz der Bundeswehr,
3. einer einsatzgleichen Verpflichtung der Bundeswehr oder
4. einer Bündnisverpflichtung.

[4]Die Vergabekammer berücksichtigt dabei auch die allgemeinen Aussichten des Antragstellers im Vergabeverfahren, den Auftrag oder die Konzession zu erhalten. [5]Die Erfolgsaussichten des Nachprüfungsantrags müssen nicht in jedem Fall Gegenstand der Abwägung sein. [6]Das Beschwerdegericht kann auf Antrag das Verbot des Zuschlags nach Absatz 1 wiederherstellen; § 168 Absatz 2 Satz 1 bleibt unberührt. [7]Wenn die Vergabekammer den Zuschlag nicht gestattet, kann das Beschwerdegericht auf Antrag des Auftraggebers unter den Voraussetzungen der Sätze 1 bis 4 den sofortigen Zuschlag gestatten. [8]Für das Verfahren vor dem Beschwerdegericht gilt § 176 Absatz 2 Satz 1 und 2 und Absatz 3 entsprechend. [9]Eine sofortige Beschwerde nach § 171 Absatz 1 ist gegen Entscheidungen der Vergabekammer nach diesem Absatz nicht zulässig.

(3) [1]Sind Rechte des Antragstellers aus § 97 Absatz 6 im Vergabeverfahren auf andere Weise als durch den drohenden Zuschlag gefährdet, kann die Kammer auf besonderen Antrag mit weiteren vorläufigen Maßnahmen in das Vergabeverfahren eingreifen. [2]Sie legt dabei den Beurteilungsmaßstab des Absatzes 2 Satz 1 zugrunde. [3]Diese Entscheidung ist nicht selbständig anfechtbar. [4]Die Vergabekammer kann die von ihr getroffenen weiteren vorläufigen Maßnahmen nach den Verwaltungsvollstreckungsgesetzen des Bundes und der Länder durchsetzen; die Maßnahmen sind sofort vollziehbar. [5]§ 86a Satz 2 gilt entsprechend.

(4) [1]Macht der Auftraggeber das Vorliegen der Voraussetzungen nach § 117 Nummer 1 bis 3 oder § 150 Nummer 1 oder 6 geltend, entfällt das Verbot des Zuschlags nach Absatz 1 fünf Werktage nach Zustellung eines entsprechenden Schriftsatzes an den Antragsteller; die Zustellung ist durch die Vergabekammer unverzüglich nach Eingang des Schriftsatzes vorzunehmen. [2]Auf Antrag kann das Beschwerdegericht das Verbot des Zuschlags wiederherstellen. [3]§ 176 Absatz 1 Satz 1, Absatz 2 Satz 1 sowie Absatz 3 und 4 ist entsprechend anzuwenden.

§ 170[1)] Ausschluss von abweichendem Landesrecht. Soweit dieser Abschnitt Regelungen zum Verwaltungsverfahren enthält, darf hiervon durch Landesrecht nicht abgewichen werden.

Abschnitt 3. Sofortige Beschwerde

§ 171[2)] Zulässigkeit, Zuständigkeit. (1) [1]Gegen Entscheidungen der Vergabekammer ist die sofortige Beschwerde zulässig. [2]Sie steht den am Verfahren vor der Vergabekammer Beteiligten zu.

[1)] § 170 neu gef. mWv 18.4.2016 durch G v. 17.2.2016 (BGBl. I S. 203); geänd. mWv 2.4.2020 durch G v. 25.3.2020 (BGBl. I S. 674).

[2)] Teil 4 (§§ 97–184) neu gef. mWv 18.4.2016 durch G v. 17.2.2016 (BGBl. I S. 203).

(2) Die sofortige Beschwerde ist auch zulässig, wenn die Vergabekammer über einen Antrag auf Nachprüfung nicht innerhalb der Frist des § 167 Absatz 1 entschieden hat; in diesem Fall gilt der Antrag als abgelehnt.

(3) [1]Über die sofortige Beschwerde entscheidet ausschließlich das für den Sitz der Vergabekammer zuständige Oberlandesgericht. [2]Bei den Oberlandesgerichten wird ein Vergabesenat gebildet.

(4) [1]Rechtssachen nach den Absätzen 1 und 2 können von den Landesregierungen durch Rechtsverordnung anderen Oberlandesgerichten oder dem Obersten Landesgericht zugewiesen werden. [2]Die Landesregierungen können die Ermächtigung auf die Landesjustizverwaltungen übertragen.

§ 172[1)] Frist, Form, Inhalt. (1) Die sofortige Beschwerde ist binnen einer Notfrist von zwei Wochen, die mit der Zustellung der Entscheidung, im Fall des § 171 Absatz 2 mit dem Ablauf der Frist beginnt, schriftlich bei dem Beschwerdegericht einzulegen.

(2) [1]Die sofortige Beschwerde ist zugleich mit ihrer Einlegung zu begründen. [2]Die Beschwerdebegründung muss enthalten:

1. die Erklärung, inwieweit die Entscheidung der Vergabekammer angefochten und eine abweichende Entscheidung beantragt wird,
2. die Angabe der Tatsachen und Beweismittel, auf die sich die Beschwerde stützt.

(3) [1]Die Beschwerdeschrift muss durch einen Rechtsanwalt unterzeichnet sein. [2]Dies gilt nicht für Beschwerden von juristischen Personen des öffentlichen Rechts.

(4) Mit der Einlegung der Beschwerde sind die anderen Beteiligten des Verfahrens vor der Vergabekammer vom Beschwerdeführer durch Übermittlung einer Ausfertigung der Beschwerdeschrift zu unterrichten.

§ 173[2)] Wirkung. (1) [1]Die sofortige Beschwerde hat aufschiebende Wirkung gegenüber der Entscheidung der Vergabekammer. [2]Die aufschiebende Wirkung entfällt zwei Wochen nach Ablauf der Beschwerdefrist. [3]Hat die Vergabekammer den Antrag auf Nachprüfung abgelehnt, so kann das Beschwerdegericht auf Antrag des Beschwerdeführers die aufschiebende Wirkung bis zur Entscheidung über die Beschwerde verlängern.

(2) [1]Das Gericht lehnt den Antrag nach Absatz 1 Satz 3 ab, wenn unter Berücksichtigung aller möglicherweise geschädigten Interessen die nachteiligen Folgen einer Verzögerung der Vergabe bis zur Entscheidung über die Beschwerde die damit verbundenen Vorteile überwiegen. [2]Bei der Abwägung ist das Interesse der Allgemeinheit an einer wirtschaftlichen Erfüllung der Aufgaben des Auftraggebers zu berücksichtigen; bei verteidigungs- oder sicherheitsspezifischen Aufträgen im Sinne des § 104 sind zusätzlich besondere Verteidigungs- und Sicherheitsinteressen zu berücksichtigen. [3]Die besonderen Verteidigungs- und Sicherheitsinteressen überwiegen in der Regel, wenn der öffentliche Auftrag oder die Konzession im unmittelbaren Zusammenhang steht mit

1. einer Krise,
2. einem mandatierten Einsatz der Bundeswehr,
3. einer einsatzgleichen Verpflichtung der Bundeswehr oder

---

1) Teil 4 (§§ 97–184) neu gef. mWv 18.4.2016 durch G v. 17.2.2016 (BGBl. I S. 203).

2) § 173 neu gef. mWv 18.4.2016 durch G v. 17.2.2016 (BGBl. I S. 203); Abs. 2 Satz 3 eingef., bish. Satz 3 wird Satz 4 mWv 2.4.2020 durch G v. 25.3.2020 (BGBl. I S. 674).

4. einer Bündnisverpflichtung.

[4]Das Gericht berücksichtigt bei seiner Entscheidung auch die Erfolgsaussichten der Beschwerde, die allgemeinen Aussichten des Antragstellers im Vergabeverfahren, den öffentlichen Auftrag oder die Konzession zu erhalten, und das Interesse der Allgemeinheit an einem raschen Abschluss des Vergabeverfahrens.

(3) Hat die Vergabekammer dem Antrag auf Nachprüfung durch Untersagung des Zuschlags stattgegeben, so unterbleibt dieser, solange nicht das Beschwerdegericht die Entscheidung der Vergabekammer nach § 176 oder § 178 aufhebt.

§ 174[1)] Beteiligte am Beschwerdeverfahren. An dem Verfahren vor dem Beschwerdegericht beteiligt sind die an dem Verfahren vor der Vergabekammer Beteiligten.

§ 175[2)] Verfahrensvorschriften. (1) [1]Vor dem Beschwerdegericht müssen sich die Beteiligten durch einen Rechtsanwalt als Bevollmächtigten vertreten lassen. [2]Juristische Personen des öffentlichen Rechts können sich durch Beamte oder Angestellte mit Befähigung zum Richteramt vertreten lassen.

(2) Die §§ 65, 69 bis 72 mit Ausnahme der Verweisung auf § 227 Absatz 3 der Zivilprozessordnung[3)], § 75 Absatz 1 bis 3, § 76 Absatz 1 und 6, die §§ 165 und 167 Absatz 2 Satz 1 sind entsprechend anzuwenden.

§ 176[4)] Vorabentscheidung über den Zuschlag. (1) [1]Auf Antrag des Auftraggebers oder auf Antrag des Unternehmens, das nach § 134 vom Auftraggeber als das Unternehmen benannt ist, das den Zuschlag erhalten soll, kann das Gericht den weiteren Fortgang des Vergabeverfahrens und den Zuschlag gestatten, wenn unter Berücksichtigung aller möglicherweise geschädigten Interessen die nachteiligen Folgen einer Verzögerung der Vergabe bis zur Entscheidung über die Beschwerde die damit verbundenen Vorteile überwiegen. [2]Bei der Abwägung ist das Interesse der Allgemeinheit an einer wirtschaftlichen Erfüllung der Aufgaben des Auftraggebers zu berücksichtigen; bei verteidigungs- oder sicherheitsspezifischen Aufträgen im Sinne des § 104 sind zusätzlich besondere Verteidigungs- und Sicherheitsinteressen zu berücksichtigen. [3]Die besonderen Verteidigungs- und Sicherheitsinteressen überwiegen in der Regel, wenn der öffentliche Auftrag oder die Konzession im unmittelbaren Zusammenhang steht mit

1. einer Krise,
2. einem mandatierten Einsatz der Bundeswehr,
3. einer einsatzgleichen Verpflichtung der Bundeswehr oder
4. einer Bündnisverpflichtung.

[4]Das Gericht berücksichtigt bei seiner Entscheidung auch die Erfolgsaussichten der sofortigen Beschwerde, die allgemeinen Aussichten des Antragstellers im Vergabeverfahren, den öffentlichen Auftrag oder die Konzession zu erhalten, und das Interesse der Allgemeinheit an einem raschen Abschluss des Vergabeverfahrens.

(2) [1]Der Antrag ist schriftlich zu stellen und gleichzeitig zu begründen. [2]Die zur Begründung des Antrags vorzutragenden Tatsachen sowie der Grund für die

---

1) Teil 4 (§§ 97–184) neu gef. mWv 18.4.2016 durch G v. 17.2.2016 (BGBl. I S. 203).

2) § 175 neu gef. mWv 18.4.2016 durch G v. 17.2.2016 (BGBl. I S. 203); Abs. 2 neu gef. mWv 19.1. 2021 durch G v. 18.1.2021 (BGBl. I S. 2).

3) Nr. **100**.

4) § 176 neu gef. mWv 18.4.2016 durch G v. 17.2.2016 (BGBl. I S. 203); Abs. 1 Satz 3 eingef., bish. Satz 3 wird Satz 4 mWv 2.4.2020 durch G v. 25.3.2020 (BGBl. I S. 674).

Eilbedürftigkeit sind glaubhaft zu machen. [3] Bis zur Entscheidung über den Antrag kann das Verfahren über die Beschwerde ausgesetzt werden.

(3) [1] Die Entscheidung ist unverzüglich, längstens innerhalb von fünf Wochen nach Eingang des Antrags zu treffen und zu begründen; bei besonderen tatsächlichen oder rechtlichen Schwierigkeiten kann der Vorsitzende im Ausnahmefall die Frist durch begründete Mitteilung an die Beteiligten um den erforderlichen Zeitraum verlängern. [2] Die Entscheidung kann ohne mündliche Verhandlung ergehen. [3] Ihre Begründung erläutert Rechtmäßigkeit oder Rechtswidrigkeit des Vergabeverfahrens. [4] § 175 ist anzuwenden.

(4) Gegen eine Entscheidung nach dieser Vorschrift ist ein Rechtsmittel nicht zulässig.

§ 177[1)] Ende des Vergabeverfahrens nach Entscheidung des Beschwerdegerichts. Ist der Auftraggeber mit einem Antrag nach § 176 vor dem Beschwerdegericht unterlegen, gilt das Vergabeverfahren nach Ablauf von zehn Tagen nach Zustellung der Entscheidung als beendet, wenn der Auftraggeber nicht die Maßnahmen zur Herstellung der Rechtmäßigkeit des Verfahrens ergreift, die sich aus der Entscheidung ergeben; das Verfahren darf nicht fortgeführt werden.

§ 178[1)] Beschwerdeentscheidung. [1] Hält das Gericht die Beschwerde für begründet, so hebt es die Entscheidung der Vergabekammer auf. [2] In diesem Fall entscheidet das Gericht in der Sache selbst oder spricht die Verpflichtung der Vergabekammer aus, unter Berücksichtigung der Rechtsauffassung des Gerichts über die Sache erneut zu entscheiden. [3] Auf Antrag stellt es fest, ob das Unternehmen, das die Nachprüfung beantragt hat, durch den Auftraggeber in seinen Rechten verletzt ist. [4] § 168 Absatz 2 gilt entsprechend.

§ 179[1)] Bindungswirkung und Vorlagepflicht. (1) Wird wegen eines Verstoßes gegen Vergabevorschriften Schadensersatz begehrt und hat ein Verfahren vor der Vergabekammer stattgefunden, ist das ordentliche Gericht an die bestandskräftige Entscheidung der Vergabekammer und die Entscheidung des Oberlandesgerichts sowie gegebenenfalls des nach Absatz 2 angerufenen Bundesgerichtshofs über die Beschwerde gebunden.

(2) [1] Will ein Oberlandesgericht von einer Entscheidung eines anderen Oberlandesgerichts oder des Bundesgerichtshofs abweichen, so legt es die Sache dem Bundesgerichtshof vor. [2] Der Bundesgerichtshof entscheidet anstelle des Oberlandesgerichts. [3] Der Bundesgerichtshof kann sich auf die Entscheidung der Divergenzfrage beschränken und dem Beschwerdegericht die Entscheidung in der Hauptsache übertragen, wenn dies nach dem Sach- und Streitstand des Beschwerdeverfahrens angezeigt scheint. [4] Die Vorlagepflicht gilt nicht im Verfahren nach § 173 Absatz 1 Satz 3 und nach § 176.

§ 180[1)] Schadensersatz bei Rechtsmissbrauch. (1) Erweist sich der Antrag nach § 160 oder die sofortige Beschwerde nach § 171 als von Anfang an ungerechtfertigt, ist der Antragsteller oder der Beschwerdeführer verpflichtet, dem Gegner und den Beteiligten den Schaden zu ersetzen, der ihnen durch den Missbrauch des Antrags- oder Beschwerderechts entstanden ist.

(2) Ein Missbrauch des Antrags- oder Beschwerderechts ist es insbesondere,

---

[1)] Teil 4 (§§ 97–184) neu gef. mWv 18.4.2016 durch G v. 17.2.2016 (BGBl. I S. 203).

1. die Aussetzung oder die weitere Aussetzung des Vergabeverfahrens durch vorsätzlich oder grob fahrlässig vorgetragene falsche Angaben zu erwirken;
2. die Überprüfung mit dem Ziel zu beantragen, das Vergabeverfahren zu behindern oder Konkurrenten zu schädigen;
3. einen Antrag in der Absicht zu stellen, ihn später gegen Geld oder andere Vorteile zurückzunehmen.

(3) Erweisen sich die von der Vergabekammer entsprechend einem besonderen Antrag nach § 169 Absatz 3 getroffenen vorläufigen Maßnahmen als von Anfang an ungerechtfertigt, hat der Antragsteller dem Auftraggeber den aus der Vollziehung der angeordneten Maßnahme entstandenen Schaden zu ersetzen.

§ 181[1)] Anspruch auf Ersatz des Vertrauensschadens. [1]Hat der Auftraggeber gegen eine den Schutz von Unternehmen bezweckende Vorschrift verstoßen und hätte das Unternehmen ohne diesen Verstoß bei der Wertung der Angebote eine echte Chance gehabt, den Zuschlag zu erhalten, die aber durch den Rechtsverstoß beeinträchtigt wurde, so kann das Unternehmen Schadensersatz für die Kosten der Vorbereitung des Angebots oder der Teilnahme an einem Vergabeverfahren verlangen. [2]Weiterreichende Ansprüche auf Schadensersatz bleiben unberührt.

§ 182[1)] Kosten des Verfahrens vor der Vergabekammer. (1) [1]Für Amtshandlungen der Vergabekammern werden Kosten (Gebühren und Auslagen) zur Deckung des Verwaltungsaufwandes erhoben. [2]Das Verwaltungskostengesetz vom 23. Juni 1970 (BGBl. I S. 821) in der am 14. August 2013 geltenden Fassung ist anzuwenden.

(2) [1]Die Gebühr beträgt mindestens 2 500 Euro; dieser Betrag kann aus Gründen der Billigkeit bis auf ein Zehntel ermäßigt werden. [2]Die Gebühr soll den Betrag von 50 000 Euro nicht überschreiten; sie kann im Einzelfall, wenn der Aufwand oder die wirtschaftliche Bedeutung außergewöhnlich hoch ist, bis zu einem Betrag von 100 000 Euro erhöht werden.

(3) [1]Soweit ein Beteiligter im Verfahren unterliegt, hat er die Kosten zu tragen. [2]Mehrere Kostenschuldner haften als Gesamtschuldner. [3]Kosten, die durch Verschulden eines Beteiligten entstanden sind, können diesem auferlegt werden. [4]Hat sich der Antrag vor Entscheidung der Vergabekammer durch Rücknahme oder anderweitig erledigt, ist die Hälfte der Gebühr zu entrichten. [5]Die Entscheidung, wer die Kosten zu tragen hat, erfolgt nach billigem Ermessen. [6]Aus Gründen der Billigkeit kann von der Erhebung von Gebühren ganz oder teilweise abgesehen werden.

(4) [1]Soweit ein Beteiligter im Nachprüfungsverfahren unterliegt, hat er die zur zweckentsprechenden Rechtsverfolgung oder Rechtsverteidigung notwendigen Aufwendungen des Antragsgegners zu tragen. [2]Die Aufwendungen der Beigeladenen sind nur erstattungsfähig, soweit sie die Vergabekammer aus Billigkeit der unterlegenen Partei auferlegt. [3]Hat sich der Antrag durch Rücknahme oder anderweitig erledigt, erfolgt die Entscheidung, wer die zur zweckentsprechenden Rechtsverfolgung oder Rechtsverteidigung notwendigen Aufwendungen anderer Beteiligter zu tragen hat, nach billigem Ermessen; in Bezug auf die Erstattung der Aufwendungen der Beigeladenen gilt im Übrigen Satz 2 entsprechend. [4]§ 80 Absatz 1, 2 und 3 Satz 2 des Verwaltungsverfahrensgesetzes[2)] und die entsprechen-

---

[1)] Teil 4 (§§ 97–184) neu gef. mWv 18.4.2016 durch G v. 17.2.2016 (BGBl. I S. 203).
[2)] **Sartorius Nr. 100.**

den Vorschriften der Verwaltungsverfahrensgesetze der Länder gelten entsprechend. [5] Ein gesondertes Kostenfestsetzungsverfahren findet nicht statt.

§ 183[1)] Korrekturmechanismus der Kommission. (1) Erhält die Bundesregierung im Laufe eines Vergabeverfahrens vor Abschluss des Vertrags eine Mitteilung der Europäischen Kommission, dass diese der Auffassung ist, es liege ein schwerer Verstoß gegen das Recht der Europäischen Union zur Vergabe öffentlicher Aufträge oder zur Vergabe von Konzessionen vor, der zu beseitigen sei, teilt das Bundesministerium für Wirtschaft und Energie dies dem Auftraggeber mit.

(2) Der Auftraggeber ist verpflichtet, innerhalb von 14 Kalendertagen nach Eingang dieser Mitteilung dem Bundesministerium für Wirtschaft und Energie eine umfassende Darstellung des Sachverhalts zu geben und darzulegen, ob der behauptete Verstoß beseitigt wurde, oder zu begründen, warum er nicht beseitigt wurde, ob das Vergabeverfahren Gegenstand eines Nachprüfungsverfahrens ist oder aus sonstigen Gründen ausgesetzt wurde.

(3) Ist das Vergabeverfahren Gegenstand eines Nachprüfungsverfahrens oder wurde es ausgesetzt, so ist der Auftraggeber verpflichtet, das Bundesministerium für Wirtschaft und Energie unverzüglich über den Ausgang des Verfahrens zu informieren.

§ 184[1)] Unterrichtungspflichten der Nachprüfungsinstanzen. Die Vergabekammern und die Oberlandesgerichte unterrichten das Bundesministerium für Wirtschaft und Energie bis zum 31. Januar eines jeden Jahres über die Anzahl der Nachprüfungsverfahren des Vorjahres und deren Ergebnisse.

Teil 5.[2)] Anwendungsbereich der Teile 1 bis 3

§ 185[3)] Unternehmen der öffentlichen Hand, Geltungsbereich.

(1) [1] Die Vorschriften des Ersten bis Dritten Teils dieses Gesetzes sind auch auf Unternehmen anzuwenden, die ganz oder teilweise im Eigentum der öffentlichen Hand stehen oder die von ihr verwaltet oder betrieben werden. [2] Die §§ 19, 20 und 31b Absatz 5 sind nicht anzuwenden auf öffentlich-rechtliche Gebühren oder Beiträge. [3] Die Vorschriften des Ersten bis Dritten Teils dieses Gesetzes sind nicht auf die Deutsche Bundesbank und die Kreditanstalt für Wiederaufbau anzuwenden.

(2) Die Vorschriften des Ersten bis Dritten Teils dieses Gesetzes sind auf alle Wettbewerbsbeschränkungen anzuwenden, die sich im Geltungsbereich dieses Gesetzes auswirken, auch wenn sie außerhalb des Geltungsbereichs dieses Gesetzes veranlasst werden.

(3) Die Vorschriften des Energiewirtschaftsgesetzes[4)] stehen der Anwendung der §§ 19, 20 und 29 nicht entgegen, soweit in § 111 des Energiewirtschaftsgesetzes keine andere Regelung getroffen ist.

---

1) Teil 4 (§§ 97–184) neu gef. mWv 18.4.2016 durch G v. 17.2.2016 (BGBl. I S. 203).
2) Teil 5 (§ 185) neu gef. mWv 18.4.2016 durch G v. 17.2.2016 (BGBl. I S. 203); Überschrift neu gef. mWv 9.6.2017 durch G v. 1.6.2017 (BGBl. I S. 1416).
3) Teil 5 (§ 185) neu gef. mWv 18.4.2016 durch G v. 17.2.2016 (BGBl. I S. 203).
4) **Sartorius Nr. 830.**

Teil 6.[1] Übergangs- und Schlussbestimmungen

§ 186[1] Übergangsbestimmungen. (1) § 29 ist nach dem 31. Dezember 2022 nicht mehr anzuwenden.

(2) Vergabeverfahren, die vor dem 18. April 2016 begonnen haben, einschließlich der sich an diese anschließenden Nachprüfungsverfahren sowie am 18. April 2016 anhängige Nachprüfungsverfahren werden nach dem Recht zu Ende geführt, das zum Zeitpunkt der Einleitung des Verfahrens galt.

(3) [1] Mit Ausnahme von § 33c Absatz 5 sind die §§ 33a bis 33f nur auf Schadensersatzansprüche anwendbar, die nach dem 26. Dezember 2016 entstanden sind. [2] § 33h ist auf nach dem 26. Dezember 2016 entstandene Ansprüche nach § 33 Absatz 1 oder § 33a Absatz 1 sowie auf vor dem 27. Dezember 2016 entstandene Unterlassungs-, Beseitigungs- und Schadensersatzansprüche wegen eines Verstoßes gegen eine Vorschrift im Sinne des § 33 Absatz 1 oder gegen eine Verfügung der Kartellbehörde anzuwenden, die am 9. Juni 2017 noch nicht verjährt waren. [3] Der Beginn, die Hemmung, die Ablaufhemmung und der Neubeginn der Verjährung der Ansprüche, die vor dem 27. Dezember 2016 entstanden sind, bestimmen sich jedoch für die Zeit bis zum 8. Juni 2017 nach den bisher für diese Ansprüche jeweils geltenden Verjährungsvorschriften.

(4) § 33c Absatz 5 und die §§ 33g sowie 89b bis 89e sind unabhängig vom Zeitpunkt der Entstehung der Schadensersatzansprüche nur in Rechtsstreiten anzuwenden, in denen nach dem 26. Dezember 2016 Klage erhoben worden ist.

(5) [1] § 81a findet Anwendung, wenn das Erlöschen der nach § 30 des Gesetzes über Ordnungswidrigkeiten[2] verantwortlichen juristischen Person oder Personenvereinigung oder die Verschiebung von Vermögen nach dem 9. Juni 2017 erfolgt. [2] War die Tat zu diesem Zeitpunkt noch nicht beendet, gehen die Regelungen des § 81 Absatz 3a bis 3e vor.

(6) § 30 Absatz 2b findet nur Anwendung auf Vereinbarungen, die nach dem 9. Juni 2017 und vor dem 31. Dezember 2027 wirksam geworden sind.

(7) [1] Für einen Zusammenschluss, für den die Anmeldung nach § 39 zwischen dem 1. März 2020 und dem Ablauf des 31. Mai 2020 beim Bundeskartellamt eingegangen ist, beträgt die Frist nach § 40 Absatz 1 Satz 1 zwei Monate und die Frist nach § 40 Absatz 2 Satz 2 sechs Monate. [2] Satz 1 gilt auch im Fall des § 40 Absatz 5. [3] Die Sätze 1 und 2 gelten nicht, wenn am 29. Mai 2020

1. die Frist nach § 40 Absatz 1 Satz 1 abgelaufen war, ohne dass das Bundeskartellamt den anmeldenden Unternehmen mitgeteilt hat, dass es in die Prüfung des Zusammenschlusses (Hauptprüfverfahren) eingetreten ist,
2. die Frist nach § 40 Absatz 2 Satz 2 abgelaufen war oder
3. der Zusammenschluss vom Bundeskartellamt freigegeben worden war.

(8) § 81f Satz 1 ist in der Zeit bis zum Ablauf des 30. Juni 2021 nicht anzuwenden, soweit für die Zahlung einer Geldbuße Zahlungserleichterungen nach § 18 oder § 93 des Gesetzes über Ordnungswidrigkeiten gewährt sind.

---

[1] Teil 6 (§ 186) neu gef. mWv 18.4.2016 durch G v. 17.2.2016 (BGBl. I S. 203); § 186 Abs. 1 geänd., Abs. 3–6 angef. mWv 9.6.2017 durch G v. 1.6.2017 (BGBl. I S. 1416); Abs. 7 und 8 angef. mWv 29.5. 2020 durch G v. 25.5.2020 (BGBl. I S. 1067); Abs. 4 und 8 geänd., Abs. 9 angef. mWv 19.1.2021 durch G v. 18.1.2021 (BGBl. I S. 2).

[2] Nr. **94**.

(9) [1] Die §§ 35 bis 41 sind nicht anzuwenden auf einen Zusammenschluss im Krankenhausbereich, soweit

1. der Zusammenschluss eine standortübergreifende Konzentration von mehreren Krankenhäusern oder einzelnen Fachrichtungen mehrerer Krankenhäuser zum Gegenstand hat,
2. dem Zusammenschluss keine anderen wettbewerbsrechtlichen Vorschriften entgegenstehen und dies das Land bei Antragstellung nach § 14 Absatz 2 Nummer 3 Buchstabe a der Krankenhausstrukturfonds-Verordnung bestätigt hat,
3. das Vorliegen der weiteren Voraussetzungen für eine Förderung nach § 12a Absatz 1 Satz 4 des Krankenhausfinanzierungsgesetzes[1] in Verbindung mit § 11 Absatz 1 Nummer 2 der Krankenhausstrukturfonds-Verordnung in einem Auszahlungsbescheid nach § 15 der Krankenhausstrukturfonds-Verordnung festgestellt wurde und
4. der Zusammenschluss bis zum 31. Dezember 2027 vollzogen wird.

[2] Ein Zusammenschluss im Sinne des Satzes 1 ist dem Bundeskartellamt nach Vollzug anzuzeigen. [3] Für die Evaluierung dieser Regelung sind die §§ 32e und 21 Absatz 3 Satz 8 des Krankenhausentgeltgesetzes[2] entsprechend anzuwenden. [4] Für die Zwecke der Evaluierung und zur Untersuchung der Auswirkungen dieser Regelung auf die Wettbewerbsverhältnisse und die Versorgungsqualität können Daten aus der amtlichen Krankenhausstatistik zusammengeführt werden.

Anlage.[3] *(aufgehoben)*

[1] **Aichberger, SGB Nr. 5/20.**
[2] **Aichberger, SGB Nr. 5/40.**
[3] Anl. aufgeh. mWv 18.4.2016 durch G v. 17.2.2016 (BGBl. I S. 203).

würde. [3]Die Beträge nach den Sätzen 1 und 2 werden entsprechend der in § 850c Abs. 2a getroffenen Regelung jeweils zum 1. Juli eines jeden zweiten Jahres, erstmalig zum 1. Juli 2003, geändert. [4]Das Bundesministerium der Justiz und für Verbraucherschutz gibt die maßgebenden Beträge rechtzeitig im Bundesgesetzblatt bekannt.

§ 850g Änderung der Unpfändbarkeitsvoraussetzungen. [1]Ändern sich die Voraussetzungen für die Bemessung des unpfändbaren Teils des Arbeitseinkommens, so hat das Vollstreckungsgericht auf Antrag des Schuldners oder des Gläubigers den Pfändungsbeschluss entsprechend zu ändern. [2]Antragsberechtigt ist auch ein Dritter, dem der Schuldner kraft Gesetzes Unterhalt zu gewähren hat. [3]Der Drittschuldner kann nach dem Inhalt des früheren Pfändungsbeschlusses mit befreiender Wirkung leisten, bis ihm der Änderungsbeschluss zugestellt wird.

§ 850h Verschleiertes Arbeitseinkommen. (1) [1]Hat sich der Empfänger der vom Schuldner geleisteten Arbeiten oder Dienste verpflichtet, Leistungen an einen Dritten zu bewirken, die nach Lage der Verhältnisse ganz oder teilweise eine Vergütung für die Leistung des Schuldners darstellen, so kann der Anspruch des Drittberechtigten insoweit auf Grund des Schuldtitels gegen den Schuldner gepfändet werden, wie wenn der Anspruch dem Schuldner zustände. [2]Die Pfändung des Vergütungsanspruchs des Schuldners umfasst ohne weiteres den Anspruch des Drittberechtigten. [3]Der Pfändungsbeschluss ist dem Drittberechtigten ebenso wie dem Schuldner zuzustellen.

(2) [1]Leistet der Schuldner einem Dritten in einem ständigen Verhältnis Arbeiten oder Dienste, die nach Art und Umfang üblicherweise vergütet werden, unentgeltlich oder gegen eine unverhältnismäßig geringe Vergütung, so gilt im Verhältnis des Gläubigers zu dem Empfänger der Arbeits- und Dienstleistungen eine angemessene Vergütung als geschuldet. [2]Bei der Prüfung, ob diese Voraussetzungen vorliegen, sowie bei der Bemessung der Vergütung ist auf alle Umstände des Einzelfalles, insbesondere die Art der Arbeits- und Dienstleistung, die verwandtschaftlichen oder sonstigen Beziehungen zwischen dem Dienstberechtigten und dem Dienstverpflichteten und die wirtschaftliche Leistungsfähigkeit des Dienstberechtigten Rücksicht zu nehmen.

§ 850i[1)] Pfändungsschutz für sonstige Einkünfte. (1) [1]Werden nicht wiederkehrend zahlbare Vergütungen für persönlich geleistete Arbeiten oder Dienste oder sonstige Einkünfte, die kein Arbeitseinkommen sind, gepfändet, so hat das Gericht dem Schuldner auf Antrag während eines angemessenen Zeitraums so viel zu belassen, als ihm nach freier Schätzung des Gerichts verbleiben würde, wenn sein Einkommen aus laufendem Arbeits- oder Dienstlohn bestünde. [2]Bei der Entscheidung sind die wirtschaftlichen Verhältnisse des Schuldners, insbesondere seine sonstigen Verdienstmöglichkeiten, frei zu würdigen. [3]Der Antrag des Schuldners ist insoweit abzulehnen, als überwiegende Belange des Gläubigers entgegenstehen.

[1)] § 850i Überschrift und Abs. 1 neu gef., Abs. 2 aufgeh., bish. Abs. 3 und 4 werden Abs. 2 und 3 mWv 1.7.2010 durch G v. 7.7.2009 (BGBl. I S. 1707).

(2) Die Vorschriften des § 27 des Heimarbeitsgesetzes vom 14. März 1951 (BGBl. I S. 191) bleiben unberührt.[1)]

(3) Die Bestimmungen der Versicherungs-, Versorgungs- und sonstigen gesetzlichen Vorschriften über die Pfändung von Ansprüchen bestimmter Art bleiben unberührt.[2)]

§ 850k[3)] Pfändungsschutzkonto. (1) [1] Wird das Guthaben auf dem Pfändungsschutzkonto des Schuldners bei einem Kreditinstitut gepfändet, kann der Schuldner jeweils bis zum Ende des Kalendermonats über Guthaben in Höhe des monatlichen Freibetrages nach § 850c Abs. 1 Satz 1 in Verbindung mit § 850c Abs. 2a verfügen; insoweit wird es nicht von der Pfändung erfasst. [2] Zum Guthaben im Sinne des Satzes 1 gehört auch das Guthaben, das bis zum Ablauf der Frist des § 835 Absatz 4 nicht an den Gläubiger geleistet oder hinterlegt werden darf. [3] Soweit der Schuldner in dem jeweiligen Kalendermonat nicht über Guthaben in

---

[1)] § 27 HeimarbeitsG lautet:

„**§ 27. Pfändungsschutz.** Für das Entgelt, das den in Heimarbeit Beschäftigten oder den Gleichgestellten gewährt wird, gelten die Vorschriften über den Pfändungsschutz für Vergütungen, die auf Grund eines Arbeits- oder Dienstverhältnisses geschuldet werden, entsprechend."

[2)] Beachte hierzu § 54 Sozialgesetzbuch (SGB I) – Allgemeiner Teil – **(Sartorius ErgBd. Nr. 401)** mit späteren Änderungen:

„**§ 54 Pfändung.** (1) Ansprüche auf Dienst- und Sachleistungen können nicht gepfändet werden.

(2) Ansprüche auf einmalige Geldleistungen können nur gepfändet werden, soweit nach den Umständen des Falles, insbesondere nach den Einkommens- und Vermögensverhältnissen des Leistungsberechtigten, der Art des beizutreibenden Anspruchs sowie der Höhe und der Zweckbestimmung der Geldleistung, die Pfändung der Billigkeit entspricht.

(3) Unpfändbar sind Ansprüche auf

1. Elterngeld bis zur Höhe der nach § 10 des Bundeselterngeld- und Elternzeitgesetzes anrechnungsfreien Beträge sowie dem Erziehungsgeld vergleichbare Leistungen der Länder,
2. Mutterschaftsgeld nach § 19 Absatz 1 des Mutterschutzgesetzes, soweit das Mutterschaftsgeld nicht aus einer Teilzeitbeschäftigung während der Elternzeit herrührt, bis zur Höhe des Elterngeldes nach § 2 des Bundeselterngeld- und Elternzeitgesetzes, soweit es die anrechnungsfreien Beträge nach § 10 des Bundeselterngeld- und Elternzeitgesetzes nicht übersteigt,

2a. Wohngeld, soweit nicht die Pfändung wegen Ansprüchen erfolgt, die Gegenstand der §§ 9 und 10 des Wohngeldgesetzes sind,

3. Geldleistungen, die dafür bestimmt sind, den durch einen Körper- oder Gesundheitsschaden bedingten Mehraufwand auszugleichen.

(4) Im übrigen können Ansprüche auf laufende Geldleistungen wie Arbeitseinkommen gepfändet werden.

(5) [1] Ein Anspruch des Leistungsberechtigten auf Geldleistungen für Kinder (§ 48 Abs. 1 Satz 2) kann nur wegen gesetzlicher Unterhaltsansprüche eines Kindes, das bei der Festsetzung der Geldleistungen berücksichtigt wird, gepfändet werden. [2] Für die Höhe des pfändbaren Betrages bei Kindergeld gilt:

1. Gehört das unterhaltsberechtigte Kind zum Kreis der Kinder, für die dem Leistungsberechtigten Kindergeld gezahlt wird, so ist eine Pfändung bis zu dem Betrag möglich, der bei gleichmäßiger Verteilung des Kindergeldes auf jedes dieser Kinder entfällt. Ist das Kindergeld durch die Berücksichtigung eines weiteren Kindes erhöht, für das einer dritten Person Kindergeld oder dieser oder dem Leistungsberechtigten eine andere Geldleistung für Kinder zusteht, so bleibt der Erhöhungsbetrag bei der Bestimmung des pfändbaren Betrages des Kindergeldes nach Satz 1 außer Betracht.
2. Der Erhöhungsbetrag (Nummer 1 Satz 2) ist zugunsten jedes bei der Festsetzung des Kindergeldes berücksichtigten unterhaltsberechtigten Kindes zu dem Anteil pfändbar, der sich bei gleichmäßiger Verteilung auf alle Kinder, die bei der Festsetzung des Kindergeldes zugunsten des Leistungsberechtigten berücksichtigt werden, ergibt.

(6) In den Fällen der Absätze 2, 4 und 5 gilt § 53 Abs. 6 entsprechend."

[3)] § 850k neu gef. mWv 1.7.2010 durch G v. 7.7.2009 (BGBl. I S. 1707); Abs. 8 neu gef., Abs. 9 Satz 1 geänd. mWv 28.12.2010 durch G v. 22.12.2010 (BGBl. I S. 2248); Abs. 1 Satz 2 eingef., bish. Sätze 2 und 3 werden Sätze 3 und 4, neuer Satz 4 geänd., Abs. 2 Satz 2 geänd. mWv 16.4.2011 durch G v. 12.4. 2011 (BGBl. I S. 615); Abs. 2 Satz 1 Nr. 1 Buchst. b geänd. mWv 26.11.2016 durch G v. 21.11.2016 (BGBl. I S. 2591); Abs. 8 Satz 5 geänd. mWv 26.11.2019 durch G v. 20.11.2019 (BGBl. I S. 1724).

110d. Gesetz zur vorübergehenden Aussetzung der Insolvenzantragspflicht und zur Begrenzung der Organhaftung bei einer durch die COVID-19-Pandemie bedingten Insolvenz (COVID-19-Insolvenzaussetzungsgesetz – COVInsAG)[1]

Vom 27. März 2020
(BGBl. I S. 569)

FNA 311-19

Lfd. Nr.	Änderndes Gesetz	Datum	Fundstelle	Betroffen	Hinweis
1.	Art. 1 ÄndG	25.9.2020	BGBl. I S. 2016	§§ 1, 2	geänd. mWv 1.10.2020
				§ 4	aufgeh. mit Ablauf des 30.9. 2020
2.	Art. 10 Sanierungs- und Insolvenzrechtsfortentwicklungs G[2]	22.12. 2020	BGBl. I S. 3256	§§ 1, 2	geänd. mWv 1.1.2021
				§§ 4, 5, 6, 7	eingef. mWv 1.1.2021
3.	Art. 1 G zur Verlängerung der Aussetzung der Insolvenzantragspflicht und des Anfechtungsschutzes für pandemiebedingte Stundungen sowie zur Verlängerung der Steuererklärungsfrist in beratenen Fällen und der zinsfreien Karenzzeit für den Veranlagungszeitraum 2019	15.2.2021	BGBl. I S. 237	§ 2	geänd. mWv 1.1.2021
				§ 1	geänd. mWv 1.2.2021
				§ 2	geänd. mWv 19.2.2021

§ 1[3] Aussetzung der Insolvenzantragspflicht. (1) [1]Die Pflicht zur Stellung eines Insolvenzantrags nach § 15a der Insolvenzordnung[4] und nach § 42 Absatz 2 des Bürgerlichen Gesetzbuchs[5] ist bis zum 30. September 2020 ausgesetzt. [2]Dies gilt nicht, wenn die Insolvenzreife nicht auf den Folgen der Ausbreitung des SARS-CoV-2-Virus (COVID-19-Pandemie) beruht oder wenn keine Aussichten darauf bestehen, eine bestehende Zahlungsunfähigkeit zu beseitigen. [3]War der Schuldner am 31. Dezember 2019 nicht zahlungsunfähig, wird vermutet, dass die Insolvenzreife auf den Auswirkungen der COVID-19-Pandemie beruht und Aus-

[1] Verkündet als Art. 1 G v. 27.3.2020 (BGBl. I S. 569); Inkrafttreten gem. Art. 6 Abs. 1 dieses G am 1.3.2020.

[2] **Amtl. Anm.:** Dieses Gesetz dient der weiteren Umsetzung der Richtlinie (EU) 2019/1023 des Europäischen Parlaments und des Rates vom 20. Juni 2019 über präventive Restrukturierungsrahmen, über Entschuldung und über Tätigkeitsverbote sowie über Maßnahmen zur Steigerung der Effizienz von Restrukturierungs-, Insolvenz- und Entschuldungsverfahren und zur Änderung der Richtlinie (EU) 2017/1132 (Richtlinie über Restrukturierung und Insolvenz) (ABl. L 172 vom 26.6.2019, S. 18).

[3] § 1 Abs. 2 angef. mWv 1.10.2020 durch G v. 25.9.2020 (BGBl. I S. 2016); Abs. 3 angef. mWv 1.1. 2021 durch G v. 22.12.2020 (BGBl. I S. 3256); Abs. 3 Satz 1 geänd. mWv 1.2.2021 durch G v. 15.2.2021 (BGBl. I S. 237).

[4] Nr. **110**.

[5] Nr. **20**.

sichten darauf bestehen, eine bestehende Zahlungsunfähigkeit zu beseitigen. [4] Ist der Schuldner eine natürliche Person, so ist § 290 Absatz 1 Nummer 4 der Insolvenzordnung mit der Maßgabe anzuwenden, dass auf die Verzögerung der Eröffnung des Insolvenzverfahrens im Zeitraum zwischen dem 1. März 2020 und dem 30. September 2020 keine Versagung der Restschuldbefreiung gestützt werden kann. [5] Die Sätze 2 und 3 gelten entsprechend.

(2) Vom 1. Oktober 2020 bis zum 31. Dezember 2020 ist allein die Pflicht zur Stellung eines Insolvenzantrags wegen Überschuldung nach Maßgabe des Absatzes 1 ausgesetzt.

(3) [1] Vom 1. Januar 2021 bis zum 30. April 2021 ist die Pflicht zur Stellung eines Insolvenzantrags nach Maßgabe des Absatzes 1 für die Geschäftsleiter solcher Schuldner ausgesetzt, die im Zeitraum vom 1. November 2020 bis zum 28. Februar 2021 einen Antrag auf die Gewährung finanzieller Hilfeleistungen im Rahmen staatlicher Hilfsprogramme zur Abmilderung der Folgen der COVID-19-Pandemie gestellt haben. [2] War eine Antragstellung aus rechtlichen oder tatsächlichen Gründen innerhalb des Zeitraums nicht möglich, gilt Satz 1 auch für Schuldner, die nach den Bedingungen des staatlichen Hilfsprogramms in den Kreis der Antragsberechtigten fallen. [3] Die Sätze 1 und 2 gelten nicht, wenn offensichtlich keine Aussicht auf Erlangung der Hilfeleistung besteht oder die erlangbare Hilfeleistung für die Beseitigung der Insolvenzreife unzureichend ist.

§ 2[1] Folgen der Aussetzung. (1) Soweit nach § 1 Absatz 1 die Pflicht zur Stellung eines Insolvenzantrags ausgesetzt ist,

1. gelten Zahlungen, die im ordnungsgemäßen Geschäftsgang erfolgen, insbesondere solche Zahlungen, die der Aufrechterhaltung oder Wiederaufnahme des Geschäftsbetriebes oder der Umsetzung eines Sanierungskonzepts dienen, als mit der Sorgfalt eines ordentlichen und gewissenhaften Geschäftsleiters im Sinne des § 64 Satz 2 des Gesetzes betreffend die Gesellschaften mit beschränkter Haftung[2], des § 92 Absatz 2 Satz 2 des Aktiengesetzes[3], des § 130a Absatz 1 Satz 2, auch in Verbindung mit § 177a Satz 1,[4] des Handelsgesetzbuchs[5] und des § 99 Satz 2 des Genossenschaftsgesetzes[6] vereinbar;
2. gilt die bis zum 30. September 2023 erfolgende Rückgewähr eines im Aussetzungszeitraum gewährten neuen Kredits sowie die im Aussetzungszeitraum erfolgte Bestellung von Sicherheiten zur Absicherung solcher Kredite als nicht gläubigerbenachteiligend; dies gilt auch für die Rückgewähr von Gesellschafterdarlehen und Zahlungen auf Forderungen aus Rechtshandlungen, die einem solchen Darlehen wirtschaftlich entsprechen, nicht aber deren Besicherung; § 39 Absatz 1 Nummer 5 und § 44a der Insolvenzordnung[7] finden insoweit in Insolvenzverfahren über das Vermögen des Schuldners, die bis zum 30. September 2023 beantragt wurden, keine Anwendung;

[1] § 2 Abs. 1 einl. Satzteil geänd., Abs. 4 angef. mWv 1.10.2020 durch G v. 25.9.2020 (BGBl. I S. 2016); Abs. 5 angef. mWv 1.1.2021 durch G v. 22.12.2020 (BGBl. I S. 3256); Abs. 5 neu gef. mWv 1.1.2021, Abs. 1 Nr. 4 Buchst. d geänd., Buchst. e aufgeh., Nr. 5 angef., Abs. 2 geänd. mWv 19.2.2021 durch G v. 15.2.2021 (BGBl. I S. 237).

[2] Nr. **52**.

[3] Nr. **51**.

[4] Zeichensetzung amtlich.

[5] Nr. **50**.

[6] Nr. **53**.

[7] Nr. **110**.

3. sind Kreditgewährungen und Besicherungen im Aussetzungszeitraum nicht als sittenwidriger Beitrag zur Insolvenzverschleppung anzusehen;
4. sind Rechtshandlungen, die dem anderen Teil eine Sicherung oder Befriedigung gewährt oder ermöglicht haben, die dieser in der Art und zu der Zeit beanspruchen konnte, in einem späteren Insolvenzverfahren nicht anfechtbar; dies gilt nicht, wenn dem anderen Teil bekannt war, dass die Sanierungs- und Finanzierungsbemühungen des Schuldners nicht zur Beseitigung einer eingetretenen Zahlungsunfähigkeit geeignet gewesen sind. Entsprechendes gilt für
   a) Leistungen an Erfüllungs statt oder erfüllungshalber;
   b) Zahlungen durch einen Dritten auf Anweisung des Schuldners;
   c) die Bestellung einer anderen als der ursprünglich vereinbarten Sicherheit, wenn diese nicht werthaltiger ist;
   d) die Verkürzung von Zahlungszielen;
5. gelten die bis zum 31. März 2022 erfolgten Zahlungen auf Forderungen aufgrund von bis zum 28. Februar 2021 gewährten Stundungen als nicht gläubigerbenachteiligend, sofern über das Vermögen des Schuldners ein Insolvenzverfahren bis zum Ablauf des 18. Februar 2021 noch nicht eröffnet worden ist.

(2) Absatz 1 Nummer 2 bis 5 gilt auch für Unternehmen, die keiner Antragspflicht unterliegen, sowie für Schuldner, die weder zahlungsunfähig noch überschuldet sind.

(3) Absatz 1 Nummer 2 und 3 gilt im Fall von Krediten, die von der Kreditanstalt für Wiederaufbau und ihren Finanzierungspartnern oder von anderen Institutionen im Rahmen staatlicher Hilfsprogramme anlässlich der COVID-19-Pandemie gewährt werden, auch dann, wenn der Kredit nach dem Ende des Aussetzungszeitraums gewährt oder besichert wird, und unbefristet für deren Rückgewähr.

(4) [1] Soweit nach § 1 Absatz 2 die Pflicht zur Stellung eines Insolvenzantrags ausgesetzt ist und keine Zahlungsunfähigkeit vorliegt, ist Absatz 1 anwendbar. [2] Absatz 2 findet entsprechende Anwendung. [3] Absatz 3 bleibt unberührt.

(5) Ist die Pflicht zur Stellung eines Insolvenzantrags nach § 1 Absatz 3 ausgesetzt, gelten die Absätze 1 bis 3 entsprechend, jedoch Absatz 1 Nummer 1 nur mit der Maßgabe, dass an die Stelle der darin genannten Vorschriften § 15b Absatz 1 bis 3 der Insolvenzordnung tritt.

§ 3 Eröffnungsgrund bei Gläubigerinsolvenzanträgen. Bei zwischen dem 28. März 2020 und dem 28. Juni 2020 gestellten Gläubigerinsolvenzanträgen setzt die Eröffnung des Insolvenzverfahrens voraus, dass der Eröffnungsgrund bereits am 1. März 2020 vorlag.

§ 4[1] Prognosezeitraum für die Überschuldungsprüfung. [1] Abweichend von § 19 Absatz 2 Satz 1 der Insolvenzordnung[2] ist zwischen dem 1. Januar 2021 und dem 31. Dezember 2021 anstelle des Zeitraums von zwölf Monaten ein Zeitraum von vier Monaten zugrunde zu legen, wenn die Überschuldung des Schuldners auf die COVID-19-Pandemie zurückzuführen ist. [2] Dies wird vermutet, wenn
1. der Schuldner am 31. Dezember 2019 nicht zahlungsunfähig war,

---

[1] § 4 angef. mWv 1.1.2021 durch G v. 22.12.2020 (BGBl. I S. 3256).
[2] Nr. **110**.

2. der Schuldner in dem letzten, vor dem 1. Januar 2020 abgeschlossenen Geschäftsjahr ein positives Ergebnis aus der gewöhnlichen Geschäftstätigkeit erwirtschaftet hat und
3. der Umsatz aus der gewöhnlichen Geschäftstätigkeit im Kalenderjahr 2020 im Vergleich zum Vorjahr um mehr als 30 Prozent eingebrochen ist.

§ 5[1] Anwendung des bisherigen Rechts. (1) Auf Eigenverwaltungsverfahren, die zwischen dem 1. Januar 2021 und dem 31. Dezember 2021 beantragt werden, sind, soweit in den folgenden Absätzen und § 6 nichts anderes bestimmt ist, die §§ 270 bis 285 der Insolvenzordnung[2] in der bis zum 31. Dezember 2020 geltenden Fassung weiter anzuwenden, wenn die Zahlungsunfähigkeit oder Überschuldung des Schuldners auf die COVID-19-Pandemie zurückzuführen ist.

(2) [1] Die Insolvenzreife gilt als auf die COVID-19-Pandemie zurückführbar, wenn der Schuldner eine von einem in Insolvenzsachen erfahrenen Steuerberater, Wirtschaftsprüfer oder Rechtsanwalt oder einer Person mit vergleichbarer Qualifikation ausgestellte Bescheinigung vorlegt, aus der sich ergibt, dass
1. der Schuldner am 31. Dezember 2019 weder zahlungsunfähig noch überschuldet war,
2. der Schuldner in dem letzten vor dem 1. Januar 2020 abgeschlossenen Geschäftsjahr ein positives Ergebnis aus der gewöhnlichen Geschäftstätigkeit erwirtschaftet hat und
3. der Umsatz aus der gewöhnlichen Geschäftstätigkeit im Kalenderjahr 2020 im Vergleich zum Vorjahr um mehr als 30 Prozent eingebrochen ist.

[2] Satz 1 gilt entsprechend, wenn die nach Satz 1 Nummer 2 und 3 zu bescheinigenden Voraussetzungen zwar nicht oder nicht vollständig vorliegen, aus der Bescheinigung jedoch hervorgeht, dass aufgrund von Besonderheiten, die im Schuldner oder in der Branche, der er angehört, begründet sind oder aufgrund sonstiger Umstände oder Verhältnisse, dennoch davon ausgegangen werden kann, dass die Insolvenzreife auf die COVID-19-Pandemie zurückzuführen ist.

(3) [1] Die Insolvenzreife gilt auch als auf die COVID-19-Pandemie zurückführbar, wenn der Schuldner im Eröffnungsantrag darlegt, dass keine Verbindlichkeiten bestehen, die am 31. Dezember 2019 bereits fällig und zu diesem Zeitpunkt noch nicht bestritten waren. [2] Die Erklärung zur Richtigkeit und Vollständigkeit der Angaben nach § 13 Absatz 1 Satz 7 der Insolvenzordnung muss sich auch auf die Angaben nach Satz 1 beziehen.

(4) Erlangt das Gericht Kenntnis davon, dass die Zahlungsunfähigkeit oder Überschuldung des Schuldners nicht auf die Auswirkungen der COVID-19-Pandemie zurückzuführen ist, kann es auch aus diesem Grund
1. anstelle des vorläufigen Sachwalters einen vorläufigen Insolvenzverwalter bestellen,
2. die Anordnung nach § 270b Absatz 1 der Insolvenzordnung in der bis zum 31. Dezember 2020 geltenden Fassung vor Ablauf der Frist aufheben, oder
3. die Anordnung der Eigenverwaltung aufheben.

(5) Ordnet das Gericht die vorläufige Eigenverwaltung oder Eigenverwaltung an, kann es zugleich anordnen, dass Verfügungen des Schuldners der Zustimmung durch den vorläufigen Sachwalter oder den Sachwalter bedürfen.

---

[1] § 5 angef. mWv 1.1.2021 durch G v. 22.12.2020 (BGBl. I S. 3256).
[2] Nr. **110**.

(6) Die Annahme von Nachteilen für die Gläubiger kann nicht allein darauf gestützt werden, dass der Schuldner keine Vorkehrungen zur Sicherstellung seiner Fähigkeit zur Erfüllung insolvenzrechtlicher Pflichten getroffen hat.

(7) [1] Ordnet das Gericht die vorläufige Eigenverwaltung oder Eigenverwaltung an, so ist die Insolvenzrechtliche Vergütungsverordnung in der bis zum 31. Dezember 2020 geltenden Fassung anzuwenden. [2] Dies gilt auch, wenn die vorläufige Eigenverwaltung oder Eigenverwaltung aufgehoben wird.

§ 6[1)] Erleichterter Zugang zum Schutzschirmverfahren. [1] Die Zahlungsunfähigkeit eines Schuldners steht der Anwendung des § 270b der Insolvenzordnung[2)] in der bis zum 31. Dezember 2020 geltenden Fassung bei einem zwischen dem 1. Januar 2021 und dem 31. Dezember 2021 gestellten Insolvenzantrag nicht entgegen, wenn in der Bescheinigung nach § 270b Absatz 1 Satz 3 der Insolvenzordnung in der bis zum 31. Dezember 2020 geltenden Fassung auch bestätigt wird, dass

1. der Schuldner am 31. Dezember 2019 nicht zahlungsunfähig war,
2. der Schuldner in dem letzten, vor dem 1. Januar 2020 abgeschlossenen Geschäftsjahr ein positives Ergebnis aus der gewöhnlichen Geschäftstätigkeit erwirtschaftet hat und
3. der Umsatz aus der gewöhnlichen Geschäftstätigkeit im Kalenderjahr 2020 im Vergleich zum Vorjahr um mehr als 30 Prozent eingebrochen ist.

[2] Satz 1 gilt entsprechend, wenn die nach Satz 1 Nummer 2 und 3 zu bescheinigenden Voraussetzungen zwar nicht oder nicht vollständig vorliegen, aus der Bescheinigung jedoch hervorgeht, dass aufgrund von Besonderheiten, die im Schuldner oder in der Branche, der er angehört, begründet sind oder aufgrund sonstiger Umstände oder Verhältnisse, dennoch davon ausgegangen werden kann, dass die Zahlungsunfähigkeit auf die COVID-19-Pandemie zurückzuführen ist. [3] § 5 Absatz 7 gilt entsprechend.

§ 7[3)] Sicherstellung der Gläubigergleichbehandlung bei Stützungsmaßnahmen anlässlich der COVID-19-Pandemie. [1] Der Umstand, dass Forderungen im Zusammenhang mit staatlichen Leistungen stehen, die im Rahmen von staatlichen Programmen zur Bewältigung der COVID-19-Pandemie gewährt wurden, ist für sich allein kein geeignetes Kriterium für die Einbeziehung in den Restrukturierungsplan nach § 8 des Unternehmensstabilisierungs- und -restrukturierungsgesetzes oder die Abgrenzung der Gruppen nach § 9 des Unternehmensstabilisierungs- und -restrukturierungsgesetzes oder § 222 der Insolvenzordnung[2)]. [2] Staatliche Leistungen im Sinne von Satz 1 sind sämtliche Finanzhilfen einschließlich der Gewährung von Darlehen und die Übernahme einer Bürgschaft, einer Garantie oder eine sonstige Übernahme des Ausfallrisikos bezüglich von Forderungen Dritter, die durch öffentliche Anstalten, Körperschaften oder Rechtsträgern *öffentlicher* Sondervermögen sowie im Mehrheitsbesitz des Bundes, der Länder oder der Kommunen stehenden Rechtsträger gewährt werden. [3] Soweit im Rahmen einer staatlichen Leistung das Ausfallrisiko übernommen worden ist, ist die besicherte Forderung als eine Forderung anzusehen, die nach Satz 1 im Zusammenhang mit staatlichen Leistungen steht.

[1)] § 6 angef. mWv 1.1.2021 durch G v. 22.12.2020 (BGBl. I S. 3256).
[2)] Nr. **110**.
[3)] § 7 angef. mWv 1.1.2021 durch G v. 22.12.2020 (BGBl. I S. 3256).

Lfd. Nr.	Änderndes Gesetz	Datum	Fundstelle	Betroffen	Hinweis
38.	Art. 2 G zur Änd. der materiellen Zulässigkeitsvoraussetzungen von ärztlichen Zwangsmaßnahmen und zur Stärkung des Selbstbestimmungsrechts von Betreuten	17.7.2017	BGBl. I S. 2426	Inhaltsübersicht, §§ 62, 104, 167, 293, 313, 317, 326, 327, 328, 330, 331, 337 § 312	geänd. mWv 22.7.2017 neu gef. mWv 22.7.2017
39.	Art. 7 G zur Bekämpfung von Kinderehen	17.7.2017	BGBl. I S. 2429	Inhaltsübersicht, §§ 98, 122, 132, 188 § 129a	geänd. mWv 22.7.2017 eingef. mWv 22.7.2017
40.	Art. 7 G zur besseren Durchsetzung der Ausreisepflicht	20.7.2017	BGBl. I S. 2780	§§ 171, 176	geänd. mWv 29.7.2017
41.	Art. 5 G zum Internationalen Güterrecht und zur Änd. von Vorschriften des Internationalen Privatrechts	17.12. 2018	BGBl. I S. 2573	Inhaltsübersicht, Buch 1 Abschnitt 9 UAbschnitt 1 Überschrift, § 97	geänd. mWv 21.12.2018
42.	Art. 2 G zur Änd. der in das Geburtenregister einzutragenden Angaben	18.12. 2018	BGBl. I S. 2635	§ 168a	geänd. mWv 22.12.2018
43.	Art. 13 G zur Umsetzung des G zur Einführung des Rechts auf Eheschließung für Personen gleichen Geschlechts	18.12. 2018	BGBl. I S. 2639	§ 269	geänd. mWv 22.12.2018
44.	Art. 5 G zur Änd. des BundeswahlG und anderer Gesetze	18.6.2019	BGBl. I S. 834	§ 309	geänd. mWv 1.7.2019
45.	Art. 3 G zur Stärkung der Rechte von Betroffenen bei Fixierungen im Rahmen von Freiheitsentziehungen	19.6.2019	BGBl. I S. 840	Inhaltsübersicht, §§ 70, 104, 151, 310, 312, 313, 321, 327, 329, 330, 331, 337, 339	geänd. mWv 28.6.2019
46.	Art. 5 Abs. 6 G zur Einführung einer Karte für Unionsbürger und Angehörige des Europäischen Wirtschaftsraums mit Funktion zum elektronischen Identitätsnachweis sowie zur Änd. des PersonalausweisG und weiterer Vorschriften [1)2)]	21.6.2019	BGBl. I S. 846	§ 14a	geänd. mWv 1.11.2019
47.	Art. 2 G zur Anpassung der Betreuer- und Vormündervergütung	22.6.2019	BGBl. I S. 866	§ 277	geänd. mWv 27.7.2019
48.	Art. 2 Zweites G zur besseren Durchsetzung der Ausreisepflicht	15.8.2019	BGBl. I S. 1294	§ 417	geänd. mWv 21.8.2019

[1)] **Amtl. Anm.:** Notifiziert gemäß der Richtlinie (EU) 2015/1535 des Europäischen Parlaments und des Rates vom 9. September 2015 über ein Informationsverfahren auf dem Gebiet der technischen Vorschriften und der Vorschriften für die Dienste der Informationsgesellschaft (ABl. L 241 vom 17.9.2015, S. 1).

[2)] Die Änd. des Inkrafttretens dieses G durch Art. 154a G v. 20.11.2019 (BGBl. I S. 1626) ist unbeachtlich, da das G bei Erlass des ÄndG bereits in Kraft getreten war.

Lfd. Nr.	Änderndes Gesetz	Datum	Fundstelle	Betroffen	Hinweis
49.	Art. 3 G zur Stärkung der Verfahrensrechte von Beschuldigten im Jugendstrafverfahren[1)]	9.12.2019	BGBl. I S. 2146	§ 311	geänd. mWv 17.12.2019
50.	Art. 9 G zur Regelung der Wertgrenze für die Nichtzulassungsbeschwerde in Zivilsachen, zum Ausbau der Spezialisierung bei den Gerichten sowie zur Änd. weiterer prozessrechtlicher Vorschriften	12.12. 2019	BGBl. I S. 2633	§ 14	geänd. mWv 1.1.2020
51.	Art. 4 G zur Umsetzung der Entscheidung des Bundesverfassungsgerichts vom 26. März 2019 zum Ausschluss der Stiefkindadoption in nichtehel. Familien	19.3.2020	BGBl. I S. 541	§ 187	geänd. mWv 31.3.2020
52.	Art. 2 AdoptionshilfeG	12.2.2021	BGBl. I S. 226	Inhaltsübersicht, §§ 108, 187, 195	geänd. mWv 1.4.2021
				§ 189	neu gef. mWv 1.4.2021
				§ 196a	eingef. mWv 1.4.2021

[1)] **Amtl. Anm.:** Dieses Gesetz dient der Umsetzung der Richtlinie (EU) 2016/800 des Europäischen Parlaments und des Rates vom 11. Mai 2016 über Verfahrensgarantien für Kinder, die Verdächtige oder beschuldigte Personen in Strafverfahren sind (ABl. L 132 vom 21.5.2016, S. 1).

§ 102 Versorgungsausgleichssachen. Die deutschen Gerichte sind zuständig, wenn

1. der Antragsteller oder der Antragsgegner seinen gewöhnlichen Aufenthalt im Inland hat,
2. über inländische Anrechte zu entscheiden ist oder
3. ein deutsches Gericht die Ehe zwischen Antragsteller und Antragsgegner geschieden hat.

§ 103 Lebenspartnerschaftssachen. (1) Die deutschen Gerichte sind in Lebenspartnerschaftssachen, die die Aufhebung der Lebenspartnerschaft auf Grund des Lebenspartnerschaftsgesetzes[1] oder die Feststellung des Bestehens oder Nichtbestehens einer Lebenspartnerschaft zum Gegenstand haben, zuständig, wenn

1. ein Lebenspartner Deutscher ist oder bei Begründung der Lebenspartnerschaft war,
2. einer der Lebenspartner seinen gewöhnlichen Aufenthalt im Inland hat oder
3. die Lebenspartnerschaft vor einer zuständigen deutschen Stelle begründet worden ist.

(2) Die Zuständigkeit der deutschen Gerichte nach Absatz 1 erstreckt sich im Fall des Verbunds von Aufhebungs- und Folgesachen auf die Folgesachen.

(3) Die §§ 99, 101, 102 und 105 gelten entsprechend.

§ 104[2] Betreuungs- und Unterbringungssachen; Pflegschaft für Erwachsene. (1) [1] Die deutschen Gerichte sind zuständig, wenn der Betroffene oder der volljährige Pflegling

1. Deutscher ist oder
2. seinen gewöhnlichen Aufenthalt im Inland hat.

[2] Die deutschen Gerichte sind ferner zuständig, soweit der Betroffene oder der volljährige Pflegling der Fürsorge durch ein deutsches Gericht bedarf.

(2) § 99 Abs. 2 und 3 gilt entsprechend.

(3) Die Absätze 1 und 2 sind in Verfahren nach § 312 Nummer 4 nicht anzuwenden.

§ 105 Andere Verfahren. In anderen Verfahren nach diesem Gesetz sind die deutschen Gerichte zuständig, wenn ein deutsches Gericht örtlich zuständig ist.

§ 106 Keine ausschließliche Zuständigkeit. Die Zuständigkeiten in diesem Unterabschnitt sind nicht ausschließlich.

Unterabschnitt 3. Anerkennung und Vollstreckbarkeit ausländischer Entscheidungen

§ 107 Anerkennung ausländischer Entscheidungen in Ehesachen.

(1) [1] Entscheidungen, durch die im Ausland eine Ehe für nichtig erklärt, aufgehoben, dem Ehebande nach oder unter Aufrechterhaltung des Ehebandes geschieden oder durch die das Bestehen oder Nichtbestehen einer Ehe zwischen den Beteiligten festgestellt worden ist, werden nur anerkannt, wenn die Landesjustiz-

[1] **Schönfelder ErgBd. Nr. 43.**

[2] § 104 Abs. 3 geänd. mWv 22.7.2017 durch G v. 17.7.2017 (BGBl. I S. 2426); Abs. 3 geänd. mWv 28.6.2019 durch G v. 19.6.2019 (BGBl. I S. 840).

verwaltung festgestellt hat, dass die Voraussetzungen für die Anerkennung vorliegen. [2] Hat ein Gericht oder eine Behörde des Staates entschieden, dem beide Ehegatten zur Zeit der Entscheidung angehört haben, hängt die Anerkennung nicht von einer Feststellung der Landesjustizverwaltung ab.

(2) [1] Zuständig ist die Justizverwaltung des Landes, in dem ein Ehegatte seinen gewöhnlichen Aufenthalt hat. [2] Hat keiner der Ehegatten seinen gewöhnlichen Aufenthalt im Inland, ist die Justizverwaltung des Landes zuständig, in dem eine neue Ehe geschlossen oder eine Lebenspartnerschaft begründet werden soll; die Landesjustizverwaltung kann den Nachweis verlangen, dass die Eheschließung oder die Begründung der Lebenspartnerschaft angemeldet ist. [3] Wenn eine andere Zuständigkeit nicht gegeben ist, ist die Justizverwaltung des Landes Berlin zuständig.

(3) [1] Die Landesregierungen können die den Landesjustizverwaltungen nach dieser Vorschrift zustehenden Befugnisse durch Rechtsverordnung auf einen oder mehrere Präsidenten der Oberlandesgerichte übertragen. [2] Die Landesregierungen können die Ermächtigung nach Satz 1 durch Rechtsverordnung auf die Landesjustizverwaltungen übertragen.

(4) [1] Die Entscheidung ergeht auf Antrag. [2] Den Antrag kann stellen, wer ein rechtliches Interesse an der Anerkennung glaubhaft macht.

(5) Lehnt die Landesjustizverwaltung den Antrag ab, kann der Antragsteller beim Oberlandesgericht die Entscheidung beantragen.

(6) [1] Stellt die Landesjustizverwaltung fest, dass die Voraussetzungen für die Anerkennung vorliegen, kann ein Ehegatte, der den Antrag nicht gestellt hat, beim Oberlandesgericht die Entscheidung beantragen. [2] Die Entscheidung der Landesjustizverwaltung wird mit der Bekanntgabe an den Antragsteller wirksam. [3] Die Landesjustizverwaltung kann jedoch in ihrer Entscheidung bestimmen, dass die Entscheidung erst nach Ablauf einer von ihr bestimmten Frist wirksam wird.

(7) [1] Zuständig ist ein Zivilsenat des Oberlandesgerichts, in dessen Bezirk die Landesjustizverwaltung ihren Sitz hat. [2] Der Antrag auf gerichtliche Entscheidung hat keine aufschiebende Wirkung. [3] Für das Verfahren gelten die Abschnitte 4 und 5 sowie § 14 Abs. 1 und 2 und § 48 Abs. 2 entsprechend.

(8) Die vorstehenden Vorschriften sind entsprechend anzuwenden, wenn die Feststellung begehrt wird, dass die Voraussetzungen für die Anerkennung einer Entscheidung nicht vorliegen.

(9) Die Feststellung, dass die Voraussetzungen für die Anerkennung vorliegen oder nicht vorliegen, ist für Gerichte und Verwaltungsbehörden bindend.

(10) War am 1. November 1941 in einem deutschen Familienbuch (Heiratsregister) auf Grund einer ausländischen Entscheidung die Nichtigerklärung, Aufhebung, Scheidung oder Trennung oder das Bestehen oder Nichtbestehen einer Ehe vermerkt, steht der Vermerk einer Anerkennung nach dieser Vorschrift gleich.

§ 108[1)] Anerkennung anderer ausländischer Entscheidungen. (1) Abgesehen von Entscheidungen in Ehesachen sowie von Entscheidungen nach § 1 Absatz 2 des Adoptionswirkungsgesetzes[2)] werden ausländische Entscheidungen anerkannt, ohne dass es hierfür eines besonderen Verfahrens bedarf.

(2) [1] Beteiligte, die ein rechtliches Interesse haben, können eine Entscheidung über die Anerkennung oder Nichtanerkennung einer ausländischen Entscheidung

---

[1)] § 108 Abs. 1 und 2 Satz 3 neu gef. mWv 1.4.2021 durch G v. 12.2.2021 (BGBl. I S. 226).
[2)] **Schönfelder ErgBd. Nr. 45j.**

nicht vermögensrechtlichen Inhalts beantragen. [2] § 107 Abs. 9 gilt entsprechend. [3] Für die Anerkennung oder Nichtanerkennung einer Annahme als Kind gelten jedoch die Bestimmungen des Adoptionswirkungsgesetzes, wenn der Angenommene zur Zeit der Annahme das 18. Lebensjahr nicht vollendet hatte.

(3) [1] Für die Entscheidung über den Antrag nach Absatz 2 Satz 1 ist das Gericht örtlich zuständig, in dessen Bezirk zum Zeitpunkt der Antragstellung

1. der Antragsgegner oder die Person, auf die sich die Entscheidung bezieht, sich gewöhnlich aufhält oder
2. bei Fehlen einer Zuständigkeit nach Nummer 1 das Interesse an der Feststellung bekannt wird oder das Bedürfnis der Fürsorge besteht.

[2] Diese Zuständigkeiten sind ausschließlich.

§ 109[1)] Anerkennungshindernisse. (1) Die Anerkennung einer ausländischen Entscheidung ist ausgeschlossen,

1. wenn die Gerichte des anderen Staates nach deutschem Recht nicht zuständig sind;
2. wenn einem Beteiligten, der sich zur Hauptsache nicht geäußert hat und sich hierauf beruft, das verfahrenseinleitende Dokument nicht ordnungsgemäß oder nicht so rechtzeitig mitgeteilt worden ist, dass er seine Rechte wahrnehmen konnte;
3. wenn die Entscheidung mit einer hier erlassenen oder anzuerkennenden früheren ausländischen Entscheidung oder wenn das ihr zugrunde liegende Verfahren mit einem früher hier rechtshängig gewordenen Verfahren unvereinbar ist;
4. wenn die Anerkennung der Entscheidung zu einem Ergebnis führt, das mit wesentlichen Grundsätzen des deutschen Rechts offensichtlich unvereinbar ist, insbesondere wenn die Anerkennung mit den Grundrechten unvereinbar ist.

(2) [1] Der Anerkennung einer ausländischen Entscheidung in einer Ehesache steht § 98 Abs. 1 Nr. 4 nicht entgegen, wenn ein Ehegatte seinen gewöhnlichen Aufenthalt in dem Staat hatte, dessen Gerichte entschieden haben. [2] Wird eine ausländische Entscheidung in einer Ehesache von den Staaten anerkannt, denen die Ehegatten angehören, steht § 98 der Anerkennung der Entscheidung nicht entgegen.

(3) § 103 steht der Anerkennung einer ausländischen Entscheidung in einer Lebenspartnerschaftssache nicht entgegen, wenn der Register führende Staat die Entscheidung anerkennt.

(4) Die Anerkennung einer ausländischen Entscheidung, die

1. Familienstreitsachen,
2. die Verpflichtung zur Fürsorge und Unterstützung in der partnerschaftlichen Lebensgemeinschaft,
3. die Regelung der Rechtsverhältnisse an der gemeinsamen Wohnung und an den Haushaltsgegenständen der Lebenspartner,
4. Entscheidungen nach § 6 Satz 2 des Lebenspartnerschaftsgesetzes[2)] in Verbindung mit den §§ 1382 und 1383 des Bürgerlichen Gesetzbuchs[3)] oder

---

[1)] § 109 Abs. 4 Nr. 3 geänd. mWv 1.9.2009 durch G v. 6.7.2009 (BGBl. I S. 1696).
[2)] **Schönfelder ErgBd. Nr. 43.**
[3)] Nr. **20.**

5. Entscheidungen nach § 7 Satz 2 des Lebenspartnerschaftsgesetzes in Verbindung mit den §§ 1426, 1430 und 1452 des Bürgerlichen Gesetzbuchs

betrifft, ist auch dann ausgeschlossen, wenn die Gegenseitigkeit nicht verbürgt ist.

(5) Eine Überprüfung der Gesetzmäßigkeit der ausländischen Entscheidung findet nicht statt.

§ 110 Vollstreckbarkeit ausländischer Entscheidungen. (1) Eine ausländische Entscheidung ist nicht vollstreckbar, wenn sie nicht anzuerkennen ist.

(2) [1] Soweit die ausländische Entscheidung eine in § 95 Abs. 1 genannte Verpflichtung zum Inhalt hat, ist die Vollstreckbarkeit durch Beschluss auszusprechen. [2] Der Beschluss ist zu begründen.

(3) [1] Zuständig für den Beschluss nach Absatz 2 ist das Amtsgericht, bei dem der Schuldner seinen allgemeinen Gerichtsstand hat, und sonst das Amtsgericht, bei dem nach § 23 der Zivilprozessordnung[1)] gegen den Schuldner Klage erhoben werden kann. [2] Der Beschluss ist erst zu erlassen, wenn die Entscheidung des ausländischen Gerichts nach dem für dieses Gericht geltenden Recht die Rechtskraft erlangt hat.

Buch 2. Verfahren in Familiensachen

Abschnitt 1. Allgemeine Vorschriften

§ 111[2)] Familiensachen. Familiensachen sind

1. Ehesachen,
2. Kindschaftssachen,
3. Abstammungssachen,
4. Adoptionssachen,
5. Ehewohnungs- und Haushaltssachen,
6. Gewaltschutzsachen,
7. Versorgungsausgleichssachen,
8. Unterhaltssachen,
9. Güterrechtssachen,
10. sonstige Familiensachen,
11. Lebenspartnerschaftssachen.

§ 112 Familienstreitsachen. Familienstreitsachen sind folgende Familiensachen:

1. Unterhaltssachen nach § 231 Abs. 1 und Lebenspartnerschaftssachen nach § 269 Abs. 1 Nr. 8 und 9,

---

1) Nr. **100**.

2) § 111 Nr. 5 neu gef. mWv 1.9.2009 durch G v. 6.7.2009 (BGBl. I S. 1696).

Abschnitt 5. Verfahren in Adoptionssachen

§ 186 Adoptionssachen. Adoptionssachen sind Verfahren, die

1. die Annahme als Kind,
2. die Ersetzung der Einwilligung zur Annahme als Kind,
3. die Aufhebung des Annahmeverhältnisses oder
4. die Befreiung vom Eheverbot des § 1308 Abs. 1 des Bürgerlichen Gesetzbuchs[1)]

betreffen.

§ 187[2)] Örtliche Zuständigkeit. (1) Für Verfahren nach § 186 Nr. 1 bis 3 ist das Gericht ausschließlich zuständig, in dessen Bezirk der Annehmende oder einer der Annehmenden seinen gewöhnlichen Aufenthalt hat.

(2) Ist die Zuständigkeit eines deutschen Gerichts nach Absatz 1 nicht gegeben, ist der gewöhnliche Aufenthalt des Kindes maßgebend.

(3) Für Verfahren nach § 186 Nr. 4 ist das Gericht ausschließlich zuständig, in dessen Bezirk einer der Verlobten seinen gewöhnlichen Aufenthalt hat.

(4) In Adoptionssachen, die einen Minderjährigen betreffen, ist § 6 Absatz 1 Satz 1 und Absatz 2 des Adoptionswirkungsgesetzes[3)] entsprechend anzuwenden, wenn

1. der gewöhnliche Aufenthalt der Annehmenden und des Anzunehmenden im Ausland liegt oder
2. der Anzunehmende in den letzten zwei Jahren vor der Antragstellung seinen gewöhnlichen Aufenthalt im Ausland hatte.

(5) [1]Ist nach den Absätzen 1 bis 4 eine Zuständigkeit nicht gegeben, ist das Amtsgericht Schöneberg in Berlin zuständig. [2]Es kann die Sache aus wichtigem Grund an ein anderes Gericht verweisen.

§ 188[4)] Beteiligte. (1) Zu beteiligen sind

1. in Verfahren nach § 186 Nr. 1
   a) der Annehmende und der Anzunehmende,
   b) die Eltern des Anzunehmenden, wenn dieser entweder minderjährig ist und ein Fall des § 1747 Abs. 2 Satz 2 oder Abs. 4 des Bürgerlichen Gesetzbuchs[1)] nicht vorliegt oder im Fall des § 1772 des Bürgerlichen Gesetzbuchs,
   c) der Ehegatte oder Lebenspartner des Annehmenden und der Ehegatte oder Lebenspartner des Anzunehmenden, sofern nicht ein Fall des § 1749 Absatz 2 des Bürgerlichen Gesetzbuchs vorliegt;
2. in Verfahren nach § 186 Nr. 2 derjenige, dessen Einwilligung ersetzt werden soll;
3. in Verfahren nach § 186 Nr. 3
   a) der Annehmende und der Angenommene,
   b) die leiblichen Eltern des minderjährigen Angenommenen;
4. in Verfahren nach § 186 Nr. 4 die Verlobten.

[1)] Nr. **20**.
[2)] § 187 Abs. 4 neu gef. mWv 1.4.2021 durch G v. 12.2.2021 (BGBl. I S. 226).
[3)] **Schönfelder ErgBd. Nr. 45j.**
[4)] § 188 Abs. 1 Nr. 1 Buchst. c geänd. mWv 27.6.2014 durch G v. 20.6.2014 (BGBl. I S. 786); Abs. 1 Nr. 1 Buchst. c geänd. mWv 22.7.2017 durch G v. 17.7.2017 (BGBl. I S. 2429).

(2) Das Jugendamt und das Landesjugendamt sind auf ihren Antrag zu beteiligen.

§ 189[1)] Fachliche Äußerung. (1) Soll ein Minderjähriger als Kind angenommen werden, hat das Gericht eine fachliche Äußerung darüber einzuholen, ob das Kind und die Familie des Annehmenden für die Annahme geeignet sind.

(2) [1]Die fachliche Äußerung ist von der Adoptionsvermittlungsstelle einzuholen, die das Kind vermittelt oder den Beratungsschein nach § 9a Absatz 2 des Adoptionsvermittlungsgesetzes[2)] ausgestellt hat. [2]Ist keine Adoptionsvermittlungsstelle tätig geworden, ist eine fachliche Äußerung des Jugendamts einzuholen.

(3) Die fachliche Äußerung ist kostenlos abzugeben.

(4) Das Gericht hat der Adoptionsvermittlungsstelle, die das Kind vermittelt hat, die Entscheidung mitzuteilen.

§ 190 Bescheinigung über den Eintritt der Vormundschaft. Ist das Jugendamt nach § 1751 Abs. 1 Satz 1 und 2 des Bürgerlichen Gesetzbuchs[3)] Vormund geworden, hat das Familiengericht ihm unverzüglich eine Bescheinigung über den Eintritt der Vormundschaft zu erteilen; § 1791 des Bürgerlichen Gesetzbuchs ist nicht anzuwenden.

§ 191[4)] Verfahrensbeistand. [1]Das Gericht hat einem minderjährigen Beteiligten in Adoptionssachen einen Verfahrensbeistand zu bestellen, sofern dies zur Wahrnehmung seiner Interessen erforderlich ist. [2]§ 158 Abs. 2 Nr. 1 sowie Abs. 3 bis 8 gilt entsprechend.

§ 192 Anhörung der Beteiligten. (1) Das Gericht hat in Verfahren auf Annahme als Kind oder auf Aufhebung des Annahmeverhältnisses den Annehmenden und das Kind persönlich anzuhören.

(2) Im Übrigen sollen die beteiligten Personen angehört werden.

(3) Von der Anhörung eines minderjährigen Beteiligten kann abgesehen werden, wenn Nachteile für seine Entwicklung, Erziehung oder Gesundheit zu befürchten sind oder wenn wegen des geringen Alters von einer Anhörung eine Aufklärung nicht zu erwarten ist.

§ 193 Anhörung weiterer Personen. [1]Das Gericht hat in Verfahren auf Annahme als Kind die Kinder des Annehmenden und des Anzunehmenden anzuhören. [2]§ 192 Abs. 3 gilt entsprechend.

§ 194 Anhörung des Jugendamts. (1) [1]In Adoptionssachen hat das Gericht das Jugendamt anzuhören, sofern der Anzunehmende oder Angenommene minderjährig ist. [2]Dies gilt nicht, wenn das Jugendamt nach § 189 eine fachliche Äußerung abgegeben hat.

(2) [1]Das Gericht hat dem Jugendamt in den Fällen, in denen dieses angehört wurde oder eine fachliche Äußerung abgegeben hat, die Entscheidung mitzuteilen. [2]Gegen den Beschluss steht dem Jugendamt die Beschwerde zu.

[1)] § 189 neu gef. mWv 1.4.2021 durch G v. 12.2.2021 (BGBl. I S. 226).
[2)] **Schönfelder ErgBd. Nr. 45i.**
[3)] Nr. **20.**
[4)] § 191 Satz 2 geänd. mWv 1.1.2013 durch G v. 5.12.2012 (BGBl. I S. 2418).

§ 195[1)] Anhörung des Landesjugendamts. (1) [1] In den Fällen des § 11 Absatz 1 Nummer 2 und 3 des Adoptionsvermittlungsgesetzes[2)] hat das Gericht vor dem Ausspruch der Annahme auch die zentrale Adoptionsstelle des Landesjugendamts, in deren Bereich die Annehmenden ihren gewöhnlichen Aufenthalt haben, anzuhören. [2] Ist eine zentrale Adoptionsstelle nicht beteiligt worden, tritt an seine Stelle das Landesjugendamt, in dessen Bereich das Jugendamt liegt, das nach § 194 Gelegenheit zur Äußerung erhält oder das nach § 189 eine fachliche Äußerung abgegeben hat.

(2) [1] Das Gericht hat dem Landesjugendamt alle Entscheidungen mitzuteilen, zu denen dieses nach Absatz 1 anzuhören war. [2] Gegen den Beschluss steht dem Landesjugendamt die Beschwerde zu.

§ 196 Unzulässigkeit der Verbindung. Eine Verbindung von Adoptionssachen mit anderen Verfahren ist unzulässig.

§ 196a[3)] Zurückweisung des Antrags. Das Gericht weist den Antrag auf Annahme als Kind zurück, wenn die gemäß § 9a des Adoptionsvermittlungsgesetzes[2)] erforderlichen Bescheinigungen über eine Beratung nicht vorliegen.

§ 197 Beschluss über die Annahme als Kind. (1) [1] In einem Beschluss, durch den das Gericht die Annahme als Kind ausspricht, ist anzugeben, auf welche gesetzlichen Vorschriften sich die Annahme gründet. [2] Wurde die Einwilligung eines Elternteils nach § 1747 Abs. 4 des Bürgerlichen Gesetzbuchs[4)] nicht für erforderlich erachtet, ist dies ebenfalls in dem Beschluss anzugeben.

(2) In den Fällen des Absatzes 1 wird der Beschluss mit der Zustellung an den Annehmenden, nach dem Tod des Annehmenden mit der Zustellung an das Kind wirksam.

(3) [1] Der Beschluss ist nicht anfechtbar. [2] Eine Abänderung oder Wiederaufnahme ist ausgeschlossen.

§ 198 Beschluss in weiteren Verfahren. (1) [1] Der Beschluss über die Ersetzung einer Einwilligung oder Zustimmung zur Annahme als Kind wird erst mit Rechtskraft wirksam. [2] Bei Gefahr im Verzug kann das Gericht die sofortige Wirksamkeit des Beschlusses anordnen. [3] Der Beschluss wird mit Bekanntgabe an den Antragsteller wirksam. [4] Eine Abänderung oder Wiederaufnahme ist ausgeschlossen.

(2) Der Beschluss, durch den das Gericht das Annahmeverhältnis aufhebt, wird erst mit Rechtskraft wirksam; eine Abänderung oder Wiederaufnahme ist ausgeschlossen.

(3) Der Beschluss, durch den die Befreiung vom Eheverbot nach § 1308 Abs. 1 des Bürgerlichen Gesetzbuchs[4)] erteilt wird, ist nicht anfechtbar; eine Abänderung oder Wiederaufnahme ist ausgeschlossen, wenn die Ehe geschlossen worden ist.

§ 199 Anwendung des Adoptionswirkungsgesetzes. Die Vorschriften des Adoptionswirkungsgesetzes[5)] bleiben unberührt.

[1)] § 195 Abs. 1 Satz 1 neu gef. mWv 1.4.2021 durch G v. 12.2.2021 (BGBl. I S. 226).
[2)] **Schönfelder ErgBd. Nr. 45i.**
[3)] § 196a eingef. mWv 1.4.2021 durch G v. 12.2.2021 (BGBl. I S. 226).
[4)] Nr. **20**.
[5)] **Schönfelder ErgBd. Nr. 45j.**

Abschnitt 6.[1] Verfahren in Ehewohnungs- und Haushaltssachen

§ 200[2] Ehewohnungssachen; Haushaltssachen. (1) Ehewohnungssachen sind Verfahren

1. nach § 1361b des Bürgerlichen Gesetzbuchs[3],
2. nach § 1568a des Bürgerlichen Gesetzbuchs.

(2) Haushaltssachen sind Verfahren

1. nach § 1361a des Bürgerlichen Gesetzbuchs,
2. nach § 1568b des Bürgerlichen Gesetzbuchs.

§ 201 Örtliche Zuständigkeit. Ausschließlich zuständig ist in dieser Rangfolge:

1. während der Anhängigkeit einer Ehesache das Gericht, bei dem die Ehesache im ersten Rechtszug anhängig ist oder war;
2. das Gericht, in dessen Bezirk sich die gemeinsame Wohnung der Ehegatten befindet;
3. das Gericht, in dessen Bezirk der Antragsgegner seinen gewöhnlichen Aufenthalt hat;
4. das Gericht, in dessen Bezirk der Antragsteller seinen gewöhnlichen Aufenthalt hat.

§ 202[4] Abgabe an das Gericht der Ehesache. [1] Wird eine Ehesache rechtshängig, während eine Ehewohnungs- oder Haushaltssache bei einem anderen Gericht im ersten Rechtszug anhängig ist, ist diese von Amts wegen an das Gericht der Ehesache abzugeben. [2] § 281 Abs. 2 und 3 Satz 1 der Zivilprozessordnung[5] gilt entsprechend.

§ 203[6] Antrag. (1) Das Verfahren wird durch den Antrag eines Ehegatten eingeleitet.

(Fortsetzung nächstes Blatt)

---

[1] Abschnitt 6 Überschrift neu gef. mWv 1.9.2009 durch G v. 6.7.2009 (BGBl. I S. 1696).
[2] § 200 neu gef. mWv 1.9.2009 durch G v. 6.7.2009 (BGBl. I S. 1696).
[3] Nr. **20**.
[4] § 202 Satz 1 geänd. mWv 1.9.2009 durch G v. 6.7.2009 (BGBl. I S. 1696).
[5] Nr. **100**.
[6] § 203 Abs. 2 Sätze 1 und 2, Abs. 3 geänd. mWv 1.9.2009 durch G v. 6.7.2009 (BGBl. I S. 1696).

Lfd. Nr.	Änderndes Gesetz	Datum	Fundstelle	Betroffen	Hinweis
18.	Art. 24 G zur Einführung der elektronischen Akte in der Justiz und zur weiteren Förderung des elektronischen Rechtsverkehrs	5.7.2017	BGBl. I S. 2208	Anl. 1	geänd. mWv 1.1.2018
19.	Art. 2 Abs. 7 G zur Einführung eines Wettbewerbsregisters und zur Änd. des G gegen Wettbewerbsbeschränkungen	18.7.2017	BGBl. I S. 2739, geänd. 2021, S. 2	§§ 1, 50, Anl. 1	geänd. mit unbestimmtem Inkrafttreten
20.	Art. 4 G zur Einführung einer zivilprozessualen Musterfeststellungsklage	12.7.2018	BGBl. I S. 1151	§ 48	geänd. mWv 1.11.2018
21.	Art. 4 G zur Umsetzung der RL (EU) 2016/943 zum Schutz von Geschäftsgeheimnissen vor rechtswidrigem Erwerb sowie rechtswidriger Nutzung und Offenlegung	18.4.2019	BGBl. I S. 466	§ 51	geänd. mWv 26.4.2019
22.	Art. 10a G für mehr Sicherheit in der Arzneimittelversorgung[1]	9.8.2019	BGBl. I S. 1202	§ 52	geänd. mWv 1.1.2019
23.	Art. 4 G zur Stärkung der Verfahrensrechte von Beschuldigten im Jugendstrafverfahren[2]	9.12.2019	BGBl. I S. 2146	Anl. 1	geänd. mWv 17.12.2019
24.	Art. 2 Abs. 4 G zur Änd. des EG-VerbraucherschutzdurchsetzungsG sowie des G über die Errichtung des Bundesamts für Justiz	25.6.2020	BGBl. I S. 1474	§§ 1, 50, Anl. 1	geänd. mWv 30.6.2020
25.	Art. 9 Wohnungseigentumsmodernisierungsgesetz (WEMoG)	16.10. 2020	BGBl. I S. 2187	Anl. 1	geänd. mWv 23.10.2020
				Inhaltsübersicht	geänd. mWv 1.12.2020
				§ 49	neu gef. mWv 1.12.2020
				§ 49a	aufgeh. mit Ablauf des 30.11. 2020
26.	Art. 2 Sechstes G zur Änd. des G über die internationale Rechtshilfe in Strafsachen	23.11. 2020	BGBl. I S. 2474	Anl. 1	geänd. mWv 27.11.2020
27.	Art. 3 G zur Stärkung des fairen Wettbewerbs	26.11. 2020	BGBl. I S. 2568	§ 51	geänd. mWv 2.12.2020
28.	Art. 1 KostenrechtsänderungsG 2021	21.12. 2020	BGBl. I S. 3229	§§ 14, 34, 41, 58, Anl. 1	geänd. mWv 1.1.2021

[1] **Amtl. Anm.:** Dieses Gesetz dient der Durchführung der Delegierten Verordnung (EU) 2016/161 der Kommission vom 2. Oktober 2015 zur Ergänzung der Richtlinie 2001/83/EG des Europäischen Parlaments und des Rates durch die Festlegung genauer Bestimmungen über die Sicherheitsmerkmale auf der Verpackung von Humanarzneimitteln (ABl. L 32 vom 9.2.2016, S. 1).

[2] **Amtl. Anm.:** Dieses Gesetz dient der Umsetzung der Richtlinie (EU) 2016/800 des Europäischen Parlaments und des Rates vom 11. Mai 2016 über Verfahrensgarantien für Kinder, die Verdächtige oder beschuldigte Personen in Strafverfahren sind (ABl. L 132 vom 21.5.2016, S. 1).

Lfd. Nr.	Änderndes Gesetz	Datum	Fundstelle	Betroffen	Hinweis
				Anl. 2	neu gef. mWv 1.1.2021
29.	Art. 11 Sanierungs- und Insolvenzrechtsfortentwicklungs G[1]	22.12. 2020	BGBl. I S. 3256	Inhaltsübersicht, §§ 1, 6, Anl. 1	geänd. mWv 1.1.2021
				§§ 13a, 25a	eingef. mWv 1.1.2021
30.	Art. 9 G zur weiteren Verkürzung des Restschuldbefreiungsverfahrens und zur Anpassung pandemiebedingter Vorschriften im Gesellschafts-, Genossenschafts-, Vereins- und Stiftungsrecht sowie im Miet- und Pachtrecht	22.12. 2020	BGBl. I S. 3328	Anl. 1	geänd. mWv 31.12.2020
31.	Art. 2 GWB-DigitalisierungsG	18.1.2021	BGBl. I S. 2	§ 50, Anl. 1	geänd. mWv 19.1.2021

[1] **Amtl. Anm.:** Dieses Gesetz dient der weiteren Umsetzung der Richtlinie (EU) 2019/1023 des Europäischen Parlaments und des Rates vom 20. Juni 2019 über präventive Restrukturierungsrahmen, über Entschuldung und über Tätigkeitsverbote sowie über Maßnahmen zur Steigerung der Effizienz von Restrukturierungs-, Insolvenz- und Entschuldungsverfahren und zur Änderung der Richtlinie (EU) 2017/1132 (Richtlinie über Restrukturierung und Insolvenz) (ABl. L 172 vom 26.6.2019, S. 18).

Inhaltsübersicht[1)]

[1)] Inhaltsübersicht geänd. mWv 16.7.2014 durch G v. 8.7.2014 (BGBl. I S. 890); mWv 1.12.2020 durch G v. 16.10.2020 (BGBl. I S. 2187); mWv 1.1.2021 durch G v. 22.12.2020 (BGBl. I S. 3256).

Abschnitt 1. Allgemeine Vorschriften

§ 1[1] **Geltungsbereich.** (1) [1] Für Verfahren vor den ordentlichen Gerichten

1. nach der Zivilprozessordnung[2], einschließlich des Mahnverfahrens nach § 113 Absatz 2 des Gesetzes über das Verfahren in Familiensachen und in den Angelegenheiten der freiwilligen Gerichtsbarkeit[3] und der Verfahren nach dem Gesetz über das Verfahren in Familiensachen und in den Angelegenheiten der freiwilligen Gerichtsbarkeit, soweit das Vollstreckungs- oder Arrestgericht zuständig ist;
2. nach der Insolvenzordnung[4] und dem Einführungsgesetz zur Insolvenzordnung[5];
3. nach der Schifffahrtsrechtlichen Verteilungsordnung;

3a. nach dem Unternehmensstabilisierungs- und -restrukturierungsgesetz;

4. nach dem Gesetz über die Zwangsversteigerung und die Zwangsverwaltung[6];
5. nach der Strafprozessordnung[7];
6. nach dem Jugendgerichtsgesetz[8];
7. nach dem Gesetz über Ordnungswidrigkeiten[9];
8. nach dem Strafvollzugsgesetz[10], auch in Verbindung mit § 92 des Jugendgerichtsgesetzes;
9. nach dem Gesetz gegen Wettbewerbsbeschränkungen[11];
10. nach dem Wertpapiererwerbs- und Übernahmegesetz, soweit dort nichts anderes bestimmt ist;
11. nach dem Wertpapierhandelsgesetz[12];
12. nach dem Anerkennungs- und Vollstreckungsausführungsgesetz[13];
13. nach dem Auslandsunterhaltsgesetz, soweit das Vollstreckungsgericht zuständig ist;

---

[1] § 1 Abs. 3 neu gef. mWv 10.1.2015 durch G v. 8.7.2014 (BGBl. I S. 890); Abs. 1 Satz 1 Nr. 18 und 19 geänd., Nr. 20 angef. mWv 17.8.2015 durch G v. 29.6.2015 (BGBl. I S. 1042); Abs. 1 Satz 1 Nr. 19 und 20 geänd., Nr. 21 angef. mWv 18.6.2016 durch G v. 11.4.2016 (BGBl. I S. 720); Abs. 3 Nr. 2 und 3 geänd., Nr. 4 angef. mWv 18.1.2017 durch G v. 21.11.2016 (BGBl. I S. 2591); Abs. 1 Satz 1 Nr. 2, Abs. 3 Nr. 3 und 4 geänd., Nr. 5 angef. mWv 26.6.2017 durch G v. 5.6.2017 (BGBl. I S. 1476); Abs. 1 Satz 1 Nr. 20 und 21 geänd., Nr. 22 angef. **mit unbestimmtem Inkrafttreten** durch G v. 18.7.2017 (BGBl. I S. 2739, geänd. durch G v. 18.1.2021, BGBl. I S. 2), die Änderungen treten an dem Tag in Kraft, der in der Bekanntmachung nach § 12 Abs. 2 Satz 1 des Wettbewerbsregistergesetzes bezeichnet ist; Abs. 1 Satz 1 Nr. 17 geänd. mWv 30.6.2020 durch G v. 25.6.2020 (BGBl. I S. 1474); Abs. 1 Satz 1 Nr. 3a eingef. mWv 1.1.2021 durch G v. 22.12.2020 (BGBl. I S. 3256).

[2] Nr. **100**.

[3] Nr. **112**.

[4] Nr. **110**.

[5] Nr. **110a**.

[6] Nr. **108**.

[7] Nr. **90**.

[8] Nr. **89**.

[9] Nr. **94**.

[10] **Schönfelder ErgBd. Nr. 91.**

[11] Nr. **74**.

[12] **Schönfelder ErgBd. Nr. 58.**

[13] **Schönfelder ErgBd. Nr. 103a.**

14. für Rechtsmittelverfahren vor dem Bundesgerichtshof nach dem Patentgesetz[1)], dem Gebrauchsmustergesetz[2)], dem Markengesetz[3)], dem Designgesetz[4)], dem Halbleiterschutzgesetz und dem Sortenschutzgesetz (Rechtsmittelverfahren des gewerblichen Rechtsschutzes);
15. nach dem Energiewirtschaftsgesetz[5)];
16. nach dem Kapitalanleger-Musterverfahrensgesetz[6)];
17. nach dem EU-Verbraucherschutzdurchführungsgesetz;
18. nach Abschnitt 2 Unterabschnitt 2 des Neunten Teils des Gesetzes über die internationale Rechtshilfe in Strafsachen[7)];
19. nach dem Kohlendioxid-Speicherungsgesetz;
20. nach Abschnitt 3 des Internationalen Erbrechtsverfahrensgesetzes[8)] vom 29. Juni 2015 (BGBl. I S. 1042) ***[Fassung bis unbestimmtem Inkrafttreten:*** und***]*** ***[Fassung ab unbestimmtem Inkrafttreten: ;]***
21. nach dem Zahlungskontengesetz ***[Fassung ab unbestimmtem Inkrafttreten: und]***

[Nr. 22 ab unbestimmtem Inkrafttreten:]
22. nach dem Wettbewerbsregistergesetz

werden Kosten (Gebühren und Auslagen) nur nach diesem Gesetz erhoben. [2]Satz 1 Nummer 1, 6 und 12 gilt nicht in Verfahren, in denen Kosten nach dem Gesetz über Gerichtskosten in Familiensachen[9)] zu erheben sind.

(2) Dieses Gesetz ist ferner anzuwenden für Verfahren

1. vor den Gerichten der Verwaltungsgerichtsbarkeit nach der Verwaltungsgerichtsordnung[10)];
2. vor den Gerichten der Finanzgerichtsbarkeit nach der Finanzgerichtsordnung;
3. vor den Gerichten der Sozialgerichtsbarkeit nach dem Sozialgerichtsgesetz[11)], soweit nach diesem Gesetz das Gerichtskostengesetz anzuwenden ist;
4. vor den Gerichten für Arbeitssachen nach dem Arbeitsgerichtsgesetz[12)] und
5. vor den Staatsanwaltschaften nach der Strafprozessordnung, dem Jugendgerichtsgesetz und dem Gesetz über Ordnungswidrigkeiten.

(3) Dieses Gesetz gilt auch für Verfahren nach

1. der Verordnung (EG) Nr. 861/2007[13)] des Europäischen Parlaments und des Rates vom 11. Juli 2007 zur Einführung eines europäischen Verfahrens für geringfügige Forderungen,

---

1) **Schönfelder ErgBd. Nr. 70.**
2) **Schönfelder ErgBd. Nr. 71.**
3) Nr. 72.
4) **Schönfelder ErgBd. Nr. 69.**
5) **Sartorius Nr. 830.**
6) **Schönfelder ErgBd. Nr. 105d.**
7) **Schönfelder ErgBd. Nr. 90h.**
8) **Schönfelder ErgBd. Nr. 103p.**
9) Nr. 118.
10) **Sartorius Nr. 600.**
11) **Sartorius ErgBd. Nr. 415.**
12) Nr. 83.
13) **Schönfelder ErgBd. Nr. 103e.**

§ 43 Nebenforderungen. (1) Sind außer dem Hauptanspruch auch Früchte, Nutzungen, Zinsen oder Kosten als Nebenforderungen betroffen, wird der Wert der Nebenforderungen nicht berücksichtigt.

(2) Sind Früchte, Nutzungen, Zinsen oder Kosten als Nebenforderungen ohne den Hauptanspruch betroffen, ist der Wert der Nebenforderungen maßgebend, soweit er den Wert des Hauptanspruchs nicht übersteigt.

(3) Sind die Kosten des Rechtsstreits ohne den Hauptanspruch betroffen, ist der Betrag der Kosten maßgebend, soweit er den Wert des Hauptanspruchs nicht übersteigt.

§ 44 Stufenklage. Wird mit der Klage auf Rechnungslegung oder auf Vorlegung eines Vermögensverzeichnisses oder auf Abgabe einer eidesstattlichen Versicherung die Klage auf Herausgabe desjenigen verbunden, was der Beklagte aus dem zugrunde liegenden Rechtsverhältnis schuldet, ist für die Wertberechnung nur einer der verbundenen Ansprüche, und zwar der höhere, maßgebend.

§ 45 Klage und Widerklage, Hilfsanspruch, wechselseitige Rechtsmittel, Aufrechnung. (1) [1] In einer Klage und in einer Widerklage geltend gemachte Ansprüche, die nicht in getrennten Prozessen verhandelt werden, werden zusammengerechnet. [2] Ein hilfsweise geltend gemachter Anspruch wird mit dem Hauptanspruch zusammengerechnet, soweit eine Entscheidung über ihn ergeht. [3] Betreffen die Ansprüche im Fall des Satzes 1 oder 2 denselben Gegenstand, ist nur der Wert des höheren Anspruchs maßgebend.

(2) Für wechselseitig eingelegte Rechtsmittel, die nicht in getrennten Prozessen verhandelt werden, ist Absatz 1 Satz 1 und 3 entsprechend anzuwenden.

(3) Macht der Beklagte hilfsweise die Aufrechnung mit einer bestrittenen Gegenforderung geltend, erhöht sich der Streitwert um den Wert der Gegenforderung, soweit eine der Rechtskraft fähige Entscheidung über sie ergeht.

(4) Bei einer Erledigung des Rechtsstreits durch Vergleich sind die Absätze 1 bis 3 entsprechend anzuwenden.

§ 46 (weggefallen)

§ 47 Rechtsmittelverfahren. (1) [1] Im Rechtsmittelverfahren bestimmt sich der Streitwert nach den Anträgen des Rechtsmittelführers. [2] Endet das Verfahren, ohne dass solche Anträge eingereicht werden, oder werden, wenn eine Frist für die Rechtsmittelbegründung vorgeschrieben ist, innerhalb dieser Frist Rechtsmittelanträge nicht eingereicht, ist die Beschwer maßgebend.

(2) [1] Der Streitwert ist durch den Wert des Streitgegenstands des ersten Rechtszugs begrenzt. [2] Das gilt nicht, soweit der Streitgegenstand erweitert wird.

(3) Im Verfahren über den Antrag auf Zulassung des Rechtsmittels und im Verfahren über die Beschwerde gegen die Nichtzulassung des Rechtsmittels ist Streitwert der für das Rechtsmittelverfahren maßgebende Wert.

Unterabschnitt 2. Besondere Wertvorschriften

§ 48[1)] Bürgerliche Rechtsstreitigkeiten. (1) [1] In bürgerlichen Rechtsstreitigkeiten richten sich die Gebühren nach den für die Zuständigkeit des Prozessgerichts oder die Zulässigkeit des Rechtsmittels geltenden Vorschriften über den

[1)] § 48 Abs. 1 Satz 2 geänd. mWv 1.11.2018 durch G v. 12.7.2018 (BGBl. I S. 1151).

Wert des Streitgegenstands, soweit nichts anderes bestimmt ist. [2] In Musterfeststellungsklagen nach Buch 6 der Zivilprozessordnung[1)] und in Rechtsstreitigkeiten aufgrund des Unterlassungsklagengesetzes[2)] darf der Streitwert 250 000 Euro nicht übersteigen.

(2) [1] In nichtvermögensrechtlichen Streitigkeiten ist der Streitwert unter Berücksichtigung aller Umstände des Einzelfalls, insbesondere des Umfangs und der Bedeutung der Sache und der Vermögens- und Einkommensverhältnisse der Parteien, nach Ermessen zu bestimmen. [2] Der Wert darf nicht über eine Million Euro angenommen werden.

(3) Ist mit einem nichtvermögensrechtlichen Anspruch ein aus ihm hergeleiteter vermögensrechtlicher Anspruch verbunden, ist nur ein Anspruch, und zwar der höhere, maßgebend.

§ 49[3)] **Beschlussklagen nach dem Wohnungseigentumsgesetz.** [1] Der Streitwert in Verfahren nach § 44 Absatz 1 des Wohnungseigentumsgesetzes[4)] ist auf das Interesse aller Wohnungseigentümer an der Entscheidung festzusetzen. [2] Er darf den siebeneinhalbfachen Wert des Interesses des Klägers und der auf seiner Seite Beigetretenen sowie den Verkehrswert ihres Wohnungseigentums nicht übersteigen.

§ 49a[5)] *(aufgehoben)*

§ 50[6)] **Bestimmte Beschwerdeverfahren.** (1) [1] In folgenden Verfahren bestimmt sich der Wert nach § 3 der Zivilprozessordnung[1)]:

1. über Beschwerden gegen Verfügungen der Kartellbehörden und über Rechtsbeschwerden (§§ 73 und 77 des Gesetzes gegen Wettbewerbsbeschränkungen[7)]),
2. über Beschwerden gegen Entscheidungen der Regulierungsbehörde und über Rechtsbeschwerden (§§ 75 und 86 des Energiewirtschaftsgesetzes[8)] oder § 35 Absatz 3 und 4 des Kohlendioxid-Speicherungsgesetzes),
3. über Beschwerden gegen Verfügungen der Bundesanstalt für Finanzdienstleistungsaufsicht (§ 48 des Wertpapiererwerbs- und Übernahmegesetzes und § 113 Absatz 1 des Wertpapierhandelsgesetzes[9)]) ***[Fassung bis unbestimmtem Inkrafttreten:*** und***] [Fasssung ab unbestimmtem Inkrafttreten: ,]***
4. über Beschwerden gegen Entscheidungen der zuständigen Behörde und über Rechtsbeschwerden (§§ 13 und 24 des EU-Verbraucherschutzdurchführungs-

[1)] Nr. **100**.
[2)] Nr. **105**.
[3)] § 49 neu gef. mWv 1.12.2020 durch G v. 16.10.2020 (BGBl. I S. 2187).
[4)] Nr. **37**.
[5)] § 49a aufgeh. mWv 1.12.2020 durch G v. 16.10.2020 (BGBl. I S. 2187).
[6)] § 50 Abs. 2 geänd. mWv 18.4.2016 durch G v. 17.2.2016 (BGBl. I S. 203); Abs. 1 Satz 1 Nr. 3 geänd. mWv 3.1.2018 durch G v. 23.6.2017 (BGBl. I S. 1693); Abs. 1 Satz 1 Nr. 3 und 4 geänd., Nr. 5 angef. **mit unbestimmtem Inkrafttreten** durch G v. 18.7.2017 (BGBl. I S. 2739, geänd. durch G v. 18.1.2021, BGBl. I S. 2), die Änderungen treten an dem Tag in Kraft, der in der Bekanntmachung nach § 12 Abs. 2 Satz 1 des Wettbewerbsregistergesetzes bezeichnet ist; Abs. 1 Satz 1 Nr. 4, Satz 2 geänd. mWv 30.6.2020 durch G v. 25.6.2020 (BGBl. I S. 1474); Abs. 1 Satz 1 Nr. 1 geänd. mWv 19.1.2021 durch G v. 18.1.2021 (BGBl. I S. 2).
[7)] Nr. **74**.
[8)] **Sartorius Nr. 830.**
[9)] **Schönfelder ErgBd. Nr. 58.**

gesetzes) ***[Fassung bis unbestimmtem Inkrafttreten:] [Fassung ab unbestimmtem Inkrafttreten:** und]*

[Nr. 5 ab unbestimmtem Inkrafttreten:]

5. über Beschwerden gegen Entscheidungen der Registerbehörde (§ 11 des Wettbewerbsregistergesetzes).

[2] Im Verfahren über Beschwerden eines Beigeladenen (§ 54 Absatz 2 Nummer 3 des Gesetzes gegen Wettbewerbsbeschränkungen, § 79 Absatz 1 Nummer 3 des Energiewirtschaftsgesetzes und § 16 Nummer 3 des EU-Verbraucherschutzdurchführungsgesetzes) ist der Streitwert unter Berücksichtigung der sich für den Beigeladenen ergebenden Bedeutung der Sache nach Ermessen zu bestimmen.

(2) Im Verfahren über die Beschwerde gegen die Entscheidung der Vergabekammer (§ 171 des Gesetzes gegen Wettbewerbsbeschränkungen) einschließlich des Verfahrens über den Antrag nach § 169 Absatz 2 Satz 5 und 6, Absatz 4 Satz 2, § 173 Absatz 1 Satz 3 und nach § 176 des Gesetzes gegen Wettbewerbsbeschränkungen beträgt der Streitwert 5 Prozent der Bruttoauftragssumme.

§ 51[1)] Gewerblicher Rechtsschutz. (1) In Rechtsmittelverfahren des gewerblichen Rechtsschutzes (§ 1 Absatz 1 Satz 1 Nummer 14) und in Verfahren über Ansprüche nach dem Patentgesetz[2)], dem Gebrauchsmustergesetz[3)], dem Markengesetz[4)], dem Designgesetz[5)], dem Halbleiterschutzgesetz und dem Sortenschutzgesetz ist der Wert nach billigem Ermessen zu bestimmen.

(2) In Verfahren über Ansprüche nach dem Gesetz gegen den unlauteren Wettbewerb[6)] und nach dem Gesetz zum Schutz von Geschäftsgeheimnissen[7)] ist, soweit nichts anderes bestimmt ist, der Streitwert nach der sich aus dem Antrag des Klägers für ihn ergebenden Bedeutung der Sache nach Ermessen zu bestimmen.

(3) [1] Ist die Bedeutung der Sache für den Beklagten erheblich geringer zu bewerten als der nach Absatz 2 ermittelte Streitwert, ist dieser angemessen zu mindern. [2] Bietet der Sach- und Streitstand für die Bestimmung des Streitwerts hinsichtlich des Beseitigungs- oder Unterlassungsanspruchs keine genügenden Anhaltspunkte, ist insoweit ein Streitwert von 1 000 Euro anzunehmen. [3] Dieser Wert ist auch anzunehmen, wenn die dem Rechtsstreit zugrunde liegende Zuwiderhandlung angesichts ihrer Art, ihres Ausmaßes und ihrer Folgen die Interessen von Verbrauchern, Mitbewerbern oder sonstigen Marktteilnehmern in nur unerheblichem Maße beeinträchtigt. [4] Der nach Satz 2 oder Satz 3 anzunehmende Wert ist auch maßgebend, wenn in den dort genannten Fällen die Ansprüche auf Beseitigung und Unterlassung nebeneinander geltend gemacht werden.

(4) Im Verfahren des einstweiligen Rechtsschutzes ist der sich aus den Absätzen 2 und 3 ergebende Wert in der Regel unter Berücksichtigung der geringeren Bedeutung gegenüber der Hauptsache zu ermäßigen.

(5) Die Vorschriften über die Anordnung der Streitwertbegünstigung (§ 12 Absatz 3 des Gesetzes gegen den unlauteren Wettbewerb, § 144 des Patentgesetzes,

---

[1)] § 51 Abs. 5 geänd. mWv 16.7.2014 durch G v. 8.7.2014 (BGBl. I S. 890); Abs. 2 und 5 geänd. mWv 26.4.2019 durch G v. 18.4.2019 (BGBl. I S. 466); Abs. 3 Satz 2 geänd., Sätze 3 und 4 angef., Abs. 5 geänd. mWv 2.12.2020 durch G v. 26.11.2020 (BGBl. I S. 2568).

[2)] **Schönfelder ErgBd. Nr. 70.**

[3)] **Schönfelder ErgBd. Nr. 71.**

[4)] Nr. 72.

[5)] **Schönfelder ErgBd. Nr. 69.**

[6)] Nr. 73.

[7)] **Schönfelder ErgBd. Nr. 75.**

§ 26 des Gebrauchsmustergesetzes, § 142 des Markengesetzes, § 54 des Designgesetzes, § 22 des Gesetzes zum Schutz von Geschäftsgeheimnissen) sind anzuwenden.

§ 51a Verfahren nach dem Kapitalanleger-Musterverfahrensgesetz.

(1) Für die Anmeldung eines Anspruchs zum Musterverfahren (§ 10 Absatz 2 des Kapitalanleger-Musterverfahrensgesetzes[1]) bestimmt sich der Wert nach der Höhe des Anspruchs.

(2) Im Rechtsbeschwerdeverfahren ist bei der Bestimmung des Streitwerts von der Summe der in sämtlichen nach § 8 des Kapitalanleger-Musterverfahrensgesetzes ausgesetzten Verfahren geltend gemachten Ansprüche auszugehen, soweit diese von den Feststellungszielen des Musterverfahrens betroffen sind.

(3) Der Musterkläger und die Beigeladenen schulden im Rechtsbeschwerdeverfahren Gerichtsgebühren jeweils nur nach dem Wert, der sich aus den von ihnen im Ausgangsverfahren geltend gemachten Ansprüchen, die von den Feststellungszielen des Musterverfahrens betroffen sind, ergibt.

(4) Die Musterbeklagten schulden im Rechtsbeschwerdeverfahren Gerichtsgebühren jeweils nur nach dem Wert, der sich aus den gegen sie im Ausgangsverfahren geltend gemachten Ansprüchen, die von den Feststellungszielen des Musterverfahrens betroffen sind, ergibt.

§ 52[2] Verfahren vor Gerichten der Verwaltungs-, Finanz- und Sozialgerichtsbarkeit. (1) In Verfahren vor den Gerichten der Verwaltungs-, Finanz- und Sozialgerichtsbarkeit ist, soweit nichts anderes bestimmt ist, der Streitwert nach der sich aus dem Antrag des Klägers für ihn ergebenden Bedeutung der Sache nach Ermessen zu bestimmen.

(2) Bietet der Sach- und Streitstand für die Bestimmung des Streitwerts keine genügenden Anhaltspunkte, ist ein Streitwert von 5 000 Euro anzunehmen.

(3) [1]Betrifft der Antrag des Klägers eine bezifferte Geldleistung oder einen hierauf bezogenen Verwaltungsakt, ist deren Höhe maßgebend. [2]Hat der Antrag des Klägers offensichtlich absehbare Auswirkungen auf künftige Geldleistungen oder auf noch zu erlassende, auf derartige Geldleistungen bezogene Verwaltungsakte, ist die Höhe des sich aus Satz 1 ergebenden Streitwerts um den Betrag der offensichtlich absehbaren zukünftigen Auswirkungen für den Kläger anzuheben, wobei die Summe das Dreifache des Werts nach Satz 1 nicht übersteigen darf. [3]In Verfahren in Kindergeldangelegenheiten vor den Gerichten der Finanzgerichtsbarkeit ist § 42 Absatz 1 Satz 1 und Absatz 3 entsprechend anzuwenden; an die Stelle des dreifachen Jahresbetrags tritt der einfache Jahresbetrag.

(4) In Verfahren

1. vor den Gerichten der Finanzgerichtsbarkeit, mit Ausnahme der Verfahren nach § 155 Satz 2 der Finanzgerichtsordnung und der Verfahren in Kindergeldangelegenheiten, darf der Streitwert nicht unter 1 500 Euro,
2. vor den Gerichten der Sozialgerichtsbarkeit und bei Rechtsstreitigkeiten nach dem Krankenhausfinanzierungsgesetz[3] nicht über 2 500 000 Euro,

---

[1] **Schönfelder ErgBd. Nr. 105d.**

[2] § 52 Abs. 3 Satz 3 angef., Abs. 5 eingef., bish. Abs. 5–7 werden Abs. 6–8 mWv 16.7.2014 durch G v. 8.7.2014 (BGBl. I S. 890); Abs. 7 geänd. mWv 4.7.2015 durch G v. 29.6.2015 (BGBl. I S. 1042); Abs. 4 Nr. 2 und 3 geänd., Nr. 4 angef. mWv 1.1.2019 durch G v. 9.8.2019 (BGBl. I S. 1202).

[3] **Aichberger, SGB Nr. 5/20.**

(2) In Strafsachen, in gerichtlichen Verfahren nach dem Gesetz über Ordnungswidrigkeiten[1] und nach dem Strafvollzugsgesetz[2], auch in Verbindung mit § 92 des Jugendgerichtsgesetzes[3], werden die Kosten nach dem bisherigen Recht erhoben, wenn die über die Kosten ergehende Entscheidung vor dem Inkrafttreten einer Gesetzesänderung rechtskräftig geworden ist.

(3) In Insolvenzverfahren, Verteilungsverfahren nach der Schifffahrtsrechtlichen Verteilungsordnung und Verfahren der Zwangsversteigerung und Zwangsverwaltung gilt das bisherige Recht für Kosten, die vor dem Inkrafttreten einer Gesetzesänderung fällig geworden sind.

§ 72 Übergangsvorschrift aus Anlass des Inkrafttretens dieses Gesetzes.

Das Gerichtskostengesetz in der Fassung der Bekanntmachung vom 15. Dezember 1975 (BGBl. I S. 3047), zuletzt geändert durch Artikel 2 Absatz 5 des Gesetzes vom 12. März 2004 (BGBl. I S. 390), und Verweisungen hierauf sind weiter anzuwenden

1. in Rechtsstreitigkeiten, die vor dem 1. Juli 2004 anhängig geworden sind; dies gilt nicht im Verfahren über ein Rechtsmittel, das nach dem 1. Juli 2004 eingelegt worden ist;
2. in Strafsachen, in gerichtlichen Verfahren nach dem Gesetz über Ordnungswidrigkeiten[1] und nach dem Strafvollzugsgesetz[2], wenn die über die Kosten ergehende Entscheidung vor dem 1. Juli 2004 rechtskräftig geworden ist;
3. in Insolvenzverfahren, Verteilungsverfahren nach der Schifffahrtsrechtlichen Verteilungsordnung und Verfahren der Zwangsversteigerung und Zwangsverwaltung für Kosten, die vor dem 1. Juli 2004 fällig geworden sind.

§ 73 Übergangsvorschrift für die Erhebung von Haftkosten. Bis zum Erlass landesrechtlicher Vorschriften über die Höhe des Haftkostenbeitrags, der von einem Gefangenen zu erheben ist, sind die Nummern 9010 und 9011 des Kostenverzeichnisses in der bis zum 27. Dezember 2010 geltenden Fassung anzuwenden.

[1] Nr. **94**.
[2] **Schönfelder ErgBd. Nr. 91.**
[3] Nr. **89**.

Anlage 1[1)]
(zu § 3 Abs. 2)

Kostenverzeichnis

Gliederung

[1)] Anl. 1 geänd. mWv 1.7.2014 durch G v. 15.7.2013 (BGBl. I S. 2379); mWv 1.7.2014 durch G v. 10.10.2013 (BGBl. I S. 3786); mWv 16.7.2014 und mWv 10.1.2015 durch G v. 8.7.2014 (BGBl. I S. 890); mWv 1.10.2015 durch G v. 10.12.2014 (BGBl. I S. 2082) iVm Bek. v. 23.6.2015 (BGBl. I S. 1034); mWv 17.8.2015 durch G v. 29.6.2015 (BGBl. I S. 1042); mWv 1.1.2017 durch G v. 21.12.2015 (BGBl. I S. 2525); mWv 18.4.2016 durch G v. 17.2.2016 (BGBl. I S. 203); mWv 1.10.2021 durch G v. 18.7.2016 (BGBl. I S. 1666); mWv 18.1.2017 durch G v. 21.11.2016 (BGBl. I S. 2591); mWv 1.7.2017 durch G v. 13.4.2017 (BGBl. I S. 872); mWv 26.6.2017 und mWv 21.4.2018 durch G v. 5.6.2017 (BGBl. I S. 1476); mWv 1.1.2018 durch G v. 5.7.2017 (BGBl. I S. 2208); **mit unbestimmtem Inkrafttreten** durch G v. 18.7.2017 (BGBl. I S. 2739, geänd. durch G v. 18.1.2021, BGBl. I S. 2), die Änderung tritt an dem Tag in Kraft, der in der Bekanntmachung nach § 12 Abs. 2 Satz 1 des Wettbewerbsregistergesetzes bezeichnet ist; mWv 17.12.2019 durch G v. 9.12.2019 (BGBl. I S. 2146); mWv 30.6.2020 durch G v. 25.6.2020 (BGBl. I S. 1474); mWv 23.10.2020 durch G v. 16.10.2020 (BGBl. I S. 2187); mWv 27.11.2020 durch G v. 23.11. 2020 (BGBl. I S. 2474); mWv 1.1.2021 durch G v. 21.12.2020 (BGBl. I S. 3229); mWv 1.1.2021 durch G v. 22.12.2020 (BGBl. I S. 3256); mWv 31.12.2020 durch G v. 22.12.2020 (BGBl. I S. 3328); mWv 19.1. 2021 durch G v. 18.1.2021 (BGBl. I S. 2).

Teil 1. Zivilrechtliche Verfahren vor den ordentlichen Gerichten

Nr.	Gebührentatbestand	Gebühr oder Satz der Gebühr nach § 34 GKG
Vorbemerkung 1: Die Vorschriften dieses Teils gelten nicht für die in Teil 2 geregelten Verfahren.		
	Hauptabschnitt 1. Mahnverfahren	
1100	Verfahren über den Antrag auf Erlass eines Mahnbescheids oder eines Europäischen Zahlungsbefehls	0,5 – mindestens 36,00 €
	Hauptabschnitt 2. Prozessverfahren	
	Abschnitt 1. Erster Rechtszug	
Vorbemerkung 1.2.1: Die Gebühren dieses Abschnitts entstehen nicht im Musterverfahren nach dem KapMuG; das erstinstanzliche Musterverfahren gilt als Teil des ersten Rechtszugs des Prozessverfahrens.		
	Unterabschnitt 1. Verfahren vor dem Amts- oder Landgericht	
1210	Verfahren im Allgemeinen .... (1) Soweit wegen desselben Streitgegenstands ein Mahnverfahren vorausgegangen ist, entsteht die Gebühr mit dem Eingang der Akten bei dem Gericht, an das der Rechtsstreit nach Erhebung des Widerspruchs oder Einlegung des Einspruchs abgegeben wird; in diesem Fall wird eine Gebühr 1100 nach dem Wert des Streitgegenstands angerechnet, der in das Prozessverfahren übergegangen ist. Satz 1 gilt entsprechend, wenn wegen desselben Streitgegenstands ein Europäisches Mahnverfahren vorausgegangen ist. (2) Soweit der Kläger wegen desselben Streitgegenstands einen Anspruch zum Musterverfahren angemeldet hat (§ 10 Abs. 2 KapMuG), wird insoweit die Gebühr 1902 angerechnet.	3,0
1211	Beendigung des gesamten Verfahrens durch 1. Zurücknahme der Klage a) vor dem Schluss der mündlichen Verhandlung, b) in den Fällen des § 128 Abs. 2 ZPO vor dem Zeitpunkt, der dem Schluss der mündlichen Verhandlung entspricht, c) im Verfahren nach § 495a ZPO, in dem eine mündliche Verhandlung nicht stattfindet, vor Ablauf des Tages, an dem eine Ladung zum Termin zur Verkündung des Urteils zugestellt oder das schriftliche Urteil der Geschäftsstelle übermittelt wird, d) im Fall des § 331 Abs. 3 ZPO vor Ablauf des Tages, an dem das Urteil der Geschäftsstelle übermittelt wird oder e) im europäischen Verfahren für geringfügige Forderungen, in dem eine mündliche Verhandlung nicht stattfindet, vor Ablauf des Tages, an dem das schriftliche Urteil der Geschäftsstelle übermittelt wird, wenn keine Entscheidung nach § 269 Abs. 3 Satz 3 ZPO über die Kosten ergeht oder die Entscheidung einer zuvor mitgeteilten Einigung der Parteien über	

Nr.	Gebührentatbestand	Gebühr oder Satz der Gebühr nach § 34 GKG
	die Kostentragung oder der Kostenübernahmeerklärung einer Partei folgt, 2. Anerkenntnisurteil, Verzichtsurteil oder Urteil, das nach § 313a Abs. 2 ZPO keinen Tatbestand und keine Entscheidungsgründe enthält, oder nur deshalb Tatbestand und die Entscheidungsgründe enthält, weil zu erwarten ist, dass das Urteil im Ausland geltend gemacht wird (§ 313a Abs. 4 Nr. 5 ZPO), 3. gerichtlichen Vergleich oder Beschluss nach § 23 Absatz 3 KapMuG oder 4. Erledigungserklärungen nach § 91a ZPO, wenn keine Entscheidung über die Kosten ergeht oder die Entscheidung einer zuvor mitgeteilten Einigung der Parteien über die Kostentragung oder der Kostenübernahmeerklärung einer Partei folgt, es sei denn, dass bereits ein anderes als eines der in Nummer 2 genannten Urteile, eine Entscheidung über einen Antrag auf Erlass einer Sicherungsanordnung oder ein Musterentscheid nach dem KapMuG vorausgegangen ist: Die Gebühr 1210 ermäßigt sich auf	1,0
	Die Zurücknahme des Antrags auf Durchführung des streitigen Verfahrens, des Widerspruchs gegen den Mahnbescheid oder des Einspruchs gegen den Vollstreckungsbescheid stehen der Zurücknahme der Klage gleich. Die Vervollständigung eines ohne Tatbestand und Entscheidungsgründe hergestellten Urteils (§ 313a Abs. 5 ZPO) steht der Ermäßigung nicht entgegen. Die Gebühr ermäßigt sich auch, wenn mehrere Ermäßigungstatbestände erfüllt sind.	
	Unterabschnitt 2. Verfahren vor dem Oberlandesgericht	
1212	Verfahren im Allgemeinen	4,0
1213	Beendigung des gesamten Verfahrens durch 1. Zurücknahme der Klage a) vor dem Schluss der mündlichen Verhandlung, b) in den Fällen des § 128 Absatz 2 ZPO vor dem Zeitpunkt, der dem Schluss der mündlichen Verhandlung entspricht, oder c) im Fall des § 331 Absatz 3 ZPO vor Ablauf des Tages, an dem das Urteil der Geschäftsstelle übermittelt wird, wenn keine Entscheidung nach § 269 Absatz 3 Satz 3 ZPO über die Kosten ergeht oder die Entscheidung einer zuvor mitgeteilten Einigung der Parteien über die Kostentragung oder der Kostenübernahmeerklärung einer Partei folgt, 2. Anerkenntnisurteil, Verzichtsurteil oder Urteil, das nach § 313a Absatz 2 ZPO keinen Tatbestand und keine Entscheidungsgründe enthält, 3. gerichtlichen Vergleich oder	

Nr.	Gebührentatbestand	Gebühr oder Satz der Gebühr nach § 34 GKG
	4. Erledigungserklärungen nach § 91a ZPO, wenn keine Entscheidung über die Kosten ergeht oder die Entscheidung einer zuvor mitgeteilten Einigung der Parteien über die Kostentragung oder der Kostenübernahmeerklärung einer Partei folgt, es sei denn, dass bereits ein anderes als eines der in Nummer 2 genannten Urteile vorausgegangen ist: Die Gebühr 1212 ermäßigt sich auf .... Die Gebühr ermäßigt sich auch, wenn mehrere Ermäßigungstatbestände erfüllt sind.	2,0
	Unterabschnitt 3. Verfahren vor dem Bundesgerichtshof	
1214	Verfahren im Allgemeinen	5,0
1215	Beendigung des gesamten Verfahrens durch 1. Zurücknahme der Klage a) vor dem Schluss der mündlichen Verhandlung, b) in den Fällen des § 128 Absatz 2 ZPO vor dem Zeitpunkt, der dem Schluss der mündlichen Verhandlung entspricht, oder c) im Fall des § 331 Absatz 3 ZPO vor Ablauf des Tages, an dem das Urteil der Geschäftsstelle übermittelt wird, wenn keine Entscheidung nach § 269 Absatz 3 Satz 3 ZPO über die Kosten ergeht oder die Entscheidung einer zuvor mitgeteilten Einigung der Parteien über die Kostentragung oder der Kostenübernahmeerklärung einer Partei folgt, 2. Anerkenntnisurteil, Verzichtsurteil oder Urteil, das nach § 313a Absatz 2 ZPO keinen Tatbestand und keine Entscheidungsgründe enthält, 3. gerichtlichen Vergleich oder 4. Erledigungserklärungen nach § 91a ZPO, wenn keine Entscheidung über die Kosten ergeht oder die Entscheidung einer zuvor mitgeteilten Einigung der Parteien über die Kostentragung oder der Kostenübernahmeerklärung einer Partei folgt, es sei denn, dass bereits ein anderes als eines der in Nummer 2 genannten Urteile vorausgegangen ist: Die Gebühr 1214 ermäßigt sich auf .... Die Gebühr ermäßigt sich auch, wenn mehrere Ermäßigungstatbestände erfüllt sind.	3,0
	Abschnitt 2. Berufung und bestimmte Beschwerden	

Vorbemerkung 1.2.2:
Dieser Abschnitt ist auf Beschwerdeverfahren nach
1. den §§ 73 und 171 GWB,
2. § 48 WpÜG,
3. § 37u Absatz 1 WpHG,

Nr.	Gebührentatbestand	Gebühr oder Satz der Gebühr nach § 34 GKG
	4. § 75 EnWG, 5. § 13 EU-VSchDG ***[Fassung bis unbestimmtem Inkrafttreten:*** und***] [Fassung ab unbestimmtem Inkrafttreten:*** ,***]*** 6. § 35 KSpG ***[Fassung ab unbestimmtem Inkrafttreten: und]*** ***[Nr. 7 ab unbestimmt:em Inkrafttreten:]*** *7. § 11 WRegG* anzuwenden.	
1220	Verfahren im Allgemeinen	4,0
1221	Beendigung des gesamten Verfahrens durch Zurücknahme des Rechtsmittels, der Klage oder des Antrags, bevor die Schrift zur Begründung des Rechtsmittels bei Gericht eingegangen ist: Die Gebühr 1220 ermäßigt sich auf .... Erledigungserklärungen nach § 91a ZPO stehen der Zurücknahme gleich, wenn keine Entscheidung über die Kosten ergeht oder die Entscheidung einer zuvor mitgeteilten Einigung der Parteien über die Kostentragung oder der Kostenübernahmeerklärung einer Partei folgt.	1,0
1222	Beendigung des gesamten Verfahrens, wenn nicht Nummer 1221 anzuwenden ist, durch 1. Zurücknahme des Rechtsmittels, der Klage oder des Antrags a) vor dem Schluss der mündlichen Verhandlung, b) in den Fällen des § 128 Abs. 2 ZPO vor dem Zeitpunkt, der dem Schluss der mündlichen Verhandlung entspricht, 2. Anerkenntnisurteil, Verzichtsurteil oder Urteil, das nach § 313a Abs. 2 ZPO keinen Tatbestand und keine Entscheidungsgründe enthält, 3. gerichtlichen Vergleich oder 4. Erledigungserklärungen nach § 91a ZPO, wenn keine Entscheidung über die Kosten ergeht oder die Entscheidung einer zuvor mitgeteilten Einigung der Parteien über die Kostentragung oder der Kostenübernahmeerklärung einer Partei folgt, es sei denn, dass bereits ein anderes als eines der in Nummer 2 genannten Urteile, eine Entscheidung über einen Antrag auf Erlass einer Sicherungsanordnung oder ein Beschluss in der Hauptsache vorausgegangen ist: Die Gebühr 1220 ermäßigt sich auf .... Die Gebühr ermäßigt sich auch, wenn mehrere Ermäßigungstatbestände erfüllt sind.	2,0
1223	Beendigung des gesamten Verfahrens durch ein Urteil, das wegen eines Verzichts der Parteien nach § 313a Abs. 1 Satz 2 ZPO keine schriftliche Begründung enthält, wenn nicht bereits ein anderes als eines der in Nummer 1222 Nr. 2 genannten Urteile, eine Entscheidung über einen Antrag auf Erlass einer Sicherungs-	

Nr.	Gebührentatbestand	Gebühr oder Satz der Gebühr nach § 34 GKG
	anordnung oder ein Beschluss in der Hauptsache vorausgegangen ist: Die Gebühr 1220 ermäßigt sich auf .... Die Gebühr ermäßigt sich auch, wenn daneben Ermäßigungstatbestände nach Nummer 1222 erfüllt sind.	 3,0
	Abschnitt 3. Revision, Rechtsbeschwerden nach § 77 GWB, § 86 EnWG, § 35 KSpG und § 24 EU-VSchDG	
1230	Verfahren im Allgemeinen	5,0
1231	Beendigung des gesamten Verfahrens durch Zurücknahme des Rechtsmittels, der Klage oder des Antrags, bevor die Schrift zur Begründung des Rechtsmittels bei Gericht eingegangen ist: Die Gebühr 1230 ermäßigt sich auf .... Erledigungserklärungen nach § 91a ZPO stehen der Zurücknahme gleich, wenn keine Entscheidung über die Kosten ergeht oder die Entscheidung einer zuvor mitgeteilten Einigung der Parteien über die Kostentragung oder der Kostenübernahmeerklärung einer Partei folgt.	 1,0
1232	Beendigung des gesamten Verfahrens, wenn nicht Nummer 1231 anzuwenden ist, durch 1. Zurücknahme des Rechtsmittels, der Klage oder des Antrags a) vor dem Schluss der mündlichen Verhandlung, b) in den Fällen des § 128 Abs. 2 ZPO vor dem Zeitpunkt, der dem Schluss der mündlichen Verhandlung entspricht, 2. Anerkenntnis- oder Verzichtsurteil, 3. gerichtlichen Vergleich oder 4. Erledigungserklärungen nach § 91a ZPO, wenn keine Entscheidung über die Kosten ergeht oder die Entscheidung einer zuvor mitgeteilten Einigung der Parteien über die Kostentragung oder der Kostenübernahmeerklärung einer Partei folgt, es sei denn, dass bereits ein anderes als eines der in Nummer 2 genannten Urteile, eine Entscheidung über einen Antrag auf Erlass einer Sicherungsanordnung oder ein Beschluss in der Hauptsache vorausgegangen ist: Die Gebühr 1230 ermäßigt sich auf .... Die Gebühr ermäßigt sich auch, wenn mehrere Ermäßigungstatbestände erfüllt sind.	 3,0
	Abschnitt 4. Zulassung der Sprungrevision, Beschwerde gegen die Nichtzulassung der Revision sowie der Rechtsbeschwerden nach § 77 GWB, § 86 EnWG, § 35 KSpG und § 24 EU-VSchDG	
1240	Verfahren über die Zulassung der Sprungrevision: Soweit der Antrag abgelehnt wird	 1,5

Nr.	Gebührentatbestand	Gebühr oder Satz der Gebühr nach § 34 GKG
1629	Beendigung des gesamten Verfahrens durch Zurücknahme der Rechtsbeschwerde oder des Antrags: Die Gebühr 1628 ermäßigt sich auf	1,0

Abschnitt 3. Besondere Verfahren nach dem Gesetz gegen Wettbewerbsbeschränkungen, dem Wertpapiererwerbs- und Übernahmegesetz und dem Wertpapierhandelsgesetz

Nr.	Gebührentatbestand	Gebühr oder Satz der Gebühr nach § 34 GKG
1630	Verfahren über einen Antrag nach § 169 Abs. 2 Satz 5 und 6, Abs. 4 Satz 2, § 173 Abs. 1 Satz 3 oder nach § 176 GWB	3,0
1631	Beendigung des gesamten Verfahrens durch Zurücknahme des Antrags: Die Gebühr 1630 ermäßigt sich auf	1,0
1632	Verfahren über den Antrag nach § 50 Absatz 3 bis 5 WpÜG, auch i.V.m. § 37u Absatz 2 WpHG .... Mehrere Verfahren gelten innerhalb eines Rechtszugs als ein Verfahren.	0,5

Abschnitt 4. Besondere Verfahren nach dem Aktiengesetz und dem Umwandlungsgesetz

Unterabschnitt 1. Erster Rechtszug

Nr.	Gebührentatbestand	Gebühr oder Satz der Gebühr nach § 34 GKG
1640	Verfahren nach § 148 Abs. 1 und 2 des Aktiengesetzes ...	1,0
1641	Verfahren nach § 246a des Aktiengesetzes (auch i.V.m. § 20 Abs. 3 Satz 4 SchVG), nach § 319 Abs. 6 des Aktiengesetzes (auch i.V.m. § 327e Abs. 2 des Aktiengesetzes) oder nach § 16 Absatz 3 UmwG	1,5
1642	Beendigung des gesamten Verfahrens ohne Entscheidung: Die Gebühren 1640 und 1641 ermäßigen sich auf .... (1) Die Gebühr ermäßigt sich auch im Fall der Zurücknahme des Antrags vor Ablauf des Tages, an dem die Entscheidung der Geschäftsstelle übermittelt wird. (2) Eine Entscheidung über die Kosten steht der Ermäßigung nicht entgegen, wenn die Entscheidung einer zuvor mitgeteilten Einigung der Parteien über die Kostentragung oder der Kostenübernahmeerklärung einer Partei folgt.	0,5

Unterabschnitt 2. Beschwerde

Nr.	Gebührentatbestand	Gebühr oder Satz der Gebühr nach § 34 GKG
1643	Verfahren über die Beschwerde in den in Nummer 1640 genannten Verfahren	1,0
1644	Beendigung des Verfahrens ohne Entscheidung: Die Gebühr 1643 ermäßigt sich auf .... (1) Die Gebühr ermäßigt sich auch im Fall der Zurücknahme der Beschwerde vor Ablauf des Tages, an dem die Entscheidung der Geschäftsstelle übermittelt wird. (2) Eine Entscheidung über die Kosten steht der Ermäßigung nicht entgegen, wenn die Entscheidung einer zuvor mitgeteilten Einigung der Parteien über die Kostentragung oder der Kostenübernahmeerklärung einer Partei folgt.	0,5

Nr.	Gebührentatbestand	Gebühr oder Satz der Gebühr nach § 34 GKG
	Abschnitt 5. Sanierungs- und Reorganisationsverfahren nach dem Kreditinstitute-Reorganisationsgesetz	
1650	Sanierungsverfahren	0,5
1651	Die Durchführung des Sanierungsverfahrens wird nicht angeordnet: Die Gebühr 1650 beträgt	 0,2
1652	Reorganisationsverfahren	1,0
1653	Die Durchführung des Reorganisationsverfahrens wird nicht angeordnet: Die Gebühr 1652 beträgt	 0,2
	Hauptabschnitt 7. Rüge wegen Verletzung des Anspruchs auf rechtliches Gehör	
1700	Verfahren über die Rüge wegen Verletzung des Anspruchs auf rechtliches Gehör (§ 321a ZPO, auch i.V.m. § 122a PatG oder § 89a MarkenG; § 69 GWB): Die Rüge wird in vollem Umfang verworfen oder zurückgewiesen	 66,00 €
	Hauptabschnitt 8. Sonstige Beschwerden und Rechtsbeschwerden	
	Abschnitt 1. Sonstige Beschwerden	
1810	Verfahren über Beschwerden nach § 71 Abs. 2, § 91a Abs. 2, § 99 Abs. 2, § 269 Abs. 5 oder § 494a Absatz 2 Satz 2 ZPO	99,00 €
1811	Beendigung des Verfahrens ohne Entscheidung: Die Gebühr 1810 ermäßigt sich auf (1) Die Gebühr ermäßigt sich auch im Fall der Zurücknahme der Beschwerde vor Ablauf des Tages, an dem die Entscheidung der Geschäftsstelle übermittelt wird. (2) Eine Entscheidung über die Kosten steht der Ermäßigung nicht entgegen, wenn die Entscheidung einer zuvor mitgeteilten Einigung der Parteien über die Kostentragung oder der Kostenübernahmeerklärung einer Partei folgt.	 66,00 €
1812	Verfahren über nicht besonders aufgeführte Beschwerden, die nicht nach anderen Vorschriften gebührenfrei sind: Die Beschwerde wird verworfen oder zurückgewiesen Wird die Beschwerde nur teilweise verworfen oder zurückgewiesen, kann das Gericht die Gebühr nach billigem Ermessen auf die Hälfte ermäßigen oder bestimmen, dass eine Gebühr nicht zu erheben ist.	 66,00 €
	Abschnitt 2. Sonstige Rechtsbeschwerden	
1820	Verfahren über Rechtsbeschwerden gegen den Beschluss, durch den die Berufung als unzulässig verworfen wurde (§ 522 Abs. 1 Satz 2 und 3 ZPO)	2,0
1821	Verfahren über Rechtsbeschwerden nach § 20 KapMuG	5,0

Lfd. Nr.	Änderndes Gesetz	Datum	Fundstelle	Betroffen	Hinweis
				§§ 12b, 30, 49, Anl. 2	neu gef. mWv 1.8.2013
				§§ 23a, 31b, 38a, 59a	eingef. mWv 1.8.2013
41.	Art. 14 G zur Änd. des Prozesskostenhilfe- und Beratungshilferechts	31.8.2013	BGBl. I S. 3533	§§ 3a, 4, 4a, 12, 23a, 47, Anl. 1	geänd. mWv 1.1.2014
42.	Art. 5 Abs. 7 G zur Modernisierung des GeschmacksmusterG sowie zur Änd. der Regelungen über die Bekanntmachungen zum Ausstellungsschutz	10.10. 2013	BGBl. I S. 3799	Anl. 1	geänd. mWv 1.1.2014
43.	Art. 10 G zur Durchführung der VO (EU) Nr. 1215/2012 sowie zur Änd. sonstiger Vorschriften	8.7.2014	BGBl. I S. 890	Inhaltsübersicht, §§ 19, 35, 42, Anl. 1	geänd. mWv 16.7.2014
				§ 19	geänd. mWv 10.1.2015
44.	Art. 4 G zur Umsetzung der RL 2011/99/EU über die Europäische Schutzanordnung und zur Durchführung der VO (EU) Nr. 606/2013 über die gegenseitige Anerkennung von Schutzmaßnahmen in Zivilsachen[1]	5.12.2014	BGBl. I S. 1964	§ 19	geänd. mWv 13.12.2014
				§ 19	geänd. mWv 11.1.2015
45.	Art. 4 G zur Durchführung des Haager Übereinkommens v. 30.6.2005 über Gerichtsstandsvereinbarungen sowie zur Änd. des RechtspflegerG, des Gerichts- und NotarkostenG, des AltersteilzeitG und des SGB III	10.12. 2014	BGBl. I S. 2082 iVm Bek. v. 23.6. 2015, BGBl. I S. 1034	§ 19	geänd.mWv 1.10.2015
46.	Art. 14 G zum Internationalen Erbrecht und zur Änd. von Vorschriften zum Erbschein sowie zur Änd. sonstiger Vorschriften	29.6.2015	BGBl. I S. 1042	§ 19	geänd. mWv 17.8.2015
47.	Art. 5 G zur Stärkung des Rechts des Angeklagten auf Vertretung in der Berufungsverhandlung und über die Anerkennung von Abwesenheitsentscheidungen in der Rechtshilfe	17.7.2015	BGBl. I S. 1332	§ 53, Anl. 1	geänd. mWv 25.7.2015
48.	Art. 178 Zehnte ZuständigkeitsanpassungsVO	31.8.2015	BGBl. I S. 1474	§ 59b	geänd. mWv 8.9.2015
49.	Art. 14 Nr. 8 AsylverfahrensbeschleunigungsG	20.10. 2015	BGBl. I S. 1722	Inhaltsübersicht, § 30	geänd. mWv 24.10.2015

[1] **Amtl. Anm.:** Dieses Gesetz dient der Umsetzung der Richtlinie 2011/99/EU des Europäischen Parlaments und des Rates über die Europäische Schutzanordnung (ABl. L 338 vom 21.12.2011, S. 2).

Lfd. Nr.	Änderndes Gesetz	Datum	Fundstelle	Betroffen	Hinweis
50.	Art. 8 G zur Änd. des Unterhaltsrechts und des Unterhaltsverfahrensrechts sowie zur Änd. der ZPO und kostenrechtlicher Vorschriften	20.11. 2015	BGBl. I S. 2018	§ 19	geänd. mWv 1.1.2016
51.	Art. 5 G zur Neuordnung des Rechts der Syndikusanwälte und zur Änd. der FGO	21.12. 2015	BGBl. I S. 2517	§ 1	geänd. mWv 1.1.2016
52.	Art. 2 Abs. 4 VergaberechtsmodernisierungsG	17.2.2016	BGBl. I S. 203	Anl. 1	geänd. mWv 18.4.2016
53.	Art. 5 VG-Richtlinie-UmsetzungsG	24.5.2016	BGBl. I S. 1190	Anl. 1	geänd. mWv 1.6.2016
54.	Art. 5 Abs. 3 G zur Änd. des Sachverständigenrechts und zur weiteren Änd. des FamFG sowie zur Änd. des SGG, der VwGO, der FGO und des GKG	11.10. 2016	BGBl. I S. 2222	§ 19	geänd. mWv 15.10.2016
55.	Art. 13 EU-KontenpfändungsVO-DurchführungsG	21.11. 2016	BGBl. I S. 2591	§§ 16, 17, 48, Anl. 1	geänd. mWv 18.1.2017
56.	Art. 6 Abs. 24 G zur Reform der strafrechtlichen Vermögensabschöpfung	13.4.2017	BGBl. I S. 872	Anl. 1	geänd. mWv 1.7.2017
57.	Art. 5 G zur Durchführung der VO (EU) 2015/848 über Insolvenzverfahren[1]	5.6.2017	BGBl. I S. 1476	Anl. 1	geänd. mWv 26.6.2017
58.	Art. 4 G zur Einführung eines familiengerichtlichen Genehmigungsvorbehaltes für freiheitsentziehende Maßnahmen bei Kindern	17.7.2017	BGBl. I S. 2424	§§ 42, 51, Anl. 1	geänd. mWv 1.10.2017
59.	Art. 2 Abs. 8 G zur Einführung eines Wettbewerbsregisters und zur Änd. des G gegen Wettbewerbsbeschränkungen	18.7.2017	BGBl. I S. 2739, geänd. 2021, S. 2	Anl. 1	geänd. mit unbestimmtem Inkrafttreten
60.	Art. 5 G zur Einführung einer zivilprozessualen Musterfeststellungsklage	12.7.2018	BGBl. I S. 1151	§ 19	geänd. mWv 1.11.2018
61.	Art. 8 G zum Internationalen Güterrecht und zur Änd. von Vorschriften des Internationalen Privatrechts	17.12. 2018	BGBl. I S. 2573	§ 19	geänd. mWv 29.1.2019
62.	Art. 6 G zur Stärkung der Rechte von Betroffenen bei Fixierungen im Rahmen von Freiheitsentziehungen	19.6.2019	BGBl. I S. 840	§§ 42, 51, Anl. 1	geänd. mWv 28.6.2019

[1] **Amtl. Anm.:** Dieses Gesetz dient der Durchführung der Verordnung (EU) 2015/848 des Europäischen Parlaments und des Rates vom 20. Mai 2015 über Insolvenzverfahren (ABl. L 141 vom 5.6.2015, S. 19; L 349 vom 21.12.2016, S. 6), die zuletzt durch die Verordnung (EU) 2017/353 (ABl. L 57 vom 3.3. 2017, S. 19) geändert worden ist.

§ 61 Übergangsvorschrift aus Anlass des Inkrafttretens dieses Gesetzes.

(1) [1] Die Bundesgebührenordnung für Rechtsanwälte in der im Bundesgesetzblatt Teil III, Gliederungsnummer 368-1, veröffentlichten bereinigten Fassung, zuletzt geändert durch Artikel 2 Abs. 6 des Gesetzes vom 12. März 2004 (BGBl. I S. 390), und Verweisungen hierauf sind weiter anzuwenden, wenn der unbedingte Auftrag zur Erledigung derselben Angelegenheit im Sinne des § 15 vor dem 1. Juli 2004 erteilt oder der Rechtsanwalt vor diesem Zeitpunkt gerichtlich bestellt oder beigeordnet worden ist. [2] Ist der Rechtsanwalt am 1. Juli 2004 in derselben Angelegenheit und, wenn ein gerichtliches Verfahren anhängig ist, in demselben Rechtszug bereits tätig, gilt für das Verfahren über ein Rechtsmittel, das nach diesem Zeitpunkt eingelegt worden ist, dieses Gesetz. [3] § 60 Abs. 2 ist entsprechend anzuwenden.

(2) Auf die Vereinbarung der Vergütung sind die Vorschriften dieses Gesetzes auch dann anzuwenden, wenn nach Absatz 1 die Vorschriften der Bundesgebührenordnung für Rechtsanwälte weiterhin anzuwenden und die Willenserklärungen beider Parteien nach dem 1. Juli 2004 abgegeben worden sind.

§ 62[1] Verfahren nach dem Therapieunterbringungsgesetz. Die Regelungen des Therapieunterbringungsgesetzes zur Rechtsanwaltsvergütung bleiben unberührt.

[1] § 62 angef. mWv 1.1.2011 durch G v. 22.12.2010 (BGBl. I S. 2300).

Anlage 1[1)]
(zu § 2 Abs. 2)

Vergütungsverzeichnis

Gliederung

[1)] Anl. 1 geänd. mWv 1.7.2006 durch G v. 5.5.2004 (BGBl. I S. 718); mWv 1.9.2004 durch G v. 24.6. 2004 (BGBl. I S. 1354); mWv 29.7.2004 durch G v. 23.7.2004 (BGBl. I S. 1838); mWv 1.1.2005 durch G v. 9.12.2004 (BGBl. I S. 3220); mWv 21.12.2004 durch G v. 15.12.2004 (BGBl. I S. 3408); mWv 1.4. 2005 durch G v. 22.3.2005 (BGBl. I S. 837); mWv 13.7.2005 durch G v. 7.7.2005 (BGBl. I S. 1970, ber. S. 3621); mWv 1.11.2005 durch G v. 16.8.2005 (BGBl. I S. 2437, geänd. durch G v. 22.12.2006, BGBl. I S. 3416); mWv 21.10.2005 durch G v. 18.8.2005 (BGBl. I S. 2477); mWv 1.11.2005 durch G v. 22.9. 2005 (BGBl. I S. 2802); mWv 29.12.2006 durch G v. 21.12.2006 (BGBl. I S. 3367); mWv 31.12.2006 durch G v. 22.12.2006 (BGBl. I S. 3416); mWv 1.7.2007 durch G v. 26.3.2007 (BGBl. I S. 370); mWv 1.1.2008 durch G v. 13.12.2007 (BGBl. I S. 2894); mWv 1.2.2009 durch G v. 31.7.2008 (BGBl. I S. 1629); mWv 1.9.2009 durch G v. 17.12.2008 (BGBl. I S. 2586); mWv 28.10.2010 durch G v. 18.10.2010 (BGBl. I S. 1408); mWv 28.12.2010 durch G v. 22.12.2010 (BGBl. I S. 2248); mWv 28.5.2011 durch G v. 23.5.2011 (BGBl. I S. 898); mWv 3.12.2011 durch G v. 24.11.2011 (BGBl. I S. 2302); mWv 24.8.2012 durch G v. 17.8.2012 (BGBl. I S. 1726); mWv 1.11.2012 durch G v. 19.10.2012 (BGBl. I S. 2182); mWv 1.8.2013 durch G v. 23.7.2013 (BGBl. I S. 2586); mWv 1.1.2014 durch G v. 31.8.2013 (BGBl. I S. 3533); mWv 1.1.2014 durch G v. 10.10.2013 (BGBl. I S. 3799); mWv 16.7.2014 durch G v. 8.7.2014 (BGBl. I S. 890); mWv 25.7.2015 durch G v. 17.7.2015 (BGBl. I S. 1332); mWv 18.4.2016 durch G v. 17.2.2016 (BGBl. I S. 203); mWv 1.6.2016 durch G v. 24.5.2016 (BGBl. I S. 1190); mWv 18.1.2017 durch G v. 21.11.2016 (BGBl. I S. 2591); mWv 1.7.2017 durch G v. 13.4.2017 (BGBl. I S. 872); mWv 26.6.2017 durch G v. 5.6.2017 (BGBl. I S. 1476); mWv 1.10.2017 durch G v. 17.7.2017 (BGBl. I S. 2424); **mit unbestimmtem Inkrafttreten** durch G v. 18.7.2017 (BGBl. I S. 2739, geänd. durch G v. 18.1.2021, BGBl. I S. 2), die Änderung tritt an dem Tag in Kraft, der in der Bekanntmachung nach § 12 Abs. 2 Satz 1 des Wettbewerbsregistergesetzes bezeichnet ist; mWv 28.6.2019 durch G v. 19.6.2019 (BGBl. I S. 840); mWv 30.6.2020 durch G v. 25.6.2020 (BGBl. I S. 1474); mWv 1.1.2021 durch G v. 21.12.2020 (BGBl. I S. 3229); mWv 1.1.2021 durch G v. 22.12.2020 (BGBl. I S. 3256); **mWv 1.10.2021** durch G v. 22.12. 2020 (BGBl. I S. 3320).

120. Gesetz über Kosten in Angelegenheiten der Justizverwaltung (Justizverwaltungskostengesetz – JVKostG)[1)]

Vom 23. Juli 2013
(BGBl. I S. 2586, 2655)

FNA 363-5

Lfd. Nr.	Änderndes Gesetz	Datum	Fundstelle	Betroffen	Hinweis
1.	Art. 12 G zur Einführung einer Rechtsbehelfsbelehrung im Zivilprozess und zur Änd. anderer Vorschriften	5.12.2012	BGBl. I S. 2418, geänd. 2013, S. 2586	§ 22	geänd. mWv 1.1.2014
2.	Art. 2 G zur Schlichtung im Luftverkehr	11.6.2013	BGBl. I S. 1545, geänd. 2013, S. 2586	Anl.	geänd. mWv 1.11.2013
3.	Art. 8 Abs. 5 Bilanzrichtlinie-UmsetzungsG	17.7.2015	BGBl. I S. 1245	Anl.	geänd. mWv 23.7.2015
4.	Art. 176 Zehnte ZuständigkeitsanpassungsVO	31.8.2015	BGBl. I S. 1474	§ 23	geänd. mWv 8.9.2015
5.	Art. 7 G zur Änd. des Unterhaltsrechts und des Unterhaltsverfahrensrechts sowie zur Änd. der ZPO und kostenrechtlicher Vorschriften	20.11. 2015	BGBl. I S. 2018	Inhaltsübersicht, § 1, Anl. § 15a	geänd. mWv 1.1.2016 eingef. mWv 1.1.2016
6.	Art. 5 G zur Umsetzung der RL über alternative Streitbeilegung in Verbraucherangelegenheiten und zur Durchführung der VO über Online-Streitbeilegung in Verbraucherangelegenheiten[2)]	19.2.2016	BGBl. I S. 254	Inhaltsübersicht, § 14, Anl. § 16a	geänd. mWv 1.4.2016 eingef. mWv 1.4.2016
7.	Art. 123 Abs. 4 Zweites G über die weitere Bereinigung von Bundesrecht	8.7.2016	BGBl. I S. 1594	Anl.	geänd. mWv 15.7.2016
8.	Art. 15 Abs. 7 EU-KontenpfändungsVO-DurchführungsG	21.11. 2016	BGBl. I S. 2591	Inhaltsübersicht, §§ 1, 17, Anl.	geänd. mWv 1.7.2017
9.	Art. 10 G zur Neuordnung der Aufbewahrung von Notariatsunterlagen und zur Einrichtung des Elektro-	1.6.2017	BGBl. I S. 1396	Anl.	geänd. mWv 23.6.2017

[1)] Verkündet als Art. 2 2. KostenrechtsmodernisierungsG v. 23.7.2013 (BGBl. I S. 2586); Inkrafttreten gem. Art. 50 dieses G am 1.8.2013.

[2)] **Amtl. Anm.:** Dieses Gesetz dient der Umsetzung der Richtlinie 2013/11/EU des Europäischen Parlaments und des Rates vom 21. Mai 2013 über die alternative Beilegung verbraucherrechtlicher Streitigkeiten und zur Änderung der Verordnung (EG) Nr. 2006/2004 und der Richtlinie 2009/22/EG (Richtlinie über alternative Streitbeilegung in Verbraucherangelegenheiten) (ABl. L 165 vom 18.6.2013, S. 63).

Lfd. Nr.	Änderndes Gesetz	Datum	Fundstelle	Betroffen	Hinweis
	nischen Urkundenarchivs bei der Bundesnotarkammer sowie zur Änd. weiterer Gesetze				
10.	Art. 27 G zur Einführung der elektronischen Akte in der Justiz und zur weiteren Förderung des elektronischen Rechtsverkehrs	5.7.2017	BGBl. I S. 2208	Anl.	geänd. mWv 1.1.2018
11.	Art. 2 Siebtes G zur Änd. des BundeszentralregisterG	18.7.2017	BGBl. I S. 2732, geänd. 2019, S. 1626	Anl.	geänd. mWv 31.8.2018
12.	Art. 6 G zur Förderung der Freizügigkeit von EU-Bürgerinnen und -Bürgern sowie zur Neuregelung verschiedener Aspekte des Internationalen Adoptionsrechts	31.1.2019	BGBl. I S. 54	Anl.	geänd. mWv 16.2.2019
13.	Art. 56 Zweites Datenschutz-Anpassungs- und UmsetzungsG EU[1]	20.11. 2019	BGBl. I S. 1626	Anl.	geänd. mWv 26.11.2019
14.	Art. 2 Drittes G zur Harmonisierung des Haftungsrechts im Luftverkehr	10.7.2020	BGBl. I S. 1655	Anl.	geänd. mWv 17.7.2020
15.	Art. 5 KostenrechtsänderungsG 2021	21.12. 2020	BGBl. I S. 3229	Inhaltsübersicht, §§ 11, 22, 25, Anl. § 5a	geänd. mWv 1.1.2021 eingef. mWv 1.1.2021
16.	Art. 4 Abs. 1 AdoptionshilfeG	12.2.2021	BGBl. I S. 226	Anl.	geänd. mWv 1.4.2021

[1] **Amtl. Anm.:** Dieses Gesetz dient der Umsetzung der Richtlinie (EU) 2016/680 des Europäischen Parlaments und des Rates vom 27. April 2016 zum Schutz natürlicher Personen bei der Verarbeitung personenbezogener Daten durch die zuständigen Behörden zum Zweck der Verhütung, Ermittlung, Aufdeckung oder Verfolgung von Straftaten oder der Strafvollstreckung sowie zum freien Datenverkehr und zur Aufhebung des Rahmenbeschlusses 2008/977/JI des Rates (ABl. L 119 vom 4.5.2016, S. 89; L 127 vom 23.5.2018, S. 9).

Anlage[1)]
(zu § 4 Absatz 1)

Kostenverzeichnis

Gliederung

Teil 1. Gebühren

Nr.	Gebührentatbestand	Gebührenbetrag
	Hauptabschnitt 1. Register- und Grundbuchangelegenheiten	
	Abschnitt 1. Rechtsdienstleistungsregister	
1110	Registrierung nach dem RDG .... Bei Registrierung einer juristischen Person oder einer Gesellschaft ohne Rechtspersönlichkeit wird mit der Gebühr auch die Eintragung einer qualifizierten Person in das Rechtsdienstleistungsregister abgegolten.	150,00 €
1111	Eintragung einer qualifizierten Person in das Rechtsdienstleistungsregister, wenn die Eintragung nicht durch die Gebühr 1110 abgegolten ist: je Person	150,00 €
1112	Widerruf oder Rücknahme der Registrierung	75,00 €
	Abschnitt 2. Unternehmensregister	
	Vorbemerkung 1.1.2: Mit der Jahresgebühr nach den Nummern 1120 bis 1122 wird der gesamte Aufwand zur Führung des Unternehmensregisters mit Ausnahme der Übermittlung von Rechnungsunterlagen im Fall der Nummer 1124 entgolten. Sie umfasst jedoch nicht den Aufwand für die Erteilung von Ausdrucken oder	

[1)] Anl. geänd. mWv 1.11.2013 durch G v. 11.6.2013 (BGBl. I S. 1545, geänd. durch G v. 23.7.2013, BGBl. I S. 2586); mWv 23.7.2015 durch G v. 17.7.2015 (BGBl. I S. 1245); mWv 1.1.2016 durch G v. 20.11.2015 (BGBl. I S. 2018); mWv 1.4.2016 durch G v. 19.2.2016 (BGBl. I S. 254); mWv 15.7.2016 durch G v. 8.7.2016 (BGBl. I S. 1594); mWv 1.7.2017 durch G v. 21.11.2016 (BGBl. I S. 2591); mWv 23.6.2017 durch G v. 1.6.2017 (BGBl. I S. 1396); mWv 1.1.2018 durch G v. 5.7.2017 (BGBl. I S. 2208); mWv 31.8.2018 durch G v. 18.7.2017 (BGBl. I S. 2732, geänd. durch G v. 20.11.2019, BGBl. I S. 1626); mWv 16.2.2019 durch G v. 31.1.2019 (BGBl. I S. 54); mWv 26.11.2019 durch G v. 20.11.2019 (BGBl. I S. 1626); mWv 17.7.2020 durch G v. 10.7.2020 (BGBl. I S. 1655); mWv 1.1.2021 durch G v. 21.12.2020 (BGBl. I S. 3229); mWv 1.4.2021 durch G v. 12.2.2021 (BGBl. I S. 226).

Nr.	Gebührentatbestand	Gebührenbetrag
	Kopien, die Überlassung von elektronisch gespeicherten Dokumenten und die Beglaubigung von Kopien, Ausdrucken, Auszügen und Dateien.	
1120	Jahresgebühr für die Führung des Unternehmensregisters für jedes Kalenderjahr, wenn das Unternehmen bei der Offenlegung der Rechnungslegungsunterlagen die Erleichterungen nach § 326 HGB in Anspruch nehmen kann .... (1) Die Gebühr entsteht für jedes Kalenderjahr, für das ein Unternehmen die Rechnungslegungsunterlagen im Bundesanzeiger bekannt zu machen hat oder beim Betreiber des Bundesanzeigers hinterlegt hat. Dies gilt auch, wenn die bekannt zu machenden Unterlagen nur einen Teil des Kalenderjahres umfassen. (2) Die Gebühr wird nicht erhoben, wenn für das Kalenderjahr die Gebühr 1122 entstanden ist.	3,00 €
1121	Das Unternehmen kann die Erleichterungen nach § 326 HGB nicht in Anspruch nehmen: Die Gebühr 1120 beträgt	6,00 €
1122	Jahresgebühr für die Führung des Unternehmensregisters für jedes Kalenderjahr, in dem das Unternehmen nach § 8b Abs. 2 Nr. 9 und 10, Abs. 3 Satz 1 Nr. 2 HGB selbst oder durch einen von ihm beauftragten Dritten Daten an das Unternehmensregister übermittelt hat	30,00 €
1123	Übertragung von Unterlagen der Rechnungslegung, die in Papierform zum Register eingereicht wurden, in ein elektronisches Dokument (§ 8b Abs. 4 Satz 2, § 9 Abs. 2 HGB): für jede angefangene Seite .... Die Gebühr wird für die Dokumente eines jeden Unternehmens gesondert erhoben. Mit der Gebühr wird auch die einmalige elektronische Übermittlung der Dokumente an den Antragsteller abgegolten.	3,00 € – mindestens 30,00 €
1124	Übermittlung von Rechnungslegungsunterlagen einer Kleinstkapitalgesellschaft oder Kleinstgenossenschaft, die beim Bundesanzeiger hinterlegt sind (§ 326 Abs. 2 HGB): je übermittelter Bilanz	1,00 €
	Abschnitt 3. Bundeszentral- und Gewerbezentralregister	
	Vorbemerkung 1.1.3: Die Gebühr 1130 wird nicht erhoben, wenn ein Führungszeugnis zur Ausübung einer ehrenamtlichen Tätigkeit benötigt wird, die für eine gemeinnützige Einrichtung, für eine Behörde oder im Rahmen eines der in § 32 Abs. 4 Nr. 2 Buchstabe d EStG genannten Dienste ausgeübt wird.	
1130	Führungszeugnis nach § 30, § 30a oder § 30b BZRG	13,00 €
1131	*(aufgehoben)*	
1132	Auskunft nach § 150 Absatz 1 Satz 1 der Gewerbeordnung	13,00 €

Nr.	Gebührentatbestand	Gebührenbetrag
1321	Erledigung von Zustellungsanträgen in ausländischen Rechtsangelegenheiten	15,00 €
1322	Erledigung von Rechtshilfeersuchen in ausländischen Rechtsangelegenheiten	15,00 bis 255,00 €
	Abschnitt 3. Sonstige Angelegenheiten mit Auslandsbezug	
1330	Befreiung von der Beibringung des Ehefähigkeitszeugnisses (§ 1309 Abs. 2 BGB)	15,00 bis 305,00 €
1331	Feststellung der Landesjustizverwaltung, dass die Voraussetzungen für die Anerkennung einer ausländischen Entscheidung vorliegen oder nicht vorliegen (§ 107 FamFG) Die Gebühr wird auch erhoben, wenn die Entscheidung der Landesjustizverwaltung von dem Oberlandesgericht oder in der Rechtsbeschwerdeinstanz aufgehoben wird und das Gericht in der Sache selbst entscheidet. Die Landesjustizverwaltung entscheidet in diesem Fall über die Höhe der Gebühr erneut. Sie ist in diesem Fall so zu bemessen, als hätte die Landesjustizverwaltung die Feststellung selbst getroffen.	15,00 bis 305,00 €
1332	Mitwirkung der Bundeszentralstelle für Auslandsadoption (§ 1 Abs. 1 AdÜbAG) bei Übermittlungen an die zentrale Behörde des Heimatstaates (§ 4 Abs. 6 AdÜbAG) Die Gebühr wird in einem Adoptionsvermittlungsverfahren nur einmal erhoben.	15,00 bis 155,00 €
1333	Bestätigungen nach § 9 AdÜbAG	40,00 bis 100,00 €
1334	Bescheinigungen nach § 7d AdVermiG	40,00 bis 100,00 €
1335	Ausstellung eines mehrsprachigen Formulars gemäß Artikel 7 der Verordnung (EU) 2016/1191 (§ 1119 ZPO) Sind die Kosten für die zugrunde liegende öffentliche Urkunde nachweislich geringer als der Gebührenbetrag, ist die Gebühr auf den Betrag der Kosten zu ermäßigen.	25,00 €
	Hauptabschnitt 4. Sonstige Gebühren	
1400	Beglaubigung von Kopien, Ausdrucken, Auszügen und Dateien Die Gebühr wird nur erhoben, wenn die Beglaubigung beantragt ist; dies gilt nicht für Ausdrucke aus dem Unternehmensregister und für an deren Stelle tretende Dateien. Wird die Kopie oder der Ausdruck von der Justizbehörde selbst hergestellt, so kommt die Dokumentenpauschale (Nummer 2000) hinzu.	0,50 € für jede angefangene Seite – mindestens: 5,00 €
1401	Bescheinigungen und schriftliche Auskünfte aus Akten und Büchern Die Gebühr wird auch für eine Bescheinigung erhoben, aus der sich ergibt, dass entsprechende Akten nicht geführt werden oder ein entsprechendes Verfahren nicht anhängig ist.	15,00 €

Nr.	Gebührentatbestand	Gebührenbetrag
1402	Zeugnisse über das im Bund oder in den Ländern geltende Recht	15,00 bis 255,00 €
1403	Mahnung nach § 5 Abs. 2 JBeitrG	5,00 €

Teil 2. Auslagen

Nr.	Auslagentatbestand	Höhe
Vorbemerkung 2: Für die Erhebung der Auslagen ist Teil 9 des Kostenverzeichnisses zum GKG entsprechend anzuwenden, soweit nachfolgend nichts anderes bestimmt ist.		
2000	Pauschale für die Herstellung und Überlassung von Dokumenten: 1. Ausfertigungen, Kopien und Ausdrucke, die auf Antrag angefertigt oder auf Antrag per Telefax übermittelt worden sind: für die ersten 50 Seiten je Seite .... für jede weitere Seite	 0,50 € 0,15 €
	2. Überlassung von elektronisch gespeicherten Dateien oder deren Bereitstellung zum Abruf anstelle der in Nummer 1 genannten Ausfertigungen, Kopien und Ausdrucke: je Datei .... für die in einem Arbeitsgang überlassenen, bereitgestellten oder in einem Arbeitsgang auf denselben Datenträger übertragenen Dokumente insgesamt höchstens	 1,50 € 5,00 €
	(1) Die Höhe der Dokumentenpauschale nach Nummer 1 ist für jeden Antrag und im gerichtlichen Verfahren in jedem Rechtszug und für jeden Kostenschuldner nach § 14 JVKostG gesondert zu berechnen; Gesamtschuldner gelten als ein Schuldner. (2) Werden zum Zweck der Überlassung von elektronisch gespeicherten Dateien Dokumente zuvor auf Antrag von der Papierform in die elektronische Form übertragen, beträgt die Dokumentenpauschale nach Nummer 2 nicht weniger, als die Dokumentenpauschale im Fall der Nummer 1 betragen würde. (3) Frei von der Dokumentenpauschale sind für jede Partei, jeden Beteiligten, jeden Beschuldigten und deren bevollmächtigte Vertreter jeweils 1. eine vollständige Ausfertigung oder Kopie oder ein vollständiger Ausdruck jeder gerichtlichen oder behördlichen Entscheidung und jedes vor Gericht abgeschlossenen Vergleichs, 2. eine Ausfertigung ohne Tatbestand und Entscheidungsgründe und 3. eine Kopie oder ein Ausdruck jedes Protokolls über eine Sitzung. § 191a Abs. 1 Satz 5 GVG bleibt unberührt. (4) Bei der Gewährung der Einsicht in Akten wird eine Dokumentenpauschale nur erhoben, wenn auf besonderen Antrag ein Ausdruck einer elektronischen Akte oder ein Datenträger mit dem Inhalt einer elektronischen Akte übermittelt wird. (5) Keine Dokumentenpauschale wird erhoben, wenn Daten im Internet zur allgemeinen Nutzung bereitgestellt werden.	

Für handschriftliche Notizen

Für handschriftliche Notizen

Für handschriftliche Notizen

Für handschriftliche Notizen

Für handschriftliche Notizen

Für handschriftliche Notizen

Für handschriftliche Notizen

Für handschriftliche Notizen

Für handschriftliche Notizen

Für handschriftliche Notizen

Für handschriftliche Notizen

Für handschriftliche Notizen

Für handschriftliche Notizen

Für handschriftliche Notizen

Für handschriftliche Notizen

Für handschriftliche Notizen

Für handschriftliche Notizen

Für handschriftliche Notizen

Für handschriftliche Notizen

Für handschriftliche Notizen

Für handschriftliche Notizen

Für handschriftliche Notizen